# 中国道德状况报告

## 2015年

王泽应　向玉乔　彭定光◎主编

中国社会科学出版社

# 图书在版编目（CIP）数据

中国道德状况报告.2015年/王泽应,向玉乔,彭定光主编.—北京：中国社会科学出版社,2015.12

ISBN 978-7-5161-7415-9

Ⅰ.①中⋯　Ⅱ.①王⋯②向⋯③彭⋯　Ⅲ.①公民教育—社会公德教育—研究报告—中国—2015　Ⅳ.①D648.3

中国版本图书馆 CIP 数据核字（2015）第 309488 号

| 出 版 人 | 赵剑英 |
|---|---|
| 责任编辑 | 冯春凤 |
| 责任校对 | 张爱华 |
| 责任印制 | 张雪娇 |
| 出　　版 | 中国社会科学出版社 |
| 社　　址 | 北京鼓楼西大街甲 158 号 |
| 邮　　编 | 100720 |
| 网　　址 | http://www.csspw.cn |
| 发 行 部 | 010-84083685 |
| 门 市 部 | 010-84029450 |
| 经　　销 | 新华书店及其他书店 |
| 印　　刷 | 北京君升印刷有限公司 |
| 装　　订 | 廊坊市广阳区广增装订厂 |
| 版　　次 | 2015 年 12 月第 1 版 |
| 印　　次 | 2015 年 12 月第 1 次印刷 |
| 开　　本 | 710×1000　1/16 |
| 印　　张 | 30.25 |
| 插　　页 | 2 |
| 字　　数 | 496 千字 |
| 定　　价 | 109.00 元 |

凡购买中国社会科学出版社图书,如有质量问题请与本社营销中心联系调换

电话：010-84083683

**版权所有　侵权必究**

| | | | | |
|---|---|---|---|---|
| 顾　　问 | 唐凯麟 | 万俊人 | 刘湘溶 | |
| 主　　编 | 王泽应 | 向玉乔 | 彭定光 | |
| 编委会 | 甘绍平 | 王小锡 | 朱汉民 | 李建华 |
| | 晏艳阳 | 张怀承 | 李培超 | 李　伦 |
| | 李桂梅 | 邓名瑛 | | |

# 目 录

导论　道德在困境中前行 …………………………………………（1）

## 中国道德状况测评指标体系

中国道德状况测评指标体系 ………………………………………（9）
企业道德资本类型及其评估指标体系 ……………………………（19）

## 社会调查报告

湖南省大学生对社会主义核心价值观的认知状况调查报告 ………（29）
大学生网络共同体的道德现状调查报告 …………………………（55）
中国商务诚信调查报告 ……………………………………………（98）
当代中国女性道德状况调查报告 …………………………………（112）
我国师德状况调查报告 ……………………………………………（137）

## 社会主义核心价值观

改革开放以来核心价值的解构与建构 ……………………………（155）
培育社会主义核心价值观与中国优秀传统文化 …………………（163）
培育和践行社会主义文明观的几个问题 …………………………（174）
培育和践行社会主义敬业观 ………………………………………（185）
中国传统道德的诚信精神及其现代意义 …………………………（193）
培育和践行社会主义诚信价值观 …………………………………（201）

培育和践行社会主义核心价值观的战略路径 ………………（211）
培育和践行社会主义核心价值观的主要道德阵地 …………（222）

## 社会资源分配与分配正义

社会公正为何如此重要 …………………………………………（235）
分配正义原则的现实中国境遇 …………………………………（244）
个人的公正美德 …………………………………………………（256）
社会制度实现分配正义的价值维度 ……………………………（268）

## 市场经济与道德责任

市场经济主体的道德责任 ………………………………………（295）
政府控制经济危机的道德责任 …………………………………（309）

## 食品安全问题与食品安全伦理

食品安全伦理研究的现状、范围、任务与意义 ………………（323）
食品消费安全的伦理思考 ………………………………………（332）
食品安全监管中政府失灵的伦理分析 …………………………（342）
制度伦理视域下对食品安全监管的反思 ………………………（354）

## 生态文明建设与环境伦理

生态文明建设：文化自觉与协同推进 …………………………（367）
美丽中国的哲学智慧与行动意义 ………………………………（381）
生态公民：生态文明的主体基础 ………………………………（390）
中国环境伦理学的十大热点问题 ………………………………（396）

## 网络空间与网络道德

网络道德与和谐网络文化建设 …………………………………（421）
数字假象与网络行为失范 ………………………………………（430）

网络热词的伦理反思 ………………………………………… (434)

## 乡村变迁与乡村伦理

伦理视角下中国乡村社会变迁中的秩序与公正 ……………… (447)
农民行为选择的伦理冲突与"理性新农民"的生成 …………… (465)

后　记 …………………………………………………………… (476)

# 导论　道德在困境中前行

**社会主义初级阶段：真和假、善与恶、美与丑同生共长的现实世界**

时下的中国，当人们在看待社会的道德状况、谈论"道德困境"问题时，总是自觉不自觉地暗含着一个前提或者一种心理期待，这就是社会主义社会的道德状况似乎应该是白璧无瑕、高尚美好，社会风俗应该是河清海晏、清明一片。执着于这样一种心理定式和路径选择，自然人们的眼里就容不得沙子，于是现实生活中那些伤风败俗、腐败堕落、假冒伪劣、唯利是图、损人利己的人和事，便被极大地放大起来，眼前呈现的是"道德滑坡"、风俗陵夷、世风日下、人心不古的图景，心里充满的是道德的愤慨和心灵的困惑。这样，事实和应当的矛盾、感性和理性的冲突日益尖锐，人们在不断地质疑：难道社会主义社会、社会主义市场经济就是这个样子吗？尽管人们在理性上承认社会主义社会是一个过渡性质的社会，特别是社会主义初级阶段，更是这种过渡的初始阶段，但是人们在感情上却不愿直面这种初始过渡时期的真实内涵，不愿承认这种过渡既意味着从传统到现代的过渡，也意味着从单一僵化的计划经济到多元竞争的市场经济的过渡，甚至还包含着从高度集中的行政主导到民主法治的过渡。事实上，所谓过渡，就意味着多种社会因素的长期并存和冲突，就意味着新旧体制的胶着和艰巨的转型，因而呈现在人们眼前的是一切都在变。正是在这种多重"并存"、艰巨"转型"和复杂"变化"中，一方面，人们思想和行为的主体性、自主性、选择性、多变性在增长和发展；另一方面，由于人们所面对的是一个世界、一个市场、两种制度的并存和竞争，是西方的"价值颠覆"、"意义失落"、精神沙漠化的侵袭，是几千年封建传统的重负和路径依赖，是现代性的挑战和利益多元化的冲击，因而各种被沉积的因素和被唤醒的欲望都空前地激活起来，各个阶层和各种社会力量都在为自己的诉求而寻找合理性的根据与发展的空间。因此，社会主义初级阶段是一个真和假、善与恶、美与丑同生共长的现实世界，社会的整个精神结构呈现出一个错综复杂、多维交织的动态图景，这是历史的必然，也是我们在认识和把握当代中国社会的道德状况时必须肯定的历史事实与现实背景。

**道德的逆转和衰退往往是新道德产生与发展的先声**

面对着这种复杂多维的动态图景，显然，我们在判断当代中国社会的道德状况时，就不能执迷于某种概念的单一性，也不能只作纯粹量的形式的考量，而这正是人们日常意识所具有的特点。人们的日常意识总是通过个人利益的棱镜来反映现实的，它的直观性、表面性和随机性的局限，往往会使事物本质的东西得不到应有的呈现。而道德是一种精神现象，关涉到人们的内心世界，因此，无论是就整个社会还是个人而言，道德的进步或退步都是一个总体性概念，具有丰富的内涵。对于道德进步和对于社会发展一样，都必须作出全面的理解。在这里，美国经济学家托达罗对"发展"有这样的论述，"每个国家都在为发展而奋斗……发展不纯粹是一个经济现象。……除了收入和产量的提高外，发展显然还囊括制度、社会和管理结构的基本变化以及人的态度，在多种情况下甚至还有人们的习惯和信仰的基本变化"。[①] 托达罗的论述启示我们，在考察社会道德状况时也应该看到进步和退步是一个总体性的范畴。道德进步是一个现实的过程，这个过程有时甚至是一个社会阶段、一个历史时期，它既包括对旧的腐朽道德的揭露、否定和消除，又包括新的先进道德在生长和发展中对自身的调整、重组与更新。而且这两者并不是平行进行和互不相关的，而是一个彼此相互冲突、相互胶着甚至相互妥协、相互融合与会通的此消彼长、此起彼伏的错综复杂的过程。

恩格斯曾经肯定黑格尔关于"恶"是历史发展的"杠杆"的思想是十分深刻的。这不仅意味着在历史的发展和社会的进步中，一些旧的、被人们视为传统的"美德"的东西会因此而变得陈腐，最后销声匿迹，也

---

[①] [美]迈克尔·P. 托达罗：《经济发展与第三世界》，印金、赵荣美译，中国经济出版社1992年版，第50—51页。

意味着一些新的东西会冲破旧习惯的束缚破土而出,稚嫩而顽强地去克服重重障碍,为自己的成长和发展开辟道路。在现实的社会道德生活中,这些变化都会具体地表现为人们对某种世俗利益的追求和对某种欲求的满足。在这里,历史的发展和道德的进步表面上好像在分道扬镳,使人眼花缭乱,而实质上却是殊途同归,并行不二。正因为如此,我们可以看到,在阶级对抗和有阶级的社会中,特别是在社会急剧变化和迅速转型的时期,倒退和绝境往往是道德进步的伴侣。某一时期社会上道德的逆转和衰退,往往正是新道德产生和发展的先声。人类就是这样克服和解决一些伦理道德问题,又会遇上一些新的甚至更多的伦理道德问题,道德的进步就是这样一个充满矛盾斗争的极为复杂的螺旋式上升过程。

**当代中国人的道德意识在逐步丰富**

道德进步绝不是一个单纯的统计学问题,道德困境和道德进步也不是一种毫无关联、各行其是的社会现象。在当代中国社会,如果我们用抗震救灾精神、载人航天精神、奥运精神、志愿者精神和各行各业不断涌现的道德模范来否认严重的现实道德问题的存在,是不客观的;同样,如果我们用毒牛奶、瘦肉精、彩色馒头、地沟油和前赴后继的贪腐事件等败德行为来磨灭上述道德典范的光辉,也是不科学的。在这里,如果不愿陷入公说公有理、婆说婆有理的尴尬境地的话,我们就必须站在历史发展的高度,把握时代的特点,超越应然与实然的困扰,走出感性和理性的纠结,真正把握社会道德嬗变的内在脉搏,作出理性的、客观的判断。如果是这样,那么,在当代中国社会的急剧变化、善恶矛盾激烈冲突和斗争之中,我们就会看到道德进步的艰巨步伐,也正是这种急剧变化,这种冲突的斗争,为道德的进步提供了不竭动力。首先,道德在社会生活中的作用范围在不断扩大。这不仅是指人们已经把人和自然的关系也置于道德思考和价值评价的视域之中,直面日益严重的环境危机,提出了环境正义的问题和建设两型社会的主张,而且过去的一些被遮蔽的或寻常百姓无法问津的道德领域也日益广泛地进入公众的视线之中,隐蔽的恶行在不断被曝光,特权孵翼下的败德在不断受到道义的拷问。人们从来没有像今天一样感到道德无处不在,道德批判如此重要。这也正是在经济不断增长、社会不断发展、人们的生活不断改善的条件下,道德问题、"道德困境"的问题越来越成为人们热议的话题的重要原因之一。

其次,道德的认识论内容在不断加深。改革开放以来,随着社会主义思想道德建设的深入发展,道德在识别社会关系、提供关于人的生活价值和人生目的的客观知识方面,越来越成为有效的、敏感的工具。"有尊严的生活"已经成为全社会的共识。什么是荣誉,什么是耻辱,应该树立什么样的荣辱观,已经引起了人们普遍的反思。长期以来,那些作为道德伴侣的宗教教条、社会偏见、无知盲从在不断地被打破。这一切都是道德的认识论内容不断加深的结果。

再次,道德调节的手段在不断完善。道德是人类精神的自律,是以人们的内心信念、社会舆论和传统习俗作为其调节机制的。改革开放以来,扬善抑恶的道德调节手段在不断增加和丰富。传媒的参与、联网、微博的发展把社会舆论的监督力量提高到一个前所未有的水平。社会良风美俗的倡导,则一反过去的"横扫四旧"的虚无主义,使对民族群体的认知和智慧上升到一个新的历史高度。不仅如此,道德进步更取决于人们在道德上的积极性和主动性的增强。随着利益的多元化,人们思想和行为的自主性、选择性和变化性的不断增长已经成为一个不争的事实,它表明人们在道德上的自觉性也在提升。历史证明,当一个国家在全民层面上感受到诸如"信仰危机"、"价值失落"的困惑时,这不仅表明她在实际生活中受到的严重挑战,而且也表明她在精神上的忧患与觉醒。因此,从发展的眼光看,这种困惑正在以前所未有的历史深度昭示,当代中国人越来越不满足于单纯地履行某种道德义务,而是在自觉地提出和探索更崇高的道德目的,越来越成为追求高尚的道德价值、创造良好的道德关系的主体,这正是道德调节方法在逐步完善的表征。

最后,个人道德意识的结构和功能也在不断丰富。个人的道德意识是人们的道德关系赖以健全的思想基础,也是指导人们实现道德行为选择,进行道德活动的内在动因。改革开放以来,随着对"左"的路线的否定,人们在逐步摆脱"行政本位"的束缚、僵化教条的桎梏、甚至对"金钱至上"的依从。当代中国人从来没有像今天这样认识到自己是一个有血有肉的、活生生的现实的社会主体。人们个人的道德意识在逐步地丰富,它越来越成为能够积聚人们的心灵、感受、希望、意图的最复杂运动的东西,这说明个人道德世界的感性财富在不断增长,个人的道德责任感在逐步增强，自我教育的作用在逐步提高，道德选择的可能性在逐步扩大。这也就是说，个人完善的道德动力、道德需要在提升和拓展。这一切都是人类精神财富的积聚在个人道德世界中的体现，它成为道德进步的一个重要方面。

应该指出，上述一切都是在善恶激烈斗争的实际中实现的。当代中国的道德状况正在矛盾中发展，在困境中前进。

（本文作者为湖南师范大学道德文化研究院　唐凯麟）

# 中国道德状况测评指标体系

如何评价当今中国社会的道德状况是我国社会各界目前普遍关注的一个热点问题。要了解和把握当今中国的道德状况，我们需要展开广泛深入的社会调查，但这必须依靠一定的测评指标体系。建构中国道德状况测评指标体系是测评当今中国道德状况的前提和关键。

# 中国道德状况测评指标体系

改革开放30多年，我国经济持续高速增长，人们的物质生活水平普遍得到明显提高，但也出现了不少背德、败德、丧德的事情，这使得如何评价当今中国道德状况的问题受到了我国社会各界的广泛关注和热烈议论。在此时代背景下，提出中国道德状况测评指标体系的建构设想具有不容忽视的理论意义和现实价值。

测评当今中国伦理道德状况是一个非常浩大、艰巨的社会工程，它不仅需要基于广泛而深入的社会调查来进行，而且需要基于哲学、社会学、统计学等多学科知识、理论和方法来展开。

## 一 建构中国道德状况测评指标体系的理论前提

在人类社会发展的每一个历史阶段，道德状况的好坏都是人类最关心的问题之一，但要判断人类社会道德状况的好坏，人类不仅需要对其自身的道德生活经验进行定性描述，更重要的是需要对其进行定量分析。定量分析就是要建立一个具体的度量标准或尺度，并通过这一度量标准或尺度去测量人类社会道德状况，进而回答人类普遍关心的问题：一个社会的道德状况到底是好的还是坏的？如果它是好的，原因是什么？如果它是坏的，原因是什么，改善它的路径又是什么？……解答这些问题是我们对一个社会的道德状况进行测评的目的和意义所在。

建立测评指标体系是测评中国道德状况的前提和基础，它要求我们将有关中国道德状况的总体评价分解为一系列具体的、操作性强和有说服力的统计指标（要素），赋予每一个指标应有的权重，通过社会调查等方式获取每一个指标的真实数据，继而借助于一定的理论模型对所有数据进行深入系统的理论分析,最后形成关于我国道德状况的总体判断。

要建构中国道德状况测评指标体系,我们必须首先解答以下四个重要理论问题。

问题一:我们为什么要测评当今中国道德状况?

近些年来,"道德滑坡说"在我国颇有市场。一些人基于他们对当今中国道德生活状况的经验性观察和主观感受,认为我国道德状况呈现出每况愈下的态势。虽然这种论调仅仅代表少数人的立场,但是它的社会影响力极大。许多人就是因为受到这种论调的蛊惑而对我国当前的道德状况持悲观主义态度的。事实上,悲观地看待当今中国道德状况是站不住脚的。一方面,如果我们断定当今中国道德状况每况愈下,我们的依据是什么呢?难道仅仅依靠我们的经验观察和主观感受就能够得出这样的结论吗?另一方面,如果我们断定当今中国道德状况每况愈下,我们的参照标准是什么呢?是计划经济时代的中国道德状况,还是唐朝的中国道德状况?如果我们没有这样的参照标准,我们认为当今中国道德状况每况愈下的论断岂不是非常荒唐吗?我们测评当今中国道德状况的一个重要目的就是要回应这种认为当今中国道德状况正在急剧滑坡的论调。需要强调的是,我们的测评仅仅旨在揭示当今中国道德状况在当代中国人心目中的满意度有多高,而不是要揭示它是否在下滑或上升的事实,因为我们没有这样的参照标准。

问题二:我们测评当今中国道德状况的具体内容是什么?

要解答这一问题,我们需要进一步追问和回答两个具体问题,即:

(1)我们所说的道德是什么?如果我们不知道自己所说的道德是什么,我们又怎么能够测评当今中国的道德状况呢?在我们看来,道德总是以知德、情德、意德、行德等四种形式存在。首先,它作为一种道德信念而存在。这种意义上的道德体现人们认识和理解道德的广度和深度,反映人们是否相信道德实在性的事实。其次,它作为一种道德情感而存在。这种意义上的道德体现人们对待道德规范的情感态度,反映人们是否热爱道德的事实。再次,它作为一种道德意志力而存在。这种意义上的道德体现人们面对道德生活现实的意志力状况,反映人们能否不屈不挠地追求道德的事实。最后,它作为一种道德行为能力而存在。它体现人们践行道德的行为能力,反映人们能否将他们对道德的认知、情感和意志力转化为具体行为的事实。完整的道德是知德、情德、意德和行德的统一；因此，测评当今中国的道德状况就是测评当代中国人在知德、情德、意德、行德四个方面的表现情况。

（2）哪些道德类型能够反映当今中国的道德状况？对于人类来说，道德是一种无处不在的社会力量，但道德在人类社会中具有多种多样的表现形式。家庭道德是主导人类家庭生活领域的道德形式，职业道德是主导人类职业生活领域的道德形式，公民道德是主导人类公共生活领域的道德形式。导致这种状况的根源是人类社会生活世界可以划分为家庭生活领域、职业生活领域和公共生活领域三个相对独立的领域。从这种意义上来说，测评中国道德状况实质上是测评家庭道德、职业道德和公民道德在当今中国的存在状况。

问题三：我们测评当今中国道德状况的价值目标是什么？

我们建构测评指标体系的目的是为了满足我们测评中国道德状况的实际需要。要保证我们对当今中国道德状况的测评能够基于科学合理的指数标准，我们必须建构一个能够有效引导相关测评工作的指标体系；然而，我们测评中国道德状况的价值目标不是仅仅为了测评出某种事实性结果，而是要为我国社会主义道德建设提供可靠的现实依据和思想启迪；因此，我们的测评工作不能停留于仅仅进行数据分析和归纳的层面，而是应该以追求深刻的理论运思和富有启发性的分析结论为价值目标，以为我国社会各界观察、分析和评价当今中国道德状况提供依据，特别是为党和政府进行社会主义道德建设工作提供决策参考。

问题四：我们建构中国道德状况测评指标体系应该遵循哪些基本原则？

任何一种测评指标体系都是基于一定的原则建构的。中国道德状况测评指标体系的建构也不例外。我们认为，中国道德状况测评指标体系的建构应该遵循三个主要原则，即：

原则一：连贯一致性原则。将道德信念、道德情感、道德意志力和道德行为能力作为测评我国家庭道德、职业道德和公民道德状况的统一内容，以确保测评内容的连贯一致性。

原则二：广泛代表性原则。参与测评的主体必须具有广泛代表性，他们能够代表当今中国社会绝大多数人的意见和立场。

原则三：自评和他评相结合的原则。在对当今中国家庭道德、职业道德和公民道德进行测评时，相关主体不回避，他们主要接受他人的评价，但也有权进行自我测评。

## 二　中国道德状况的金字塔形测评指标体系

在确立中国道德状况测评指标体系的理论前提之后，我们需要进一步把握和分析它的层次性特征。我们认为，中国道德状况测评指标体系应该区分为三个层级的指标体系，即：

（1）宏观指标体系。这是一级指标体系。该指标体系的建构以界定"道德"这一概念的内涵为逻辑起点，其目的是要在明确"道德"的含义基础上对道德进行必要的分类，以揭示我们测评中国道德状况的具体项目和主要内容，并对测评中国道德状况的对象选择、权重分配、方法、结果等作出一般性规定。

（2）中观指标体系。这是二级指标体系。该指标体系的建构以明确我国家庭道德、职业道德和公民道德的测评项目和内容为要旨，其主要内容是将我国家庭道德、职业道德和公民道德的评价指标进行量化处理，使之成为可以定量分析的对象。

（3）微观指标体系。这是三级指标体系。该指标体系的建构旨在反映中国道德状况在道德信念、道德情感、道德意志力、道德行为能力等四个微观层面的具体表现形式，以使中国道德状况可以通过更加具体、细致、明确的统计指数得到反映。

由于中国道德状况测评指标体系具有层次性，我们所建构的指标体系就不可能是一个单一层次的体系，而必然是一个具有层次性的体系。具体地说，它是一个金字塔形的指标体系。居于金字塔顶部的是宏观指标体系，居于金字塔中部的是中观指标体系，居于金字塔底部的是微观指标体系，即：

我们所勾画的"金字塔"以一种非常直观的方式反映了中国道德状况测评指标体系的总体构成，但它并没有对三个层级的指标体系进行具体的设计和安排，特别是没有对第三层次的指标体系进行具体的内容规定；因此，它只是一个十分抽象的意象。为了使其成为一个内容鲜明、设计合理和具有可操作性的测评指标体系，我们需要将上述三级指标体系进行更

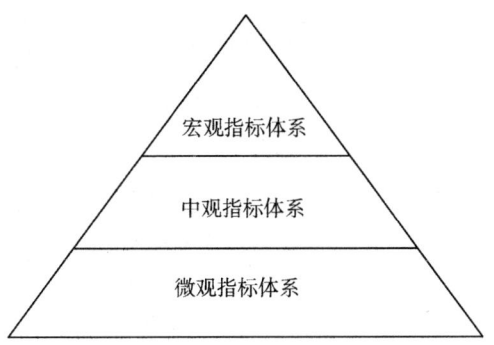

加具体、更加清晰、更加明确的设计和安排，即：

**中国道德状况测评的宏观指标体系**

| 测评项目 | 测评内容 | 测评主体 | 测评区域 | 测评方式 | 测评权重 | 测评结果 |
|---|---|---|---|---|---|---|
| 家庭道德 | 我国家庭道德状况 | 1. 工人<br>2. 农民<br>3. 教师<br>4. 企业员工<br>5. 公务员 | 1. 北京<br>2. 上海<br>3. 广东<br>4. 湖南<br>5. 甘肃 | 社会调查与理论分析 | 34% | 关于我国家庭道德状况的社会调查报告 |
| 职业道德 | 我国职业道德状况 | 1. 学生<br>2. 工人<br>3. 农民<br>4. 企业员工<br>5. 公务员<br>6. 教师 | 1. 北京<br>2. 上海<br>3. 广东<br>4. 湖南<br>5. 甘肃 | 社会调查与理论分析 | 33% | 关于我国职业道德状况的社会调查报告 |
| 公民道德 | 我国公民道德状况 | 1. 工人<br>2. 农民<br>3. 教师<br>4. 企业员工<br>5. 公务员 | 1. 北京<br>2. 上海<br>3. 广东<br>4. 湖南<br>5. 甘肃 | 社会调查与理论分析 | 33% | 关于我国公民道德状况的社会调查报告 |

中国道德状况测评指标体系的中观层次由中国家庭道德状况测评指标体系、中国职业道德状况测评指标体系和中国公民道德状况测评指标体系三个指标体系构成。如下列表格所示。

### 中观指标体系之一：中国家庭道德状况测评指标体系

| 测评项目 | 测评内容 | 测评权重 | 测评方式 | 测评结果 |
|---|---|---|---|---|
| 中国家庭道德状况 | （1）家庭道德信念；（2）家庭道德情感；（3）家庭道德意志力；（4）家庭道德行为能力 | （1）家庭道德信念：25%；（2）家庭道德情感：25%；（3）家庭道德意志力：25%；（4）家庭道德行为能力：25% | 社会调查与理论分析 | 关于我国家庭道德状况的社会调查报告 |

### 中观指标体系之二：中国职业道德状况测评指标体系

| 测评项目 | 测评内容 | 测评权重 | 测评方式 | 测评结果 |
|---|---|---|---|---|
| 中国职业道德状况 | （1）职业道德信念；（2）职业道德情感；（3）职业道德意志力；（4）职业道德行为能力 | （1）职业道德信念：25%；（2）职业道德情感：25%；（3）职业道德意志力：25%；（4）职业道德行为能力：25% | 社会调查与理论分析 | 关于我国职业道德状况的社会调查报告 |

### 中观指标体系之三：中国公民道德状况测评指标体系

| 测评项目 | 测评内容 | 测评权重 | 测评方式 | 测评结果 |
|---|---|---|---|---|
| 中国公民道德状况 | （1）公民道德信念；（2）公民道德情感；（3）公民道德意志力；（4）公民道德行为能力 | （1）公民道德信念：25%；（2）公民道德情感：25%；（3）公民道德意志力：25%；（4）公民道德行为能力：25% | 社会调查与理论分析 | 关于我国公民道德状况的社会调查报告 |

在中观指标体系之下，还有四个微观指标体系。它们是：

**微观指标体系之一：中国道德信念状况测评指标体系**

| 测评项目 | 测评内容 | 测评权重 | 测评方法 | 测评结果 |
| --- | --- | --- | --- | --- |
| 中国道德信念状况 | （1）是否相信道德的现实性；（2）是否相信道德的规范性；（3）是否相信道德的普遍性；（4）是否相信道德的崇高性 | （1）是否相信道德的现实性：25%；（2）是否相信道德的规范性：25%；（3）是否相信道德的普遍性：25%；（4）是否相信道德的崇高性：25% | 社会调查与理论分析 | 关于中国道德信念状况的社会调查报告 |

**微观指标体系之二：中国道德情感状况测评指标体系**

| 测评项目 | 测评内容 | 测评权重 | 测评方法 | 测评结果 |
| --- | --- | --- | --- | --- |
| 中国道德情感状况 | （1）对待"道德"这种社会规范的总体情感态度；（2）对待具体道德规范（如孝顺父母）的情感态度；（3）对待核心价值观的情感态度；（4）对待道德建设问题的情感态度 | （1）对待"道德"这种社会规范的总体情感态度：25%；（2）对待具体道德规范（如孝顺父母）的情感态度：25%；（3）对待核心价值观的情感态度：25%；（4）对待道德建设问题的情感态度：25% | 社会调查与理论分析 | 关于中国道德情感状况的社会调查报告 |

## 三　对上述测评指标体系的几点说明

上述中国道德状况测评指标体系是一个从宏观到中观再到微观层层推进的指标体系。该指标体系的提出使测评当今中国道德状况的指数在宏观、中观和微观层面变得比较具体、清晰，但仍然存在有待于进一步说明

**微观指标体系之三：中国道德意志力状况测评指标体系**

| 测评项目 | 测评内容 | 测评权重 | 测评方法 | 测评结果 |
| --- | --- | --- | --- | --- |
| 中国道德意志力状况 | （1）见义勇为的意志力状况；（2）伸张正义的意志力状况；（3）惩恶扬善的意志力状况；（4）追求道德理想的意志力状况 | （1）见义勇为的意志力状况：25%；（2）伸张正义的意志力状况：25%；（3）惩恶扬善的意志力状况：25%；（4）追求道德理想的意志力状况：25% | 社会调查与理论分析 | 关于中国道德意志力状况的社会调查报告 |

**微观指标体系之四：中国道德行为能力状况测评指标体系**

| 测评项目 | 测评内容 | 测评权重 | 测评方法 | 测评结果 |
| --- | --- | --- | --- | --- |
| 中国道德行为能力状况 | （1）行使道德权利的行为能力状况；（2）承担道德义务的行为能力状况 | （1）行使道德权利的行为能力状况：50%；（2）承担道德义务的行为能力状况：50% | 社会调查与理论分析 | 关于中国道德行为能力状况的社会调查报告 |

的空间。为了使上述指标体系变得更加明确、清晰，我们进一步作如下几点说明。

第一，我们在上述测评指标体系中使用的"道德"概念是指一种具有普遍适用性的道德，而不是指因人而异的道德。我们对"道德"所作的类型划分是根据人类生活领域可以划分为家庭生活领域、职业生活领域和公共生活领域的基本事实展开的。在我们看来，无论道德是以家庭道德、职业道德或公民道德的形式表现出来，它都会通过人们的道德信念、道德情感、道德意志力和道德行为能力四个方面表现出来。只要深入把握了这一点，我们就切实抓住了测评当今中国道德状况的主要内容。

第二，在家庭道德、职业道德和公民道德中，职业道德是介于家庭道德和公民道德之间的一种道德形式，也是最复杂的道德类型。世界上具有多少种职业，就具有多少种职业道德。在测评中国职业道德状况时，我们不可能面面俱到。我们的做法是选择教师道德、官员道德、医生道德、商业道德等四种最有典型代表意义的职业道德形式作为测评对象和内容。

上述四种职业道德之所以被称为最具有典型代表意义的职业道德形式，是因为它们的存在状况不仅对教师、官员、医生和商人这四种职业群体具有强有力的稳固作用，而且对当今中国社会的道德状况具有不容忽视的示范性影响。在人类社会中，教师、官员、医生和商人往往被视为应该进行道德垂范的人，他们的道德形象往往在社会上受到更多的关注，他们能否热爱道德、尊重道德和践行道德的事实也具有非常广泛的社会影响。教师道德、官员道德、医生道德和商人道德的好坏直接映照人类社会道德状况的好坏，因此，在运用上述测评指标体系测评中国道德状况时，它们理应成为测评的重点内容。

第三，在建构中观层面的家庭道德指标体系、职业道德指标体系和公民道德指标体系时，我们对道德信念、道德情感、道德意志力、道德行为能力等四个方面的权重分配遵循的是平均分配原则。在我们看来，完整的道德是道德信念、道德情感、道德意志力和道德行为能力所达到的高度统一；人类在道德信念、道德情感、道德意志力和道德行为能力这四个环节中的任何一个环节上乏力或缺失，他们的道德生活都可能受到深刻影响，甚至受到阻断性破坏。对于人类来说，道德信念、道德情感、道德意志力和道德行为能力同等重要，缺一不可。

第四，上述测评指标体系是由一个宏观指标体系、一个中观指标体系和一个微观指标体系构成的有机统一体，三个层级的指标体系环环相扣，相互贯通，它们之间是相辅相成的辩证关系；因此，如果要获得关于中国道德状况的总体评价，我们必须在综合运用三级指标体系的平台上来开展相关测评工作。具体地说，我们应该按照这样的思路来测评当今中国道德状况：将家庭道德、职业道德和公民道德作为当今中国道德状况的三个主要领域来看待，对其分别进行调查和测评，得出关于这些具体道德领域的测评结论，最后在此基础上对当今中国道德状况作出总体评价。

第五，上述测评指标体系是一个稳定的指标体系，它不应随着时间的变化而变化。这意味着，无论中国道德状况发生何种变化，该指标体系自始至终是固定的；换言之，它是一个适合于在任何时候对中国道德状况进行测评的指标体系，而不是一个仅仅能够满足一时之需的指标体系。

一个国家或社会的道德状况往往处于不断变动之中，但测评它的指标体系必须是稳定的。测评中国道德状况的指标体系犹如一个温度计。无论环境的温度如何变化，它都始终如一地保持着自己的存在状态。测评中国道德状况的指标体系应该是一个具有相对稳定性的标尺或标杆。

（本文作者为湖南师范大学道德文化研究院　向玉乔）

# 企业道德资本类型及其评估指标体系

企业资本是指进入生产过程并可以带来利润或收益的货币、实物、债权、企业文化和企业精神等生产性资源。而作为企业文化和企业精神的无形资本或精神资本中体现为企业及其员工道德觉悟和德行、道德性制度、"物化德性"等生产性道德资源即为道德资本。

作为生产性资源的道德资本与企业其他货币和实物等资本，除了有形和无形之区别以外，还有以下特点，一是货币和实物等资本在其投入生产过程并获得利润或收益时才能使得资本称其为资本，而道德作为企业及其员工道德觉悟和德行、道德性制度、"物化德性"等，只要生产活动启动，其资本作用及其特性就已生成。二是货币和实物等资本在生产过程中如遇到经营不景气或经济行为调整时可以撤出某一经济活动过程，而道德资本不存在撤出的问题，作为人的道德觉悟和德行、道德性制度、"物化德性"等，在企业经营过程中能对货币和实物等资本的投入起到指导、引导和约束的作用，就是在货币和实物等资本撤出时，道德资本还能起到督促理性撤资和理性再投资的作用。事实上，道德资本在企业经营过程中始终起着积极的促进作用。三是道德资本不能独立存在，它只有依附于实物资本才能发挥其精神资本作用，并由此促进道德性物质资本的形成。而实物资本可以独立存在，不过，实物资本的价值在很大程度上有赖于道德资本作用的发挥。四是道德资本需要在具体的行动中实现，正如西班牙学者西松所说："开发道德资本的关键，在于充分利用人类自身在行动、习惯以及性格这三个操作层面上所具有的动力。在这些层面中，行动是最基本的构成要素，可以被视为道德资本的基础货币。这就意味着，除非付诸行动或者产生结果，否则人类的活动将不具有道德上的意义。"① 还说:"道德资本主要依赖于行动,这意味着,首先,无论思想或者观念多么不可或缺,但它们本身都是不够的。领导力,或者个人或其所在组织的道德资本的增长,其本身并不是一种理论,而是一种艺术,一种实践。"② 他还特别强调,"道德资本由行动构成,这意味着,仅具有行动能力——或者仅能够依理智行事——是不够的。除此之外还需要真正地运用此种能力"③。

作为企业无形资本或精神资本的道德资本,尽管不可以量化,但可以依据企业道德行为及其道德现象进行评估。企业道德资本评估指标可以从以下四方面确认:一是企业道德理念,即企业对企业道德在思想观念上的认识和把握程度;二是企业道德制度,即企业道德转化为包括利益相关者在内的所有有关企业关心和尊重人的制度、清洁生产制度、诚信销售和服务制度等;三是企业主体道德觉悟,即企业领导、员工及企业外合作者体现为忠诚、关爱、诚信等的道德觉悟;四是企业生产经营的道德诉求,即企业在生产经营过程中面向用户的道德责任、道德要求和道德目的。

根据以上对道德资本的确认原则,结合我国企业实际道德建设状况,可以把道德资本分解为以下 8 种类型(即一级指标),一是企业道德理念与道德原则,即体现为企业在生产、经营、管理等过程中应有的道德境界和道德要求,以及道德境界和道德要求渗透其企业生产、经营、管理等过程的具体的道德指导、道德管理观念;二是道德性制度,即体现为企业人性关怀、和谐共治的规则;三是道德环境,即体现为企业员工在工作、生活中的被尊重、被关注的家庭式的和谐人际关系环境和道德文化浓厚的物化道德环境;四是道德忠诚,即体现为企业领导和员工、企业合作者对企业的向心度和奉献精神;五是产品道德涵量,即体现为企业产品在设计和生产过程中对用户的生产、生活、心理、生理等人性和道德需求的认识程度和贯彻程度;六是道德性销售,即企业产品在销售过程中对用户的责任承诺的兑现主动性和兑现程度;七是社会道德责任,即企业对包括国家、社会、同行、员工、顾客等在内的利益相关者所应该履行的义务;八是道

---

① [西班牙] 阿莱霍·何塞·G. 西松著:《领导者的道德资本》,于文轩、丁敏译,中央编译出版社 2005 年版,第 62 页。

② 同上书,第 84 页。

③ 同上书,第 85 页。

德领导与领导道德，即企业领导者自身的道德素质以及对员工及其家属的生、老、病、死的人性化的管理，等等。

在这 8 类企业道德资本评估的一级指标中，道德理念和道德原则是贯通其他 7 项指标的核心内容，由于有道德理念和道德原则的贯通，因此，各项一级指标之间也均存在着或多或少的联系和程度不一的关联度。尤其要指出的是，企业道德资本是综合性理念，它不以某项突出指标为依据来评估道德资本。事实上，一个企业的道德资本雄厚，它必定是意味着企业道德在各方面都建设得比较有成效，而且在企业生产、经营和职工生活等方面取得了比较明显的成效。

企业道德资本评估的 8 类一级指标中，又可分解成 100 项具应用和操作性的二级指标。根据 100 项二级指标中内容的有或无、好或差、高或低、强或弱、多或少等给予每项指标 0—10 分不等的分数（10 分为一个整数，有利于按比例打分，同时，打分拉开差距，有利于评估过程中提高可信度），满分 1000 分。按百分制得分（习惯性考量数字，有利于评估等级比较）＝实得总分÷10。

**企业道德资本评估指标**

| 一级指标 | 二 级 指 标 | 得分 |
| --- | --- | --- |
| 一、道德理念与道德原则 | 1. 企业发展宗旨 |  |
| | 2. 社会责任意识和目标 |  |
| | 3. 企业训条 |  |
| | 4. 企业诚信经营等价值观 |  |
| | 5. 企业内部以人为本的管理理念 |  |
| | 6. 企业职业道德规范及对职工品德养成要求 |  |
| | 7. 企业资产统计分析中的道德理念 |  |
| | 8. 企业产品设计、制造中的道德理念 |  |
| | 9. 经营（服务）道德规范 |  |
| | 10. 领导工作报告或工作安排中的道德建设内容 |  |
| | 11. 利益分配的公正、公开 |  |
| | 12. 公正、公平地对待利益相关者 |  |

续表

| 一级指标 | 二级指标 | 得分 |
|---|---|---|
| 一、道德理念与道德原则 | 13. 尊重、维护知识产权 | |
| | 14. 职工有尊严地工作、生活和交往 | |
| | 15. 企业领导的决策道德理念 | |
| 二、道德性制度 | 1. 职工培训制度 | |
| | 2. 健康体检制度 | |
| | 3. 节日加班加薪制度 | |
| | 4. 产假制度 | |
| | 5. 企业领导定期或不定期跟班作业制度 | |
| | 6. 企业财务公开制度 | |
| | 7. 企业经营业绩报告制度 | |
| | 8. 民主生活制度 | |
| | 9. 奖惩制度 | |
| | 10. 公开企业收益和职工收益制度 | |
| | 11. 同工同酬制度 | |
| | 12. 不用童工、保护女工制度 | |
| | 13. 企业职工晋级公示制度 | |
| | 14. 企业与员工签订劳动合同制度 | |
| | 15. 清洁生产制度 | |
| 三、道德环境 | 1. 宣传企业良好精神的网络、报纸、黑板报等阵地 | |
| | 2. 企业内外宣传标语或内容高尚的雕塑等 | |
| | 3. 企业人际关系的和谐度 | |
| | 4. 职工的安全保障度 | |
| | 5. 职工的工作环境舒适度 | |
| | 6. 职工的生活环境舒适度 | |
| | 7. 环境卫生与身体锻炼设施和环境 | |
| | 8. 生产、生活等事故的快速反应机制 | |
| | 9. 尊重职工人格、维护员工尊严的氛围 | |
| | 10. 职工对企业大家庭的认同度 | |

续表

| 一级指标 | 二级指标 | 得分 |
|---|---|---|
| 四、道德忠诚 | 1. 职工跳槽的数量或频率 | |
| | 2. 企业经济不景气时职工的共渡难关意识 | |
| | 3. 领导存在工作责任问题时职工正面提意见的积极性 | |
| | 4. 职工工作出现差错时对被罚的认同度 | |
| | 5. 职工关注企业发展前景 | |
| | 6. 职工关注企业领导的思想道德素质 | |
| | 7. 职工的主人翁意识 | |
| | 8. 拒绝商业贿赂 | |
| | 9. 职工参加集体活动的积极性 | |
| | 10. 职工加班加点的积极性 | |
| 五、产品道德涵量 | 1. 产品设计前进行顾客需求调查 | |
| | 2. 产品的人性化、环保性设计 | |
| | 3. 产品制造环节及其质量的检验 | |
| | 4. 产品综合质量检验 | |
| | 5. 产品款式的更新 | |
| | 6. 产品的安全性 | |
| | 7. 产品的耐用性 | |
| | 8. 产品的美观性 | |
| | 9. 产品的环保性、节约性包装 | |
| | 10. 产品中的次品处理方式 | |
| 六、道德性销售 | 1. 产品销售承诺 | |
| | 2. 人性化的产品使用说明书 | |
| | 3. 产品质量保证书 | |
| | 4. 产品保修时间的规定适当与否 | |
| | 5. 售后人性化服务 | |
| | 6. 企业问题产品的召回制度 | |
| | 7. 产品质量问题包退或包换 | |

续表

| 一级指标 | 二级指标 | 得分 |
| --- | --- | --- |
| 六、道德性销售 | 8. 对顾客的销售服务满意度的监测 | |
| | 9. 了解消费者对产品的意见或偏好 | |
| | 10. 产品广告的真实、科学、信誉度 | |
| 七、社会道德责任 | 1. 关注产品的社会评价 | |
| | 2. 对顾客投诉的反应和处理机制 | |
| | 3. 产品的质量信息公开 | |
| | 4. 不做假账 | |
| | 5. 重视保护生态环境 | |
| | 6. 参与慈善公益活动 | |
| | 7. 对利益相关企业的诚信度 | |
| | 8. 按章纳税 | |
| | 9. 经营遵纪守法，维护国家和社会利益 | |
| | 10. 对竞争对手是打压暗算还是坚持友好合作 | |
| 八、道德领导与领导道德 | 1. 领导管理职责和管理承诺 | |
| | 2. 领导准时上下班 | |
| | 3. 经常调研或检查生产、销售等情况 | |
| | 4. 关注生产或工作安全 | |
| | 5. 领导和职工一起劳动 | |
| | 6. 发挥工会组织的作用 | |
| | 7. 职工犯错误以教育为主 | |
| | 8. 关心残疾（生病）职工 | |
| | 9. 企业解雇员工的理由 | |
| | 10. 领导问候生病职工、祝贺职工生日等 | |
| | 11. 购买劳动和医疗等保险 | |
| | 12. 向家属通报职工工作、生活、学习等情况 | |
| | 13. 关心职工家属的生活、困难等情况 | |
| | 14. 企业领导团结、民主、有亲和力 | |
| | 15. 领导定期或不定期召开征求职工意见的座谈会 | |

续表

| 一级指标 | 二级指标 | 得分 |
| --- | --- | --- |
| 八、道德领导与领导道德 | 16. 不歧视女工或残疾工 | |
| | 17. 公正、公平考核员工 | |
| | 18. 了解社会责任管理体系 SA 8000 等国际规则 | |
| | 19. 成立道德委员会或设置道德协调员 | |
| | 20. 每年进行企业道德资本评估 | |

道德资本评估（百分制）得分：

需要指出的是，企业类型多样，涉及的具体企业又是千差万别，因此，道德资本评估指标会有差别。生产性企业大致可以按照以上道德资本评估指标来评估本企业的道德资本存量情况，但诸如商品经营、饮食、旅游、宾馆等服务性企业，在道德资本评估的 8 个一级指标的范围内，其二级指标的具体内容、表征及其提法会有所不同，不过，其宗旨是一致的。例如，"产品设计"，生产性企业主要通过产品设计让产品渗透进道德要素，服务性行业则主要通过服务项目设计让服务项目充分体现道德性，它们共同的目的是让使用者或消费者实现最佳的使用效果。再如，"道德环境"，有的大企业的空间范围之大，像个企业社会或企业城，道德环境从软件到硬件如何展示，本身就是一项系统工程。而有的服务性企业小到只有一个服务平台或一栋办公楼或一间办公室等，其环境道德设计就应因地制宜，要是只有一栋办公楼或一间办公室，那道德硬环境和道德软环境的设计就比较简洁一些，诸如进取的文化氛围、舒适的工作环境、和谐的人际关系、齐全的安全保障等。又如，"产品道德涵量"，以上表中内容的一些概念内涵和表征形式，生产性企业和服务性企业大不一样，有的企业无法照搬或通用。产品道德涵量在商品经营企业，应该表现在进货、销货、服务的严格检验制度和服务行为优化，真正实现最好性价比、最好服务和最好使用效果等；在饮食行业，应该表现在保证食品质量的前提下，对消费者的健康、口福的享受乃至生活质量的提升负责等；在旅游行业，应该表现在设计旅游产品过程中对游客的高度负责，设计出最科学、最经济、最有理性意味并能让游客满意的旅游路线等；在宾馆行业，应该表现在通过设计和服务，让人有宾至如归的家的感受等。特别要指出的是，新兴的互联网商业企业，其道德资本评估指标尤其是道德资本评估二级指标，在坚持道德资本一级评估指标基本理念的基础上，在保留以上直接可操作的二级指标的同时，要有以诚信为核心的适应这一特殊企业的新的内容和表征的设计。

同样，道德资本评估指标中的二级指标，其内容和表征表达方式上也会因企业经营的内容、特点、方式等不同而不同。如，"清洁生产"，在生产性企业可以主要表达为绿色生产等，在服务性企业尤其是商业互联网服务企业可以主要表达为最诚信、最好性价比服务等。还有，它们共同的内容和表征表达应该是在理念上趋善避恶、境界高尚等。再如，"产品的安全性"，这在不同的企业所设计或生产的产品有不同的安全要求。用来买卖的劳动产品，要注意运输和使用的方便和安全，而旅游产品则主要是游客在旅游过程中的生命财产的安全，至于饮食行业，那食品安全则是首要安全内容。再如，"企业问题产品的召回制度"，这对于生产性企业来说具有很强的针对性，而对于旅游行业，那就应该重在赔偿和旅游产品的设计应用总结和改进上面，当然，也不排除直接赔偿旅游产品等。

为此，我认为，我以生产性企业（一般来说，现代生产性企业活动包括生产、销售、服务等全过程，因此，在一定意义上生产性企业内涵服务性企业）为主所设计的道德资本一级评估指标，在基本理念上和范围上适用于所有企业，在道德资本二级评估指标上，只是在内容和表征表达方式上因企业不同而不同。要强调的是，不管什么企业，尽管其道德资本评估指标的内容和表征表达方式上因企业不同而不同，但其道德资本评估的主旨理念是一致的。

要进一步表明的是，我设计道德资本评估指标，其愿景一是主张对现代企业资产（资本）尤其是企业无形资产（无形资本）理念要有完整和完善的把握，其中，切不可忽视对企业道德资产（道德资本）的认识、培育和应用；二是为企业增加道德资本存量提供可操作性的指标、或条例、或行动方案；三是启迪企业能够在企业发展进程中充分树立道德资本意识，并以此促进企业不断取得新的更好的业绩。

（本文作者为南京师范大学公共管理学院　王小锡）

# 社会调查报告

社会调查是我们了解和把握中国道德状况的必要途径。它不仅可以为我们提供关于中国道德状况的第一手资料，而且可以为我们的伦理学理论研究提供实证支持。中国特色社会主义道德文化协同创新中心在 2015 年开展了五次社会调查，并在此基础上形成了五个调查报告，即湖南省大学生对社会主义核心价值观的认知状况调查报告、大学生网络共同体的道德现状调查报告、中国商务诚信调查报告和当代中国女性道德状况调查报告、我国师德状况调查报告。这五个社会调查报告能够从不同角度反映当今中国社会的道德状况。

# 湖南省大学生对社会主义核心价值观的认知状况调查报告

培育和践行社会主义核心价值观是我国当前实施文化强国战略、提高中华文化软实力和强化文化自信的关键，是当代中国人承续中华民族精神和凝聚时代精神的最重要环节，因此，它应该受到我国社会各界的高度重视。要大力推进社会主义核心价值观的培育和践行工作，我们不仅应该进行合理规划、精心组织和鼎力推动，而且应该对工作的效果进行科学合理的调查和评估。这是保证社会主义核心价值观的培育和践行工作真正接地气的重要一环。正是基于这种考虑，我们在2015年开展了一次关于湖南省大学生对社会主义核心价值观认知状况的社会调查，并依据调查结果撰写了此份调查报告。

## 一 调查设计与组织实施

1. 调查背景与原因

改革开放30多年，我国在经济体制改革、政治体制改革和文化体制改革方面均取得了巨大成就，但也遭遇了不少难题。随着改革开放进程的不断深化，最大的难题日益凸显出来。这就是社会主义核心价值观的建构问题。中国特色社会主义建设事业不能没有社会主义核心价值观的引领和导航，否则，它的推进就是盲目的。由于缺乏明确的社会主义核心价值观，我国进入改革开放时代之后出现了比较严重的价值观迷乱现象：先进的价值观和落后的价值观、中国的价值观和西方的价值观、传统的价值观和现代的价值观错综复杂地交织在一起，致使许多人在道德价值认识、道德价值判断、道德价值定位和道德价值选择上不知所措,甚至深陷困惑,更为严重的是,由于存在价值观迷乱问题,不少人在改革开放时代陷入了荣辱观错位的困境,他们将本质上光荣的事情当成耻辱的事情,却将本质上耻辱的事情当成光荣的事情。例如,有些人以奢侈浪费为荣,以勤俭节约为耻;以靠老啃老为荣,以自力更生为耻;以好逸享受为荣,以劳动创造为耻。这些问题在当代中国青少年当中表现得尤为突出、明显。这种社会现状使社会主义核心价值观的建构问题变得特别紧迫。

党中央高度重视社会主义核心价值观的建构问题。2012年,党的十八大报告正式提出了培育和践行社会主义核心价值观的三个"倡导"。对此,人们的反应参差不齐:有些人大力支持,称赞党中央的举措正当其时,认为三个"倡导"的出台是一件振奋党心、国心和民心的好事;有些人不置可否,立场模糊;有些人反应冷漠,摆出一副事不关己高高挂起的态度;有些人口出怨言,抱怨三个"倡导"内容过于复杂,难以记忆;有些人胡言乱语,对三个"倡导"妄加评论;……总之,众声喧哗,莫衷一是。这种复杂现实状况不仅使我国社会各界难以对社会主义核心价值观的培育和践行现状作出实事求是的研判,而且不利于我国社会各界进一步推进社会主义核心价值观的培育和践行工作。要解决这两个问题,行之有效的方法之一是开展社会调查。诉诸社会调查就是诉诸胜于雄辩的事实,就是让事实来说明社会主义核心价值观在当今中国的培育和践行现状,就是让事实来告诉我们培育和践行社会主义核心价值观的工作是否还有进一步推进的必要。

基于上述认识,中国特色社会主义道德文化协同创新中心、湖南师范大学道德文化研究院和湖南师范大学社会主义核心价值观研究院在2015年4月组织我国伦理学界和社会学界22位专家召开了专题研讨会,对如何开展关于社会主义核心价值观的社会调查问题展开了深入系统的研讨,并决定在湖南省大学生中间开展一次关于社会主义核心价值观认知状况的大型社会调查。与会专家学者一致认为,湖南省地处我国中部,拥有不同层次的高等院校100余所,湖南省高等院校在我国高校中间具有一定的代表性,湖南省大学生对社会主义核心价值观的认知情况能够在一定程度上反映我国培育和践行社会主义核心价值观的现状,因此,在湖南省大学生中间开展一次关于社会主义核心价值观认知状况的社会调查具有不容忽视的现实意义。

2. 调查的目的与内容

社会主义核心价值观属于道德价值观念的范围，是我国当前推进社会主义道德建设的工作重点，但它的培育和践行是一项社会系统工程，绝非一朝一夕之功，只能步步为营。因为它涉及道德认知、道德情感、道德意志、道德信念、道德行为等五个重要内容。从目前的实际情况来看，由于党中央的三个"倡导"出台不久，我国社会各界对社会主义核心价值观的培育和践行基本上处于认知阶段。基于这种认识，在设计和规划此次社会调查时，我们紧扣现实，将主题和主要目的局限于调查湖南省大学生对社会主义核心价值观的认知状况而非面面俱到。

此次社会调查以调查问卷的形式来进行。问卷的内容由31个问题构成，问题分属于个人基本信息、事实判断和价值判断三个板块，其中的第一个板块以调查被调查者的生源、性别、年级等个人信息为主要内容；第二个板块以调查被调查者对社会主义核心价值观内容的了解程度、了解渠道等为主要内容；第三个板块以调查被调查者对培育和践行社会主义核心价值观意义的认识等为主要内容。调查问卷的三个板块是通过融合伦理学理论和社会学理论的方式设计出来的，兼有伦理学和社会学理论依据。

3. 调查的组织与实施

此次社会调查由中国特色社会主义道德文化协同创新中心、湖南师范大学道德文化研究院和湖南师范大学社会主义核心价值观研究院联合牵头组织。湖南师范大学党委宣传部、组织部、社会科学处和学生工作处以及湖南大学、湖南工业大学、湖南商学院、南华大学等19所湖南省高等院校的学生工作处负责人参与了社会调查的规划和设计，湖南师范大学、湖南大学、湖南工业大学、湖南商学院、南华大学等20所湖南省高等院校的学生工作处具体负责发放和回收调查问卷。湖南师范大学道德文化研究院26名伦理学专业研究生负责调查问卷的信息整理和处理。调查问卷的理论分析由湖南师范大学道德文化研究院副院长、教授、博士生导师向玉乔和在读博士黄泰轲完成。

在本次社会调查中，我们共发放问卷20000份，最终回收18229份，回收率为91.1%。整个调查工作从2015年3月1日的筹备会议开始，于

6月30日结束，历时4个月。

#### 4. 调查对象与质量控制

此次社会调查的对象是湖南省高等院校学生。为了获取更多的信息并且保证信息的客观性、真实性，我们对湖南省高校进行了地域划分、层次划分、强势专业类型（如师范、农学、军校、医学等）划分，在充分考虑区域性、层次性、代表性等特征的基础上，最终决定以湖南师范大学、湖南大学、湖南农业大学、湖南商学院、长沙商贸旅游职院、湖南有色金属职院、湖南工业大学、湘潭大学、南华大学、湖南理工学院、湖南文理学院、常德职院、湖南人文科技学院、怀化学院、邵阳学院、湖南科技学院、湖南城市学院、湘南学院、吉首大学、张家界航空职院等20所湖南省高校的在读大学生作为此次社会调查的对象。参加此次社会调查的湖南省高等院校既有国家"985"工程、"211"工程重点建设高校，又有普通本科及专业特色鲜明的高职高专院校，范围涵盖了湘西、湘南、湘北及长株潭城市圈。

参加此次社会调查的对象的具体情况是：性别方面：男生占44.7%，女生占55.3%；年龄方面：18岁及其以下占20.8%，18—22岁占76.2%，22岁以上占3.0%；户籍方面：城镇户籍（指入学前家庭所在地为城镇和城市）占48.4%，农村户籍（指入学前家庭所在地为农村）占51.6%；年级方面：低年级大学生（指大学一、二年级学生）占87.4%，高年级学生（指大学三年级及其以上学生，包括硕、博士研究生）占12.6%；学校类型方面：重点本科院校的为16.3%，一般本科院校的为63.8%，高职高专院校的为19.9%；信仰方面：马克思主义信仰者占29.0%，非马克思主义信仰者（包括宗教信仰者和无信仰者）占71.0%；职务方面：学生干部（指正在担任和曾经担任过学生干部）占58.8%，非学生干部（指从未担任过学生干部）占41.2%；政治面貌方面：中共党员占11.4%，非党员占88.6%（见表1）。

为了保证此次社会调查的质量，调查组专门聘请了伦理学和社会学领域的专家学者设计调查问卷，并且对问卷发放者和回收者进行了专门培训。问卷回收之后，调查组又对参加数据录入和处理的研究生进行了专门培训。另外，信息处理和分析过程始终有伦理学和社会学专家在指导和把关。在向玉乔教授和黄泰轲起草完调查报告草案后，中国特色社会主义道德文化协同创新中心、湖南师范大学道德文化研究院和湖南师范大学社会主义核心价值观研究院的 24 位领导和专家在 2015 年 8 月 26 日召开专门研讨会，对草案提出了修改意见。整个社会调查经历了从组织实施到数据分析再到调查结论撰写的过程，在推进过程中，调查组力争做到周密严格、数据准确、结果有效。

表 1　　　　　　　样本概况　　　　　　　（％）

| 项目 | 取值 | 有效百分比 | 项目 | 取值 | 有效百分比 |
| --- | --- | --- | --- | --- | --- |
| 性别 | 男 | 44.7 | 信仰 | 马克思主义 | 29.0 |
|  | 女 | 55.3 |  | 非马克思主义 | 71.0 |
| 年龄 | 18 岁以下 | 20.8 | 学校类型 | 重点本科 | 16.3 |
|  | 18—22 岁 | 76.2 |  | 一般本科 | 63.8 |
|  | 22 岁以上 | 3.0 |  | 高职高专 | 19.9 |
| 户籍 | 城镇 | 48.4 | 职务 | 学生干部 | 58.8 |
|  | 农村 | 51.6 |  | 非学生干部 | 41.2 |
| 年级 | 低年级 | 87.4 | 政治面貌 | 中共党员 | 11.4 |
|  | 高年级 | 12.6 |  | 非党员 | 88.6 |

## 二　调查内容与调查数据

此次社会调查的主题或主要内容是湖南省大学生对社会主义核心价值观的认知状况。调查的具体内容和得到的数据如下。

一是湖南省大学生对社会主义核心价值观的总体关注和熟悉状况。

（1）表示关注（"非常关注"或"比较关注"或"一般关注"）社会主义核心价值观的大学生高达 80.0%，表示不太关注或很不关注社会主义核心价值观的大学生仅有 20.0%；表示了解（"非常了解"或"比较了解"或"一般了解"）社会主义核心价值观的大学生高达 77.7%，表示不太了解或不了解的学生仅占 22.3%。

（2）大学生关注和了解社会主义核心价值观的渠道具有多样性，排名前三位的渠道依次是网络（47.1%）、学校课程（19.3%）、广播/电视

(9.3%)(见图1)。

```
网络                    47.1%
学校课程                 19.3%
广播/电视                 9.3%
报纸/书籍/杂志             8.5%
海报/宣传栏                7.4%
讲座/讨论会/学习班/听报告     6.2%
日常交谈                  1.1%
家庭教育                  0.7%
其他                     0.4%
```

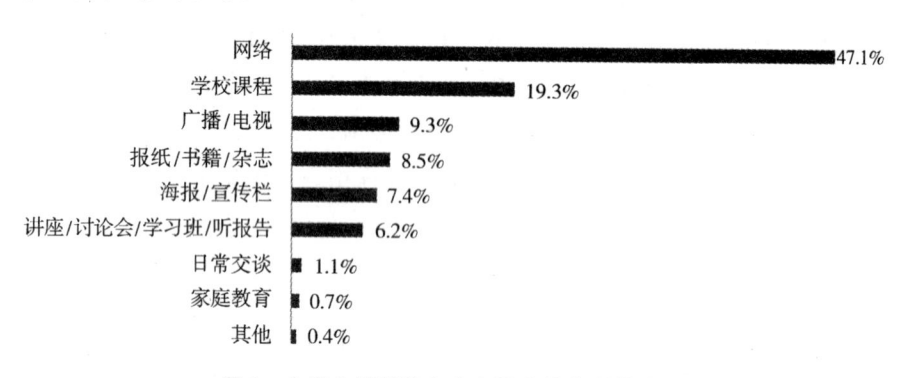

**图1 大学生了解社会主义核心价值观的途径**

(3) 大学生对社会主义核心价值观具体内容的基本认知情况是：72.4%的大学生明确表示知晓社会主义核心价值观，他们对社会主义核心价值观的具体内容知晓率最高的前三项内容依次是：民主（79.7%）、和谐（76.6%）、文明（75.5%），最低的后三项内容依次是：诚信（68.6%）、敬业（67.0%）、友善（64.6%）（见表2）。

**表2 大学生对社会主义核心价值观内容的基本认知** (%)

| 项目 | 肯定没有 | 好像有又好像没有 | 肯定有 | N |
| --- | --- | --- | --- | --- |
| a. 富强 | 12.4 | 12.2 | 75.4 | 17986 |
| b. 民主 | 11.3 | 8.9 | 79.7 | 18038 |
| c. 文明 | 12.0 | 12.4 | 75.5 | 17970 |
| d. 和谐 | 11.6 | 11.7 | 76.6 | 17976 |
| e. 自由 | 12.5 | 16.0 | 71.5 | 17933 |
| f. 平等 | 11.9 | 14.0 | 74.1 | 17950 |
| g. 公正 | 12.3 | 17.3 | 70.5 | 17878 |
| h. 法治 | 11.9 | 16.1 | 72.0 | 17894 |
| i. 爱国 | 12.0 | 14.6 | 73.5 | 17906 |
| j. 敬业 | 14.0 | 19.1 | 67.0 | 17863 |
| k. 诚信 | 13.4 | 17.9 | 68.6 | 17873 |
| l. 友善 | 15.1 | 20.2 | 64.6 | 17853 |

（4）大学生关注、了解社会主义核心价值观的群体差别特征是：无论是在较高关注度（"非常关注"和"比较关注"）方面还是在较高了解度（"非常了解"和"比较了解"）方面，男生比女生的比例高，高年级学生比低年级学生的比例高，重点院校学生比非重点院校学生比例高，马克思主义信仰者比非马克思主义信仰者的比例高，学生干部比非学生干部比例高，党员比非党员的比例高。仅从较高关注度这一项来看，男生（39.9%）比女生（30.6%）高出9.3个百分点，高年级学生（44.1%）比低年级学生（33.3%）高出10.8个百分点，重点院校学生（42.2%）比普通院校（包括一般本科院校和高职高专院校）学生（33.2%）高出9.0个百分点，马克思主义信仰者（55.2%）比非马克思信仰者（26.3%）高出28.9个百分点，学生干部（41.1%）比非学生干部（25.7%）高出15.4个百分点，党员（59.1%）比非党员（31.6%）高出27.5个百分点（见图2）。

| 类别 | 分组 | 比例 |
|---|---|---|
| 性别 | 女生 | 30.6% |
| 性别 | 男生 | 39.9% |
| 户籍 | 农村 | 33.4% |
| 户籍 | 城镇 | 36.0% |
| 年级 | 低年级 | 33.3% |
| 年级 | 高年级 | 44.1% |
| 学校类型 | 普通院校 | 33.2% |
| 学校类型 | 重点院校 | 42.2% |
| 信仰 | 非马克思主义 | 26.3% |
| 信仰 | 马克思主义 | 55.2% |
| 职务 | 非学生干部 | 25.7% |
| 职务 | 学生干部 | 41.1% |
| 政治面貌 | 非党员 | 31.6% |
| 政治面貌 | 党员 | 59.1% |

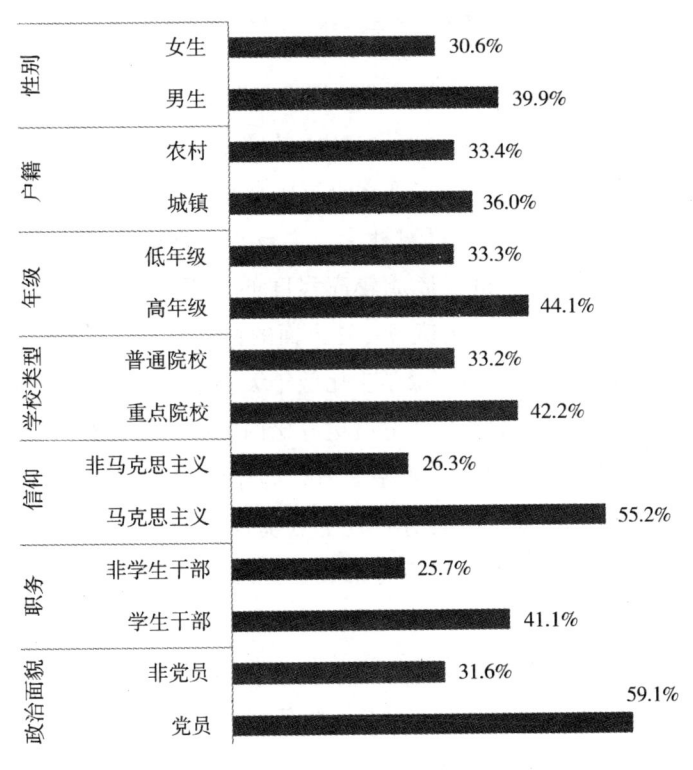

图2　大学生社会主义核心价值观认知度的群体差异

二是湖南省大学生树立社会主义核心价值观的自我认知情况。

(1) 19.0%的学生认为自己对社会主义核心价值观处于"初步接触阶段",44.1%的学生认为自己处于"形成初步印象阶段",24.7%的学生认为自己处于"保持记忆阶段",4.9%的学生认为自己处于"形成较高程度的认知阶段"。另外,7.3%的学生尚不能明确自己处于何种认知阶段(见图3)。

| 阶段 | 比例 |
|---|---|
| 形成初步印象阶段 | 44.1% |
| 保持记忆阶段 | 24.7% |
| 初步接触阶段 | 19.0% |
| 不知道 | 7.3% |
| 形成较高程度的认识阶段 | 4.9% |

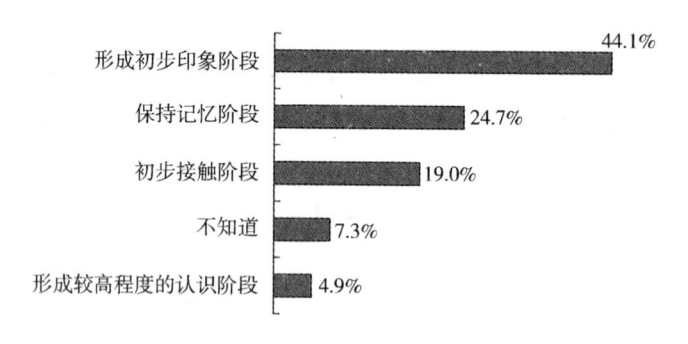

**图3 大学生对社会主义核心价值观的了解程度**

(2) 仅有约10%的学生表示"已经确立"社会主义核心价值观,接近30%的学生表示"还没有确立",60%的学生表示"正在确立",另有少量学生(2.5%)表示自己"确立的是其他价值观"。

(3) 有些大学生确信自己对社会主义核心价值观的了解处于较高水平("保持记忆阶段"和"形成较高程度的认识阶段"),并确信自己"已经确立"社会主义核心价值观。这方面的群体差别情况是:重点院校学生比非重点院校学生、高年级学生比低年级学生、马克思主义信仰者比非马克思主义信仰者、党员比非党员更有比例优势且优势较为明显。仅从表示了解核心价值观处于较高水平来看,高年级学生(35.4%)比低年级学生(28.9%)高6.5个百分点,重点院校学生(34.0%)比非重点院校学生(28.8%)高5.2个百分点,马克思主义信仰者(38.8%)比非马克思主义信仰者(25.9%)约高13个百分点,党员(36.2%)比非党员(28.7%)高7.5个百分点,差别较为明显。

三是湖南省大学生对社会主义核心价值观与个人价值观、个人日常生活等之间的关系问题的认知情况及其对社会主义核心价值观内容追求的认知情况。

（1）15%的学生表示社会主义核心价值观与个人价值观差异较大或很大，45.2%的学生表示社会主义核心价值观与个人价值观存在一定差异，39.8%的学生表示社会主义核心价值观与个人价值观差异较小或无差异。

（2）60.4%的学生认为社会主义核心价值观与个人日常生活有关系，4.1%的学生表示社会主义核心价值观与个人日常生活没有关系，35.5%的大学生认为社会主义核心价值观与他们的个人日常生活之间的关系不紧密或说不清。

（3）21%的大学生认为人们应该知晓和践行社会主义核心价值观的全部内容，56.1%的大学生认为人们应该知晓和践行社会主义核心价值观的大部分内容，14.3%的大学生认为人们应该知晓和践行社会主义核心观的一小部分内容，2.7%的大学生认为社会主义核心价值观的大部分内容不是人们应该知晓和践行的内容，5.9%的大学生表示"说不清"（见图4）。

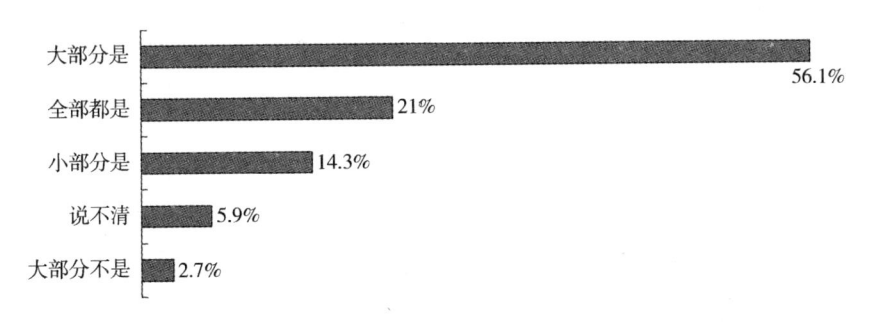

| 类别 | 百分比 |
| --- | --- |
| 大部分是 | 56.1% |
| 全部都是 | 21% |
| 小部分是 | 14.3% |
| 说不清 | 5.9% |
| 大部分不是 | 2.7% |

**图4 社会主义核心价值观是不是目前我们应该坚持与追求的**

（4）上述问题群体差异的具体情况是：在表示社会主义核心价值观与个人价值观有较大程度的差异（"差异很大"或"差异较大"）方面，男生（19.5%）比女生（11.3%）约高8个百分点，博士研究生（41.7%）比硕士研究生及本、专科大学生（14.8%）约高27个百分点，党员（27%）比非党员（15.1%）约高12个百分点，差别明显；在表示社会主义核心价值观与个人日常生活联系程度较高（"联系密切"或"联系较密切"）方面，马克思主义信仰者（77.2%）高出非马克思主义信仰者（53.4%）约24个百分点，学生干部（64.4%）比非学生干部（54.7%）约高出10个百分点，党员（70.8%）比非党员（60.4%）约高出10个百分点，差别也很明显；在对人们应该知晓和践行社会主义核心价值观内容的程度方面,选择"全部都是"和"大部分是"的女生（80.5%）比男生（73.1%）高出7.4个百分点,高年级学生（81.7%）比低年级学生（76.5%）约高5个百分点,重点院校学生（82.2%）比非重点院校学生（76.2%）高出6个百分点,非学生干部（79.1%）高于学生干部（74.2%）约5个百分点,差别较为明显。需要特别指出的是,在认为大部分社会主义核心价值观的内容是否应当追求的问题上,党员（77.9%）和非党员（77.1%）比例相当,但党员选择"全部都是"的比例高出非党员11个百分点。

另外,为了更好地了解大学生多元价值观的真实状况以及了解社会主义核心价值观与大学生日常生活的联系,本次调查,我们列举了一些社会上流行的价值观,供大学生评价（赞同与否）。详细情况见表3。

表3　大学生对一些社会上流行的价值观的评价

| 项目 | 很赞同（%） | 比较赞同（%） | 一般（%） | 不太赞同（%） | 不赞同（%） |
| --- | --- | --- | --- | --- | --- |
| a. 如果我自己没钱,国家再富有、再强大也没意思 | 18.3 | 17.9 | 19.8 | 20.2 | 23.8 |
| b. 不管实行什么制度,只要民富国强就行 | 15.4 | 18.9 | 16.7 | 25.9 | 23.1 |
| c. 现在贫富差距这么大,共同富裕只会离我们越来越远 | 15.3 | 17.7 | 23.0 | 22.0 | 22.1 |
| d. 政府官员应该多听取群众的意见 | 70.5 | 18.0 | 7.1 | 2.5 | 1.8 |
| e. 看到某些领导不顾群众意见一意孤行,我非常气愤 | 50.8 | 25.4 | 15.8 | 3.6 | 4.4 |
| f. 世界上真的有鬼神存在 | 10.9 | 8.6 | 23.7 | 14.6 | 42.2 |
| g. 维护和平是每个国家、每个人的责任 | 71.4 | 16.9 | 7.4 | 2.0 | 2.3 |
| h. 应该和身边的人友好相处 | 75.1 | 15.6 | 6.4 | 1.6 | 1.3 |
| i. 希望全世界各个国家、民族之间能够和平共处 | 72.9 | 16.1 | 7.5 | 1.9 | 1.5 |
| j. 个人利益应当服从国家和集体利益 | 47.4 | 27.7 | 17.2 | 1.7 | 2.9 |

续表

| 项目 | 很赞同（%） | 比较赞同（%） | 一般（%） | 不太赞同（%） | 不赞同（%） |
|---|---|---|---|---|---|
| k. 毕业后就业到祖国最需要的地方去 | 22.0 | 24.5 | 34.8 | 10.0 | 8.6 |
| l. 虐待小动物是件小事，没什么大不了的 | 10.1 | 7.0 | 9.0 | 14.7 | 59.3 |
| m. 盗窃他人财物的行为应该受到法律制裁 | 56.4 | 17.4 | 9.0 | 5.9 | 11.2 |
| n. 只要自己生活安定幸福，国家大事对我来说不太重要 | 8.1 | 7.6 | 13.3 | 25.1 | 46.0 |
| o. 振兴中华民族是科学家和政治家的事情，与我无关 | 6.1 | 5.9 | 11.0 | 22.9 | 54.1 |
| p. 如果将来有钱，就没有必要辛勤工作了 | 7.3 | 7.9 | 11.5 | 22.2 | 51.2 |
| q. 现在生活好了，没有必要艰苦奋斗了 | 11.4 | 7.0 | 9.4 | 20.6 | 51.7 |
| r. 讲信用是我做人的原则 | 61.9 | 17.1 | 7.5 | 5.1 | 8.5 |
| s. 如果撒谎会让我获得利益且不被揭发，我会这样做 | 10.3 | 8.6 | 17.3 | 20.9 | 42.9 |
| t. 如果别人考试作弊没人管，我也会跟着作弊 | 13.9 | 10.1 | 19.2 | 18.2 | 38.6 |
| u. 团结互助是一种可贵的品质 | 73.8 | 14.2 | 6.4 | 2.2 | 3.3 |
| v. 我愿意在别人有困难时给予帮助 | 70.2 | 19.4 | 7.2 | 1.6 | 1.6 |

四是湖南省大学生对培育和践行社会主义核心价值观的必要性、重要性、现状及前景的认知情况。

（1）71.2%的大学生明确表示"任何社会制度的国家都有其自身的核心价值观"，认为社会主义核心价值观对国家、社会、个人比较重要或很重要的人数比例分别是95.1%、94.5%、87.2%。

（2）82.9%的大学生认为较有必要或很有必要宣传社会主义核心价

值观,4.4%的大学生认为宣传社会主义核心价值观的必要性不大或没有必要,12.7%的大学生认为宣传社会主义核心价值观的必要性一般或说不清。

(3) 62.8%的大学生认为我国目前倡导的社会主义核心价值观比较完善或很完善,认为不完善或很不完善的仅占11.9%,认为一般或说不清楚的占25.3%。

(4) 18.2%的大学生认为建设社会主义核心价值观的受益者是"一部分人",43.9%的大学生认为"大部分人"能从中受益,37.9%的大学生认为"全国人民"能从中受益。

(5) 73.8%的大学生对我国培育和践行社会主义核心价值观的前景持积极看好的态度,持消极不看好态度的大学生仅有6.6%,表示"不关心"的大学生占到19.6%。

(6) 上述问题的群体差别情况是:各类学生中,认为社会主义核心价值观有较高重要性("很重要"或"比较重要")的比例集中在90.3%(男生)到95.7%(马克思主义信仰者)之间,差别不大;除马克思主义信仰者(92.2%)远超非马克思主义信仰者(79.1%)约13个百分点外,其余各类学生认可宣传社会主义核心价值观的较高必要性("有必要"或"很有必要")的比例集中在80.1%(非学生干部)到84.9%(成绩排名前10%者)之间,差别不大;在对社会主义核心价值观较高完善性("比较完善"和"很完善")的认识上,高年级学生(67.8%)比低年级学生(62.1%)高出5.7个百分点,重点院校学生(68.9%)比普通院校学生(61.6%)高出7.3个百分点,马克思主义信仰者(75.5%)比非马克思主义信仰者(57.7%)远高17.8个百分点,学生干部(66.5%)、党员(71.6%)分别高于非学生干部(57.5%)、非党员(61.8%)9个和9.8个百分点,差别明显;在认为建设社会主义核心价值观的受益者是"全国人民"上,马克思主义信仰者(46.9%)和农村户籍学生(40.9%)与其他类别学生(均未超过40%)差别明显;在对培育和弘扬社会主义核心价值观前景持"积极"态度的比例上,马克思主义信仰者(84.9%)比非马克思主义信仰者(69.3%)高15.6个百分点,学生干部(76%)比非学生干部(70.7%)高5.3个百分点,差别明显,其余各类学生所占比例在72.0%(城镇户籍学生)和75.8%

(女生)之间，差别不明显。

五是湖南省大学生对社会主义核心价值观对大学生生活的影响和作用的认知情况。

（1）认为影响较大或很大的占44.6%，认为影响不大或没有影响的占18.7%，认为一般或说不清的占36.7%。

（2）表示作用很大的占25.2%，表示作用有限的占57.7%，表示无作用的占8.4%，表示不了解的占8.7%。

（3）在看待社会主义核心价值观是否对大学生生活有影响和作用的问题上，马克思主义信仰者（60.3%）高出非马克思主义信仰者（38.1%）约22个百分点，成绩排名前10%的学生（52.6%）比成绩排名后10%的学生（42.7%）高出近10个百分点，学生干部（48.5%）比非学生干部（39.1%）高出9.4个百分点，党员学生（61.7%）比非党员学生（42.4%）高出19.3个百分点。

六是湖南省大学生培育和践行社会主义核心价值观的意愿情况。

（1）70.6%的大学生表示比较愿意或非常愿意培育和践行社会主义核心价值观，5.4%的大学生表示不太愿意和不愿意培育和践行社会主义核心价值观，24%的大学生表示培育和践行社会主义核心价值观的愿望不强烈或者是模糊的。

（2）在是否愿意培育和践行社会主义核心价值观问题上，马克思主义信仰者与非马克思主义信仰者、成绩排名前10%者与成绩排名在前10%之后者、学生干部与非学生干部、党员学生与非党员学生之间差别尤为明显。

七是湖南省大学生对培育和践行社会主义核心价值观的重点人群、影响因素、有效途径等问题的认知情况。

（1）大学生认为培育和践行社会主义核心价值观的重点人群依次为党政机关干部（32.7%）、青少年学生（30.6%）、社会公众人物（24.2%）。具体情况见图5。

（2）大学生认为影响培育和践行社会主义核心价值观的因素依次为社会的整体道德风尚（41.1%）、多元价值观的冲击（21.0%）、网络文化的冲击（9.4%）。具体情况见图6。

（3）在对培育和践行社会主义核心价值观的有效途径的认知方面：

| 党政机关干部 | 32.7% |
| 青少年学生 | 30.6% |
| 社会公众人物 | 24.2% |
| 教师 | 5.2% |
| 其他 | 2.6% |
| 医生 | 1.9% |
| 农民 | 1.8% |
| 商人 | 1.0% |

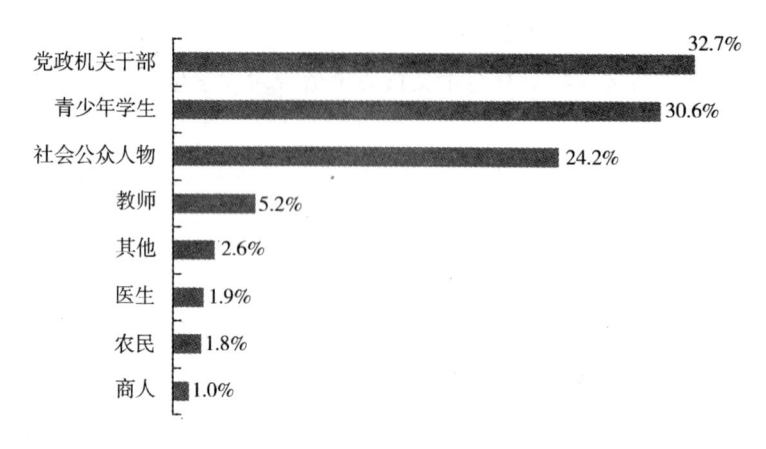

**图 5　培育和践行社会主义核心价值观的重点人群**

| 社会的整体道德风尚 | 41.1% |
| 多元价值观的冲击 | 21.0% |
| 网络文化的冲击 | 9.4% |
| 价值观的教育方法 | 8.6% |
| 个人的主观意愿 | 6.6% |
| 个人的切身利益考虑 | 5.6% |
| 大学生群体间影响 | 4.8% |
| 西方社会思潮的影响 | 2.3% |
| 其他 | 0.6% |

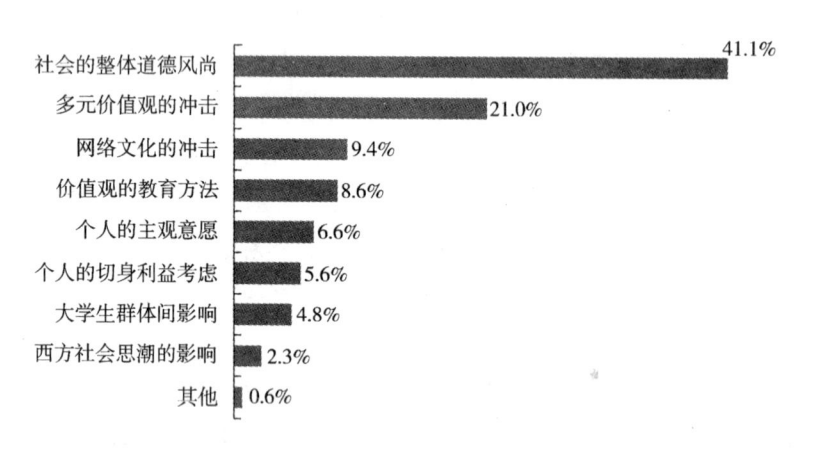

**图 6　影响大学生确立社会主义核心价值观的最主要因素**

大学生认为培育和践行社会主义核心价值观的主要途径依次为参加精神文明创建活动（24.7%），加强社会环境建设（17.0%），课堂讲授（14.6%）。具体情况见图 7。

（4）上述问题的群体差别情况是：在看待培育和践行社会主义核心价值观的重点人群、影响因素、有效途径等问题上，大学生的选择呈多元化特征，各类学生和各个选项之间区别不明显。我们以 5 个百分点为区别明显的统计标准，区别明显人群及区别明显选项如下：在重点人群问题上，高年级学生选择"党政干部"（38.6%）比低年级学生（31.8%）高出 6.8 个百分点，低年级学生选择"青少年学生"（31.2%）比高年级学生（25.9%）高出 5.3 个百分点，马克思主义信仰者选择"青少年学生"

| 参加精神文明创建活动 | 24.7% |
| 加强社会环境建设 | 17.0% |
| 课堂讲授 | 14.6% |
| 组织全国道德模范或知名学者讲座 | 12.2% |
| 组织红色旅游 | 8.5% |
| 开展辩论、演讲比赛活动 | 7.5% |
| 树立道德模范 | 7.4% |
| 媒体宣传 | 6.4% |
| 其他 | 1.7% |

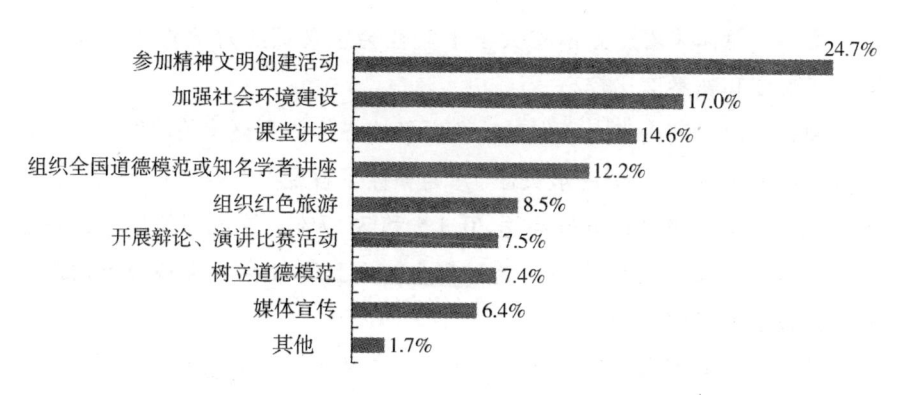

图 7　引导大学生确立社会主义核心价值观的有效途径

（36.1%）比非马克思主义信仰者（28.5%）高出 7.6 个百分点，非党员选择"青少年学生"（31.4%）比党员（25.0%）高出 6.4 个百分点；在影响因素问题上，男生选择"多元价值观的冲击"（24.2%）比女生（18.2%）多 6 个百分点，女生选择"社会的整体道德风尚"（43.8%）比男生（37.9%）多近 6 个百分点，党员学生选择"多元价值观的冲击"（26.5%）比非党员学生（20.2%）多 6.3 个百分点；在有效途径问题上，高年级学生选择"加强社会环境建设"（21.3%）比低年级学生（16.3%）多 5 个百分点，重点院校学生（23.0%）选择"加强社会环境建设"比非重点院校学生（15.6%）多 7.4 个百分点，党员选择"课堂讲授"（19.2%）比非党员（14.0%）多出 5.2 个百分点，非党员选择"加强社会环境建设"（17.6%）比党员（12.4%）多出 5.2 个百分点。

## 三　调查结论与建议

此次社会调查使用的问卷主题很集中，但内容很丰富，能够反映湖南省大学生对社会主义核心价值观的认知状况。在获取此次社会调查的全部信息之后，调查组组织了来自伦理学、社会学、心理学等学科领域的专家学者对信息进行了深入系统的理论分析，得出了调查结论，并在此基础上提出了一些建议。

1. 调查结论

此次社会调查得出的结论如下：

第一，总体来看，湖南省大学生对社会主义核心价值观的总体关注度、了解度和熟悉度比较高。

调查显示，湖南省大学生对社会主义核心价值观整体关注度（"非常关注"、"比较关注"、"一般关注"）与整体了解度（"非常了解"、"比较了解"、"一般了解"）分别高达80.1%和77.7%，这说明他们不仅普遍知道"社会主义核心价值观"这一概念，而且对社会主义核心价值观普遍有比较多的了解。

第二，湖南省大学生对自己认知社会主义核心价值观的水平的认识严重偏低。

在对社会主义核心价值观了解程度的自我认知问题上，湖南省大学生普遍比较谨慎。调查显示，表示自己对社会主义核心价值观的了解程度达到"形成较高程度的认知阶段"的大学生仅有4.9%。可见，绝大多数湖南省大学生对自己是否真正认知社会主义核心价值观缺乏反思和评判，这与他们处于价值观形成阶段的年龄特征、心理特征和思想特征是相吻合的。

第三，湖南省大学生对社会主义核心价值观具体内容的熟悉度有待于进一步提高。

（1）湖南省大学生对社会主义核心价值观内容的整体认可度比较高。调查显示，有62.8%的大学生认为社会主义核心价值观很完善或比较完善，77.1%的大学生认为大部分（其中有21.0%的学生认为全部）社会主义核心价值观的内容是我们应该坚持与追求的。

（2）湖南省大学生对社会主义核心价值观具体内容的知晓度偏低。调查显示，没有一项社会主义核心价值观的具体内容能得到大学生的普遍明确知晓，大学生对社会主义核心价值观每项具体内容的平均知晓（"肯定有"）率为72.4%，约有30.0%的大学生对社会主义核心价值观的具体内容不熟悉。

（3）湖南省大学生对社会主义核心价值观三个层面内容的认知不平衡。他们对社会主义核心价值观国家层面内容（民主79.7%、和谐76.6%、文明75.5%、富强75.4%）的知晓程度远高于其对社会主义核心价值观个人层面内容（爱国73.5%、诚信68.6%、敬业67.0%、友善64.6%）的知晓程度。这种状况符合心理学"首因效应"理论。首因效应本质上是一种优先效应，人们因信息输入顺序不同而对信息的重视、注意、加工程度不同，当不同的信息结合在一起的时候，人们总是倾向于重视前面的信息，即使人们同样重视了后面的信息，也会认为后面的信息是非本质的、偶然的。

上述情况暗示我们，社会主义核心价值观的具体内容过于复杂，并且涉及国家、社会和个人之间的复杂关系，不便于人们记忆，这是造成大学生对社会主义核心价值观三个层面内容的认知不平衡的根源。

第四，湖南省大学生认知社会主义核心价值观的途径具有多样化特征。

（1）湖南省大学生认知社会主义核心价值观的途径呈现多样性特征，排在前三位的途径依次是网络、学校课程、广播/电视。网络对大学生了解社会主义核心价值观起着首要的渠道作用。调查表明，47.1%的学生是通过网络了解社会主义核心价值观的。

（2）湖南省大学生希望借助于社会实践活动了解和熟悉社会主义核心价值观的愿望非常强烈。在如何"引导大学生确立社会主义核心价值观的有效途径"问题上，湖南省大学生认为排在前三位的途径依次是：参加精神文明创建活动（24.7%），加强社会环境建设（17.0%），课堂讲授（14.6%）。可见，湖南省大学生更多地希望从道德实践来获取道德知识。

第五，湖南省大学生对社会主义核心价值观的认知感受具有"两高一低"的特点。

调查显示，首次接触到"社会主义核心价值观"一词时，表示感兴趣或想了解的大学生占66.1%，60.4%的大学生认为社会主义核心价值观与自己日常生活有联系，44.6%的大学生认为社会主义核心价值观对自己的日常生活影响较大或很大，25.2%的大学生表示社会主义核心价值观对自己日常生活作用很大，70.6%的大学生表示比较愿意或非常愿意践行社会主义核心价值观。总体来看，湖南省大学生对社会主义核心价值观的认知感受呈现"两高一低"的特点，即学习热情高，践行热情高，但他们对社会主义核心价值观实际作用和效果的评价偏低。

第六，湖南省大学生对我国培育和践行社会主义核心价值观的必要性的认可度比较高，对自身在培育和践行社会主义核心价值观中所担责任有着较为清醒的认识。

（1）大学生高度评价社会主义核心价值观对个人（87.2%）、社会（94.5%）、国家（95.1%）的作用，高度认可（82.9%）党和政府宣传社会主义核心价值观的必要。

（2）在培育和践行社会主义核心价值观的受益人群上，大学生分歧明显。认为"大部分人"和"全国人民"的各占43.9%、37.9%，尽管如此，但超过八成（80.4%）的大学生对培育和践行社会主义核心价值观的结果仍持积极态度。

（3）大学生对培育和践行社会主义核心价值观的现状及自身的引领作用和所担责任有着较为清醒的认识。大学生认为，社会的整体道德风尚（41.1%）、多元价值观（21.0%）及网络文化的冲击（9.4%）是影响培育和践行社会主义核心价值观的最主要因素，而党政机关干部（32.7%）、青少年学生（30.6%）及社会公众人物（24.2%）是培育和践行社会主义核心价值观的最主要人群。

第七，湖南省大学生对社会主义核心价值观的认知具有比较明显的群体性差别。

（1）低年级学生对社会主义核心价值观的关注、了解和知晓水平明显低于高年级学生。调查显示，低年级学生对社会主义核心价值观的关注、了解和知晓水平比高年级学生低近11个百分点，差距明显。

（2）马克思主义信仰者、学生干部、党员学生是大学生培育和践行社会主义核心价值观的中坚力量。调查显示，马克思主义信仰者、学生干部、党员学生对社会主义核心价值观的关注、了解和知晓程度普遍较高，他们普遍认为社会主义核心价值观与个人日常生活的联系紧密，普遍认为党中央倡导的社会主义核心价值观在内容上是完善的，普遍相信培育和践行社会主义核心价值观有利于中国社会的发展，因此，他们培育和践行社会主义核心价值观的意愿普遍强于非马克思主义信仰者、非学生干部和非党员学生。仅在了解社会主义核心价值观方面，马克思主义信仰者比非马克思主义信仰者、学生干部比非学生干部、党员学生比非党员学生分别高出26.4、13.9、24.4个百分点，差距明显。

（3）调查还显示，博士研究生、学生干部、党员学生表示社会主义核心价值观与自身价值观存在差异的比例比非博士研究生、非学生干部、非党员学生分别高出27、2、12个百分点,这个现象值得我们进一步关注。虽然宗教信仰者比非宗教信仰者更认为社会主义核心价值观与自己的价值观存在着较大程度的差异,但是我们也看到,约有65%的宗教信仰者明确表示愿意学习和践行社会主义核心价值观。这表明,培育和践行社会主义核心价值观,实现国家富强、民族兴旺、个人发展,是包括宗教界人士在内的全体中华儿女的共同梦想。

2. 对调查结论的认识与建议

调查显示,湖南省大学生对党中央提出培育和践行社会主义核心价值观的三个"倡导"的反应和态度是积极的,他们普遍能够比较深刻地认识到社会主义核心价值观对国家、社会、个人的重要意义,普遍有学习和了解社会主义核心价值观的浓厚兴趣,普遍有培育和践行社会主义核心价值观的较强意愿,普遍看好培育和践行社会主义核心价值观的现状和前景。这些总体情况在一定程度上说明,我国当代大学生并不是有些人所想象的那种消极无为、不思进取、自私自利、缺乏远见、道德败坏的群体;相反,他们普遍具有积极向上的人生态度,普遍具有活跃的思想,普遍关心国家和社会的发展状况,普遍能够比较深刻地意识到自己对国家和社会肩负的责任,普遍能够对党和政府倡导的正确思想给予支持;然而,由于他们目前正处于需要积累社会生活经验、培养思维方式、提高认识水平、树立思想和锻造价值观念的年龄阶段,他们对社会主义核心价值观的认知也不可避免地存在一些不足和缺陷。综合这两个方面的情况,我们提出如下建议。

第一,从社会主义核心价值观在湖南省大学生中间得到较高认知的总体情况来看,我们认为我国社会各界应该进一步增强价值观自信。

调查显示,无论是在思想上还是在实际生活上,社会主义核心价值观都没有和青年学生的学习和生活发生抵牾;相反,它的具体内容还获得了近八成大学生的肯定。这说明,社会主义核心价值观与当代中华民族推进中国特色社会主义事业的时代要求相契合,与中华优秀传统文化和人类文明优秀成果相承接,符合中国人的思想、生活的实际,具有广泛的群众基础和旺盛的生命力。我国社会各界应该对培育和践行社会主义核心价值观增强信心,即树立价值观自信。尽管一些大学生认为社会主义核心价值观尚有不完善之处,但绝大多数青年学生对培育和践行社会主义核心价值观的现状和前景仍然持积极、乐观、肯定态度,其比例高达80.4%。这暗示,我们在培育和践行社会主义核心价值观过程中所遇见的不足是暂时的、可以克服的,也是能够得到广大社会民众理解的。2014年5月4日,习近平总书记在与北京大学师生座谈时指出:"实现中国梦,必须增强道路自信、理论自信、制度自信,'千磨万击还坚劲,任尔东西南北风'。而这'三个自信'需要我们对核心价值观的认定作支撑。"我们认为,青年大学生对社会主义核心价值观的高度自信是当代中华民族展现"三个自信"的重要基础,我们应该进一步涵养好这一基础,并致力于让广大青年大学生明白:社会主义核心价值观体现了党中央对中国特色社会主义道路的深刻认识,体现了中国特色社会主义理论的突破与创新,体现了我国社会各界对中国特色社会主义制度的更深把握。因此,包括当代中国大学生在内的中华民族应该进一步增强道路自信、理论自信、制度自信和文化自信,特别是应该进一步增强价值观自信。

第二,从湖南省大学生认知社会主义核心价值观的总体情况来看,我们建议进一步加大对社会主义核心价值观的宣传力度,并致力于建立培育和践行社会主义核心价值观的长效机制。

(1) 社会主义核心价值观教育是当代中国大学生的必修课。湖南省大学生对社会主义核心价值观有较高程度的认知,但存在的问题也很明显,其中最明显的问题有两个:一是很多大学生对社会主义核心价值观的内容还不够熟悉,少数人甚至对社会主义核心价值观感到陌生;二是很多大学生对社会主义核心价值观的丰富内涵还缺乏把握,尤其是对社会主义核心价值观建立在国家、社会和个人三个层面的原因、意义等缺乏认识,因此,他们对培育和践行社会主义核心价值观问题的认识和理解明显缺乏系统性、全面性和深刻性。针对这种情况,我们认为在大学生中间进一步加强社会主义核心价值观教育是十分必要的。

(2) 只要教育方法得当,大学生就容易接受社会主义核心价值观。湖南省大学生对宣传社会主义核心价值观的方法要求高,这要求高校在推进社会主义核心价值观教育方面一定要注重教育方法的改革创新。在宣传社会主义核心价值观的方法上,教育者应该把社会主义核心价值观贯穿到日常形势宣传、成就宣传、主题宣传、典型宣传、热点引导和舆论监督中,以达到弘扬主旋律、传播正能量的目的;应该通过专题培训、座谈、演讲、论坛、辩论等丰富多彩的形式拓展社会主义核心价值观学习的载体；应该通过红色微博、微故事、微视频、微影片等新媒体形式创新社会主义核心价值观的传播途径。

（3）要有对大学生长期进行社会主义核心价值观教育的思想准备。此次社会调查显示，明确表明自己"已经确立"社会主义核心价值观的大学生不足一成，六成多的大学生表示自己对社会主义核心价值观处于了解、树立过程中。这表明，社会主义核心价值观的培育和践行是一个长期过程，我们应使之常态化：建设思路常态化，不搞"政绩工程"、"速成模板"；建设进程常态化，不搞"临时突击"、"定期达标"；建设方法常态化，不搞"运动式"、"一刀切"，要放眼长远、从长计议，稳扎稳打、步步为营，锲而不舍、久久为功。

第三，从湖南省大学生对社会主义核心价值观具体内容的认知现状来看，我们建议加强社会主义核心价值观各项具体内容的理论阐释，重视对社会主义核心价值观三个层面关系的理论解释，尤其是要更加注重解释社会主义核心价值观的个人层面内容以及社会主义核心价值观对个人生活的重要意义，以让广大社会民众更加切实地感受到社会主义核心价值观对自己的好处和意义。

（1）对社会主义核心价值观具体内容的宣传应该宣讲结合。在宣传社会主义核心价值观时，教育者不能只"宣"不"讲"，要注重对社会主义核心价值观具体内容的讲解和把握，深刻解读社会主义核心价值观的丰富内涵和实践要求，要让大学生整体地理解其重要意义和价值。

（2）对社会主义核心价值观具体内容的宣传应该体现理论联系个体实际的特点。在宣传社会主义核心价值观时，要将培育和践行社会主义核心价值观与公民个人美德的形成紧密结合起来。个人美德的形成对国家富强、社会和谐起着十分重要的推动作用，社会主义核心价值观的具体内容也都要转化为个体德行并通过个体德行才能践行、表现。因此，要加强大学生道德教育、强化大学生的道德训练，培养大学生的正义感、责任感、使命感，增强大学生的是非观念和道德判断能力，帮助大学生建立内心的道德原则，让大学生更加充分地认识到社会主义核心价值观对个人的重要性。只有这样，培育和践行社会主义核心价值观才具有更为深厚的根基，大学生培育和践行社会主义核心价值观也才具有更为强大的动力。

第四，从湖南省大学生对社会主义核心价值观认知途径的情况来看，我们建议加强研究培育和践行社会主义核心价值观的途径和方式。

（1）我们不能想当然地认为大学生会以某种途径来了解和接受社会主义核心价值观。大学生对社会主义核心价值观的认知有多种途径，但他们中的绝大多数人并没有将课堂教学当成主要途径，这不仅说明高校教学在传播社会主义核心价值观方面是不成功的，而且说明高校传播社会主义核心价值观的功能还没有充分发挥出来。这是我们在培育和践行社会主义核心价值观方面应该进一步研究的重大课题。

（2）很多大学生是通过网络来了解和熟悉社会主义核心价值观的，因此，我们建议重视建设社会主义核心价值观的网上传播阵地。把社会主义核心价值观体现到网络宣传、网络文化、网络服务中，用正面声音和先进文化占领网络阵地。应吸引广大学生自发参与到网上思想政治教育活动中来。注重学生参与的自主性、积极性；注重网络产品的丰富性，紧密依靠学生开发形式多样的网络文化产品，如"最美一瞬"、"最美青年"、"自强之星"摄影活动、微信征集、微视频征集、微故事征集等；注重网络教育的引导性，利用手机报、微信平台等大学生易接触的媒介定期开展热点话题引导、好书导读、经典电影推荐等活动，对学生进行正面引导；注重网上教育的实效性，贴近学生生活、贴近学生需求，切实增强社会主义核心价值观传播教育工作的吸引力。

（3）很多大学生是通过社会实践来了解和熟悉社会主义核心价值观的，因此要注重发挥社会实践在推动大学生培育和践行社会主义核心价值观方面的重要作用。具体地说，应该完善社会主义核心价值观的实践教育教学体系，开发实践课程和活动课程，加强实践育人基地建设，打造大学生校外实践教育基地、高职实训基地、青少年社会实践活动基地，组织青少年参加力所能及的生产劳动和爱心公益活动、益德益智的科研发明和创新创造活动、形式多样的志愿服务和勤工俭学活动；深化公民道德宣传日活动，组织道德论坛、道德讲堂、道德修身等活动；引导青年大学生积极参加到美丽中国、文明城市、文明村镇、文明学校、文明家庭等创建活动及其他的礼仪礼节活动中来，积极培育一批在实践服务方面事迹突出的优秀学生团队及一批在校内外有影响的德育实践品牌，推进实践育人常态化、科学化，引导学生知行并进，自觉践行社会主义核心价值观。

第五，从湖南省大学生对培育和践行社会主义核心价值观群体的期待来看，我们建议加强重点人群的社会主义核心价值观教育，同时加强社会道德环境建设。

（1）大学生对培育和践行社会主义核心价值观的群体有自身的认识和理解。较多大学生认为党政机关干部、青少年学生和社会公众人物在培育和践行社会主义核心价值观方面起着重要的引领作用。因此，我们建议加强对这三类重点人群的核心价值观教育，要求党政干部、青少年学生、社会公众人物做培育和践行社会主义核心价值观的模范，以优良党风、政风、学风、行风带动民风的改善，从而实现社会风气的总体好转。

我们尤其建议将官德建设作为培育和践行社会主义核心价值观的最重要道德阵地来加以重视。领导干部在社会上具有特殊社会地位，他们的言行具有广泛的社会影响力，对老百姓具有上行下效的示范效应。"官德正，则民风淳，国家兴；官德毁，则民风降，国家衰。"官德的好坏影响整个社会的道德风尚，影响整个国家的道德状况。社会主义核心价值观的培育和践行需要广大领导干部以高尚的道德品质来引领。习近平总书记对此多有强调，他在中央政治局第十三次集体学习时说："榜样的力量是无穷的，广大党员、干部必须带头学习和弘扬社会主义核心价值观，用自己的模范行为和高尚人格感召群众、带动群众。"为了更好地发挥党员干部在培育和践行社会主义核心价值观中的引领作用，我们建议，在领导干部中大力提倡"为民、务实、清廉"之风，坚决惩治腐败，坚持以德为先的考评导向，出台更严密、更科学的举措加强干部道德考核。

（2）大学生认为社会道德环境建设对社会主义核心价值观的培育和践行有深刻影响。此次社会调查显示占调查人数比重比较大的女生、农村户籍学生、本、专科大学生、普通院校学生、非党员等都将"社会的整体道德风尚"作为影响培育和践行社会主义核心价值观的最重要因素来看待，因此，我们建议在培育和践行社会主义核心价值观上进一步加大社会道德环境的建设和治理。这种建议与中共中央在《关于培育和践行社会主义核心价值观的意见》中提出的要求相一致：把培育和践行社会主义核心价值观落实到经济发展实践和社会治理中，经济发展要做到讲社会责任、讲社会效益、讲守法经营、讲公平竞争、讲诚信守约，形成有利于弘扬社会主义核心价值观的良好政策导向、利益机制和社会环境；要把社会主义核心价值观贯彻到依法治国、依法执政、依法行政实践中，落实到立法、执法、司法、普法和依法治理各个方面，用法律的权威来增强人们培育和践行社会主义核心价值观的自觉性；把践行社会主义核心价值观作为社会治理的重要内容，融入制度建设和治理工作中，形成科学有效的诉求表达机制、利益协调机制、矛盾调处机制、权益保障机制，最大限度地增进社会和谐。

第六，从湖南省大学生本身认知社会主义核心价值观的群体特征看，我们建议加强对低年级学生的核心价值观教育，并积极发挥马克思主义信仰者、学生干部、党员大学生等先进群体在培育和践行社会主义核心价值观中的模范带头作用。

（1）在培育和践行社会主义核心价值观方面，大学生存在群体差异。青年大学生尤其是低年级学生正处于价值观形成的关键时期，因此，我们建议加强对他们的核心价值观引导和教育。低年级大学生入学不久，他们中的许多人需要经过努力才能从中学阶段的学习和生活习惯转入大学阶段的学习和生活习惯，因此，他们更需要正确价值观的引导。如果教育者能够很好地利用这一契机加强对低年级大学生的核心价值观教育，其教育更容易取得实际效果。

（2）在培育和践行社会主义核心价值观方面，大学生的先进群体应该发挥示范作用。调查显示大学生中间的马克思主义信仰者、学生干部、党员对社会主义核心价值观的认知程度普遍较高，因此，我们建议进一步加强对这些大学生群体的核心价值观教育，并充分发挥他们在高校大学生中间培育和践行社会主义核心价值观的模范带头作用。应该说，高校大学生中间的马克思主义信仰者、学生干部、党员学生是大学生群体中学业、能力、思想较为突出、较为先进者，他们在培育和践行社会主义核心价值观方面的表现也往往更加突出。因此，要在大学生中间培育和践行社会主义核心价值观，教育者应该将这些大学生群体作为重点群体来对待，并且应该推动他们发挥示范作用，以带动普通大学生群体增强培育和践行社会主义核心价值观的积极性。

第七，从湖南省大学生对社会主义核心价值观的现实需要来看，我们建议社会主义核心价值观的培育和践行应该更多地接地气、人气。

九成以上学生认可社会主义核心价值观的重要性，八成以上学生

（82.9%）认可宣传社会主义核心价值观的必要性，六成以上学生（62.8%）认可社会主义核心价值观的完善性，但仅有近四成的学生（37.9%）认为培育和践行社会主义核心价值观可以让全国人民受益，这说明培育和践行社会主义核心价值观在理想与现实之间尚存在不小的差距。我们建议，我国社会各界在培育和践行社会主义核心价值观的过程中应该致力于缩小理想与现实之间的距离。具体地说，我们应该将培育和践行社会主义核心价值观的过程与广大人民群众的现实利益诉求紧密联系起来，进一步贯通社会主义核心价值观与个人生活、工作的联系，建设民主国家、公正社会，培养诚信公民，让广大社会民众深切地感到培育和践行社会主义核心价值观的好处，拓展培育和践行社会主义核心价值观的受惠面，从而使培育和践行社会主义核心价值观的工作能够真正地接地气和人气。

第八，从湖南省大学生培育和践行社会主义核心价值观的行为特征来看，推动我国社会各界切实践行是保证社会主义核心价值观的培育和弘扬卓有成效的根本所在。在社会主义核心价值观对自身的影响性与作用性的感受上，大学生的评价相差近20个百分点。这一事实启示我们，说得好不如做得好，践行社会主义核心价值观比宣传社会主义核心价值观更重要。在培育和践行社会主义核心价值观问题上，我们应该将重点放在对社会主义核心价值观的践行上。宣传社会主义核心价值观固然重要，因为如果宣传不够，我们就不能推动广大社会民众将社会主义核心价值观内化于心，但如果我国社会各界对社会主义核心价值观践行不够，社会主义核心价值观本身就容易变成口号化、有名无实、有花无果的东西。我们认为，社会主义核心价值观就好比一棵根深叶茂的大树，践行社会主义核心价值观就是栽培这棵大树的过程，只有践行得更多更好，大树之根才能扎入深土，大树之枝叶才能繁茂。

## 结　语

由中国特色社会主义道德文化协同创新中心、湖南师范大学道德文化研究院、湖南师范大学社会主义核心价值观研究院等单位联合开展的此次社会调查是一次组织得当、规模宏大、覆盖面广、代表性强和现实针对性明确的调查。组织者对社会调查进行了周密的设计和规划，对调查问卷的设计、发放、回收、处理、分析等环节都做了认真、细致的安排,对参与社会调查的工作人员进行了严格培训,并且得到了伦理学和社会学界的专家学者的全程指导,因而具有组织得当的特点。此次社会调查共发放 20000 份问卷,回收 18229 份问卷,问卷来自湖南省 20 所高校,体现了规模宏大和覆盖面广的特点。社会调查以湖南省大学生作为调查对象,能够在一定程度上反映我国大学生乃至当代中国人对社会主义核心价值观的认知情况,因而是一次有代表性的社会调查。我国对社会主义核心价值观的培育和践行目前主要处于认知阶段,揭示我国社会各界对社会主义核心价值观的认知状况具有不容忽视的现实意义和价值,因而此次社会调查具有很强的现实针对性。

任何一个国家的发展都需要核心价值观的引领。当今中国正在强国崛起的大道上迈进,它对核心价值观的呼唤就显得更加紧迫。从某种意义上说,中央提出培育和践行社会主义核心价值观的三个"倡导"是我国在推进中国特色社会主义建设事业方面取得的最重大成就。它不仅标志着中华民族在经历近代屈辱历史之后真正开始重拾价值观自信,而且预示着中华民族实现伟大复兴的光明前景。一个强大中国的崛起必须以中华民族的价值观自信作为强力支撑。中华民族的价值观自信是当代中华民族展现道路自信、理论自信、制度自信和文化自信的内在动力,也是当代中华民族维护国际正义必不可少的伦理基础。

大学生是时代的弄潮儿,他们的所思所想和所作所为昭示当今中国的现实,更映照当今中国的未来。此次社会调查的结果在一定程度上表明,当代中国大学生并不是仅仅追求电子游戏、QQ 视频、微信聊天、花哨服饰等时尚的群体,而是一个有理想、有追求、有道德价值观念、有责任担当意识的群体。他们站在追求时尚的前沿,同时也站在担当社会责任的前沿。他们注重自身的道德修养,也关心国家和社会的进步。这样一个正在茁壮成长的群体是我们可以寄托希望的群体,是我们值得依托的群体。在我国社会各界大力培育和践行社会主义核心价值观的今天,我们不能忽略大学生群体。鼓励他们做社会主义核心价值观的培育和践行者是当今中国推进社会主义核心价值观建设工作的一个重点,理应受到我国社会各界的高度重视。

(本文作者为湖南师范大学道德文化研究院　李民　向玉乔　黄泰轲)

# 大学生网络共同体的道德现状调查报告

根据大学生网络共同体的特征，大学生网络共同体是具有共同信念、共同价值、共同目标、共同规范和共同兴趣爱好的大学生网络群体。大学生QQ群、微信、微博是当前大学生普遍使用和密集交流平台，这些群体都有可能成为共同体的前奏，它如果按照共同体的特征目标发展，有些群会逐渐演化成为共同体。大学生QQ群、微信、微博是大学生网络共同体的具体表现形式，具有大学生网络共同体的特征，它是大学生网络共同体，具有一定典型性。因此，本研究设计问卷时主要围绕大学生QQ群、大学生微信、大学生微博的道德现状进行。

本调查以广西高校为例，对11所高校进行问卷调查，其中本科院校9所，高职高专2所，随机抽取在校大学生，调查共发出学生问卷2200份，回收问卷1980份，回收率为90.0%；有效问卷为1970份，有效回收率为89.5%；发出教师问卷300份，回收问卷260份，回收率为86.7%；有效问卷为256份，有效回收率为85.3%。为了保证调查问卷抽样的科学性，按照以下原则发放问卷，一是文科和理工科各一半；二是男女比例各一半，涉及每个年级。请辅导员组织现场发放，请学生认真阅读问卷后，按实际情况如实、客观填写，所有项目做到尽量勿漏填。问卷填写完毕后由辅导员当场回收，清点份数。辅导员的问卷由各高校学工部组织现场发放、填写和回收。调查问卷回收之后，对所得数据运用SPSS软件分别做描述性分析。此外还现场访谈了20名学生和10名学生辅导员。

对于学生调查问卷设计的说明：

1.1—9题，个体特征变量，反映大学生基本情况。

2.10—24题，大学生使用QQ群的道德现状。其中10—13题测量大学生使用QQ群情况；14—17题测量大学生在QQ群的公德行为；18—19

题反映大学生在 QQ 群遇到的严重道德问题；20—23 题，测量大学生对 QQ 群的道德态度；24 题，调查大学生 QQ 群道德问题的原因。

3.25—34 题，大学生使用微信的道德现状。其中，25—30 题，测量大学生使用微信的基本情况；31—34 题，调查大学生使用微信产生的道德问题。

4.35—42 题，大学生使用微博的道德现状。其中，35—37 题，测量大学生使用微博的基本情况；38—42 题，调查大学生使用微博产生的道德问题。

5.43 题，QQ 群、微信、微博共同存在的道德问题。

6.44—48 题，反映大学生网络道德问题的总体现状。

7.49 题，开放题，测量大学生对网络道德问题的思考。

## 一 大学生 QQ 群共同体道德现状调查与分析

### （一）大学生使用 QQ 群情况

多数大学生使用 QQ 群。表 1 表明，在 1965 名大学生中，有 1877 人使用 QQ 群，占被访人数 95.5%；而不使用 QQ 群的人数为 88 人，只占被访人数 4.5%。

表 1　　　　　　　　大学生是否使用 QQ 群

|  | 频率 | 有效百分比（%） | 累积百分比（%） |
| --- | --- | --- | --- |
| 使用 | 1877 | 95.5 | 95.5 |
| 不使用 | 88 | 4.5 | 100.0 |
| 合计 | 1965 | 100.0 |  |

大学生一般加入几个 QQ 群呢？表 2 表明，在 1874 名大学生中，加入 1—2 个 QQ 群的人有 106 人，占被访人数 5.5%；加入 3—4 个 QQ 群的人有 221 人，占被访人数 11.4%；加入 5—9 个 QQ 群的人有 510 人，占被访人数 26.2%；加入 10 个及以上 QQ 群的人有 1037 人，占被访人数 53.4%。这说明超过一半以上的大学生加入的 QQ 群数有 10 个以上，大学生加入的 QQ 群相对较多。

表 2　　　　　　　　　　大学生加入几个 QQ 群

| | 频率 | 有效百分比（%） | 累积百分比（%） |
|---|---|---|---|
| 1—2 个 | 106 | 5.5 | 5.5 |
| 3—4 个 | 221 | 11.4 | 16.9 |
| 5—9 个 | 510 | 26.2 | 43.1 |
| 10 个及以上 | 1037 | 53.4 | 96.5 |
| 合计 | 1874 | 100.0 | |

大学生加入的 QQ 群一般是什么性质的群？表 3 表明，大学生加入的 QQ 群分别有班级群、专业学习群、社团群、交友群、购物群等，其中 31.8% 的大学生加入班级群、25.3% 的大学生加入社团群、20.7% 的大学生加入专业学习群、16.7% 的大学生加入交友群、2.9% 的大学生加入购物群。这说明，大学生加入的 QQ 群以大学生活、专业学习为主。

表 3　　　　　　　　　　大学生 QQ 群性质统计

| | 对应 N | 百分比（%） | 累积百分比（%） |
|---|---|---|---|
| 加入班级群 | 1698 | 31.8 | 31.8 |
| 加入专业学习群 | 1106 | 20.7 | 52.5 |
| 加入社团群 | 1354 | 25.3 | 77.8 |
| 加入交友群 | 895 | 16.7 | 94.5 |
| 加入购物群 | 153 | 2.9 | 97.4 |
| 加入其他群 | 140 | 2.6 | 100 |
| 总计 | 5346 | 100.0 | |

在个案访谈中，绝大多数被访大学生都表明他们经常使用 QQ 群，这与问卷调查结果基本趋于一致。

一名大一新生 L 说："随着 QQ 的广泛使用，我有很多 QQ 群，有些是班级群，有些是生活娱乐群，初中时已开始使用QQ群，主要是班级QQ群，至今已使用5年多时间了。"一名大三学生F说："初一时开始玩QQ群，已经用了8年了。"一名大四学生M说："高中开始用QQ，有6年Q龄了。"大学生使用QQ群主要是用于传达学校事务、工作交流、休闲娱乐、聊天交友，等等。一名大三学生N说："我平时在QQ群聊工作多一点，因为在学生会3年，我们平时主要靠QQ或是短信联系，交流工作上的一些事情。比如学生会有什么活动要开展、开会通知、工作安排表等，都会在群里面讨论或公布。"一名大二学生C说："我的QQ群有同学群、社团群、爱好群（共同爱好，如骑车、爬山、露营、打球等）、学习群等。QQ群聊的话题各种各样，社团工作、旅游、摄影、美食、打球都有。"一名大一学生Y说："我的QQ群有班级群和老乡群，班级群聊学习、生活、社团活动工作等各个方面，老乡群的话题多一点，一般什么都聊。"一名被访辅导员H老师也说："学生在班级QQ群主要是看一些活动通知，他们偶尔会聊一些关于学习和生活方面的话题，女生一般对生活、工作、心情这些话题聊得比较多。有些女生周末出去玩然后回来后会把沿途的一些风景图或者是一些美食图发到QQ上。"

**（二）大学生QQ群道德描述**

1. 大学生对QQ群的道德态度

大学生对QQ群的道德态度可以分为三种：对QQ群说话聊天的态度、对QQ群发送信息的态度、看待QQ群成员的态度。表4是大学生对QQ群说话聊天的态度情况。它反映出：在1867名被访大学生中，认为在QQ群说话聊天可以不受道德约束的人有134人，占被访人数7.2%；认为在QQ群说话聊天也要受道德约束的人有1733人，占被访人数92.8%。这说明绝大部分大学生都认同在QQ群说话聊天的道德制约性。当然，这只是总体情况，不同大学生对QQ群说话聊天的态度是否存在有显著差异呢？表5对不同大学生的QQ群说话态度进行了比较。

表4　　　　　　　　大学生对QQ群说话聊天的态度

|  | 频率 | 有效百分比（%） | 累积百分比（%） |
|---|---|---|---|
| 在QQ群说话聊天可以不受道德约束 | 134 | 7.2 | 7.2 |
| 在QQ群说话聊天也要受道德约束 | 1733 | 92.8 | 100.0 |
| 合计 | 1867 | 100.0 |  |

表5表明，不同性别、家庭背景的大学生对QQ群说话聊天的态度有显著差异（Sig.<0.05），是否为独生子女的大学生对QQ群说话聊天的态度也有显著性差异（Sig.<0.05），而不同政治面貌的大学生对QQ群说话聊天的态度没有显著差异。其中，女大学生比男大学生、农村生源大学生比城市生源大学生、非独生子女大学生比独生子女大学生更倾向于在QQ群说话聊天也要受道德约束的态度。

表5　　　　　　　不同大学生对QQ群说话聊天态度的比较

|  | 性别（%） || 政治面貌（%） || 家庭城乡背景（%） || 是否独生子女（%） ||
|---|---|---|---|---|---|---|---|---|
|  | 男 | 女 | 中共党员 | 非中共党员 | 农村生源 | 城市生源 | 是 | 否 |
| 在QQ群说话聊天可以不受道德约束 | 11.2 | 3.7 | 7.8 | 6.5 | 6.0 | 9.2 | 10.1 | 6.3 |
| 在QQ群说话聊天也要受道德约束 | 88.8 | 96.3 | 92.2 | 93.5 | 94.0 | 90.8 | 89.9 | 93.7 |
|  | Sig.=.000 || Sig.=.464 || Sig.=.009 || Sig.=.007 ||

表6是大学生对QQ群发送信息的态度情况。它反映出：在1875名大学生中，认为QQ群发送的信息大部分不可信的人有115人，占6.1%；认为QQ群发送的信息大部分可以相信的人有617人，占32.9%；认为QQ群发送的信息有一半可以相信的人有241人，占12.9%；认为QQ群发送的信息是否可信要依据不同QQ群而定的人有902人，占48.1%。这说明，大学生对QQ群发送的信息持谨慎态度。

表 6　　　　　　　　大学生对 QQ 群发送信息的态度

| | 频率 | 有效百分比(%) | 累积百分比(%) |
|---|---|---|---|
| 大部分信息不可信 | 115 | 6.1 | 6.1 |
| 大部分信息可以相信 | 617 | 32.9 | 39.0 |
| 有一半信息可信，另一半信息不可信 | 241 | 12.9 | 51.9 |
| 依不同的群而定 | 902 | 48.1 | 100.0 |
| 合计 | 1875 | 100.0 | |

那么，不同大学生对 QQ 群发送信息的态度是否有显著差异？表 7 表明，不同性别的大学生对 QQ 群发送信息的态度有显著差异（Sig. < 0.05），其中，女大学生比男大学生对 QQ 群发送信息的态度更加谨慎；而不同政治面貌、不同家庭城乡背景的大学生对 QQ 群发送信息的态度没有显著性差异，是否为独生子女大学生对 QQ 群发送信息的态度也没有显著性差异。

表 7　　　　　　不同大学生对 QQ 群发送信息态度的比较

| | 性别（%） || 政治面貌（%） || 家庭城乡背景（%） || 是否独生子女（%） ||
|---|---|---|---|---|---|---|---|---|
| | 男 | 女 | 中共党员 | 非中共党员 | 农村生源 | 城市生源 | 是 | 否 |
| 大部分信息不可信 | 8.8 | 3.5 | 5.0 | 6.2 | 5.8 | 6.6 | 6.9 | 5.8 |
| 大部分信息可以相信 | 34.0 | 31.7 | 36.1 | 31.6 | 33.4 | 31.9 | 30.5 | 33.7 |
| 有一半信息可信，另一半信息不可信 | 15.1 | 11.1 | 15.1 | 12.7 | 11.7 | 14.9 | 15.6 | 12.1 |
| 依不同的群而定 | 42.1 | 53.7 | 43.8 | 49.5 | 49.1 | 46.6 | 47.0 | 48.4 |
| | Sig. = .000 || Sig. = .284 || Sig. = .191 || Sig. = .160 ||

表 8 是大学生对 QQ 群成员的态度情况。它表明，在 1878 名大学生中，认为多数 QQ 群成员可以互相信任的人有 578 人，占 30.8%；认为少

数 QQ 群成员可以互相信任的人有 330 人，占 17.6%；认为只有个别 QQ 群成员可以信任的人有 107 人，占 5.7%；认为 QQ 群成员是否值得信任要依据不同的 QQ 群而定的人有 863 人，占 46.0%。这说明，大学生在看待 QQ 群成员的信任问题上比较理性，多数持谨慎态度。

表 8　　　　　　　　大学生如何看待 QQ 群成员

|  | 频率 | 有效百分比(%) | 累积百分比(%) |
|---|---|---|---|
| 多数 QQ 群成员可以互相信任 | 578 | 30.8 | 30.8 |
| 少数 QQ 群成员可以互相信任 | 330 | 17.6 | 48.3 |
| 只有个别 QQ 群成员可以信任 | 107 | 5.7 | 54.0 |
| 依不同的群而定 | 863 | 46.0 | 100.0 |
| 合计 | 1878 | 100.0 |  |

那么，不同大学生对 QQ 群成员的态度是否有显著差异？表 9 表明，不同性别的大学生对 QQ 群成员的态度有显著差异（Sig. < 0.05），其中，女大学生比男大学生对 QQ 群成员的态度更加理性、谨慎；而不同政治面貌、不同家庭城乡背景的大学生对 QQ 群成员的态度没有显著性差异，是否为独生子女大学生对 QQ 群成员的态度也没有显著性差异。

表 9　　　　　　　不同大学生看待 QQ 群成员态度的比较

|  | 性别（%） || 政治面貌（%） || 家庭城乡背景（%） || 是否独生子女（%） ||
|---|---|---|---|---|---|---|---|---|
|  | 男 | 女 | 中共党员 | 非中共党员 | 农村生源 | 城市生源 | 是 | 否 |
| 多数 QQ 群成员可以互相信任 | 31.2 | 30.4 | 31.4 | 30.7 | 30.4 | 31.2 | 31.3 | 30.6 |
| 少数 QQ 群成员可以互相信任 | 21.6 | 13.9 | 23.2 | 16.5 | 16.2 | 20.0 | 17.5 | 17.6 |
| 只有个别 QQ 群成员可以信任 | 5.5 | 5.6 | 6.4 | 5.6 | 6.1 | 4.9 | 6.7 | 5.4 |
| 依不同的群而定 | 41.7 | 50.1 | 39.0 | 47.2 | 47.3 | 43.9 | 44.5 | 46.4 |
|  | Sig. = .000 || Sig. = .045 || Sig. = .111 || Sig. = .752 ||

在个案访谈中，多数被访大学生都认为QQ群属于公共场合，应遵守道德规范，不应该从事违反道德规范的行为。

一名被访大一学生L说："QQ群是一个公共场合，有些话语不能随便乱说。"一名被访大二学生认为："我不能接受QQ群上经常性地发表一些失德的话语，因为这会给大学生带来消极的影响。看到的话我会坚决抵制，或者会提醒那些说失德话语的同学，让他不要这样做。"一名被访大三学生Y说："大学生在QQ群说话聊天也应该遵守道德规范，因为网络传播速度快、传播范围广，如果在网络上说一些失德的话语，很容易造成负面的影响。青少年，尤其是大学生很容易受到网络上一些过激言论的影响。一件小事情，可能因为网络上某些人别有用心的言论而演变成大事情，我个人认为这很不好。"一名被访大四学生认为："不能接受别人在QQ群上经常性地发表一些失德的话语，这本来就是不好的行为。"也有少数被访大学生认为QQ群的一些失德行为可以接受。一名被访大二学生X说："某种程度上是可以接受的，我个人觉得别人说什么与我无关，我只要管好自己就可以了。"一名被访大三学生H说："某种程度上是可以接受的，我觉得有时候言行很容易受环境、受心情影响，如果心情不好真的会说一些出人意料的话语的。"一名被访辅导员H老师也说："学生偶尔会在班级QQ群上发发牢骚，站在自己的角度说一些话，尤其是有一些对自己无益的活动或者是觉得学校的一些做法并没有迎合自己的意愿，就会随心说一些自己想说的话语，我觉得这是学生的本质，他们没有注意到这是公共场合，只是想发表一些自己的心声，同时也希望博得别的同学的支持。"

### 2. 大学生在QQ群上的道德行为

大学生在QQ群上的道德行为是怎样的？我们通过大学生在QQ群上是否说脏话、是否说黄色笑话、是否发黄色图片、是否发送虚假信息、是否转发不知真假的信息来测量大学生在QQ群上的道德行为。

表10表明，在1867名大学生中，认为其所在班级QQ群经常有人说

脏话的人有 182 人，占 9.7%；认为其所在班级 QQ 群偶尔有人说脏话的人有 1477 人，占 79.1%；认为其所在班级 QQ 群从未有人说脏话的人有 208 人，占 11.1%。这说明，大学生在班级 QQ 群上说脏话的现象比较普遍，但不是很频繁。

表 10　　　　大学生班级 QQ 群是否有人说脏话

|  | 频率 | 有效百分比（%） | 累积百分比（%） |
| --- | --- | --- | --- |
| 经常有人说脏话 | 182 | 9.7 | 9.7 |
| 偶尔有人说脏话 | 1477 | 79.1 | 88.9 |
| 从未有人说脏话 | 208 | 11.1 | 100.0 |
| 合计 | 1867 | 100.0 |  |

表 11 表明，在 1877 名大学生中，认为其所在班级 QQ 群经常有人说黄色笑话的人有 111 人，占 5.9%；认为其所在班级 QQ 群偶尔有人说黄色笑话的人有 1186 人，占 63.2%；认为其所在班级 QQ 群从未有人说黄色笑话的人有 580 人，占 30.9%。这说明，大学生在班级 QQ 群上说黄色笑话的现象比较普遍，但少于说脏话的情况，在频率上也没有那么频繁。

表 11　　　　大学生班级 QQ 群是否有人说黄色笑话

|  | 频率 | 有效百分比（%） | 累积百分比（%） |
| --- | --- | --- | --- |
| 经常有人说黄色笑话 | 111 | 5.9 | 5.9 |
| 偶尔有人说黄色笑话 | 1186 | 63.2 | 69.1 |
| 从未有人说黄色笑话 | 580 | 30.9 | 100.0 |
| 合计 | 1877 | 100.0 |  |

对于在 QQ 群上是否说一些失德话语，一些被访大学生表示从未在 QQ 群上说失德话语。

一位被访大二学生 L 说："在 QQ 群上不会说失德的话语，一般女孩子都挺乖的。"一位被访大三学生 N 说："我不会在 QQ 群上说失德话语，我认为是这不恰当的，所以也不会说。"一位被访大四学生 Q 说："我认为说一些认为是失德的话语是很不文明的行为的，所以也不会说。"也有少数被访大学生认为 QQ 群可以缓解不良情绪，在心情不好时偶尔会在 QQ 群上说一些失德话语。一名被访大一学生 D 说："在 QQ 群上偶尔会骂一些网络红语，比如有时候心情不好的话会骂你妹。"一名被访大三学生 E 说："偶尔会说失德话语，有时候心情不好的时候情绪特别难控制。"一名被访大四学生 F 说："偶尔会讲，有时候和群里的好友观念意见不一致时，或者是针对一些问题看法不一样时，偶尔会骂脏话，但脏话的程度不算很高，一般都只是骂'他妈的'或者是'贱人'。"一位被访辅导员 L 老师也说："有些学生在 QQ 群上偶尔讲'他妈的'、'你妹的'等网络用语。例如发放国家奖助学金的事情，由于种种原因没能及时发放，就曾引起一些同学的不满，同学们就以匿名的形式在班级 QQ 群里说一些失德的话语，对学校的办事效率颇有微词。"

表 12 反映出，在 1877 名大学生中，认为其所在班级 QQ 群经常有人发黄色图片的人有 79 人，占 4.2%；认为其所在班级 QQ 群偶尔有人发黄色图片的人有 746 人，占 39.7%；认为其所在班级 QQ 群从未有人发黄色图片的人有 1052 人，占 56.0%。这说明，大学生在班级 QQ 群上发黄色图片的现象较少，发黄色图片的频率远远低于说脏话和黄色笑话的频率。在个案访谈中，一些被访大学生表示有同学在班级 QQ 群上发过黄色图片。

一位被访大三学生 R 说："我们班由于男生多女生少，有个别男生不顾及女生感受，在班级 QQ 群上聊天聊得尽兴时就偶尔发一两张黄色搞笑图片。"一位被访大四学生 Y 说："班级 QQ 群上偶尔有人发黄色搞笑图片，不过这些纯粹属于娱乐，不针对个人。"一位被访辅导员 C 老师说："学生在班级 QQ 群上发恶搞的图片经常见到过，但淫秽的图片没有，一般只是一些搞笑的图片。"

表 12　　　　大学生班级 QQ 群是否有人发黄色图片

| | 频率 | 有效百分比（%） | 累积百分比（%） |
|---|---|---|---|
| 经常有人发黄色图片 | 79 | 4.2 | 4.2 |
| 偶尔有人发黄色图片 | 746 | 39.7 | 44.0 |
| 从未有人发黄色图片 | 1052 | 56.0 | 100.0 |
| 合计 | 1877 | 100.0 | |

表 13 反映出，在 1875 名大学生中，认为其所在班级 QQ 群经常有人发虚假信息的人有 151 人，占 8.1%；认为其所在班级 QQ 群偶尔有人发虚假信息的人有 1324 人，占 70.6%；认为其所在班级 QQ 群从未有人发虚假信息的人有 400 人，占 21.3%。这说明，大学生在班级 QQ 群上发虚假信息的现象比较普遍，但不是很频繁。在个案访谈中，个别被访大学生表示有人在班级 QQ 群上发虚假信息。

一位被访大一学生 D 说："偶尔有人在班级 QQ 群上发虚假信息，不过发虚假信息的同学可能也不知道消息是否为真实。"一位被访大二学生 L 说："班级 QQ 群上偶尔有同学发虚假信息，比如腾讯 10 周年纪念送 Q 币、中大奖等，这些信息实际上都是不真实的。"

表 13　　　　大学生班级 QQ 群是否有人发送虚假信息

| | 频率 | 有效百分比（%） | 累积百分比（%） |
|---|---|---|---|
| 经常有人发虚假信息 | 151 | 8.1 | 8.1 |
| 偶尔有人发虚假信息 | 1324 | 70.6 | 78.7 |
| 从未有人发虚假信息 | 400 | 21.3 | 100.0 |
| 合计 | 1875 | 100.0 | |

表 14 是大学生在班级 QQ 群上是否转发不知道真假信息的情况。它表明，在 1858 名大学生中，别人转发，我也转发的人有 77 人，占 4.1%；不转发的人有 1193 人，占 64.2%；依信息内容而定的人有 588 人，占 31.6%。这说明，多数大学生在是否转发不知道真假信息方面比较理性，能够辨明是非、克制自己的行为。

在个案访谈中，一位被访大四学生 Q 说："我是比较理性的人，我不能确定是否为真实的信息，我不会转发。"一位被访大一学生 Y 说："我一般不会在 QQ 群上转发不知真假的信息，我觉得那是不负责任的行为。"

表 14　大学生是否在班级 QQ 群上转发不知道真假的信息

|  | 频率 | 有效百分比（%） | 累积百分比（%） |
| --- | --- | --- | --- |
| 别人转发，我也转发 | 77 | 4.1 | 4.1 |
| 不转发 | 1193 | 64.2 | 68.4 |
| 依信息内容而定 | 588 | 31.6 | 100.0 |
| 合计 | 1858 | 100.0 |  |

那么，不同的大学生在是否转发不知道真假信息方面是否有显著性差异？表 15 表明，不同性别、不同政治面貌、不同家庭背景的大学生在是否转发不知道真假信息方面有显著差异（Sig.<0.05）。其中，女大学生比男大学生更少从众、更持谨慎态度，男大学生比女大学生又更果断；中共党员大学生比非中共党员大学生更从众，但又更果断，非中共党员大学生比中共党员大学生更少从众、更谨慎；农村生源大学生比城市生源大学生更少从众、更持谨慎态度，但又缺乏果断。而是否为独生子女大学生在是否转发不知道真假信息方面没有显著性差异。

表 15　不同大学生是否转发不知真假信息的比较

|  | 性别（%） || 政治面貌（%） || 家庭城乡背景（%） || 是否独生子女（%） ||
| --- | --- | --- | --- | --- | --- | --- | --- | --- |
|  | 男 | 女 | 中共党员 | 非中共党员 | 农村生源 | 城市生源 | 是 | 否 |
| 别人转发，我也转发 | 5.3 | 3.1 | 6.8 | 3.4 | 3.1 | 5.9 | 4.2 | 4.0 |
| 不转发 | 65.7 | 63.4 | 67.2 | 64.1 | 62.1 | 67.9 | 66.5 | 63.6 |
| 依信息内容而定 | 29.0 | 33.5 | 26.0 | 32.5 | 34.8 | 26.2 | 29.3 | 32.4 |
|  | Sig.=.016 || Sig.=.012 || Sig.=.000 || Sig.=.458 ||

**（三）大学生 QQ 群共同体的道德问题及原因**

以上是对大学生 QQ 群共同体道德的描述，那么，大学生 QQ 群共同体存在哪些道德问题？产生这些道德问题的原因又是什么呢？根据此次问卷调查与个案访谈，大学生 QQ 群共同体至少存在以下四个方面的道德问题。

第一，少数大学生对 QQ 群共同体存在道德认知偏差。如：一部分大学生认为在 QQ 群说话聊天可以不受道德约束，一位被访大一学生就曾坦言可以接受大学生在 QQ 群上说失德话语或发失德图片，也有一位被访大三学生认为别人说什么、做什么与自己无关，只需管好自己；一部分大学生过于相信 QQ 群发送的信息；一部分大学生过于信任 QQ 群成员。互联网由于虚拟性质，人与人之间在互联网上的互动不如现实社会生活中那么真实与可靠，如果不真正认识到互联网的本质，就有可能受到某方面的损害。一部分大学生认为在 QQ 群说话聊天可以不受道德约束，无异于促使互联网更不真实、更不安全；一部分大学生过于相信 QQ 群发送的信息或过于相信 QQ 群成员，可能会遭到情感伤害或利益损失。

第二，大学生 QQ 群共同体存在不文明的道德行为。如：大学生 QQ 群共同体存在说脏话、说黄色笑话、发黄色图片的现象。大学生是高素质人才，大学生 QQ 群共同体应是道德文明、积极向上的精神家园，而不应该存在说脏话、说黄色笑话、发黄色图片的不文明现象。一些被访大学生曾表明在 QQ 群中接收过黄色笑话或黄图片。

> 一名大三学生 N 说："个别同学不太注意网络行为，在班级群上转发过一些低俗、黄色图片。"一名大二同学 Y 说："由于班上男同学多，女同学少，个别男生在班级群上说话不考虑女生感受，随意说一些脏话或转发一些黄色笑话。"

大学生辅导员也认为大学生班级 QQ 群存在说脏话、发色情图片等道德问题。表 16 表明，42.6% 的辅导员认为大学生班级 QQ 群存在说脏话的道德问题；11.3% 的辅导员认为大学生班级 QQ 群存在发色情信息或色情图片的道德问题。

表 16　　　　　　　辅导员对大学生 QQ 群道德问题的看法

|  | 对应 N | 百分比 | 累积百分比 |
|---|---|---|---|
| 大学生班级 QQ 群存在的道德问题：说脏话 | 158 | 42.6% | 42.6% |
| 大学生班级 QQ 群存在的道德问题：发色情信息或色情图片 | 42 | 11.3% | 53.9% |
| 大学生班级 QQ 群存在的道德问题：造谣 | 86 | 23.2% | 77.1% |
| 大学生班级 QQ 群存在的道德问题：欺骗钱财 | 21 | 5.7% | 82.8% |
| 大学生班级 QQ 群存在的道德问题：欺骗感情 | 20 | 5.4% | 88.2% |
| 大学生班级 QQ 群存在的道德问题：其他问题 | 44 | 11.9% | 100% |
| 总计 | 371 | 100.0% |  |

第三，大学生 QQ 群共同体存在虚假信息传递隐患。如：一部分大学生不顾后果就转发不知道真假的信息。大学生 QQ 群共同体具有信息传播快、信息共享程度高等特点，如果不顾后果就转发不知真假的信息，可能会带来信息误导、虚假宣传等负面影响。正因为如此，一些不真实的信息经过频繁传递也被认为是真实信息，从而造成了一些不良后果。

一名被访大三学生 X 说："有时候班级群会转发一些捐款消息，比如说有人生病急需用钱之类的，我们都不知道这些消息是真是假。"一名被访大四学生 T 说："我们曾遇到一个案例，班级群上有个同学转发了一个消息，说是本市某个大学一个同学生病急需输血，希望好心人为她捐血，于是我们班上有同学想帮助她，当去医院核实时根本没这回事。"

大学生辅导员同样认为大学生班级 QQ 群存在虚假信息宣传，乃至形成造谣的道德问题。表 16 反映出，23.2% 的大学生辅导员认为大学生班级 QQ 群存在造谣的道德问题。

一位被访辅导员 L 老师说："有时候学生在 QQ 群上无意间说的一些话可能就会给自己带来很大的麻烦。有一个学生考驾照就因为考官和他有点矛盾,结果学生拍了张驾校门口的照片并将其放在QQ群说上'真想买两包炸弹把它炸平!'结果就因为这句话驾校找到学校保卫处,这位学生被理解成是愤青。"

第四,大学生QQ群共同体存在欺骗现象。如表17所示,在1884名大学生中,认为有个别同学在QQ群上被骗过钱的人有547人,占29.0%;认为有少数同学在QQ群上被骗过钱的人有388人,占20.6%;认为有多数同学在QQ群上被骗过钱的人有21人,占1.1%;认为没有同学在QQ群上被骗过钱的人有928人,占49.3%。这说明大学生在QQ群共同体存在被欺骗现象。

一名被访大三学生R说:"班级群有时被一些陌生人混进来骗钱,他会乱发一些骗钱信息。"一名被访大二学生L说:"一次,我们班上有同学在QQ群被骗过钱,原因是班级群上一个同学的QQ被盗了,然后骗钱的人利用这个同学的QQ给其他同学发信息,说家里有人急需做手术想借钱,班上真有同学相信了,给骗钱的人汇款了,事后才知道被骗。"

一些大学生辅导员也肯定了大学生在班级QQ群存在被欺骗现象。如表16所示,5.7%的大学生辅导员认为大学生在班级QQ群被欺骗过钱财;5.4%的大学生辅导员认为大学生在班级QQ群被欺骗过感情。

一位被访辅导员L老师说:"学生有过一些QQ网恋问题。我院一个女生在某QQ群上认识一个男的是某部队的,男的来到学校,女生和他产生恋爱关系,没多久男的问女生借钱,数额还不小,女生本来学习就蛮好,曾经拿到过国家励志奖学金,女生家庭条件不怎么好,就向自己班上的男生借钱说要交学费,可没过多久女生又借钱,这时学生就觉得可能女生是遇到什么事了,学院开始调查,最后还为了不让女生和那个男的继续来往,学院出钱帮女生换了新的手机号码。可后来女生不知道怎么的又和男的联系上了,最后学院没办法,就只能一直关注着,刚好女生是大四的,也快毕业了,最终女生签约到南宁工作，工作后我们也偶尔聊一下，女生好像已经没和那个骗子在一起了。"

表 17　　　　　　　大学生是否在 QQ 群上被骗过钱

|  | 频率 | 有效百分比(%) | 累积百分比(%) |
|---|---|---|---|
| 有个别同学在 QQ 群上被骗过钱 | 547 | 29.0 | 29.0 |
| 有少数同学在 QQ 群上被骗过钱 | 388 | 20.6 | 49.6 |
| 有多数同学在 QQ 群上被骗过钱 | 21 | 1.1 | 50.7 |
| 没有同学在 QQ 群上被骗过钱 | 928 | 49.3 | 100.0 |
| 合计 | 1884 | 100.0 |  |

大学生 QQ 群共同体存在道德问题的原因是多方面的，既有大学生 QQ 群共同体虚拟性、道德规范缺乏的原因，也有成员缺乏自律、网站管理不严等原因。关于这些原因，我们对大学生进行了问卷调查。问卷列出了诸多影响大学生 QQ 群共同体道德问题的因素，大学生可以根据自己的经验选出多个选项。表 18 所示，21.1% 的大学生认为缺乏道德规范约束是大学生 QQ 群共同体道德问题的主要原因；18.9% 的大学生认为成员身份不真实影响了大学生 QQ 群共同体道德问题的产生；18.5% 的大学生认为成员缺乏自律也是影响大学生 QQ 群共同体道德问题的主要原因。另外，13.6% 的大学生认为利益驱使、12.1% 的大学生认为法律规范缺乏也导致了大学生 QQ 群共同体道德问题。

表 18　　　　　　　大学生 QQ 群道德问题原因

|  | 对应 N | 百分比 | 累积百分比 |
|---|---|---|---|
| QQ 群道德问题原因：成员身份不真实 | 1017 | 18.9% | 18.9% |
| QQ 群道德问题原因：利益驱使 | 732 | 13.6% | 32.5% |
| QQ 群道德问题原因：缺乏道德规范约束 | 1134 | 21.1% | 53.6% |
| QQ 群道德问题原因：缺乏法律约束 | 650 | 12.1% | 65.7% |
| QQ 群道德问题原因：成员缺乏自律 | 992 | 18.5% | 84.2% |
| QQ 群道德问题原因：政府缺乏监管 | 166 | 3.1% | 87.3% |

|  | 对应 N | 对应 百分比 | 累积百分比 |
| --- | --- | --- | --- |
| QQ群道德问题原因：网站管理不严 | 513 | 9.5% | 96.8% |
| QQ群道德问题原因：学校教育不到位 | 134 | 2.5% | 99.3% |
| QQ群道德问题原因：其他原因 | 34 | 0.6% | 100% |
| 总计 | 5372 | 100.0% | |

## 二 大学生微信共同体道德现状调查与分析

### （一）大学生使用微信情况

微信是一款新兴交友软件，大学生使用微信的情况远低于使用QQ群情况。表19所示，在1960名大学生中，使用微信的人有1338人，占68.3%，远低于使用QQ群95.5%的比例；不使用微信的人有622人，占31.7%，远远高于不使用QQ群4.5%的比例。

一位被访大二学生L说："我一般用QQ，微信偶尔会玩一下，大学时才开始使用。"

当然，这里有个时间差问题，本研究开展问卷调查时，微信刚刚兴起，而经过一年左右的时间，目前使用微信的人可能要比使用QQ群的人还要多。

表19　　　　　　　　大学生是否使用微信

|  | 频率 | 有效百分比（%） | 累积百分比（%） |
| --- | --- | --- | --- |
| 使用 | 1338 | 68.3 | 68.3 |
| 不使用 | 622 | 31.7 | 100.0 |
| 合计 | 1960 | 100.0 | |

大学生每天使用微信的时间有多长？表20表明，在1342名大学生中，每天使用微信不足1小时的人有829人，占61.8%；每天使用微信

在 1 小时至 2 小时之间的人有 273 人，占 20.3%；每天使用微信在 3 小时至 5 小时之间的人有 147 人，占 11.0%；每天使用微信在 6 小时及以上的人有 93 人，占 6.9%。这说明，多数大学生使用微信的时间较少，并没有出现沉溺于微信的现象。

表 20　　　　　大学生每天使用微信的时间有多长

|  | 频率 | 有效百分比（%） | 累积百分比（%） |
| --- | --- | --- | --- |
| 1 小时以下 | 829 | 61.8 | 61.8 |
| 1—2 小时 | 273 | 20.3 | 82.1 |
| 3—5 小时 | 147 | 11.0 | 93.1 |
| 6 小时及以上 | 93 | 6.9 | 100.0 |
| 合计 | 1342 | 100.0 |  |

微信具有多项功能，如：朋友圈、扫一扫、摇一摇、搜索附近的人、照相机、漂流瓶、游戏、支付等。大学生最喜欢哪些功能？表 21 所示，41.7% 的大学生喜欢"朋友圈"功能；18.2% 的大学生喜欢"扫一扫"功能；12.7% 的大学生喜欢"摇一摇"功能；6.3% 的大学生喜欢"照相机"功能；5.9% 的大学生喜欢"漂流瓶"功能；5.7% 的大学生喜欢"搜索附近的人"功能；5.5% 的大学生喜欢"支付"功能；4.0% 的大学生喜欢"游戏"功能。这说明，在微信诸多功能中，"朋友圈"功能、"扫一扫"功能、"摇一摇"功能是大学生最喜欢的功能。

一位被访大一学生 L 说："无聊时和别人聊聊天、看看朋友圈、关注协会发的相关通知。"一位被访大二学生 X 说："微信比 QQ 好，花流量少还可以找附近的人。"

表 21　　　　　　大学生喜欢的微信功能

|  | 对应 N | 百分比 | 累积百分比 |
| --- | --- | --- | --- |
| 最喜欢的微信功能：朋友圈 | 1075 | 41.7% | 41.7% |
| 最喜欢的微信功能：扫一扫 | 469 | 18.2% | 59.9% |

续表

|  | 对应 N | 对应 百分比 | 累积百分比 |
| --- | --- | --- | --- |
| 最喜欢的微信功能：摇一摇 | 329 | 12.7% | 72.6% |
| 最喜欢的微信功能：搜索附近的人 | 147 | 5.7% | 78.3% |
| 最喜欢的微信功能：照相机 | 163 | 6.3% | 84.6% |
| 最喜欢的微信功能：漂流瓶 | 153 | 5.9% | 90.5% |
| 最喜欢的微信功能：游戏 | 102 | 4.0% | 94.5% |
| 最喜欢的微信功能：支付 | 143 | 5.5% | 100% |
| 总计 | 2581 | 100.0% |  |

## （二）大学生微信道德描述

1. 大学生对微信的道德态度

大学生对微信的道德态度包括对微信交友的信任态度、对微信信息的信任态度、对微信道德规范的态度。表22是大学生对微信交友的信任态度情况。它表明，在1345名大学生中，认为通过微信认识的朋友值得信任的人有196人，占14.6%；认为通过微信认识的朋友不值得信任的人有445人，占33.1%；认为通过微信认识的朋友是否值得信任要依情况而定的人有704人，占52.3%。这说明，多数大学生在微信交友的信任态度方面持谨慎态度，只有少数大学生才明确肯定信任通过微信认识的朋友。

一位被访大一学生L认为"通过微信认识的陌生人最终成为好朋友或者恋人的可能性不大，我觉得不可信，甚至会怀疑对方所说的话的真实性，网恋对于本人而言是不切实际的。"一位被访大三学生F认为："我觉得通过微信认识的陌生人最终成为好朋友或者恋人的情况几乎不可能，毕竟是没有见过面的，始终都是陌生人，大家互相了解不深，并且在现实生活中又没有接触。"一位被访大三学生H说："我觉得通过微信认识的陌生人可以成为好朋友，但成为恋人是不可能的，觉得太不切实际了。"当然，也有被访大学生认为通过微信认识的陌生人可以成为好朋友或者恋人。一位被访大一学生 D 认为："我觉得都有可能，性格合得来的成为恋人也是可能的，很多网恋成功的案例，我是觉得能不能成为好朋友最关键还是得看聊天聊不聊得来，性格合不合。"另一位被访大二学生 E 说："一切皆有可能，能不能成为好朋友最关键还是得看聊天聊不聊得来。"

表 22　　通过微信认识的朋友是否值得信任

|  | 频率 | 有效百分比（%） | 累积百分比（%） |
| --- | --- | --- | --- |
| 值得信任 | 196 | 14.6 | 14.6 |
| 不值得信任 | 445 | 33.1 | 47.7 |
| 依情况而定 | 704 | 52.3 | 100.0 |
| 合计 | 1345 | 100.0 |  |

那么，不同大学生对这方面的态度是否有显著性差异？表 23 是不同大学生对微信交友信任态度的比较情况。它表明，尽管不同性别、政治面貌、家庭城乡背景的大学生在微信交友信任态度方面有些不同，但均不呈现显著性差异（Sig. > 0.05），是否为独生子女大学生在微信交友信任态度方面也不呈现显著性差异。

表 23　　不同大学生对微信交友信任态度的比较

|  | 性别（%） || 政治面貌（%） || 家庭城乡背景（%） || 是否独生子女（%） ||
| --- | --- | --- | --- | --- | --- | --- | --- | --- |
|  | 男 | 女 | 中共党员 | 非中共党员 | 农村生源 | 城市生源 | 是 | 否 |
| 值得信任 | 14.9 | 14.2 | 17.3 | 14.0 | 14.5 | 14.9 | 15.3 | 14.4 |
| 不值得信任 | 33.0 | 32.6 | 32.4 | 33.0 | 32.3 | 34.0 | 33.7 | 32.6 |
| 依情况而定 | 52.2 | 53.2 | 50.3 | 53.0 | 53.3 | 51.1 | 50.9 | 53.0 |
|  | Sig. = .925 || Sig. = .504 || Sig. = .727 || Sig. = .797 ||

表 24 是大学生对微信信息的信任态度情况。它表明，在 1339 名大学生中，认为微信发送的信息多数值得信任的人有 206 人，占 15.4%；

认为微信发送的信息少数值得信任的人有 380 人,占 28.4%;认为微信发送的信息"一半信息值得信任,一半信息不值得信任"的人有 153 人,占 11.4%;认为微信发送的信息是否值得信任要"视信息内容而定"的人有 600 人,占 44.8%。这说明,多数大学生在对待微信信息是否值得信任的问题上持谨慎态度,只有少数大学生才明确肯定信任微信信息。

一位被访大三学生 H 说:"我的微信好友都是认识的人,他们发送的微信信息应该假不了,我相信他们。"一位被访大二学生 M 说:"微信信息有些是真的,有些是假的,特别是一些转发的信息难以辨别真假。我经常看见一些微信好友转发很多信息,但不知道这些信息是否真实。"一位被访大一学生 X 说:"微信信息是否真实,我觉得要根据其内容而定,有些信息明显是假的,很容易判断,只有那些带有侥幸、私利之心的人才会相信。当然,有些微信信息是否真实也难以判断,比如一些需要捐款、输血等信息的真假不好判断。"

**表 24　　　　大学生对微信发送的信息是否值得信任**

|  | 频率 | 有效百分比（%） | 累积百分比（%） |
| --- | --- | --- | --- |
| 多数信息值得信任 | 206 | 15.4 | 15.4 |
| 少数信息值得信任 | 380 | 28.4 | 43.8 |
| 一半信息值得信任,一半信息不值得信任 | 153 | 11.4 | 55.2 |
| 视信息内容而定 | 600 | 44.8 | 100.0 |
| 合计 | 1339 | 100.0 |  |

那么,不同大学生对微信信息的态度是否有显著性差异?表 25 是不同大学生对微信信息态度的比较情况。它反映出,不同性别的大学生在微信信息态度上有显著性差异(Sig. < 0.05),其中女大学生比男大学生更不信任微信信息,而且女大学生比男大学生对微信信息更持保守态度。而不同政治面貌、家庭城乡背景的大学生在微信信息态度方面均没有显著性差异,是否为独生子女大学生对微信信息态度也没有显著性差异。

表 25　　　　　不同大学生对微信信息态度的比较

|  | 性别（%） || 政治面貌（%） || 家庭城乡背景（%） || 是否独生子女（%） ||
| --- | --- | --- | --- | --- | --- | --- | --- | --- |
|  | 男 | 女 | 中共党员 | 非中共党员 | 农村生源 | 城市生源 | 是 | 否 |
| 多数信息值得信任 | 15.6 | 14.9 | 17.4 | 14.8 | 15.1 | 15.9 | 14.7 | 15.7 |
| 少数信息值得信任 | 35.0 | 22.8 | 29.1 | 27.9 | 27.7 | 29.1 | 30.7 | 27.6 |
| 一半信息值得信任，一半信息不值得信任 | 10.2 | 12.6 | 14.0 | 11.3 | 12.1 | 10.5 | 9.8 | 12.0 |
| 视信息内容而定 | 39.2 | 49.8 | 39.5 | 46.0 | 45.1 | 44.6 | 44.8 | 44.8 |
|  | Sig. = .000 || Sig. = .390 || Sig. = .784 || Sig. = .571 ||

表 26 是大学生对微信道德规范的态度情况。在 1344 名大学生中，认为微信需要建立道德规范的人有 1219 人，占 90.7%；认为微信不需要建立道德规范的人有 125 人，占 9.3%。这说明，绝大部分大学生都要求对微信建立道德规范，这从某种程度上表明目前微信非常缺乏道德规范。

一位被访大三学生 H 说："我觉得诚信问题是微信存在的较大问题，很多同学使用'摇一摇'功能认识不少陌生人，这些陌生人住哪里、是什么职业等个人信息一概不知，大学生社会阅历又少，容易相信别人的话，这很容易产生安全隐患。"

表 26　　　　　大学生对微信道德规范的态度

|  | 频率 | 有效百分比（%） | 累积百分比（%） |
| --- | --- | --- | --- |
| 微信需要建立道德规范 | 1219 | 90.7 | 90.7 |
| 微信不需要建立道德规范 | 125 | 9.3 | 100.0 |
| 合计 | 1344 | 100.0 |  |

那么，不同大学生对微信道德规范的态度是否有显著性差异？表 27 是不同大学生对微信道德规范的态度比较情况。它反映出，不同性别、家

庭背景的大学生在对待微信道德规范态度方面有显著性差异（Sig. < 0.05）。其中，女大学生比男大学生更倾向于认为微信需要建立道德规范；农村生源大学生比城市生源大学生更倾向于认为微信需要建立道德规范。而不同政治面貌、是否为独生子女大学生在对待微信道德规范态度方面没有显著性差异。

表27　　　　　　　不同大学生对微信道德规范的态度比较

|  | 性别（%） | | 政治面貌（%） | | 家庭城乡背景（%） | | 是否独生子女（%） | |
|---|---|---|---|---|---|---|---|---|
|  | 男 | 女 | 中共党员 | 非中共党员 | 农村生源 | 城市生源 | 是 | 否 |
| 微信需要建立道德规范 | 84.3 | 96.2 | 90.1 | 91.5 | 92.5 | 88.4 | 90.4 | 90.8 |
| 微信不需要建立道德规范 | 15.7 | 3.8 | 9.9 | 8.5 | 7.5 | 11.6 | 9.6 | 9.2 |
|  | Sig. = .000 | | Sig. = .535 | | Sig. = .010 | | Sig. = .823 | |

2. 大学生微信交友

微信是一个很好的交友平台，它打破了人与人之间交友的时间、空间限制，甚至打破了性别、身份、地位、年龄的限制。人们通过微信交友平台，可以交往到许多不同于自己区域、不同于自己身份、不同于自己地位、不同于自己年龄的朋友，这大大拓展了人们的交友机会。那么，大学生利用微信进行交友的情况是怎样的？问卷中通过大学生是否喜欢微信交友、微信好友来源、微信陌生人比例等三方面来反映大学生利用微信交友的情况。

表28是大学生对微信交友的喜欢程度情况。在1344名大学生中，非常喜欢微信交友的人有40人，占3.0%；比较喜欢微信交友的人有198人，占14.7%；不喜欢微信交友的人有366人，占27.2%；非常不喜欢微信交友的人有53人，占3.9%。总体上看，喜欢微信交友的人有238人，占17.7%；不喜欢微信交友的有419人，占31.1%；喜欢微信交友的人数比例少于不喜欢微信交友的13.4%；处于"喜欢"与"不喜欢"

之间的人有 687 人, 占 51.1%, 占据多数比例。这说明, 更少的大学生喜欢微信交友, 而"喜欢"与"不喜欢"之间的人占据多数, 这是决定将来大学生微信交友人数的主要因素。在个案访谈中, 当被访大学生被问及是否愿意添加陌生人为好友时, 一些被访大学生表示愿意添加陌生人为好友, 而另一些被访大学生则不愿意添加陌生人为好友。

一位被访大三学生 H 说: "我愿意添加陌生人为好友, 我觉得并不是所有人都是坏人。"一位被访大二学生 Y 说: "我会加陌生人为好友。有添加异性, 现在是一般朋友。我也会接受陌生人添加好友的申请, 只要是想多加一些人, 多认识不同的朋友。"一位被访大三学生 L 认为: "我会加陌生人为好友, 如果是异性申请者的话看心情, 心情好会加, 心情不好就拒绝。我也偶尔会通过陌生人添加好友的验证, 不担心陌生人为骗子, 只要平时小心就可以。"一位被访大二学生 M 说: "我不会通过微信加陌生人为好友, 异性就更不可能了, 我这个人比较传统。我也不会同意陌生人添加好友的邀请, 因为这个社会太复杂, 而微信是很隐私的, 我不愿意加陌生人。"一位被访大二学生 C 说: "如果是陌生人加我微信, 我直接拒绝。微信一般只对亲近的人开放, 对陌生人有一种排斥感, 加陌生人的微信的话怕受到一些杂乱信息的干扰。"一位被访大三学生 T 说: "我从不添加陌生人为好友, 也不接受陌生人添加好友的申请。因为我一般只在亲近的家人和朋友间才用微信。"

表 28　　　　　　　　大学生是否喜欢通过微信交朋友

|  | 频率 | 有效百分比（%） | 累积百分比（%） |
| --- | --- | --- | --- |
| 非常喜欢 | 40 | 3.0 | 3.0 |
| 比较喜欢 | 198 | 14.7 | 17.7 |
| 一般 | 687 | 51.1 | 68.8 |
| 不喜欢 | 366 | 27.2 | 96.1 |
| 非常不喜欢 | 53 | 3.9 | 100.0 |
| 合计 | 1344 | 100.0 |  |

那么,不同大学生在微信交友态度方面是否有显著性差异?表29是不同大学生微信交友态度的比较情况。它表明,不同性别的大学生在微信交友态度方面呈现显著性差异(Sig. < 0.05)。其中,男大学生比女大学生更喜欢通过微信交朋友。而不同政治面貌、家庭城乡背景、是否为独生子女大学生在微信交友态度方面没有呈现显著性差异。

表29　　　　　　　　　不同大学生微信交友态度的比较

|  | 性别(%) 男 | 性别(%) 女 | 政治面貌(%) 中共党员 | 政治面貌(%) 非中共党员 | 家庭城乡背景(%) 农村生源 | 家庭城乡背景(%) 城市生源 | 是否独生子女(%) 是 | 是否独生子女(%) 否 |
|---|---|---|---|---|---|---|---|---|
| 非常喜欢 | 4.7 | 1.4 | 4.1 | 2.2 | 2.3 | 4.0 | 4.0 | 2.7 |
| 比较喜欢 | 20.5 | 9.8 | 18.6 | 13.9 | 13.1 | 17.1 | 15.6 | 14.3 |
| 一般 | 51.0 | 51.6 | 45.3 | 52.2 | 52.7 | 48.6 | 47.4 | 52.3 |
| 不喜欢 | 21.4 | 31.9 | 29.1 | 27.4 | 27.7 | 26.7 | 29.4 | 26.7 |
| 非常不喜欢 | 2.4 | 5.4 | 2.9 | 4.2 | 4.2 | 3.6 | 3.7 | 4.0 |
|  | Sig.=.000 |  | Sig.=.161 |  | Sig.=.091 |  | Sig.=.460 |  |

表30是大学生微信好友来源情况。它反映出,48%的大学生的微信好友来源于手机通讯录好友;40.5%的大学生的微信好友来源于QQ好友;7.4%的大学生的微信好友来源于"添加陌生人为好友";4.0%的大学生的微信好友来源于"经他人介绍"。这说明,大学生通过微信认识新朋友的情况较少,更多是在老朋友的基础上进行微信交流。问题是,不同大学生在微信好友来源方面是否有显著性差异?

表30　　　　　　　　　大学生微信好友来源

|  | 对应 N | 对应 百分比 | 累积百分比 |
|---|---|---|---|
| 微信好友来源:QQ好友 | 941 | 40.5% | 40.5% |
| 微信好友来源:手机通讯录好友 | 1116 | 48.0% | 88.5% |
| 微信好友来源:添加陌生人为好友 | 173 | 7.4% | 95.9% |

续表

|  | 对应 N | 对应 百分比 | 累积百分比 |
|---|---|---|---|
| 微信好友来源：经他人介绍 | 93 | 4.0% | 100% |
| 总计 | 2323 | 100.0% |  |

表 31 是不同大学生微信好友来源情况的比较。它反映出，男大学生比女大学生更倾向于通过微信"添加陌生人为好友"，女大学生更倾向于通过微信将老朋友添加为好友；非中共党员比中共党员更倾向于通过微信"添加陌生人为好友"；农村生源大学生比城市生源大学生更倾向于通过微信"添加陌生人为好友"；独生子女大学生与非独生子女大学生在微信好友来源方面的差异非常小。

表 31　　　　　　不同大学生微信好友来源情况比较

|  | 性别（%）男 | 性别（%）女 | 政治面貌（%）中共党员 | 政治面貌（%）非中共党员 | 家庭城乡背景（%）农村生源 | 家庭城乡背景（%）城市生源 | 是否独生子女（%）是 | 是否独生子女（%）否 |
|---|---|---|---|---|---|---|---|---|
| 微信好友来源：QQ好友 | 39.2 | 41.4 | 40.5 | 40.6 | 40.4 | 40.8 | 41.8 | 40.1 |
| 微信好友来源：手机通讯录好友 | 45.9 | 50.1 | 48.7 | 48.3 | 49.0 | 46.8 | 46.4 | 48.6 |
| 微信好友来源：添加陌生人为好友 | 10.2 | 5.1 | 5.9 | 7.2 | 7.0 | 7.8 | 7.3 | 7.4 |
| 微信好友来源：经他人介绍 | 4.7 | 3.5 | 4.9 | 3.9 | 3.6 | 4.6 | 4.4 | 3.9 |

表 32 是大学生微信好友中陌生人的比例情况。它表明，在 1347 名大学生的微信好友中，陌生人比例为"0%—1%"的人有 815 人，占 60.5%；陌生人比例为"2%—5%"的人有 318 人，占 23.6%；陌生人比例为"6%—10%"的人有 134 人，占 9.9%；陌生人比例为"11% 以

上"的人有 80 人，占 5.9%。这说明，多数大学生微信好友的陌生人比例非常低，只有少数大学生微信好友的陌生人比例较高，大学生通过微信结交新朋友的情况并不是主流。

表 32 陌生人在大学生微信好友中的比例

|  | 频率 | 有效百分比（%） | 累积百分比（%） |
| --- | --- | --- | --- |
| 0%—1% | 815 | 60.5 | 60.5 |
| 2%—5% | 318 | 23.6 | 84.1 |
| 6%—10% | 134 | 9.9 | 94.1 |
| 11% 以上 | 80 | 5.9 | 100.0 |
| 合计 | 1347 | 100.0 | |

问题是，不同大学生微信好友的陌生人比例是否有显著性差异？表33是不同大学生微信好友陌生人比例的比较情况。其表明，不同性别大学生微信好友的陌生人比例有显著性差异。其中，男大学生微信好友的陌生人比例比女大学生微信好友的陌生人比例更高，男大学生比女大学生更倾向于通过微信结交新朋友。而不同政治面貌、不同家庭城乡背景、是否为独生子女大学生的微信好友陌生人比例均没有显著性差异。

表 33 不同大学生微信好友的陌生人比例的比较

|  | 性别（%） || 政治面貌（%） || 家庭城乡背景（%） || 是否独生子女（%） ||
| --- | --- | --- | --- | --- | --- | --- | --- | --- |
|  | 男 | 女 | 中共党员 | 非中共党员 | 农村生源 | 城市生源 | 是 | 否 |
| 0%—1% | 49.3 | 70.5 | 65.3 | 60.7 | 60.2 | 61.2 | 65.9 | 58.8 |
| 2%—5% | 29.3 | 18.5 | 21.4 | 23.6 | 25.2 | 21.1 | 21.0 | 24.5 |
| 6%—10% | 14.1 | 6.2 | 8.1 | 9.8 | 8.7 | 11.8 | 8.5 | 10.3 |
| 11% 以上 | 7.2 | 4.8 | 5.2 | 6.0 | 5.9 | 5.9 | 4.6 | 6.3 |
|  | Sig. = .000 || Sig. = .695 || Sig. = .149 || Sig. = .145 ||

**（三）大学生使用微信的道德问题及原因**

以上是大学生使用微信及微信道德状况的描述，那么，大学生使用微信过程中存在哪些道德问题？产生这些道德问题的原因又是什么？根据此次问卷调查及个案访谈，大学生使用微信过程中存在以下三方面的道德问题。

第一，部分大学生对微信道德认识存在不足。如：部分大学生过于信任通过微信认识的朋友；部分大学生过于相信微信发送的信息；部分大学生过于强调自由，认为微信不需要受到道德规范约束。微信作为一个新兴的交友、娱乐、生活软件，其给人们交友、娱乐、生活带来方便快捷的同时，也存在许多不足，如：法律监管不严、道德规范缺失等。大学生过于相信通过微信结交的朋友或过于相信微信发送的信息，都有可能导致一些负面影响。

一位被访大四学生 M 说："微信是一个比较私人的空间，不应有太多约束。我相信多数人都能辨别真伪，由他们自己去辨别就好了，我们不应加太多条条框框给它，现实生活被约束已经太多了。"一位被访辅导员 L 老师说："我觉得使用 QQ 或者微信，学生缺乏必要的认识，有时学生对不真实的信息在没有核实甄别的情况下就转发，容易误导别人甚至引起不必要的担忧，比如说云南恐怖分子袭击，当时恰好桂林也有一起事件，很多学生在没查实的情况下就疯传恐怖分子到桂林来了。"

第二，大学生微信交友存在道德隐患。表 34 所示，16.4% 的大学生接收过色情信息或色情图片；6.2% 的大学生被揭露过个人隐私；4.5% 的大学生被欺骗过感情。这说明，大学生微信交友存在道德隐患。一些大学生在交友过程中，可能过于相信微信好友或微信信息，从而产生一些道德问题。一些大学生辅导员也认为大学生在使用微信交往过程中存在发色情信息或色情图片的道德问题。如表 35 所示，11.6% 的辅导员认为大学生在使用微信中容易产生发色情信息或色情图片的道德问题。在个案访谈中，个别被访者表示接收过色情信息或色情图片。

一位被访大三学生 M 说："我接收到一次色情信息，里面说什么找妹子之类的，应该是那种传播色情信息。我收到时很气愤，然后马上把它删除了。"一位被访大二学生 C 说："由于微信通过手机网络发送语音短信、视频、图片和文字，这会更容易产生道德问题，例如不健康的短信骚扰、暴力的视频和图片，这些都会产生不良影响。"一位被访大三学生 H 认为微信容易产生诚信问题。"在虚拟世界当中，我们都不知道对方是真是假，也不知道对方说的话是否诚实，这是需要引起重视的。"

第三，大学生在使用微信过程中存在被诈骗现象。表 34 表明，21.4%的大学生接收过诈骗信息；2.5%的大学生被欺骗过钱财。大学生可能缺乏社会经验，轻易相信微信好友或微信信息，从而产生被欺骗、诈骗现象。一些大学生辅导员同样认为大学生在使用微信过程过程中存在被欺骗、被诈骗现象。如表 35 表明，13.4%的大学生辅导员认为大学生在使用微信中容易产生欺骗钱财的道德问题；7.2%的大学生辅导员认为大学生在使用微信中容易产生欺骗感情的道德问题。

一位被访大二学生 T 说："现在微信有支付功能，的确容易出现诈骗现象。我有个同学就差点被骗钱，他在朋友圈里看到一些商品，然后想买，后来发现不太对劲没付款，事后他了解到那的确是骗钱的。"一位被访辅导员 C 老师说："我觉得微信会存在一些不真实的信息，甚至会存在一些欺诈的情况。比如学生在微信交友过程中可能会出现愚弄感情问题。"另一位被访辅导员 Z 老师说："我一个学生在微信好友圈上看到一个兼职信息，便信以为真，于是联系了对方。但对方要我的学生先交 300 元押金，我的学生便转账 300 元给对方，转账以后，对方要我的学生等消息，一直等了几天都不见消息，学生感觉被骗了，就联系对方，但对方电话已打不通。所以一些骗子专门以提供兼职为借口骗钱。"

表 34　　　　　　　　　　大学生微信道德问题

|  | 对应 N | 对应 百分比 | 累积百分比 |
| --- | --- | --- | --- |
| 微信道德：接收过色情信息或色情图片 | 272 | 16.4% | 16.4% |

续表

|  | 对应 N | 百分比 | 累积百分比 |
|---|---|---|---|
| 微信道德：接收过诈骗信息 | 354 | 21.4% | 37.8% |
| 微信道德：被欺骗过感情 | 74 | 4.5% | 42.3% |
| 微信道德：被欺骗过钱财 | 42 | 2.5% | 44.8% |
| 微信道德：被揭露过个人隐私 | 102 | 6.2% | 51% |
| 微信道德：没有遇到过以上问题 | 781 | 47.2% | 98.2% |
| 微信道德：其他道德问题 | 29 | 1.8% | 100% |
| 总计 | 1654 | 100.0% |  |

表35　　　　辅导员认为大学生微信存在的道德问题

|  | 对应 N | 百分比 | 累积百分比 |
|---|---|---|---|
| 大学生使用微信容易产生的道德问题：说脏话 | 78 | 23.3% | 23.3% |
| 大学生使用微信容易产生的道德问题：发色情信息或色情图片 | 39 | 11.6% | 34.9% |
| 大学生使用微信容易产生的道德问题：造谣 | 76 | 22.7% | 57.6% |
| 大学生使用微信容易产生的道德问题：欺骗钱财 | 45 | 13.4% | 71% |
| 大学生使用微信容易产生的道德问题：欺骗感情 | 24 | 7.2% | 78.2% |
| 以上问题均没有 | 60 | 17.9% | 96.1% |
| 大学生使用微信容易产生的道德问题：其他问题 | 13 | 3.9% | 100 |
| 总计 | 335 | 100.0% |  |

大学生微信道德问题产生的原因是多方面的，既有大学生自身原因，也有微信缺乏道德规范、缺乏法律约束等原因。关于这些原因，我们对大学生进行了问卷调查。问卷列出几项可能影响大学生微信道德问题的因素，以供大学生根据自身情况进行选择。表36表明，在大学生可以选择多个选项的前提下，21.1%的大学生认为成员身份不真实导致了微信道德问题；18.9%的大学生认为微信道德问题的主要原因是微信缺乏道德规范约束；18.5%的大学生认为利益驱使了微信道德问题的产生；13.6%的大

学生认为微信道德问题由法律规范缺失导致；12.1%的大学生认为网站管理不严是微信道德问题产生的原因。

表36　　　　　　　大学生微信道德问题原因 频率

|  | 对应 N | 对应 百分比 | 累积百分比 |
| --- | --- | --- | --- |
| 微信道德问题原因：成员身份不真实 | 1134 | 21.1% | 21.1% |
| 微信道德问题原因：利益驱使 | 992 | 18.5% | 39.6% |
| 微信道德问题原因：缺乏道德规范约束 | 1017 | 18.9% | 58.5% |
| 微信道德问题原因：缺乏法律约束 | 732 | 13.6% | 72.1% |
| 微信道德问题原因：成员缺乏自律 | 513 | 9.5% | 81.6% |
| 微信道德问题原因：政府缺乏监管 | 134 | 2.5% | 84.1% |
| 微信道德问题原因：网站管理不严 | 650 | 12.1% | 96.2% |
| 微信道德问题原因：学校教育不到位 | 166 | 3.1% | 99.3% |
| 微信道德问题原因：其他原因 | 36 | 0.7% | 100% |
| 总计 | 5374 | 100.0% |  |

## 三　大学生微博共同体道德现状调查与分析

### （一）大学生使用微博情况

微博是人们共享信息、抒写心情日记、记录生活事件、表达思想的有效途径，它具有信息传递快、方便等特点，大学生使用微博的情况如何？表37所示，在1942名大学生中，1409名大学生注册有微博账号，占72.6%；533名大学生未注册微博账户，占27.4%。这说明，多数学生都注册有微博账号，微博在大学生中使用率较高。

表37　　　　　　　大学生是否注册有微博

|  | 频率 | 有效百分比（%） | 累积百分比（%） |
| --- | --- | --- | --- |
| 注册有 | 1409 | 72.6 | 72.6 |
| 未注册有 | 533 | 27.4 | 100.0 |
| 合计 | 1942 | 100.0 |  |

不同网站都开设有微博主页，通常情况下，大学生注册有多少个微博账号？表38表明，在1417名大学生中，注册有1个至2个微博账号的大学生有1278人，占90.2%；注册有3个至4个微博账号的大学生有86人，占6.1%；注册有5个至9个微博账号的大学生有40人，占2.8%；注册有10个及以上微博账号的大学生有13人，占0.9%。这说明，大部分大学生都只注册1个至2个微博账号。

表38  大学生有多少个微博账号

|  | 频率 | 有效百分比（%） | 累积百分比（%） |
| --- | --- | --- | --- |
| 1—2个 | 1278 | 90.2 | 90.2 |
| 3—4个 | 86 | 6.1 | 96.3 |
| 5—9个 | 40 | 2.8 | 99.1 |
| 10个及以上 | 13 | 0.9 | 100.0 |
| 合计 | 1417 | 100.0 |  |

大学生微博的影响力有多大？我们用大学生拥有多少"粉丝"来测量大学生微博的影响力。表39所示，在1414名大学生中，有10个以内"粉丝"的人有315人，占22.3%；有11个至30个"粉丝"的人有304人，占21.5%；有31个至50个"粉丝"的人有217人，占15.3%；有51个至100个"粉丝"的人有282人，占19.9%；有101个及以上"粉丝"的人有296人，占20.9%。在个案访谈中，被访大学生的微博"粉丝"在15—500个之间。这说明，大学生的微博"粉丝"比较有限，难以产生较大影响力。

表39  大学生的微博大概有多少"粉丝"

|  | 频率 | 有效百分比（%） | 累积百分比（%） |
| --- | --- | --- | --- |
| 10个以内 | 315 | 22.3 | 22.3 |
| 11—30个 | 304 | 21.5 | 43.8 |
| 31—50个 | 217 | 15.3 | 59.1 |
| 51—100个 | 282 | 19.9 | 79.1 |
| 101个及以上 | 296 | 20.9 | 100.0 |
| 合计 | 1414 | 100.0 |  |

## (二) 大学生微博道德描述

1. 大学生对微博的道德态度

大学生对微博的道德态度包括对微博聊天的道德态度、对微博信息的道德态度。表 40 是大学生对微博说话聊天的道德态度情况。在 1396 名大学生中，认为在微博上说话聊天可以不受道德约束的人有 104 人，占 7.4%；认为在微博上说话聊天也要受道德约束的人有 1292 人，占 92.6%。这说明，大多数大学生都认识到微博受道德约束的重要性，并要求微博上说话聊天也要受道德约束。

一位被访大三学生 M 说："微博虽然是虚拟空间，但也不能为所欲为，应该受到法律、道德制约。我们发表博文要遵守法律法规和道德守则，而不能不负责任地发表博文。"一位被访大二学生 H 说："微博虽然可以自由发表博文，但我们要有良知，发表博文要遵守道德规范，不能发表有违背社会和个人的博文。"但也有一位被访大四学生 X 认为："微博是一个比较自由的空间，不受到太多条件限制，可以说一些现实中不敢说的话，比如有些话不吐不快，但 QQ 空间里又有太多熟悉的人，抱怨多了觉得影响不好。我微博上加的多数是陌生人，这样我就可以畅所欲言。"

表 40　　　　　　　大学生对微博说话聊天的道德态度

|  | 频率 | 有效百分比（%） | 累积百分比（%） |
|---|---|---|---|
| 在微博上说话聊天可以不受道德约束 | 104 | 7.4 | 7.4 |
| 在微博上说话聊天也要受道德约束 | 1292 | 92.6 | 100.0 |
| 合计 | 1396 | 100.0 |  |

问题是，不同大学生对微博说话聊天的道德态度是否有显著差异？表 41 是不同大学生对微博说话聊天态度的比较情况。其反映出，不同性别、不同家庭背景、是否为独生子女的大学生在微博说话聊天道德态度上有显著性差异（Sig.＜0.05）。其中，女大学生比男大学生更倾向于认为在微博上说话聊天也要受道德约束；农村生源大学生比城市生源大学生更倾向

于认为在微博上说话聊天也要受道德约束；非独生子女大学生比独生子女大学生更倾向于认为在微博上说话聊天也要受道德约束。而不同政治面貌的大学生在微博说话聊天道德态度上没有显著性差异。

表41　　　　　不同大学生对微博聊天态度的比较

| | 性别（%） | | 政治面貌（%） | | 家庭城乡背景（%） | | 是否独生子女（%） | |
|---|---|---|---|---|---|---|---|---|
| | 男 | 女 | 中共党员 | 非中共党员 | 农村生源 | 城市生源 | 是 | 否 |
| 在微博上说话聊天可以不受道德约束 | 11.3 | 4.4 | 9.7 | 6.7 | 5.4 | 10.9 | 10.0 | 6.6 |
| 在微博上说话聊天也要受道德约束 | 88.7 | 95.6 | 90.3 | 93.3 | 94.6 | 89.1 | 90.0 | 93.4 |
| | Sig.=.000 | | Sig.=.144 | | Sig.=.000 | | Sig.=.041 | |

表42是大学生对微博信息的道德态度情况。在1416名大学生中，认为微博上大部分信息不可信的人有122人，占8.6%；认为微博上大部分信息可以相信的人有356人，占25.1%；认为微博上有一半信息可信，另一半信息不可信的人有220人，占15.5%；认为微博上的信息是否可以相信要视信息内容而定的人有718人，占50.7%。这说明，多数大学生对微博信息持谨慎、理性态度，而少数大学生对微博信息坚信不疑。

一位被访大二学生L认为："微博很多信息真假难分，需要我们加以甄别，我一般不太相信微博上的信息，因为微博信息比较个人化，发布也比较随意。"一位被访大一学生M说："官方微博信息才值得相信，非官方微博信息难以辨别是否真假。当然许多个人微博发表自己心情语录或生活点滴，应该是真的。"一位被访大四学生T说："微博信息是否值得相信要视内容而定，涉及国家、社会事务的信息难以相信，但涉及个人生活的信息应该是真的，因为微博功能可能更多是个人的，比如我用微博就是记录自己的心情日记。"

表 42　　　　　　　　大学生对微博信息的道德态度

|  | 频率 | 有效百分比(%) | 累积百分比(%) |
|---|---|---|---|
| 大部分信息不可信 | 122 | 8.6 | 8.6 |
| 大部分信息可以相信 | 356 | 25.1 | 33.8 |
| 有一半信息可信，另一半信息不可信 | 220 | 15.5 | 49.3 |
| 视信息内容而定 | 718 | 50.7 | 100.0 |
| 合计 | 1416 | 100.0 |  |

那么，不同大学生对微博信息的道德态度是否有显著性差异？表43是不同大学生对微博信息道德态度的比较情况。它表明，不同性别、不同政治面貌的大学生在微博信息道德态度有显著性差异（Sig. ＜0.05）。其中，女大学生比男大学生对微博信息更持谨慎、怀疑态度，而男大学生比女大学生对微博信息更持肯定态度；非中共党员大学生比中共党员大学生对微博信息更持谨慎、怀疑态度，而中共党员大学生比非中共党员大学生更持肯定态度。不同家庭城乡背景的大学生在微博信息的道德态度上没有显著性差异，是否为独生子女的大学生在微博信息的道德态度上没有显著性差异。

表 43　　　　　　　不同大学生对微博信息态度的比较

|  | 性别（%） || 政治面貌（%） || 家庭城乡背景（%） || 是否独生子女（%） ||
|---|---|---|---|---|---|---|---|---|
|  | 男 | 女 | 中共党员 | 非中共党员 | 农村生源 | 城市生源 | 是 | 否 |
| 大部分信息不可信 | 10.9 | 6.4 | 7.2 | 8.7 | 8.8 | 8.5 | 7.5 | 8.9 |
| 大部分信息可以相信 | 27.6 | 22.6 | 31.1 | 24.2 | 24.2 | 26.8 | 27.5 | 24.3 |
| 有一半信息可信，另一半信息不可信 | 15.6 | 15.9 | 19.4 | 15.0 | 14.7 | 17.2 | 17.9 | 14.9 |
| 视信息内容而定 | 45.9 | 55.1 | 42.2 | 52.1 | 52.3 | 47.5 | 47.2 | 51.9 |
|  | Sig. =.001 || Sig. =.039 || Sig. =.295 || Sig. =.236 ||

## 2. 大学生的微博道德行为

大学生的微博道德行为可以从大学生在微博上是否有人身攻击言论、是否转发不知道真假的信息等两方面考察。表 44 是大学生在微博上是否有人身攻击言论的调查。在 1409 名大学生中,认为自己从不在微博上发表人身攻击言论的人有 612 人,占 43.4%;认为自己偶尔在微博上发表人身攻击言论的人有 683 人,占 48.5%;认为自己比较经常在微博上发表人身攻击言论的人有 91 人,占 6.5%;认为自己极为经常在微博上发表人身攻击言论的人有 23 人,占 1.6%。这说明,超过一半的大学生在微博上有不同程度的发表人身攻击言论,体现出微博是大学生发表言论的一种工具。在个案访谈中,当被访学生被问及在微博上发表什么时,多数被访学生都说自己在微博上发表心情、工作、生活、学习等话题。

一位被访大三学生 J 说:"我在微博上一般发表自己的心情,每天记录一下自己的生活感受,好心情、坏心情都记录,相当于写日记一样。"一位被访大一学生 X 说:"我在微博上一般是发表自己心情如何,还有就是转发较好的文章和一些相关新政策。我几乎不会在微博上去评价别人,也不会去说别人的坏话。"一位被访大三学生 H 说:"我在微博上一般是转发一些较好的文章,有时会转发一些明星的丑闻。"一位被访大二学生 M 说:"我是一个快言快语的人,有时心情不好时我会在微博上说一些骂人的话语,可以说是发泄一下吧。不过,说完了之后心情会好一些。"

表 44　　　　大学生是否在微博上发表人身攻击的言论

|  | 频率 | 有效百分比(%) | 累积百分比(%) |
| --- | --- | --- | --- |
| 从不 | 612 | 43.4 | 43.4 |
| 偶尔 | 683 | 48.5 | 91.9 |
| 比较经常 | 91 | 6.5 | 98.4 |
| 极为经常 | 23 | 1.6 | 100.0 |
| 合计 | 1409 | 100.0 |  |

那么，不同大学生在微博是否发表人身攻击言论方面有无显著性差异？表45是不同大学生在微博上是否发表人身攻击言论的比较情况。其显示出，不同性别、不同政治面貌的大学生在微博上是否发表人身攻击言论方面呈现显著性差异（Sig.＜0.05）。其中，男大学生比女大学生更频繁地在微博上发表人身攻击言论；非中共党员大学生比中共党员大学生更频繁地在微博上发表人身攻击言论。而不同家庭城乡背景、是否为独生子女的大学生在微博发表人身攻击言论上没有显著性差异。

表45　　　不同大学生是否在微博上发表人身攻击言论的比较

|  | 性别（%） || 政治面貌（%） || 家庭城乡背景（%） || 是否独生子女（%） ||
| --- | --- | --- | --- | --- | --- | --- | --- | --- |
|  | 男 | 女 | 中共党员 | 非中共党员 | 农村生源 | 城市生源 | 是 | 否 |
| 从不 | 40.8 | 45.6 | 40.0 | 44.4 | 44.6 | 41.9 | 45.7 | 42.8 |
| 偶尔 | 47.8 | 48.6 | 47.8 | 48.4 | 47.8 | 49.2 | 46.0 | 49.4 |
| 比较经常 | 9.1 | 4.6 | 6.0 | 8.3 | 6.2 | 7.0 | 6.6 | 6.4 |
| 极为经常 | 2.3 | 1.2 | 1.3 | 3.9 | 1.4 | 1.9 | 1.8 | 1.5 |
|  | Sig.＝.002 || Sig.＝.031 || Sig.＝.683 || Sig.＝.735 ||

表46是大学生在微博上是否转发不知真假信息的情况。其表明，在1397名大学生中，"别人转发，我也转发"的人有62人，占4.4%；坚持"不转发"的人有908人，占65.0%；"依信息内容而定"的人有427人，占30.6%。这说明，多数大学生坚持在微博上不转发不知真假的信息，有部分大学生依据信息内容来决定是否在微博上转发，也有少数大学生有从众心理，看见别人转发，自己也跟着转发。

  一位被访大二学生M说："我不会随便转发微博信息，我平时转发的一般是学生会的通知、安排、班级活动安排等。"一位被访大二学生M说："我不会转发微博信息，因为微博信息的真假不好判断。不知道信息的真假就随便转发的话，很容易误导别人，产生不良影响。"一位被访大三学生H说："我以前太单纯，总是转发一些微博信息，后来有一次闺密说很讨厌我这样子做，那些又长又臭的信息，浪费流量，现在我几乎不转发了。"一位被访大四学生F说："是否转发微博要依据信息而定，有些明显不是真实的信息我肯定不会转发，模棱两可的信息通常也不转发，一些需要帮助的信息我可能会转发。"

表46  大学生是否在微博上转发不知真假的信息

|  | 频率 | 有效百分比（%） | 累积百分比（%） |
| --- | --- | --- | --- |
| 别人转发，我也转发 | 62 | 4.4 | 4.4 |
| 不转发 | 908 | 65.0 | 69.4 |
| 依信息内容而定 | 427 | 30.6 | 100.0 |
| 合计 | 1397 | 100.0 |  |

那么，不同大学生在微博上是否转发不知真假信息方面是否有显著性差异？表47是不同大学生是否在微博上转发不知真假信息的比较情况。其反映出，不同性别的大学生在微博上是否转发不知真假信息方面具有显著性差异（Sig.＜0.05）。其中，男大学生比女大学生更具有从众心理，更习惯于看见被人转发，自己也转发，而女大学生比男大学生更持谨慎态度，更倾向于依据信息内容来决定是否转发不知真假的信息。不同家庭城乡背景、是否为独生子女的大学生是否在微博上转发不知真假的信息则没有显著性差异。

表47  不同大学生是否在微博上转发不知真假信息的比较

|  | 性别（%） || 政治面貌（%） || 家庭城乡背景（%） || 是否独生子女（%） ||
| --- | --- | --- | --- | --- | --- | --- | --- | --- |
|  | 男 | 女 | 中共党员 | 非中共党员 | 农村生源 | 城市生源 | 是 | 否 |
| 别人转发，我也转发 | 7.5 | 2.1 | 6.2 | 3.9 | 3.8 | 5.5 | 5.1 | 4.2 |
| 不转发 | 65.4 | 63.9 | 69.7 | 64.5 | 64.9 | 65.0 | 64.2 | 65.2 |
| 依信息内容而定 | 27.1 | 34.0 | 24.2 | 31.6 | 31.3 | 29.5 | 30.7 | 30.6 |
|  | Sig.=.000 || Sig.=.068 || Sig.=.295 || Sig.=.787 ||

**（三）大学生使用微博的道德问题及原因**

以上是大学生使用微博及微博道德状况的描述，那么，大学生使用微博过程中存在哪些道德问题？产生这些道德问题的原因又是什么？根据此次问卷调查及个案访谈，大学生使用微博过程中存在以下四方面的道德问题。

第一，大学生对微博认识存在一些偏差。如前文所述，少数大学生认为在微博上说话聊天可以不受道德约束，这实际上是没有正确认识到微博本质。微博是一个交流信息平台，如果发表微博不需要遵守道德规范，微博传递的信息可能有些是危害社会、影响青少年健康成长的信息。因此，少数大学生认为在微博上说话聊天可以不受道德约束的态度不是正确的。

一位被访大三学生 Y 说："微博使信息传输变得更方便更快捷。但也增加了大学生道德建设的难度。微博的信息量大，学生辨别能力低，容易受微博舆论的影响。"

第二，大学生微博存在不文明的道德行为。多数大学生在微博上的行为是符合道德规范的，但也有少数大学生在微博上的行为不符合道德规范。表 48 所示，22.3% 的大学生认为大学生微博存在说脏话的问题；18.5% 的大学生认为大学生微博存在发色情信息或色情图片的问题。

一位被访大一学生 W 说："微博上不文明的地方还是挺多的，比如微博本来是生活空间，有些人故意在微博上做商业广告，我觉得这是有违道德的。"一位被访大二学生 L 说："有些人在微博上故弄玄虚，夸耀或炫耀自己，我觉得这些都是不好的。"一位被访大四学生 M 说："我认为在微博上也应该遵守道德规范，尽管它是虚拟空间，但它本身也是一个公共生活舞台，只不过这种生活舞台看不见人而已。有些人往往不遵守道德规范，在微博上发表色情信息或色情图片，以诱惑别人点击，从中获取非法利益。"一位被访辅导员 H 老师说："有些学生在不了解真相的时候就传播一些信息，掩盖事情的真相，还原对自己有利的一面，故意将对自己不利的一面隐藏起来。比如说网上传的一张图片是一个美国大兵拿着枪指着中国人，学生在传播这个图片的时候故意弄成别的情况，从而取得别人的支持。"

表48　　　　　　　　　大学生微博道德问题

| | 对应 N | 百分比 | 累积百分比 |
|---|---|---|---|
| 大学生微博存在的道德问题：说脏话 | 883 | 22.3% | 22.3% |
| 大学生微博存在的道德问题：发色情信息或色情图片 | 730 | 18.5% | 40.8% |
| 大学生微博存在的道德问题：造谣 | 1073 | 27.1% | 67.9% |
| 大学生微博存在的道德问题：欺骗钱财 | 770 | 19.5% | 87.4% |
| 大学生微博存在的道德问题：欺骗感情 | 437 | 11.0% | 98.4% |
| 大学生微博存在的道德问题：其他问题 | 63 | 1.6% | 100% |
| 总计 | 3956 | 100.0% | |

第三，大学生微博存在虚假宣传现象。多数大学生能理性、谨慎地对待微博信息，对于一些不知真假的信息拒绝转发，但是也有少数大学生不管信息真假、看见别人转发就跟着一起转发，这样的行为就可能造成虚假宣传现象。表48表明，27.1%的大学生认为大学生微博存在造谣道德问题。这就是一些大学生不知道信息真假就在微博上转发而导致的现象。

一位被访大二学生Y说："微博由于它的即时性，微博信息会在第一时间内传播出去，读者也会在第一时间内作出判断，或进行转发，一件也许不大的事情，一经传播，可能会产生一些正面或负面的影响，如果管理不规范，很容易产生道德问题。"一位被访大二学生M说："微博信息的真假性不好判断，而大学生容易受到舆论的影响，容易跟风，这会对大学生的价值取向产生负面影响。"

第四，大学生微博存在欺骗现象。微博交流虽然不如QQ群、微信那样直接、迅速，但是微博也可以产生微博"粉丝"，从而可能形成支配与被支配的语言权力。在这种情形下，一些欺骗现象就可能发生。表48表明，19.5%的大学生认为大学生微博存在欺骗钱财的道德问题；11.0%的大学生认为微博存在欺骗感情的道德问题。

一位被访大二学生 Y 说："我平时比较喜欢浏览微博信息，特别是一些名人微博，我很喜欢看他们写的东西，觉得他们写的东西很有道理。"一位被访大三学生 M 说："我有一次看到好朋友微博的转发信息，里面说某个地方的一个女孩得了白血病，急需动手术，需要大量医疗费，希望社会捐款。像这些信息不知道是否真实，也难以核实。有同情心的人可能被欺骗了还不知道。"

大学生微博道德问题产生的原因是多元的，既有大学生自身原因，也有微博网站建设不规范，缺乏政府监管的原因。关于这些原因，哪些是主要原因？哪些是次要原因？问卷列出了多项可能影响大学生微博道德问题的因素，以供大学生根据实际情况进行选择。如表49所示，在大学生可以选择多个选项的前提下，19.9%的大学生认为缺乏道德规范约束产生了大学生微博道德问题；18.0%的大学生认为微博成员身份不真实导致了大学生微博道德问题；16.5%的大学生认为微博成员缺乏自律促使了大学生微博道德问题的产生；14.7%的大学生认为利益驱使导致了大学生微博道德问题；14.3%的大学生认为缺乏法律约束更是造成了大学生微博道德问题。

表49　　　　　　　　大学生微博道德问题的原因

|  | 对应 N | 对应 百分比 | 累积 百分比 |
| --- | --- | --- | --- |
| 微博道德问题产生的主要原因：成员身份不真实 | 732 | 18.0% | 18.0% |
| 微博道德问题产生的主要原因：利益驱使 | 600 | 14.7% | 32.7% |
| 微博道德问题产生的主要原因：缺乏道德规范约束 | 810 | 19.9% | 52.6% |
| 微博道德问题产生的主要原因：缺乏法律约束 | 582 | 14.3% | 66.9% |
| 微博道德问题产生的主要原因：成员缺乏自律 | 670 | 16.5% | 83.4% |
| 微博道德问题产生的主要原因：政府缺乏监管 | 137 | 3.4% | 86.8% |
| 微博道德问题产生的主要原因：网站管理不严 | 416 | 10.2% | 97% |

续表

|  | 对应 |  | 累积 |
| --- | --- | --- | --- |
|  | N | 百分比 | 百分比 |
| 微博道德问题产生的主要原因：学校教育不到位 | 94 | 2.3% | 99.3% |
| 微博道德问题产生的主要原因：其他原因 | 29 | 0.7% | 100% |
| 总计 | 4070 | 100.0% |  |

本章以大学生QQ群、大学生微信、大学生微博等三个网络共同体为例，通过问卷调查与个案访谈资料，对大学生网络共同体道德现状进行了统计描述，结果表明：

第一，大学生不同网络共同体之间的道德现状没有太大差异。大学生QQ群、大学生微信、大学生微博均是大学生比较喜欢的网络交流平台，大学生在QQ群、微信、微博都形成了自己的共同体。大学生对QQ群、微信、微博共同体坚持积极的道德态度，多数大学生都认为在QQ群、微信、微博都要建立起相应道德规范，以约束这些网络共同体的个人行为。多数大学生对网络信息持理性、谨慎态度，不轻易在QQ群、微信、微博上转发。多数大学生在QQ群、微信、微博上经常谈论的是与工作、生活、心情、娱乐等相关的话题，绝大部分内容都健康、积极向上。

第二，大学生在网络共同体的行为会因个人一些不同特征而呈现显著性差异。不同性别、不同政治面貌、不同家庭城乡背景、是否为独生子女会影响大学生在网络共同体的道德行为。如：女大学生比男大学生在网络共同体上的言论更倾向于保守、更倾向于受道德规范约束；中共党员大学生比非中共党员大学生更不轻易转发不知道真假的信息；农村生源大学生比城市生源大学生、非独生子女大学生比独生子女大学生在网络共同体上的言论更倾向于受道德规范约束。

第三，大学生网络共同体存在一些道德问题。大学生网络共同体存在的道德问题主要体现在道德认知、道德行为等方面。在道德认知方面，少数大学生对网络共同体认识不清，认为网络共同体是自由的，可以不受道德规范约束。这实际上没有真正认识自由的含义。自由是相对的，自由是在一定规范下的自由，不存在毫不受规范约束的自由。无论在现实社会，还是在网络共同体，只有遵守一定道德规范，才能真正享受自由。在道德行为方面，少数大学生不管信息真假就直接在网络共同体上转发，造成谣言传播、身边同学被欺骗；或者只图一时享受，随意在网络共同体上发送黄色图片；或者轻易相信网络共同体信息，导致被欺骗、被诈骗等。

以上研究结果说明，大学生网络共同体道德现状总体上是良好的，体现出大学生道德素质高尚的精神风貌，但是大学生网络共同体也存在一些道德问题，我们仍然要加强大学生网络共同体道德建设。加强大学生网络共同体道德建设，要分层次、分类别进行。

（本文作者为广西师范大学马克思主义学院　何广寿）

# 中国商务诚信调查报告

　　现代经济是需要文化滋养的经济，其中商务诚信文化是现代经济发展最不可缺少的文化元素。商务诚信不仅是现代经济活动的必要条件，而且赋予现代经济活动以价值的意义，使经济活动在增进财富利益的功能基础上，更具有精神享受的文化作用，而精神享受则又成为合理获利的推动力量。在某种意义上，商务诚信文化成为衡量现代经济发展的重要动能与合理程度的标尺。中国现代经济从提出社会主义市场经济为起始，迄今已有20多年了，中国经济已经跃上了世界前列。但是中国现代经济中的商务诚信文化处在一种什么样的程度，如何进一步提升中国现代经济的商务诚信水平，是中国现代经济发展中的文化课题，亟须加以研究。

　　国家重大项目"推进政务诚信、商务诚信、社会诚信和司法公信建设研究"课题组对我国现代经济活动中商务诚信现状进行问卷调查，为我国经济发展增强商务诚信文化影响力提供基本信息。课题组在全国25个省市各类企业中抽取600个样本，有效样本586个，有效率为97.7%。调查对象包括各类性质的企业，其中国有企业占31.7%，民营企业占48.1%，外资企业占10.4%，合资企业占9.8%；企业规模为，大型企业占26.8%，中型企业37.4%，小型企业25.1%，微型企业4.9%，个人合伙5.8%；调查对象在企业中的身份比例分别是董事长（老板）占8.9%，经理占13.5%，管理人员占27.8%，技术人员占17.4%，员工占32.4%。[①] 此次调查对象涉及范围较广、类别较多，能在总体上反映企业和商家商务诚信的实际状况。本研究对收集的数据采用社会科学统计软件

---

[①] 说明：本文数据皆源自国家重大项目"推进政务诚信、商务诚信、社会诚信和司法公信建设研究"课题组调研数据库。

包 SPSS 进行统计分析。

## 一　商务诚信已成为我国经济活动的文化要素

西方学者对中国经济诚信伦理多持否定态度。马克斯·韦伯在《新教伦理与资本主义精神》一书中认为，只有西方的基督教文化才能生长出现代市场经济（资本主义经济）所需要的伦理要素，而东方文化则不具有现代经济伦理的可能性。

在韦伯看来，中国传统儒学的德性伦理只与"自我完善的目标"相关，不具有社会经济的意义。他甚至认为，中国儒学文化影响下的中国人缺乏经济交往上的信任与诚实，"零售交易似乎从来没有什么诚实可言"，"中国人彼此之间的典型的不信任，为所有的观察家所证实"①。他认为，中国缺乏经济诚信与血缘家族的礼制密切相关，"正是家产制的财政机关，到处培养这种不诚实的作风。"② 韦伯对中国经济伦理文化的偏见在西方舆论中时有所见。到 20 世纪 90 年代，在中国经济已经出现两位数增长的情况下，美国学者福山还是认为，在现代经济过程中，华人社会"家族色彩反而更加鲜明"③，"华人文化对外人的极端不信任，通常阻碍了公司的制度化。"④ "中国儒家文化把家庭奉为圭臬，认为家庭优于国家，甚至优先于任何社会关系，对中国的经济造成重大的影响。"⑤

西方人士断定中国的文化无法走出家庭的束缚，从而难以建立现代经济所需要的诚信（信任）文化。我国一些学者也受这些观点的影响，对中国经济领域的诚信文化建设没有信心。问题在于，难道中国文化土壤真的不能产生出现代经济的诚信文化吗？中国现代经济活动中有无诚信文化的滋润？这一切并不该由理论来决定，而靠事实来证明。课题组的调查表

---

① ［德］马克斯·韦伯：《儒教与道教》，洪天富译，江苏人民出版社 1997 年版，第 261 页。
② 同上书，第 263 页。
③ ［美］弗兰西斯·福山：《信任——社会道德与繁荣的创造》，李宛蓉译，远方出版社 1998 年版，第 92 页。
④ 同上书，第 96 页。
⑤ 同上书，第 103 页。

明,凭借20多年的社会主义市场经济的促动和诚信文化的建设,商务诚信已经成为我国现代经济活动的文化要素之一,在经济发展中发挥重要作用。经济活动中的商务诚信具体体现在经济活动者对于诚信的认同、诚信经商的意愿、对于诚信文化建设赞同度、对于不诚信经营活动的批判态度,以及经营主体彼此建立起来的信任关系。

1. 我国经济活动者认同诚信对于经济活动的价值

经济活动通常追求的是利,而诚信则属于伦理的"义"的范畴,追利者能否接纳义即接受诚信?提出这个问题,是因为义利关系在传统伦理中被理解为对立的关系,认为求利则难以顾及义,甚至认为诚信之义可能会影响追利之求。但是现代经济伦理超越了义利对立的传统观念,不仅认为道德之义不必然会损害经济谋利的活动,并且主张诚信求利、诚信谋多利,故而有商务诚信之倡导。这样的现代伦理观念正逐渐渗透经济活动之中,被现代中国经济人所接受。

商务诚信的调查表明,对于诚信在经济活动中的价值,我国大多数从商者是认同的。在回答"您认为企业在追求盈利的今天,强调诚信意义大吗?"这一问题,有74.7%的人选择了"很有意义,只有诚信才能带来利益"。其中受教育程度越高对诚信的认同度越高。高中与初中以下文化程度的人认同诚信意义的比例分别是66.7%和63.5%,而大学文化程度以上者对诚信的认同度高达79.2%。

经济活动者的诚信观念还体现在他们中的大部分人赞同诚信经商。在问及"作为商家,您赞成下属哪些观点?"在5个选项中,"做生意要本本分分,言而有信"赞同率最高,达到70.1%。受访者年龄上比较,35岁以下的年轻人赞同率高于中老年人,其中18岁以下赞同率是85.7%;18岁至35岁年轻人占71.8%,均高于平均数。

从商者之所以赞同诚信经商,是他们对诚信经商的结果充满信心,从而增强了从商者的诚信观念。一项"商业活动中坚持诚信经商可能得到的结果"的6个选项中,有31.0%的人选择"获得信任,带来经济效益"、27.7%选择"塑造企业良好形象,同行赞赏"、24.5%选择"可能赚钱少,但无愧于良心",三项相加为83.2%,这说明大多数的经济从商者对诚信经商的结果持积极乐观的评价,并且肯定和赞赏诚信经商对塑造企业形象的积极作用。尤其值得肯定的是,在赚钱与良心之间,有

24.5%的人倾向于良心的选择,认为良心比赚钱更重要,即使少赚些钱,也要诚信经商,这样才对得起良心。同样令人可喜的是,18岁至35岁受访年轻人在"可能赚钱少,但无愧于良心"这一项选择的人数都高于其他年龄段,说明诚信经商的伦理观念得到年轻人高度认同与积极的响应(见图1)。

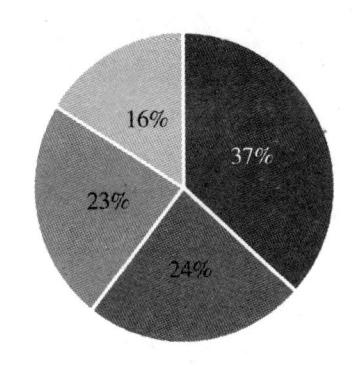

■ 18岁以下　■ 18—35岁　■ 36—59岁　■ 60岁以上

图1　可能赚钱少,但无愧于良心

### 2. 我国经济活动者对市场中的失信行为有正确的伦理批判态度

对现实中的失信现象持什么态度,一定程度反映出人们的诚信观念。就调查的结果来看,大多数从商者有明确的诚信是非观念,对失信行为给予痛斥和否定的态度。在"您如何看待企业的虚假广告宣传?"的问题上,有47.3%的受访者持"非常反感,欺骗消费者"的态度;36.0%的人持"比较反感,不效仿"的态度,两项累加,反对虚假广告的占83.3%。

对于曾曝光于社会的高端品牌达芬奇家具公司将普通家具包装成意大利全进口家具的行为,应该如何看待?调查数据显示,有64.8%的人"不太认同各种造假行为"和"坚决反对任何欺骗消费者的不良商家。"真正"很羡慕达芬奇公司的经营策略"的人只有2.4%。

对于市场上时常出现的"缺斤短两"、"以次充好"的现象,受访者的态度是怎样的呢?调查表明,受访者中有21.3%认为"不太正常,可能迫于生存压力";20.8%的认为"不正常,有损形象";37.2%的认为"很不正常,应该谴责",三项相加,表示批评态度的占了79.3%。进行交叉分析发现不同规模企业呈现出批评程度有所不同，企业规模大对市场失信行为的批评呼声高：大型企业为47.8%；中型企业36.5%；小型企业27.9%；微型企业24.1%。

对于现实市场中存在的"有的企业表面态度很诚信，实际行为常常失信"的情况，受访者又是如何进行评价的呢？调查结果是，43.4%的人表示，"表里不一，欺骗性大，应曝光"；36.3%的人对此种行为评价为："虚假，违背企业诚信精神"。也就是说，有79.7%的人选择了批判性的选项，表示了他们对企业失信行为的不屑和否定的伦理态度。

3. 我国经济活动者积极支持国家诚信文化建设

近些年针对新经济发展中出现的失信问题，党和政府加强诚信建设，其中不仅有诚信价值观方面的引导，而且也采用了市场监督与技术性的手段，对失信行为予以警示或惩治。如利用网络和大数据，通过现代征信手段，鼓励诚信、打击失信。又如，根据信誉程度的高低来决定贷款量的金融手段。对于这些诚信建设的举措，我国经济活动者大多数非常拥护。下面择取两项调查数据予以证实。

一项对于"政府工商部门要建立企业经营者诚信档案"的做法，有37.5%的人表示"非常赞成，将不诚信者逐出经营市场"；43.2%的人表示，"比较赞成，大家都诚信生意才好做"，两者相加，赞成者达80.7%。比较分析来看，文化程度高的赞同者多于文化程度低的。大学学历以上者赞同率高达83.9%，高中文化程度的赞同率是77.8%，初中及以下文化程度的赞同率是65.4%。可见，赞同率与文化程度高低成正比。但总体的赞同率是比较高的，即使最低的赞同率也超过了65.0%。进一步比较来看，"非常赞成，将不诚信者逐出经营市场"的态度在不同规模的企业是不一样的，呈现从小型企业到大型企业上升的曲线，也就是说企业规模越大其赞同率越高（见图2）。

一项对于"浙江某地对企业推出'道德银行'诚信建设，信誉高的企业可以多贷款"的举措，76.1%的持拥护态度，其中22.9%的人评价这一做法是"非常好的措施"；53.2%的认为，这一措施"对企业诚信有一定促进作用"。而认为"没有用的"只占了10.7%，可见大多数人欢迎诚信建设。有意思的是，外资企业（66.1%）对这一举措的积极评价要低于国内企业10个百分点，而民营企业积极评价最高，为80.1%。民营

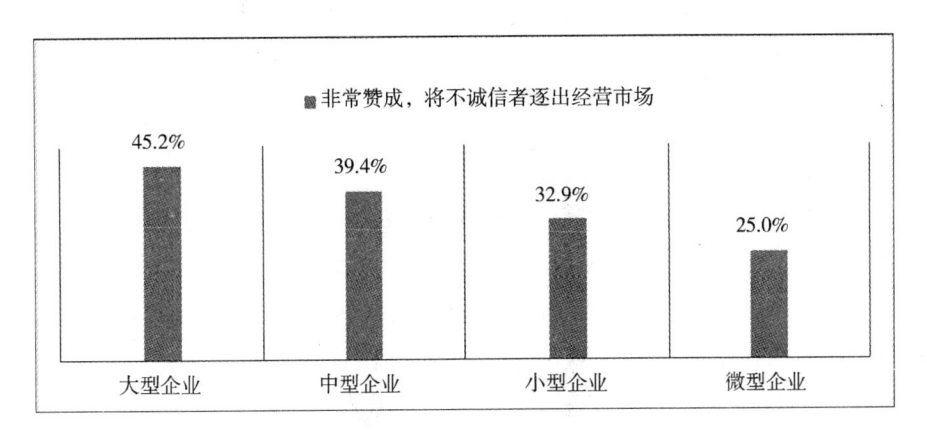

图 2 非常赞成，将不诚信者逐出经营市场

企业积极评价的数据反映了两方面信息，一者民营企业大部分是小型企业，贷款难是这些企业面临的现实问题，反映了民营企业急需贷款的渴望；二者民营企业愿意以诚信经商的行为来获得银行贷款的诚意。很显然，这是一个非常积极的信号。

4. 我国经济活动主体之间已建立基本的信任关系

信任与诚信一样，是人们经济交往的前提条件，郑也夫指出，"信任是交换与交流的媒介"。同样信任是市场经济得以正常进行的心理基础，"信任是一种态度，相信某人的行为或周围的秩序符合自己的愿望"[①]。信任与诚信有着密切的关系。人们之所以能够产生信任感，其中一个关键的因素在于，交往主体内心认为交往的对象是诚信的，值得交往与信任。而如果认为交往对象诚信度不足够，一般也就打消了继续交往的愿望，即使在偶然交往或因急迫需要环境难以选择而不得不发生交往的情况下，其交往的信任度必然很低。正因如此，经济活动中人们的信任程度如何，是否足以建立起信任关系，从一个侧面反映出经济交往中商务诚信的程度。

我国经济活动的信任情况如何？从调研的情况来看，在市场经济交换中已经建立起基本的信任关系。首先，这一判断来自于商家。必须承认，身临市场的商家对市场交换过程中的信任感受最直接，对市场交换主体之间的信任程度也最有发言权。在商家看来，我国市场交易中的信任状况总

---

① 郑也夫：《信任论》，中国广播电视出版社 2006 年版，第 19 页。

体尚好。有9.0%的商家认为"交易双方很信任";29.6%认为"比较信任",45.4%的认为"一般信任",三项合计信任感受达84.0%。这个数据足以推翻我国经济活动建立不起信任关系的妄断,同时也证明了我国市场经济发展已经具备了基本的信任环境。

其次,还可以从社会民众对商家信任感来了解我国经济活动的信任关系。事实上,市场上的信任关系除了存在于商家之间的交换活动中之外,还大量反映在商家与消费者即社会民众的交换活动之中。社会民众对商家行为的诚信评价能够较为客观地反映经济活动中的信任关系。在超过2040余份民众问卷中"您认为目前商业活动的诚信度如何?"民众选择"非常诚信"(1.0%)、"比较诚信"(16.0%)和"一般诚信"(63.3%),虽然深度诚信评价的比例不是很高,但是三项相加,达80.3%。这是一个比较乐观的数据,佐证了我国商业活动中不仅存在着诚信文化,而且商务诚信正在被大多数社会民众所认可。

这种可喜的信任趋势还反映在曾被破坏的信任关系得到相当程度的修复上。不可否认,我国市场不断有一些造假事件出现,在一定程度上破坏了人们的信任关系,但是经过整治,信任关系正在修复。发生于2008年的"三鹿奶粉事件"是一起影响极坏的食品安全事件,打击了民众的信任感。不过,经过政府对奶业加大整治力度后,人们的信任感正慢慢恢复。在问道"您对中国奶业还有信心吗?"有67.6%的社会民众表示有信心。虽然数字还不太理想,但超过50%的数据已经说明信任的基础还在,相信还会慢慢提高。

## 二 经济活动中的诚信问题及其分析

上述调研数据充分证实了我国经济活动中商务诚信文化已经形成并正在起积极作用,而不是国外专家判断的中国不具有诚信文化土壤和可能性,也不是国内某些学者对我国市场经济诚信文化的悲观预测的那样。中国在自我特色的社会主义市场经济中渐渐萌发出商务诚信的文化,商务诚信已成为我国经济活动不可缺少的文化要素之一。

但是,我国经济活动内存商务诚信的文化因子,并不意味着我国经济活动中诚信文化已经非常成熟,不意味着诚信观念已经被人们普遍接受和践行，更不表明失信行为已成为人人喊打的过街老鼠。毋庸讳言，我国经济领域还存在不少的诚信问题，影响着诚信文化的建设，影响市场活动的有序进行，必须引起充分的关注。

1. 现实经济活动中存在着失信问题

经济活动中失信的存在是一个不争的事实。近些年仍有一些企业冒天下之大不韪之风险，顶风造假、破坏国家经营安全标准、冲击诚信底线，破坏市场信任关系。影响比较大的有"上海福喜事件"。上海福喜公司隶属于美国福喜集团（OSI）。美国福喜集团是一家在全球17个国家拥有50多家食品加工厂的国际化食品集团，公司成立于1909年，已有一百多年的经营历史。然而就是这样一个赫赫有名的百年老店，2014年上海福喜被媒体曝光将大批过期原料用于鸡肉、牛排等食品生产，原料产品供应下家为麦当劳、肯德基、华莱士餐厅等，一时这些著名的餐饮食店发生食品原料危机。

相关的失信事件还有：湖南省攸县3家大米厂"镉大米"在广州发现，使消费者惶恐不安；还有玺乐丽儿进出口（苏州）有限公司用来路不明的进口奶粉和过期奶粉作为原料，售卖号称荷兰原装进口的美素丽儿奶粉，欺骗消费者；此外被曝光的还有广西省广药子公司违法使用硫黄熏蒸的山银花及其枝叶生产药品，其出产的维C银翘片涉嫌砷、汞等金属残留，给消费者留下了用药安全隐患，同时该事件也严重影响消费者对维C银翘片的信任度；"汇源"果汁是有名的饮料，但是2013年和安德利、海升公司一起被曝光向果农购买"瞎果"为果汁原料，曝出"烂果门"丑闻。

随着互联网的普遍化、新媒体的拇指化，以及现代物流的快捷化，电商经济获得了快速发展，占据了商务活动半壁江山，"天猫"、"淘宝"、"支付宝"、"P2P"成为交换与消费领域耳熟能详的名词。但是电商经济在迅速突起的同时，"假货"、"违约"的批评也不绝于耳，连高层政府部门都不得不出面干预，可见其失信的程度不一般。

必须指出的是，近年造假事件多发生于国外在华企业或合资企业。如，洋快餐肯德基、麦当劳被曝冰块细菌严重超标，比马桶水还脏。2013年调查人员在北京崇文门的肯德基、麦当劳等快餐店中取回可食用冰块进行抽样检测。检测结果发现，冰块菌落数量高于国家标准，而且高于马桶水箱水样品的5倍至12倍。同样在沃尔玛大超市消费者所购买的"五香驴肉"里竟掺上了狐狸肉。

外国企业的失信丑闻并非偶然,在商务诚信的调查中,外资企业或合资企业的不少诚信指标都差于国内的企业。例如,在如何看待虚假广告的问题,国有企业与民营企业表示"非常反感"和"比较反感"虚假广告的数据都在80.0%以上,国有企业是89.3%,民营企业是82.3%;而外资企业反感虚假广告的数据是77.0%,合资企业是75.5%,相差10多个百分点。对待达芬奇冒充意大利家具的做法,外资企业选择"见怪不怪,洋品牌就是这样包装出来的"的选项最高,为45.9%;而国有企业是25.3%,民营企业是34.2%,远远低于外资企业的比例。

2. 经济活动中诚信观念尚未普遍建立

经济活动客观存在的失信问题,可能有多种原因。有政府监管的漏洞,也可能是人性的贪婪与投机,而从伦理上检视,则主要在于商务活动的诚信观念尚未被普遍接受。换句话说,经济活动主体诚信观念的缺乏是失信行为产生的主要原因。

诚信观念缺乏体现在哪里?一是表现在诚信问题上是非不分。如前面所提到的对现实中的虚假广告"不反感",甚至"能够理解"的受访者占到了16.7%。又如,问到"有的企业用'无商不奸'来解释自己不诚信行为,您的态度是?"竟然有26.9%的人对企业的"无商不奸"的道德辩解表示"非常理解"和"比较理解",其中文化程度低的比例居高,高中文化程度的是33.3%,初中文化程度的是34.6%。比大学文化程度(22.4%)的高出了11个百分点之多。

二是在观念上对商务诚信持无所谓的态度,对于达芬奇假冒意大利家具的欺骗行为,受访者认为"见怪不怪,很多洋品牌都是这样包装出来的"和"很羡慕达芬奇公司的经营策略"两项占33.2%,其中外资企业比例更高,为45.9%。

对于企业失信行为的评价,有18.9%的人认为"很多企业都这么做,司空见惯"、"不了解,不好说",甚至表示"这种做法高明,可以仿效"。对于市场上出现的"缺斤短两"、"以次充好"的现象,竟有17.9%的人认为"很正常,是行业潜规则",也就是认同这种潜规则。

而对这种潜规则认同度最高的仍是外资企业,潜规则的认同度高达

29.5%。我们在另外一个提问中发现了类似的情况。在"作为商家，您赞成哪些观点？"的回答中，"做生意要本本分分，言而有信"这一正面积极的回应，外资企业最低，为55.7%，合资企业是68.4%，民营企业是71.6%，国有企业是73.1%（见图3）。相反，对于"做生意老实容易吃亏、受欺负"、"别人诚信，我也诚信，别人不诚信我也不诚信"、"只要能赚钱，别的都不重要"这些负面的回应，外资企业却是最高，为34.4%，合资企业24.6%，民营企业15.2%，国有企业15.1%（见图4）。可见外资企业的诚信文化建设是较差的，其人员的诚信认同度较低。

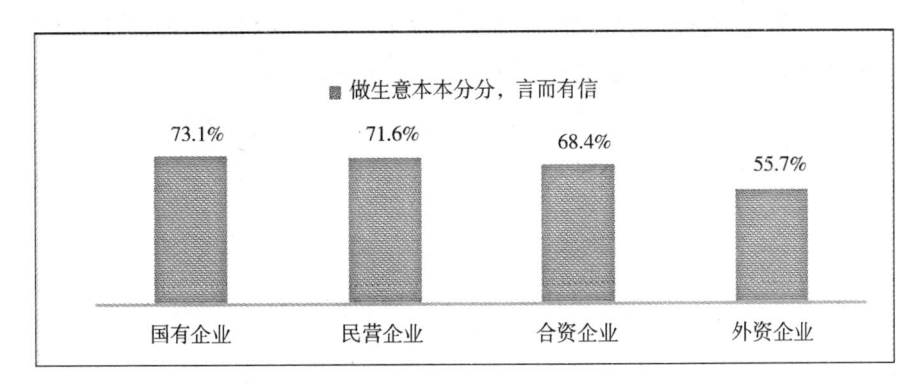

图3 做生意要本本分分，言而有信

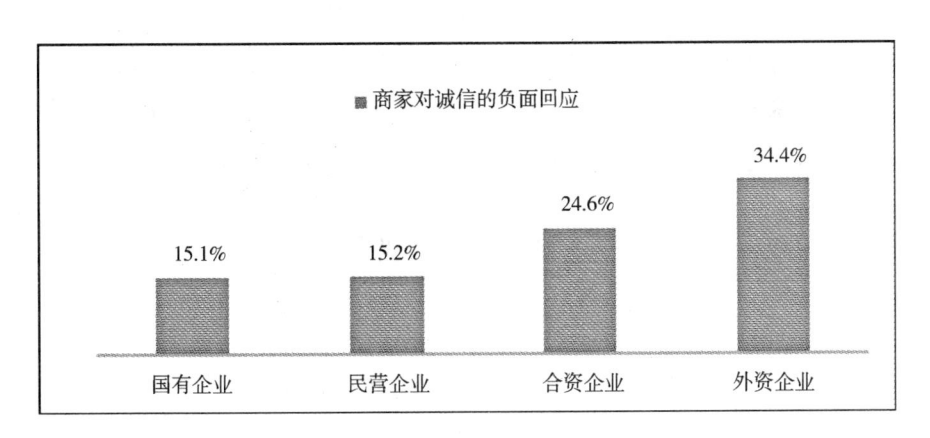

图4 商家对诚信的负面回应

三是对诚信在经济活动中的价值认识不足。之所以有前面诚信问题上的是非不分，其根源在于无视诚信在现代经济活动中的意义。还是在商言商，无非追利的观念影响，认为其他的一切都不重要，赚钱才是第一位的。所以在问道:"您认为企业在追求盈利的今天,强调诚信意义大吗?"有 19.5% 的人选择了"意义不大,诚信不一定带来利益"、"没意义,讲诚信可能会损害利益"和"完全没意义,讲诚信绝对损害利益";还有 5.5% 的人选择了"说不清"。这部分人完全是从利益出发或者义利对立的立场来评价诚信的意义,其结果必然摒弃诚信的理念。不同性质企业持这种立场的比例依次为:合资企业 25.0%;外资企业 20.3%;民营企业 18.8%;国有企业 18.4%。

3. 经济活动主体之间的信任关系尚不够深入与稳定

虽然我国经济活动的主体在经济领域里已经建立起基本的信任关系,这种现代的信任关系为诚信经商打下了良好的基础,有利于营造市场经济的伦理环境,促进经济的健康发展。但也必须看到,由于我国市场经济与现代化时间不长,社会的快速转型,陌生的人际社会突然而至,现实经济生活中失信造假事例的曝光冲击,使得经济领域中的信任关系还处于一个表浅、动摇不稳定的状态。疑虑猜测、犹豫不安是现实商家交往心态的表现,这种心态在一定程度上也会影响人们交往的信任感。调研数据表明,商家对市场交易的信任状态评价为"不太信任"和"很不信任"是 15.8%,但是更多选择的是"一般信任",占 45.4%。而来自民众(消费者)的信任度则要低得多。在民众看来,19.5% 的商家活动是"不太诚信"和"很不诚信"的,这个数据高于"非常诚信"与"比较诚信"的 17.0%,说明民众对商家的信任态度比较谨慎,具有一定的保留性。因此,深化与巩固经济交往的信任关系仍是商务诚信文化建设的目标之一。

## 三 商务诚信文化建设任重道远

对于中国现代经济活动中的商务诚信首先要抱有信心,作为诚信文化,它已经产生了落种萌发、展枝开叶的效果。这种效果一方面是经济发展的要求逼出来的。现代经济的高度分工、高科技化、高流通化、高度信用化,以及媒体高度监督下的高公开性,诚信是无可避开的文化条件,它甚至是现代经济的组成部分。现代经济的诚信要求已被越来越多的企业家与从业人员所认识,就此而言,中国商务诚信文化的产生无疑是对现代经济文化要求自觉认识的结果。另一方面企业及其人员认同诚信、接受诚信文化也是经济领域诚信文化建设的结果。这里必须提及的是，商务诚信文化的推进也受益于传统诚信文化的滋养。中国传统文化并非完全如西方人所认为是排斥社会性诚信的文化。事实上，中国传统文化包含着丰富的诚信文化，而且对诚信的追求并不完全局限于家庭，也有向外开放的要求。如儒家的观点：己欲立而立人，己欲达而达人。① 中国古代也有商贾伦理，里面包含着诚信的要求。如，宋代袁采的《袁氏世范》、清代吴中孚的《商贾便览·工商切要》都提出了诚信经商的道德要求；而古代中国的儒商，更以讲究诚信著称，这些传统的诚信文化易于为国人所接受，也有助于现代商务诚信的建设。

然而，与此同时我们必须正视商务诚信所存在的诸多问题，经济领域中的诚信文化建设仍是一个艰难的课题。其困难在于，对于诚信文化建设的重要性并没有被所有人所认识，诚信文化建设的热情往往是上热下不热。中央政府十分重视，国务院专门制定了2014年至2020年《社会信用体系建设规划纲要》；中央文明委也发布了《关于推进诚信建设制度化的意见》，提出"构建适应社会主义市场经济发展的诚信文化，引导人们正确处理经济利益与道德追求的关系，深刻认识市场经济既是契约经济、信用经济，又是法制经济、道德经济，在追逐物质利益的过程中享有精神收益。"② 问题在于，这些规划纲要和意见落实的情况如何呢？尤其能否在企业落实呢？据调查，情况并不乐观。首先，政府部门在推动商务诚信中的作用并非很大。来自商家对"政府部门在推进商务诚信中的作用"的评价，认为政府部门"作用不大"、"完全没有作用"和"不好说"的占了41.1%。其次，企业本身对于商务诚信建设存在着乏力的情况。调查显示，企业"经常开展诚信文化建设"的不到三成，只有29.7%；"偶尔开展"的有39.9%；"很少开展"的是19.8%；"从未开展"的也有10.4%（见图5）。从企业规模来看，小型企业诚信建设最差，"从未开展"占到了19.3%；微型企业其次差，"从未开展"为14.8%。从企业性质来看，外资企业诚信建设最差，"从未开展"高达30.5%，合资企业是14.3%，民营企业是9.7%，国有企业是4.3%（见图6）。这些数据与

---

① （春秋）孔丘：《论语（外两种）》，北京出版社2006年版，第49页。
② 中央文明委：《关于推进诚信建设制度化的意见》，《光明日报》2014年8月2日。

前面的数据结合起来看,企业是否认真开展诚信文化建设与企业及其人员的诚信意识和诚信行为有着密切关系,也说明实实在在地推动企业诚信文化建设是何等重要。

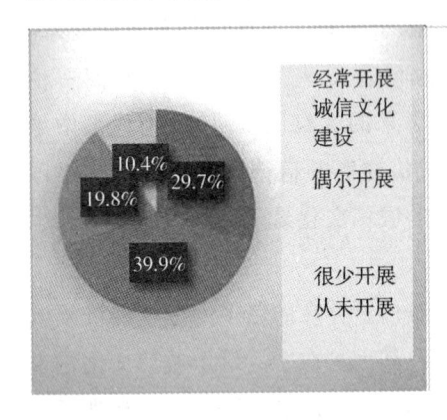

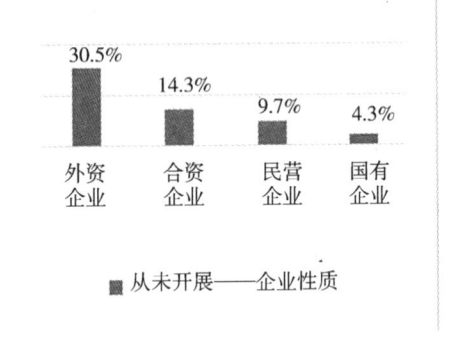

图5 诚信文化建设开展情况

经常开展诚信文化建设 29.7%
偶尔开展 39.9%
很少开展 19.8%
从未开展 10.4%

图6 从未开展——企业性质

外资企业 30.5%
合资企业 14.3%
民营企业 9.7%
国有企业 4.3%

但是如何使企业的诚信文化建设落在实处仍是一个需要研究的问题。目前关于经济领域的诚信文化建设存在两种误区:一种是认识上的误区,主要表现为割裂文化建设与经济建设的有机联系,认为经济建设是一回事,文化建设是另一回事,企业主要工作是以营利为目标的经济活动,文化建设最多只能是点缀,因而不重视企业诚信文化建设,甚至把诚信文化建设看作为一种负担。另一种是诚信文化建设理解上的误区。有的企业认识到诚信文化建设的重要性,也意识到诚信文化对于经济活动的积极意义,但是对诚信文化的建设仅仅理解为贴贴标语、办办讲座、搞搞活动等"宣传宣传"的工作。虽然这些活动仍是必要的,但是对诚信文化建设作如此的理解是有问题的,不仅过于狭窄,而且浮于表面。

经济活动的诚信文化建设要克服上述误区,真正推动商务诚信文化建设,首先,提高经济活动者(企业与从业人员)商务诚信重要性的认识,看到商务诚信对于企业的盈利、企业的可持续发展的长远价值,重视企业商务诚信文化建设,把商务诚信建设列入企业建设的战略层面,而非是一项可有可无或者额外负担的事情。

其次,全面准确理解商务诚信文化的建设要义。虽然文化建设有其特殊性,但是文化建设并非单纯孤立进行的,它不仅要有形式,也要有载体,更重要的在于内容,因而复合各类要素是现代文化一大特点与趋势。

商务诚信文化必然与企业的商务活动相联系，体现在商务活动之中，同样也只有在商务活动中才能建设商务诚信文化，脱离实际的经济活动则商务诚信文化是难以建立的。

再次，精心设计商务诚信文化建设。要将商务诚信文化与企业的经营活动有机地结合起来进行建设，包括检视企业经营目标、产品与服务、企业活动制度、商务交往活动的动机与手段中的诚信度；赋予这些活动具有诚信精神与规则要求；重要的建设是对人的诚信教育与引导。人是经济活动的主体，是否诚信经商关键在于人。这里的人包括企业主、管理者，也包括含技术人员在内的全体员工。企业始终要把人的诚信教育作为商务诚信文化建设的重点。人的诚信教育固然可以与行为的奖惩等制度的执行结合起来，但更要注重诚信观念的培育。如，必要的道德学习，倡导诚信做人，从管理层带头做起的企业内部的以诚相待、对外商务的以诚待客、劳动与服务过程中的认真待事等。通过人的诚信观念培育来塑造企业的诚信精神。

最后，政府在商务诚信文化建设中发挥积极作用。政府的责任在于营造良好经济活动的诚信环境，从外部来促进企业内部的商务诚信文化建设。从调查来看，商家对于改善"社会环境差"的呼声较高，期望政府有所作为。目前政府部门在商务诚信文化建设中作为不够主要体现在诚信监管不力（23.5%）和诚信引导（10.8%）有问题。对此，政府部门一是在公共经济政策中要有诚信经商的导向。以往的公共政策没有关注到或不够注重诚信在政策中的体现，有的商务失信正是钻公共政策的空子所致，因此公共政策的诚信导向十分重要。二是政府部门要严格执法，敢于碰硬，严厉打击失信违规的经济行为，包括经济上的惩罚、取缔不良商家。三是加大诚信舆论监督力度，利用大众媒体，及时把不诚信的经商行为暴露于阳光之下，使之无处藏身。四是要加大行业信用体系建设的力度，充分利用政府的诚信网，结合企业征信系统建设，公开诚信信息，鼓励行业内部开展诚信评比、诚信互督，促进行业形成诚信经营之风气。

（本文作者为华东师范大学　余玉花）

# 当代中国女性道德状况调查报告

改革开放以来，我国女性的道德生活和道德状况发生了深刻而重大的变化，新情况、新问题不断出现，要求我们必须予以把握和了解。要从根本上解决当代中国女性出现的各种道德问题，提升女性的道德水平，就必须对当代中国女性道德状况进行科学的评估。而道德调查是道德状况评估的前提。为此"当代中国女性美德建设研究"课题组于2013年6—10月对我国女性道德现状进行了调查。

## 一　有关调查的说明

### 1. 调查方法和问卷的设置

本次调查采取问卷调查法和访谈法。选择类型抽样的方式，将全国分成发达地区、发展中地区和不发达地区，同时兼顾了城乡分布，进行了大致的分层，选取了广东、山东、重庆、湖南、湖北、贵州六个地点。其中广东的广州市、湖南的长沙市、重庆为城市样本，山东烟台、湖北孝感、贵州毕节为农村样本。调查的对象是各地的城乡居民，并且考虑了社会分层，包括性别、婚姻、职业、受教育程度等不同成员间的分布。本调查问卷一部分由调查者入户对被调查者进行面对面的访谈，并由调查者按照被调查者的回答填写完成，一部分是在调查者的指导和解释下，由被调查者自己填写问卷，作答后收回问卷，比较好地保证了问卷的有效性与真实性。共发放问卷754份，回收有效问卷734份。

本次调查的问卷分为两个部分，第一部分为个人的基本情况，呈现七个方面的问题，包括性别、年龄、婚姻、职业、受教育程度、地区、城乡。第二部分为具体的调查内容，该部分设计了40个问题，一是女性家庭美德的调查；二是女性职业道德的调查；三是女性社会公德的调查；四是对于中国当代女性道德的总体看法的调查。

本调查的访谈提纲面向男性和女性共设计了 9 个大问题，虽然问题切入点不同，但关注点大致相同。本调查以个别访谈方式进行，访谈材料的获取采取现场录音，事后整理的方式。具体而言，本次访谈共访谈 37 名，其中男性 12 名，女性 25 名。

调查问卷采用 SPSS11.0 统计软件进行统计分析。

2. 调查对象的基本情况

（1）调查对象的类别

调查人数为 734 人，其中农村人数为 315 人，城市为 419 人，比例分别为 42.9% 和 57.1%。

（2）调查对象的户籍分布

调查的对象中，湖南人数最多，为 209 人，占 28.5%，其次是贵州，112 人占 15.3%。广东 106 人，山东 103 人，重庆 104 人，贵州 112 人。

（3）调查对象性别比例

调查对象中男性为 311 人，女性为 417 人，男性和女性的比例分别为 42.7% 和 57.3%。

（4）调查对象的年龄

我们将调查对象的年龄归为六个年龄段：18 岁及以下，19—25 岁，26—35 岁，36—45 岁，46—55 岁，56 岁及以上。其中人数最多的首先是 19—25 岁的人群，占 28.2%，其次是 26—35 岁的人群，占 22.9%，最后是 36—45 岁的人群，占 21.8%。

（5）调查对象的婚姻

对象中已婚人数最多 407 人，占 56.2%；其次为未婚人数 272 人，占 37.6%；离异者 17 人，占 2.3%；丧偶者 15 人，占 2.1%；再婚者 13 人，占 1.8%。

（6）调查对象的职业类别

调查对象职业划分为八大类：机关事业单位干部和有关人员、科教文卫专门技术人员、企业管理者和职工、商业服务人员、私营企业主、个体从业人员、农业劳动者和农村外出务工人员、学生或其他。其中以学生或其他人最多，207 人，占 28.6%，其次为企业管理者和职工 172 人，占

23.7%,再次为农业劳动者和农村外出务工人员137人,占18.9%。其他的依次为科教文卫专门技术人员、个体从业人员、机关事业单位干部和有关人员、商业服务人员、私营企业主等。

(7) 调查对象文化程度

调查对象的文化程度从文盲到研究生均有,调查对象中初中文化程度最多168人,占23%,其次为高中/中专/技校/职高人数为153人,占20.9%,调查对象为中学文化程度的共计为43.9%,大专以上人数为254人,占48.4%。文盲和小学文化程度为56人,占7.7%。

## 二 调查表明当前我国女性道德总体状况良好

### 1. 女性道德的总体状况较好

在回答"当前中国女性道德品质现状的总体评价"这一问题时,其回答中很好的占4.7%,比较好的占58.5%,两者合计为63.2%,即女性道德总体状况比较好,回答很不好的仅占总人数的1.9%,见图1。

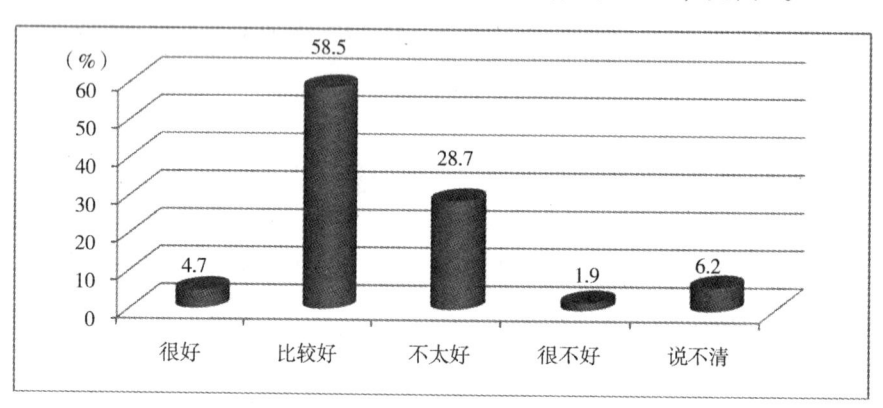

图1 对当前中国女性道德品质现状的总体评价

### 2. 女性的家庭道德素养高

女性在家庭生活中有着特殊的作用,而女性家庭道德如何,对家庭生活至关重要。我们设置了18个题目考察女性的家庭道德状况。

(1) 女性在家庭生活中的重要性和作用不容置疑,女性以自己的能干和善良获得尊重

在回答"女性在家庭生活中扮演的角色"这一问题时,回答"极为

重要"的占66.1%，"比较重要"的人数占30.0%，两项回答人数合计高达96.1%，可见女性在家庭生活中的重要性是人们公认的，她们在家庭中承担着更多的责任和义务。人们对女性评价用得最多的是"能干"、"善良"两个词汇，分别占被访者的41.5%和31.2%。女性以自己的劳动、善良品质赢得人们的赞美。

（2）女性的家庭地位提高，夫妻人格平等相互尊重

在调查中设置了3个题目考察，一是家务劳动承担；二是家庭事务的决定权；三是夫妻相互之间的沟通。

女性家务劳动时间有所减少。现代社会，男女平等观念已被广泛宣传和认同，家务劳动共同承担的观念已被大多数人接受。据2010年第三期中国妇女社会地位调查的结论显示，88.6%的人赞同"男人也应该主动承担家务劳动"。在家庭中完全不做家务的男人越来越少，大多数男人都能接受做家务的事实，但真正落实在行动层面的还只是一部分人，目前家庭的大部分家务仍然是由女性承担。我们的调查也显示，49.0%的人认为家务劳动方面还是女性承担多，34.4%的人认为男女在承担家务劳动方面差不多，仅有16.6%的人认为男性承担多。而且数据表明，城乡无明显差异，城市"男女共同承担家务劳动"的比例为33.0%，农村为35.8%。当然由于男性参与到家务劳动中，女性获得了一定的解放，女性用于家务劳动的时间还是有所减少。第三期中国妇女社会地位调查的数据也表明了无论是在城镇还是在农村，女性的家务劳动的时间都明显地减少。1990年中国城乡女性的家务劳动时间分别为每天223分钟和290分钟，2000年分别为213分钟和264分钟，2010年分别为170分钟和190分钟。[①]

女性对自己在家庭中的地位表示满意。在家庭大事如买房建房、投资贷款和孩子升学等方面共同商量的比例分别为78.0%、76.0%、80.8%。具体参见图2，从图中可以看出，除家庭日常开支主要由妻子做主外，其他家庭事务均由夫妻双方共同商量。女性对自己的家庭地位感到满意。

---

[①] 宋秀岩主编：《新时期中国妇女社会地位调查研究》（上卷），中国妇女出版社2013年版，第367页。

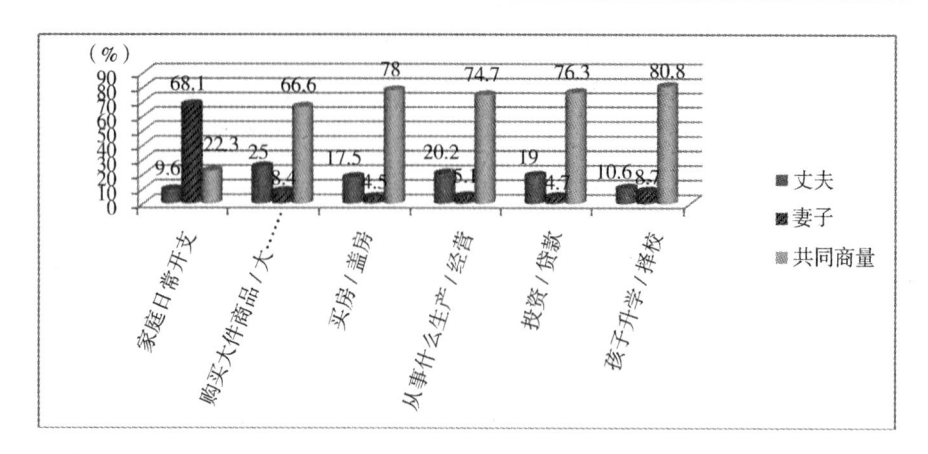

**图 2　在下列家庭事务的决定上，你们夫妻或您的父母通常以谁的意见为主**

第三期中国妇女社会地位调查的数据也显示，85.2%的女性对自己的家庭地位表示比较满意和很满意。

夫妻之间绝大部分能相互沟通、相互尊重、相互理解、相互支持。我们通过设置3个问题来体现这一点。在回答"配偶能倾听你的心事和烦恼"这一问题时，73.1%的人回答是肯定的，其中男性回答肯定的占73.8%，女性占72.7%。在回答"重要的事情上配偶会征求你的意见"时，88%的人回答肯定，其中女性回答肯定的达89.0%，男性占87.0%。在回答"你想做的事一般能得到配偶的支持"时，77.8%的人表示肯定，其中女性回答肯定的达77.9%，男性占77.4%。从数据中非常欣喜地看到中国家庭中夫妻关系的平等、和谐。

（3）女性的性道德意识觉醒，性道德呈现宽容的趋势

随着社会的发展，女性性道德也发生了变化。一方面，女性意识到自己也具有与男性一样的性权利，自己对性有支配权。另一方面，由于各种因素的影响，女性在性道德方面也有一些模糊的甚至错误的认识。

女性很注重性生活在婚姻中的地位。在问及性关系和谐对夫妻关系的影响时，被访者中有近七成的人认为有影响，其中男性的比例为70.6%，女性比例为68.9%。两者的比例不相上下，说明现代社会人们注重性生活对婚姻关系的作用，尤其是女性的性意识和性权利觉醒，能够大胆地追求婚姻生活中的性快乐，这是一大进步。另据徐安琪研究员2008年的调查，有六成的人接受"在夫妻性生活中得到快乐、满足的婚姻才是美满

幸福"的观点，而且无性别差异。①

女性对婚外情的处理更加理性。在问及"丈夫或妻子有婚外情怎样处理"这一问题时，被访者选择离婚的只有18.0%，其中女性的比例仅为16.0%，男性比例为20.6%，选择不打算离婚的人数为74%，而其中女性选择不打算离婚的有76.1%，男性为71.9%。而1997年中国妇女价值观念课题组的调查得出的结论是：约36%的女性选择坚决离婚，约57%的女人不打算离婚。②，从这里看出，与我们的调查数据相比较，到2013年，女性选择离婚的人下降了20%，而女性选择不打算离婚的人数则上升了约20%。这说明当代女性对婚外情的问题的处理更加冷静、理智。

在对非婚性行为评判时，女性观念呈现出多元化。

女性对自身婚前性行为大都比较宽容，反对的比例极低。对女性婚前性行为反对的被访者占13.8%，其中女性11.5%，男性为16.9%。认为"双方愿意无可非议"的被访者有26.4%，其中女性占23.9%，男性占29.9%。回答"满足情感需要可以理解"的有13.4%，其中女性为13.4%，男性为13.3%。回答"属于个人隐私不做评论"的人有24.8%，其中，女性占26.6%，男性为22.4%，见图3。

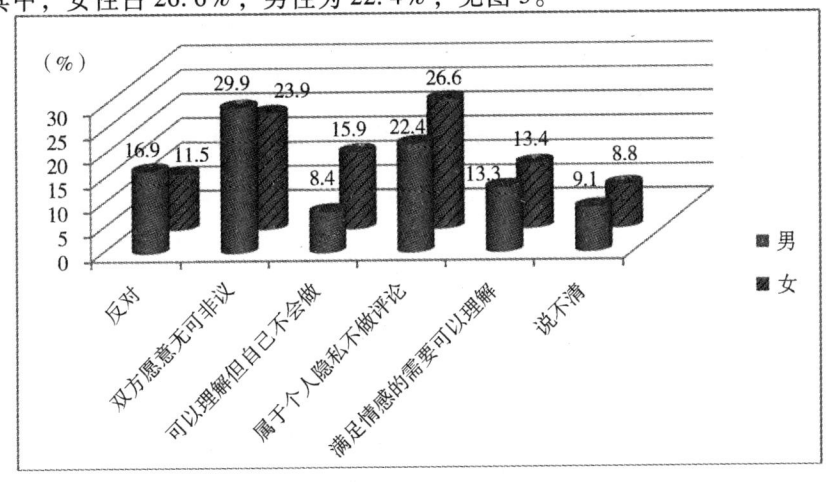

**图3　如何看待女性婚前性行为**

---

① 徐安琪：《转型期的中国价值观研究》，上海社会科学院出版社2013年版，第145页。
② 陈方：《失落与追寻：世纪之交中国女性价值观的变化》，中国社会科学出版社2003年版，第182页。

可以看出女性在对婚前性行为的态度上还是比较开放的,反对的比例比男性要低 5.4 个百分点。而且女性年纪越轻,对婚前性行为的认可度越高,反对的越少。其中 18 岁及以下反对的占 4.3%,19—25 岁占 17%,26—35 岁的占 23.4%。这也就能够解释为什么现在年轻人对未婚同居、试婚等行为基本能够接受。

女性有近一半人对婚外性行为持反对态度。对女性婚外性行为持反对态度的被访者有 47.7%,其中女性比例为 44.0%,男性为 52.6%。认为"属于个人隐私不做评论"的被访者有 24.3%,其中女性占 26.0%,男性占 22.1%。回答"可以理解,但自己不会做"的有 10.5%,其中女性比例为 10.8%,男性比例 10.1%。从这里可看出,女性对婚外恋的态度是比较明确的,持反对态度的有近一半,但不可忽视的是持宽容态度的也有 36.8%。

女性对功利性性行为表现出令人意外的宽容。在涉及你如何看待"当今社会一部分女性为金钱或其他目的傍大款"这一问题时,调查显示明确表示反对的只有 25.1%,其中女性占的比例为 24.5%,男性为 26.1%;有 41.9% 的人认为这是个人私事,不予评论,女性比例为 45.3%,男性为 37.5%;21.5% 的人认为只要双方愿意无可非议,女性为 20.1%,男性为 23.5%(见图 4)。这个数据有点令人不安,有 69.8% 女性对女性的功利性性行为表现出基本认可的态度,这个比例比男性还高 2 个百分点。

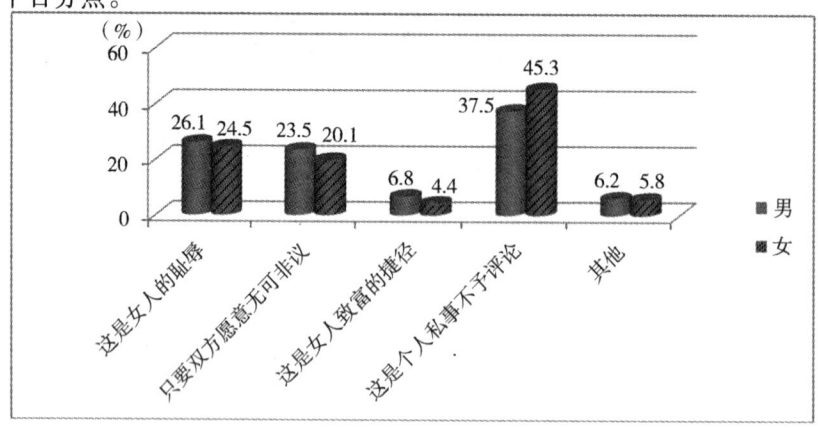

图 4 当今社会一部分女性为金钱或其他目的傍大款,你的看法是

从上述数据我们可以看出女性性道德观的变化。这一方面反映出随着社会的发展变化，社会性观念的开放，对性的宽容度越来越高。另一方面也反映出女性性道德选择的自由，女性自己有性的自主权，不再谈性色变。但一部分女性对性的随意态度必须引起社会的足够重视和思考。

（4）女性在抚育孩子方面比较称职

88.4%的被访者都肯定母亲在抚育孩子方面称职，其中回答非常称职的比例达29.6%，比较称职的比例达58.8%。两者合计认为称职的比例为88.4%。回答不称职的只有9.7%。在教育孩子上绝大部分母亲都采取了正确的方式，在回答"孩子犯了错误，你的母亲或妻子怎样处理时"这一问题时，86.1%的被访者都选择了"耐心教导让他知错能改"（见图5）。在中国的家庭，教育基本是母亲的职责，在抚育孩子方面女性付出了巨大的心血。

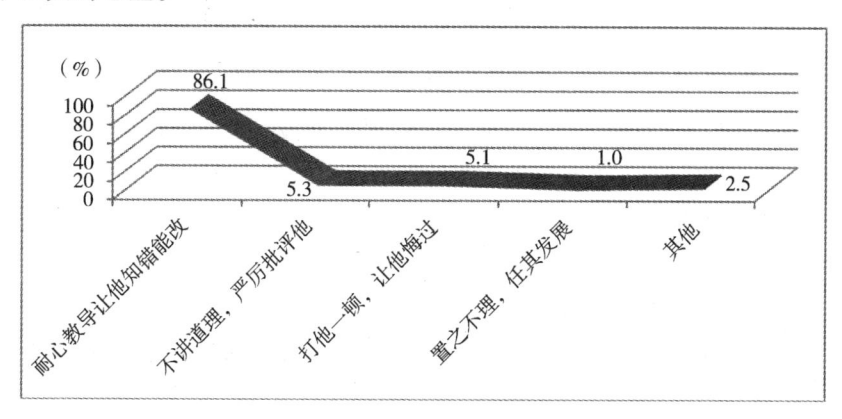

图5 如果孩子不听话，或者犯了很大的错误，你的母亲或妻子，或你自己作为母亲是怎样处理的

女性注重夫妻关系。在亲子关系和夫妻关系孰轻孰重的问题上，我们设置的问题是"您认为母亲应该为了孩子而忍受痛苦的婚姻吗？"回答肯定的只有11.8%，回答否定的比例为37.0%，回答视情况而定的有51.2%，后两者加在一起为88.2%，其中女性88.7%，男性87.3%。年纪越大，回答肯定的比例越高，19—25岁的比例为6.4%，26—35岁为19.1%，36—45岁为23.4%，46—55岁为36.2%，受教育程度越高，回答肯定的比例越低。小学及以下文化程度为27.6%，高中为21.3%，本科仅为8.5%。可见现代女性有较强的主体意识，在追求自己的权利和幸

福的问题上非常理性，既不像传统的女性那样逆来顺受，委曲求全，为了孩子可以牺牲一切，也不像一些激进的女权主义者主张的那样，为了自己的追求和幸福而抛家弃子，中国女性既接受了现代的平等自由和权利观念，也保留了中国注重家庭整体利益的传统，因而有近一半的人在这一问题上还是很纠结的。

(5) 女性与婆婆相处较好

婆媳关系问题从古至今一直是家庭中最敏感的问题，处理得好不好直接考验女性的道德素养和智慧。今天社会新一代媳妇都受过较好的教育，有一定的素养，在处理婆媳关系上大都做得比较好。

我们的调查也表明，66.9%的被访者认为女性的婆媳关系处理比较好，其中男性占68.6%，女性占65.7%。即使有些矛盾，也能通过妥善的方式处理。在回答"如果和公婆闹了矛盾，媳妇会怎样做"这一问题时，选择"相互尊重、妥善处理"的有54.1%，其中女性为57.5%，男性为49.5%，选择"通过丈夫协调矛盾"的为17.0%，其中女性比例为16.3%，男性为18.0%。选择这两种处理方式的人合计为71.0%，其中女性比例为73.8%，男性比例为67.5%。

做比较分析时发现，女性受教育程度越高，在处理婆媳关系时，能相互尊重、妥善处理的比例越高。小学文化及以下选择相互尊重、妥善处理的比例为4.4%，初中文化的为16.6%，高中为21.4%，大专以上文化程度的为47.6%。从城乡来看，农村女性选择相互尊重、妥善处理的处理方式的有33.9%。而城市比例为66.1%，高出农村32.2个百分点。可见，农村的女性在处理婆媳关系上需要继续努力。

(6) 女性的邻里关系基本和睦

中国人一直十分重视邻里关系，并形成了一种特殊的家庭伦理传统——睦邻传统。俗语说"远亲不如近邻"，就反映出国人对邻里关系的关注。改革开放以来，经济的发展，人们生活水平的提高，居民的居住条件得到极大的改善。城市高楼林立，楼房代替平房，单元房代替"大杂院"，邻里环境发生了变化，人们的邻里关系会怎样？女性在处理邻里关系上做得怎样？

从我们的调查数据看，女性与邻里关系比较和谐。在回答"女性与邻里关系如何"这一问题时，回答"关系融洽、相互帮助"的有39.9%，回答"关系一般,基本和气"的有56.1%,两者合计为96%。回答"关系淡漠、互不往来"的只占2.5%,回答"关系紧张有时争吵"的仅有1.5%。这说明现代社会邻里关系虽不像传统社会那样亲密,但也很少存在紧张的状况。一般而言,邻里之间都能理性地和谐相处。

(7) 女性温柔体贴、善解人意的品质与家庭幸福关联度最大

在调查中我们设置了"女性哪些品质与家庭幸福相关"的题目(七项限选三项),排在前三位的回答分别是:选择温柔体贴、善解人意的为64.5%,选择相互尊重、关系和睦的为24.5%,选择勤劳节俭,操持家务的为19.3%。见图6。从这里可以非常清楚地看到,家庭幸福与女性个人的品性密切相关,女性的温柔体贴,善解人意一直以来都被认为是女人最重要、最受人喜爱的品质。在访谈中男女都有一个共识,无论社会如何变化,女性在家庭生活中的重要性不变,她的个性品质决定家庭的幸福。在与女性交谈这个话题时,许多女性认同好女人可以幸福几代人,因而女孩的家教很重要,要从小培养她的个性品质。温柔、贤惠、善良、孝顺都是受访女性对自身道德的认识。

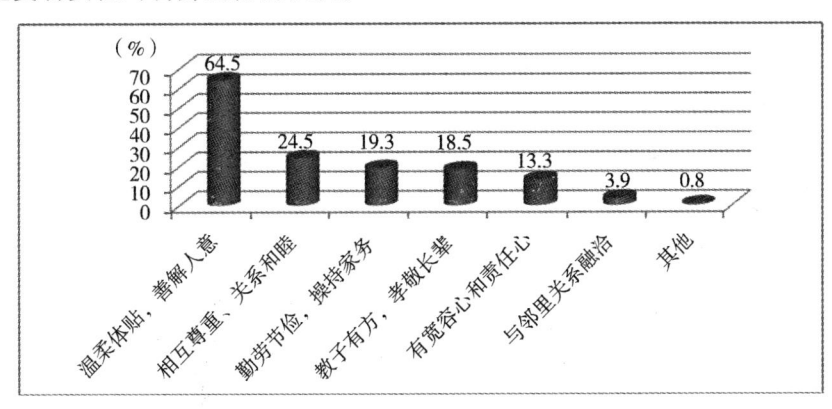

图6 在您看来,女性哪些品质与家庭幸福相关

3. 女性职业道德状况较好

现代社会女性已走出家庭,广泛参与社会劳动,并对社会发展做出了贡献。女性在自己的职业生活领域展现了哪些道德?哪些品性对女性职业发展产生重要影响?通过我们的调查得出以下结论。

(1) 女性在职业生活中扮演重要角色

在回答"女性在职业领域所扮演的角色是否重要?"这一题目时,

35.6%回答极为重要，53.0%的回答比较重要，两者合计回答重要的共有88.6%，回答不太重要和不重要的只有6.1%，见图7。

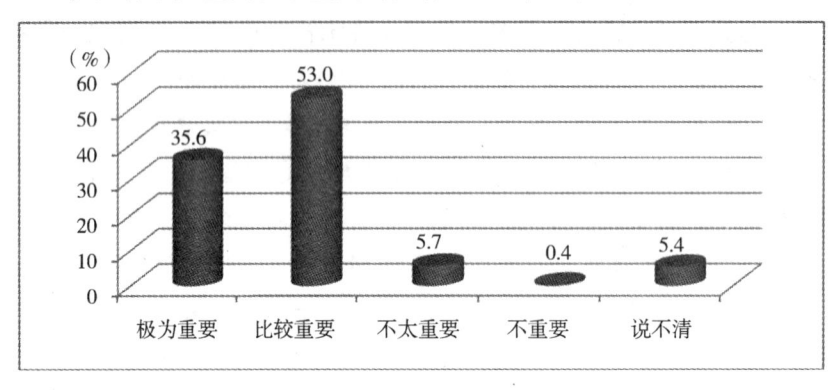

```
(%)
60        53.0
50
40  35.6
30
20
10              5.7    0.4    5.4
 0
  极为重要 比较重要 不太重要 不重要 说不清
```

**图7 您认为女性在职业领域所扮演的角色是否重要**

（2）女性的职业成就动机较强

这可以从多组调查数据中得到解释。

在回答"女性参加社会劳动的目的"（六项限选三项）的问题时，女性认为第一目的是"维持家庭和自己的生活"（45.9%），第二目的是"经济独立"（35.0%），第三目的是"实现自己的理想和价值"（32.3%）。可以看出女性有较强的职业成就动机。

具体而言，文化程度越高，实现自己理想的愿望越强烈，大专文化以上有36.0%认为工作的目的是实现自己的理想和价值，小学只有22.2%，未婚女性职业成就动机高于已婚女性，已婚女性认同工作的目的是实现自己的理想和价值的有32.2%，而未婚的比例为35.7%，城市女性职业成就动机高于农村女性，认为工作的目的是实现自己的理想和价值分别为35.0%和30.4%，科教文卫专门技术人员的职业成就动机高于其他职业，认同工作的目的是实现自己的理想和价值的比例为35.0%。

在回答"丈夫的收入能让家人过上富足的生活，你是否赞成妻子做全职太太？"这一问题时，近四成（39.7%）的女性表示不赞成，另有35.0%的女性持无所谓的态度。具体分析得知，受教育程度越高的女性，不赞成做全职太太的比例越高，小学及以下文化程度不赞成的比例为6.7%，初中为12.9%，高中/职高的不赞成率为20.9%，大专以上文化程度不赞成的比例为59.5%。城市女性不赞成的比例高于农村，城市为68.7%，农村为31.3%。从年龄上分析，女性不赞成做全职太太比例最高的人群是19—25岁的人群。随着社会教育的发展，年轻女性受教育程度提高，她们的独立意识很强，渴望有自己的事业，使自己的生活充实。

（3）女性在职业生活中有较强的责任心和上进心

如图8所示，在回答"女性在职业领域展现出了哪些道德"（五项限选三项）这一问题时，排在前三位的是：38.8%的人认为女性有责任心、尽职尽责，32.8%的人认为女性有上进心、积极进取，20.2%的人认为女性遵纪守法、服从安排。这肯定了女性对事业的追求。

在回答"女性取得职业成就的主要原因"（八项限选三项）这一问题时，排在第一位的原因是由于"女性自己努力上进"，占被访者的76.5%，第二位的原因是"女性自身有职业追求和抱负"，占被访者的21.3%，第三位的原因是家人的支持，占被访者的15.6%。这两个问题的回答都说明中国女性在60多年男女平等的制度保障下，已全面参与社会生活，在各行各业努力拼搏，以实际行动实现了自己的人生价值。

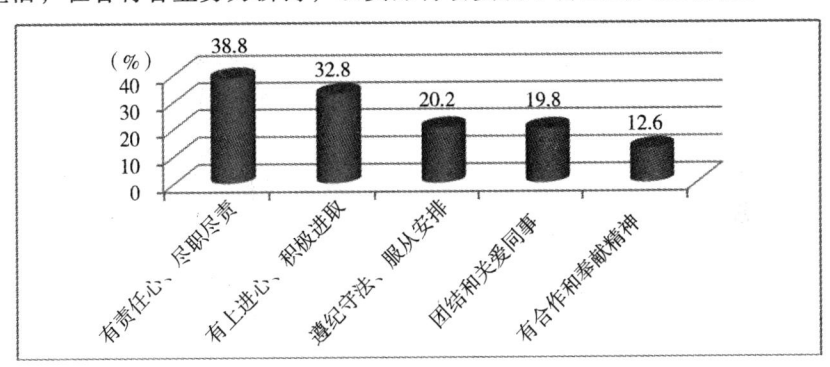

图8　认为当代中国女性在职业领域展现出了哪些道德

4. 女性公共生活道德状况较好

今天的女性已全方位进入公共生活，在公共生活中扮演重要角色。她们的公德状况如何？从我们的调查情况来看，可以得出以下结论。

（1）女性社会公德素质较好

如图9所示，64.5%的人认为女性在公共生活中表现较好，其中很好占5.5%，比较好占59%。

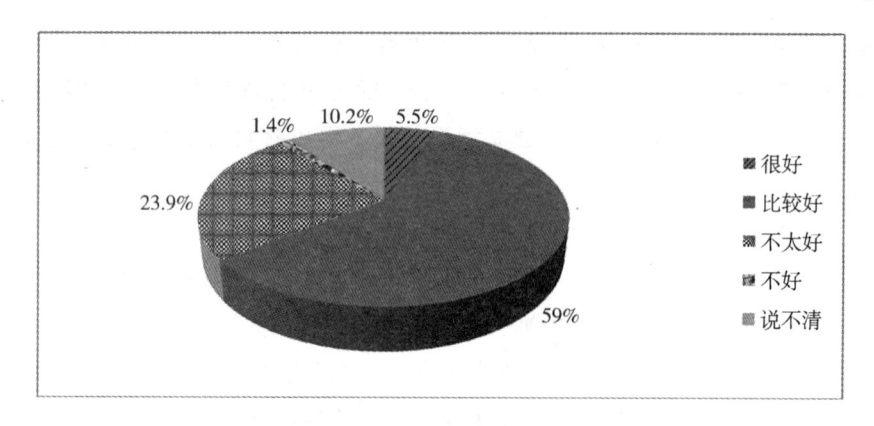

图9 女性在社会公共场所的表现如何

其中女性回答好（很好、比较好）的比例为65.4%。男性回答好的比例为62.9%。农村回答好的比例为47.1%，城市回答好的为77.5%。调查分析可知，受教育程度越高，对女性在公共场所的表现评价越好，大专以上文化程度认为好的比例为73.7%，高中/中专/技校等文化程度认为好的人数为65.5%，初中文化程度为51.2%。

而女性在公德方面做得好的几个方面（见图10）。遵守秩序（31.3%）、助人为乐、关爱他人（28.0%）、积极参与社会公益活动（21.8%）。

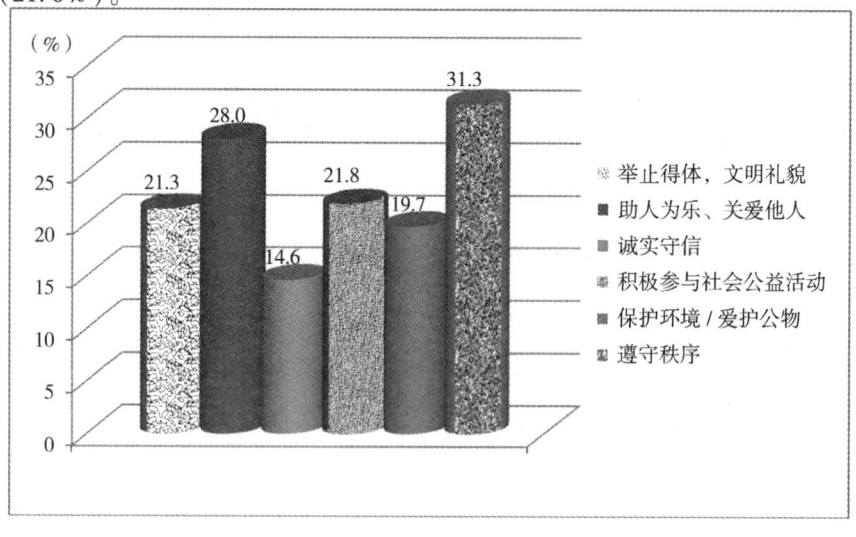

图10 您认为现在女性在公共生活中发扬了哪些道德

（2）女性在参与社会公益事业方面积极

在回答"您身边的女性是否主动参与捐款、无偿献血、志愿者活动"这一问题时，28.6%的人回答有时参与，14.8%的人回答经常参与，偶尔参与的为31.2%，合计参与的有74.6%，完全没有参与的为25.4%。超过五成的人认为女性参与社会公益事业。见图11。

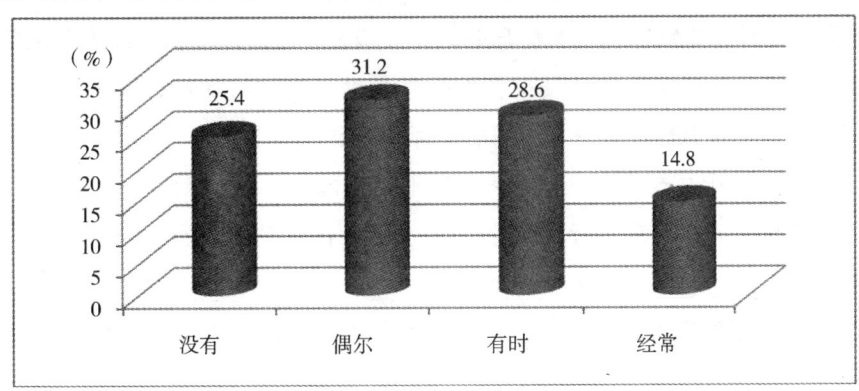

**图11 您身边的女性是否主动参与捐款、无偿献血、志愿者活动**

农村回答"女性经常参与"的为6.8%，城市回答"女性经常参与"的为20.7%。城市女性经常参与公益事业的比例远远高于农村。见图12。这可能是因为城市社区和单位在公益事业方面有组织性，号召力较强，相反农村由于人员流动，在公益事业方面可能缺乏组织性和号召力。

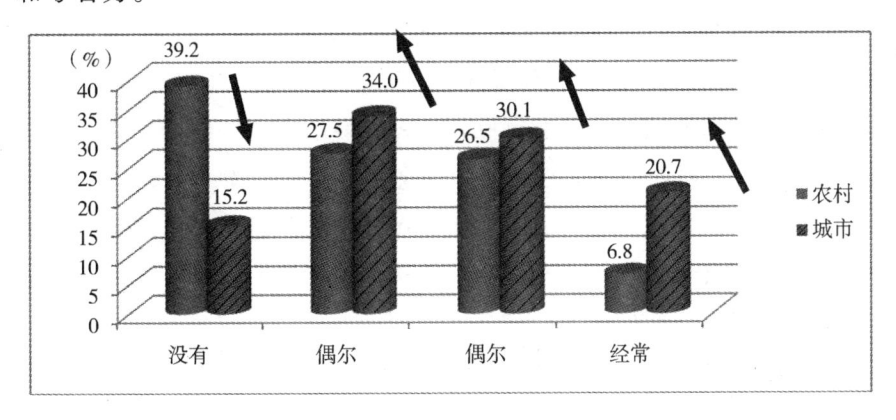

**图12 近三年来您身边的女性是否主动参与捐款、无偿献血、志愿者活动等**

据 2010 年中国妇女社会地位第三期调查显示，与 2000 年相比，女性参加捐款、无偿献血、志愿者活动的比例有所提高，2010 年的比例为 47.6%，比 2000 年提高 2.2 个百分点。[①] 现代女性走出家门后，对公益慈善事业的投入较多。在访谈中就有一个典型案例。笔者认识的一位高校女教师，非常热心环保公益事业，也积极参与其他公益活动。在做好自己的本职工作外，她牺牲自己的休息时间，开博客、微信，做讲座宣传环保理念，组织各种环保公益活动，各种赈灾救助、捐献活动都有她忙碌的身影。她的身体力行，影响了周围的老师、朋友、同学。

（3）女性在参与社会公共事务管理方面有一定的主动性

调查显示，回答"近三年来您身边的女性主动给所在单位/社区/村提建议"的人数有 21.0%，回答"近三年来您身边的女性通过各种方式主动向政府有关部门反映情况/提出政策建议"的人数有 17.0%，回答"近三年来您身边的女性主动在网上就国际事务、社会事件等发表评论和参与讨论"的人数有 25.4%。

从职业比较分析中发现，机关事业单位领导干部、科教文卫专门技术人员参与社会公共事务比较积极。回答"近三年来您身边的女性主动给所在单位/社区/村提建议"排在前三位的人员为：机关事业单位领导干部、科教文卫专门技术人员、个体从业人员，比例分别为 50.0%、30.2%、27.5%；回答"近三年来您身边的女性通过各种方式主动向政府有关部门反映情况/提出政策建议"的人员排在前三位的是机关事业单位领导干部（25.0%）、企业管理者（20.7%）、私营企业主（18.8%）；回答"近三年来您身边的女性主动在网上就国际事务、社会事件等发表评论和参与讨论"排在前三位的是机关事业单位领导干部（41.6%）、科教文卫专门技术人员（30.2%）、学生（30.1%）。从这里看出，女性公职人员（机关事业单位领导干部、科教文卫专门技术人员）参与公共事务的积极性比其他女性要高。

从年龄上看，青年女性参与社会公共事务比较热心。回答"近三

---

[①] 宋秀岩主编：《新时期中国妇女社会地位调查研究》（上卷），中国妇女出版社 2013 年版，第 302 页。

年来您身边的女性主动给所在单位/社区/村提建议"排在前三位的分别是36—45岁的人群（28.5%）、26—35岁的人群（25.3%）、19—25的人群（22.2%）；回答"近三年来您身边的女性通过各种方式主动向政府有关部门反映情况/提出政策建议"排在前三位的分别是36—45岁的人群（20.0%）、26—35岁的人群（20.0%）、18岁的人群（15.4%）；回答"近三年来您身边的女性主动在网上就国际事务、社会事件等发表评论和参与讨论"排在前三位的是19—25岁的人群（34.9%）、26—35岁的人群（27.5%）、36—45岁的人群（21.8%）。可以看出36—45岁的青年女性（45岁以下）对单位、政府和社会的问题最关注，可能这一部分人作为社会和单位的骨干力量，已经有一定的社会资源和地位，拥有一些话语权。而在网络上就社会问题发表评论和讨论的人数比较多的是19—25岁的人群，年纪越轻，对网络的利用频率越高。

从教育程度看，女性文化程度越高，参与社会事务的热情越高。回答"您身边的女性近三年来主动给所在单位/社区/村提建议"排在前三位的是大专及以上文化程度（23.7%）、初中文化程度（21.0%）、高中文化程度（17.0%）；回答"近三年来您身边的女性通过各种方式主动向政府有关部门反映情况/提出政策建议"排在前三位的是初中文化程度（20.5%）、大专及以上文化程度（18.9%）、高中文化程度（11.9%）；回答"您身边的女性近三年来主动在网上就国际事务、社会事件等发表评论和参与讨论"排在前三位的是大专及以上文化程度（33.2%）、高中文化程度（24.3%）、初中文化程度（14.3%）。很明显，随着社会的发展，女性受教育程度的提高，女性的公民意识越强，政治参与热情也不断高涨。

我们的调查结论与2010年第三次中国妇女社会地位调查的结论基本一致。

5. 对传统女性美德和现代女性美德的认知

（1）人们对传统女性美德的认同度非常高

我们将历史上的传统女性道德的内容列入表格，供被访者选择。有近94.9%的人选择"贤妻良母、孝敬老人"，94.2%选择"勤俭节约、持家有方",94.1%选择"温柔体贴、宽容善良",其余的选项都各有80%以上的人选择(见图13)。

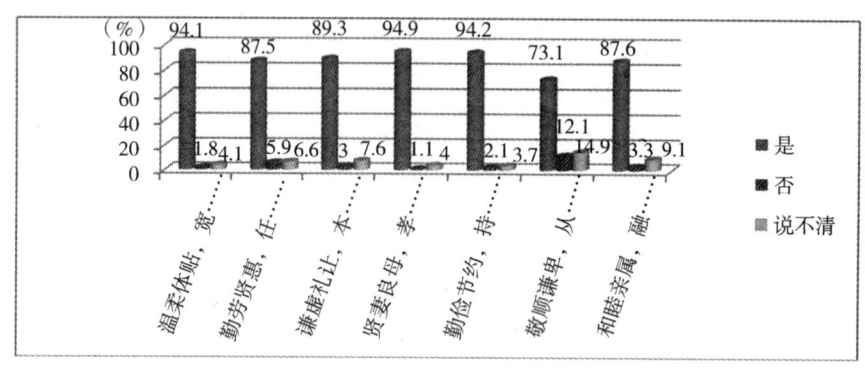

**图13 在您看来,图中内容是否属于我国历史上的传统女性美德**

在回答"我国传统女性美德是否有继承的必要"这一问题时,77.2%的人认为有必要(很有必要、有必要、有一定的必要)继承传统女性美德,认为有的可以继承、有的不需要继承的为20.6%,只有0.6%的人认为完全没有必要继承。传统女德对中国社会的影响深远。

(2)人们首推的当代女性美德是温柔体贴

人们认可的当代女性美德(七项限选三位)排在前三位的分别是:第一,温柔体贴、善解人意;第二,相夫教子、善于持家;第三,独立自信、果断坚韧。见图14。

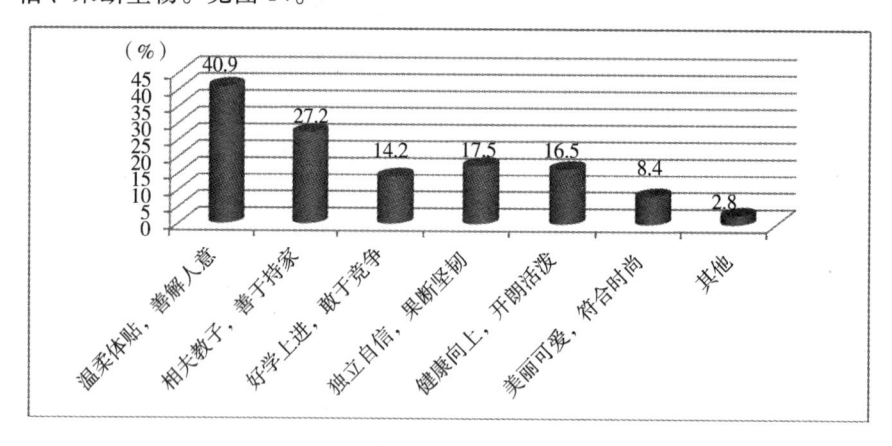

**图14 你认可的当代女性美德是哪些(七项限选三位)**

## 三 当前女性道德及其建设方面存在的不足

1. 女性在家庭道德方面的不足

女性在家庭生活中需要改进的地方主要有依赖性强、对长辈缺少关爱、对丈夫猜疑。

在回答"女性在家庭生活中哪些方面有待改进"（八项限选三项）这一问题时，排在前三位的分别是：依赖性强、不愿在经济上独立（49.3%），对长辈缺少关爱，不孝敬老人（16.4%），胡乱猜疑，对丈夫缺失起码的信任（13.2%）。见图15。

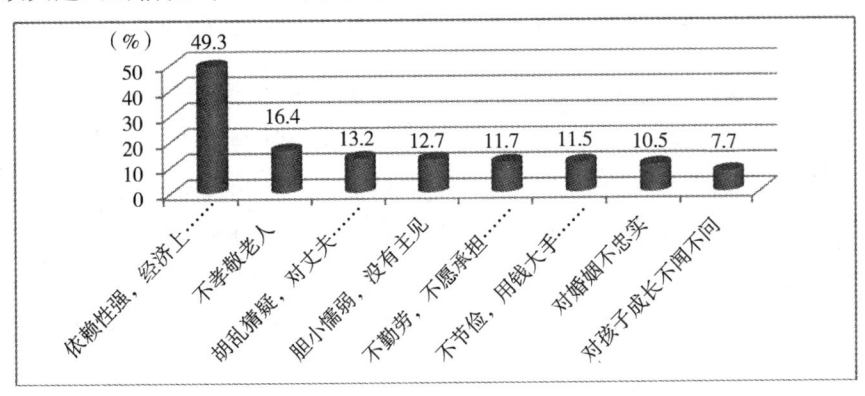

图15 您认为当代中国女性在家庭生活中哪些方面有待改进

2. 女性在职业道德及其建设中存在的不足

调查显示：女性在职业生活中存在工作敷衍、得过且过的情形，一部分人只做分内事不管其他，迟到、早退现象比较明显。在问题"当代中国女性在职业领域有哪些方面有待改进"（七项选三项）的调查中，排在前三项的见图16。

女性职业发展中还存在一些不利因素，不利因素主要体现为：一是社会的性别平等意识有待加强；二是女性的职业环境有待优化。

从调查数据看，我国社会的性别平等意识还有待于进一步加强，传统的性别角色意识还有一定的市场。有56.6%的被访者同意"男人应该以社会为主，女人应该以家庭为主"，53.9%的被访者认同"挣钱养家主要是男人的事情"，49.9%的被访者认为"丈夫的发展比女人重要"，45.0%

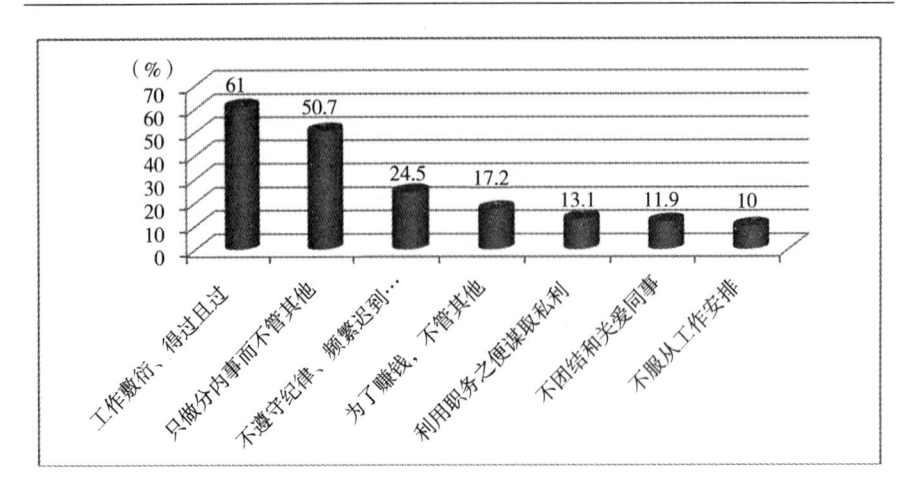

图 16　在您看来，当代中国女性在职业领域有哪些方面有待改进

的被访者赞同"干得好不如嫁得好"。见图17。另据第三期中国妇女地位调查的最新数据显示，2010年认同"男人应该以社会为主，女人应该以家庭为主"的男女比例分别为61.6%和54.8%，与2000年的第二期中国妇女地位的数据相比，分别提高了7.7和4.4个百分点。[①] 2010年认同"干得好不如嫁得好"的男女比例也比2000年分别提高10.5和10.7个百分点，女性的认同度比男性高，[②] 这说明整个社会的传统性别意识有所回潮。

从图18中呈现的数据看，女性的就业环境亟待改善。这表现在，在最近3年中，有56.9%的被访者遇到过"只招男性或同等条件下优先招男性"的情况，58.8%的被访者遇到过"同等条件下男性晋升比女性快"的情况，62.4%的被访者承认"在有发展前途的岗位上男性比女性多"，有74.5%的被访者承认"同职级女性比男性退休早"。

在回答"职场上有没有重男轻女现象"这一问题时，68.8%的人认为有重男轻女现象，其中女性占71.8%，男性占64.6%。

---

[①] 参见第三期中国妇女地位调查课题组：《第三期中国妇女地位调查主要数据报告》，《妇女研究论丛》2011年第6期。

[②] 宋秀岩主编：《新时期中国妇女社会地位调查研究》（下卷），中国妇女出版社2013年版，第540页。

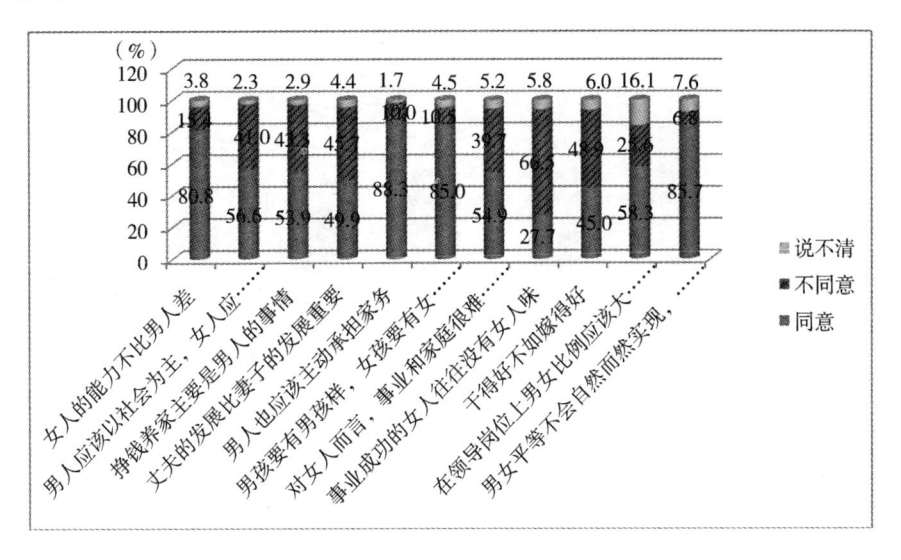

图 17  你是否同意图中说法

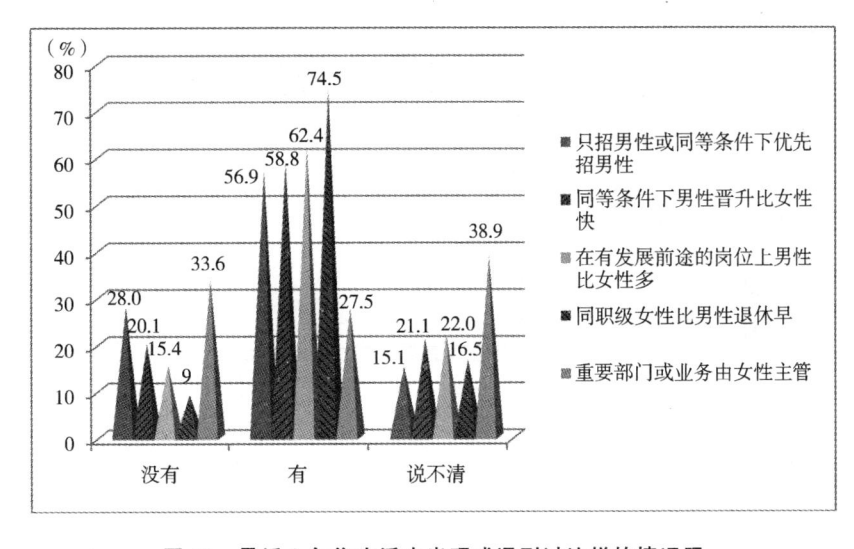

图 18  最近 3 年您生活中出现或遇到过这样的情况吗

**3. 女性公共生活道德方面存在某些不足**

在回答"女性在公共生活中有哪些地方做得不妥（六项限选三项）"这一问题时，调查显示，排在前三位的是：第一，贪小便宜；第二，唠叨啰唆，搬弄是非；第三，自私自利、轻视或侵犯他人利益（见图 19）。

**4. 女性道德问题较严重的领域是性道德领域和社会公德领域**

从我们的调查看，人们认为女性道德问题比较严重的领域是性道德领域和社会公德领域（见图20）。

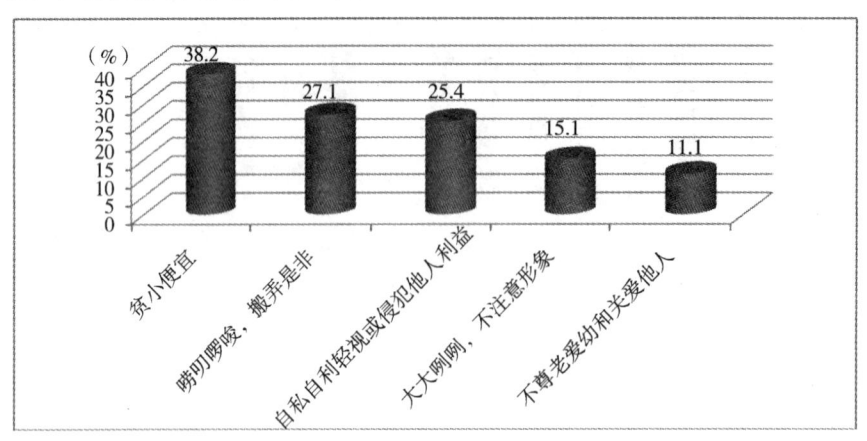

**图19 在您看来，女性在公共生活中有哪些地方可能做得不妥**

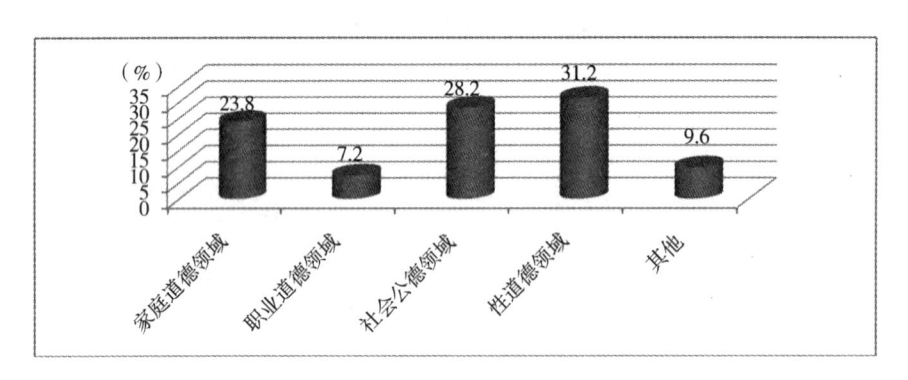

（贪小便宜 38.2；唠唠叨叨、搬弄是非 27.1；自私自利轻视或侵犯他人利益 25.4；大大咧咧、不注意形象 15.1；不尊老爱幼和关爱他人 11.1）

**图20 当前女性道德问题最严重的领域**

（家庭道德领域 23.8；职业道德领域 7.2；社会公德领域 28.2；性道德领域 31.2；其他 9.6）

相应的，人们在回答"不能忍受的女性行为和现象主要有哪些（十项限选三项）"这一问题时，排在前三位的分别是，第一是爱慕虚荣，盲目攀比（60.6%）；第二是爱说三道四，搬弄是非（19.1%）；第三是性关系随意（11.7%）。见图21。其中爱慕虚荣、盲目攀比、贪图享受是引发性关系随意的一个重要原因，说三道四、搬弄是非是公德素质不高的表现，因而人们不能忍受的女性行为主要还是集中于性道德领域和公德领域。

5. 影响女性道德建设的原因主要是社会为女性发展提供的支持不够、社会环境的影响

我们在调查女性道德问题产生的原因（七项中限选三项）时，排在前三位的分别是：49.6%的人认为"政府提供的支持不够"，29.8%的人

认为是"社会尤其是传媒影响",21.8%的人认为是"女性自身的原因"。见图22。

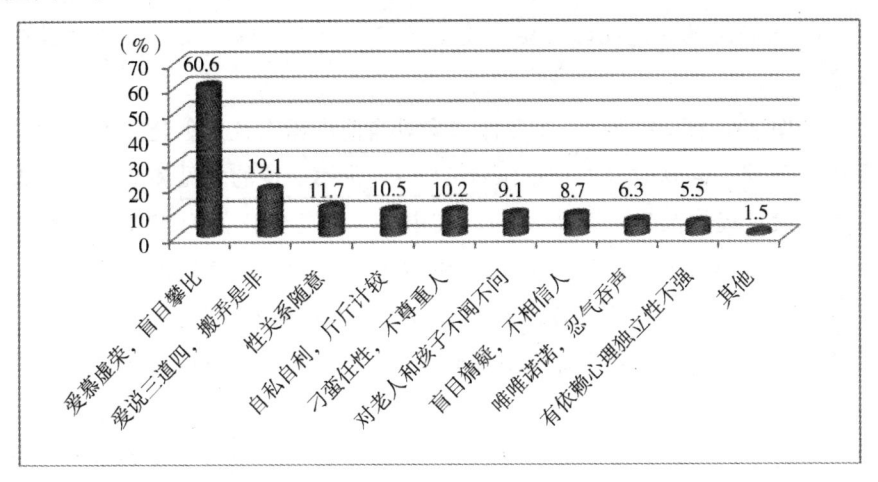

图21 在您看来,女性的哪些行为和现象您不能忍受

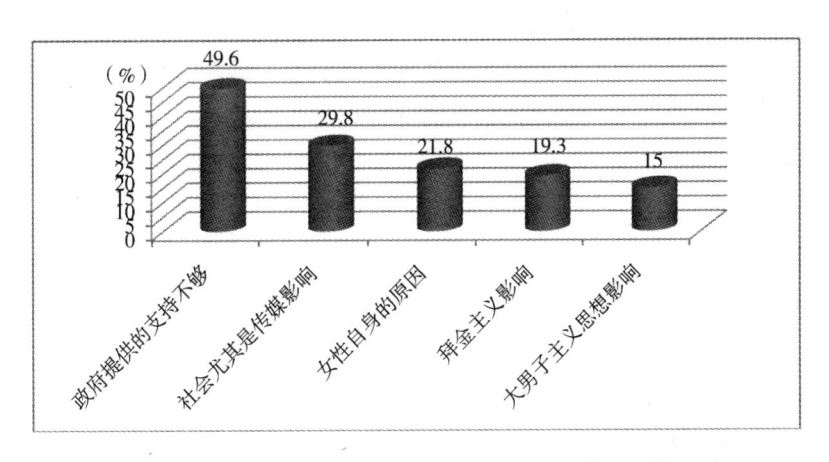

图22 您认为影响当前中国女性道德建设的原因主要有哪些

在访谈中我们询问了一个问题"你对我国妇女权益保障法及相关法规熟悉吗?"所有反馈的结果是除少数女性知道有这部法律外,绝大部分女性不知道这部法律,也不知悉其内容,更谈不上如何利用法律维护女性自身的权益。这既与社会有关,社会应该大力宣传普及法律维护法律的尊严,为女性提供良好的发展环境。但也与女性自身有关,缺乏主体性。即使少数女性知晓有妇女权益保障法,但对该法作用的评价却不高。她们认为妇女权益保障法及相关法规大多是原则的概括,缺少程序上的保障和具

体实施机制，制约其作用的发挥，反过来又进一步影响公众尤其是女性对法律的认知程度。也许这正是公众认为政府对女性发展支持不够的原因。

6. 女性道德的建设的主要对策是国家和社会应该为女性道德建设创造条件

如图23、图24所示，在回答"您对当前中国女性道德建设有何意见和建议"这一问题时（八项中限选三项），排第一位的意见和建议是"重视制度设计提供保障"（52.2%），其中男性回答者比例为57%，女性为48.9%。排第二位的是"社会应该树立性别平等意识，尊重女性"（32.4%），其中男性回答者比例为32.1%，女性回答者的比例为32.7%。排第三位的是"女性自身提高道德修养"（22.1%,），男性回答者比例为23.1%，女性为21.4%，从调查的数据看，大家普遍认为制度保障、社会环境对女性道德建设非常重要。没有社会的支持，女性的发展就不可能有广阔的空间。在访谈中我们发现，不论农村还是城市，不论年龄大小、受教育程度如何，都认为现代女性及其家庭要过上幸福生活，女性自己必须有较高的道德素质。略有差别是表现在性别上，男性在女性道德建设上更强调继承中国传统的女性道德，而女性更为强调男性的支持，分别列为建议的第五位。

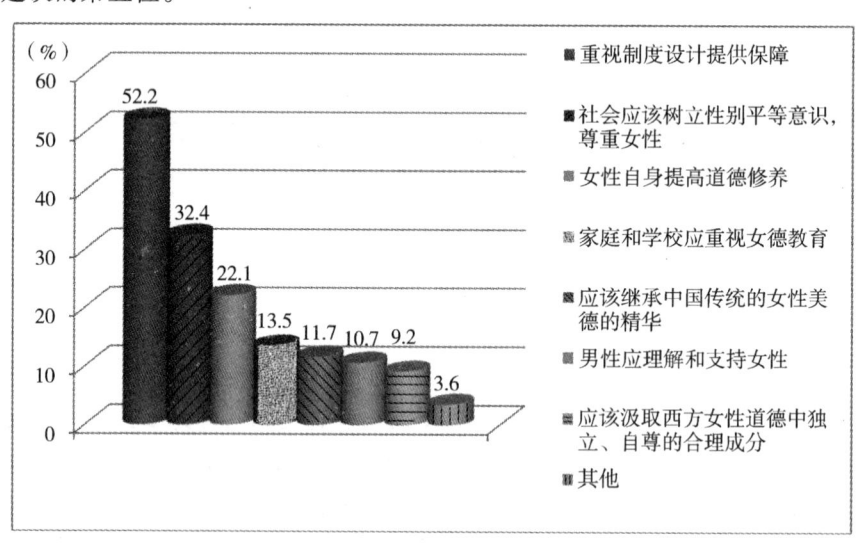

图23 您对当前中国女性道德建设有何意见和建议

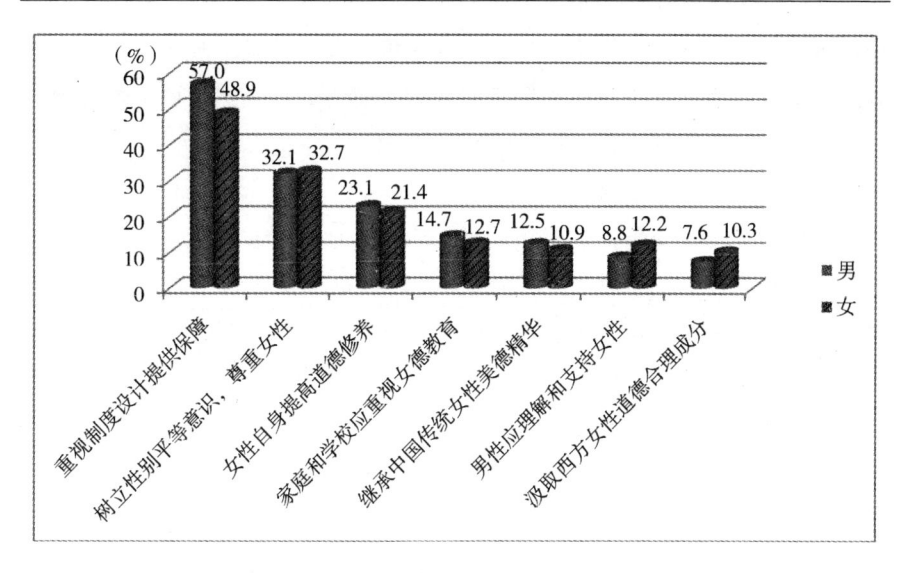

图 24 您对当前中国女性道德建设有何意见和建议？（调查对象性别）

## 四 简要结论和建议

从我们的调查来看，当前我国女性道德的总体状况较好。改革开放以来，我国女性积极投身改革大业，在职业生活中展示了自己的能力和价值，表现出较强的敬业精神。在公共生活领域，我国女性的公民意识不断提高，踊跃参加各项公益事业和活动，在公共事务中有自己的话语。女性在成功扮演自己的社会角色的同时，一直在家庭生活中担当极其重要的责任，为家庭的和谐幸福付出了辛勤的劳动。但女性在性道德领域和社会公德方面还存在不尽如人意之处。为此我们提出以下建议。

1. 完善制度，保障女性的权益

新中国成立后通过制度赋权，女性各方面的权益得到维护，女性地位发生了翻天覆地的变化。改革开放以来我国的制度不断变革，在维护女性权益中发挥了重要作用，为女性道德建设提供了保障。但还存在一些问题。以就业为例，尽管我国立法规定禁止就业中实行性别歧视，但用人单位出于自身利益考虑，在招聘、薪资方面实行隐蔽的差别对待的现象时常存在。对于实行就业歧视的单位如何惩戒和处罚，法律没有作出明确的规定，因而使得政策缺乏操作性，女性就业权利无法得到保护，女性的经济地位难以保证，道德人格难以形成。在制度保障方面我国政府还需要增强制度中的社会性别意识，凸现制度的性别敏感度，这是保护处于弱势地位的女性利益、实现社会公平正义的重要途径。

2. 规范传媒，坚持正确导向

我们正处于大众传播的时代。现代人被动地生活在由大众传媒话语主宰的符号社会里，一个由传媒话语主导的舆论环境——报纸、广播、电视、互联网、手机短信等大众传媒传递的话语信息像空气般地弥漫在社会生活的各个角落。不仅传媒传递的内容而且媒体的类型本身，都在很大程度上变成了一种可以左右公众意见的强大力量。不可否认媒体和广大传媒工作者在宣传男女平等、宣传先进的性别文化方面做了大量卓有成效的工作，在促进妇女发展、弘扬女性道德方面做出了积极的贡献。但由于受传统男权文化、商业化对女性歧视的影响，作为社会意识载体的大众传媒并没有用均衡的方式描绘女性在不断变化的世界中对社会的贡献，相反也或隐或显地传播着性别歧视的内容。大众传媒要调整广告及影视文化中的女性形象，减少并逐步消除消费女性的商业化行为，充分发挥大众传媒的导向作用，传播先进的性别文化，营造公平竞争、男女平等的社会氛围。

3. 强化女性主体意识，倡导自立自强

道德建设需要发挥女性的主体意识。市场经济的发展再次唤醒了女性的主体性意识。但这一次与计划经济体制时期大不相同，计划经济体制时期，主要以男女平等、平均主义等方式调动女性"主人翁"的积极性；而市场经济时期，则以机会平等、优胜劣汰的方式鼓励女性参与竞争。这一经济形式为女性的发展提供了更为广阔的舞台和空间。但一部分女性受拜金主义、享乐主义思想影响，完全成为男性、金钱和物质的附属，丧失了人的主体意识，导致道德沦丧。因而增强女性的主体意识，加强女性自身的道德修养，强化女性的自立和自强意识，是当代女性道德建设取得成效的根本和关键。

(本文作者为湖南师范大学道德文化研究院　李桂梅)

# 我国师德状况调查报告

提升教育质量之关键是提高教师队伍的整体素质，尤其是教师的道德水平。自2005年教育部出台《关于进一步加强和改进师德建设的意见》，指出在新的历史时期，加强和改进师德建设是一项刻不容缓的紧迫任务，要努力提高教师队伍的师德水平和全面素质，由此师德问题成为学界和社会共同关注的一个热点。为进一步推进师德建设，近年来，教育部重新修订颁布了《教师职业道德规范》，要求积极开展师德评价和考核工作，使师德规范成为广大教师普遍认同和自觉践行的行为准则。那么，当前教师对师德规范的认同和践行状况到底如何，教师的师德究竟处于怎样一种状态，在经济全球化、文化多样化的时代背景下，师德的积极方面以及存在的共性问题是什么，如何提高教师的职业道德素质和水平？带着这些问题，我们就师德的现状做了一次深入而全面的问卷调查，以期通过此次调查和研究，对改善教师的师德工作、推动教育伦理发展有所助益。

## 一 调查对象与方法

师德是一种出于道义和责任的实践理性，包含了教师对待教育事业、学生、集体以及自己的道德等。在教育活动中，与教师行为具有最直接利益关系的主体乃是学生、社会（家长）和教师集体。师德在很大程度上也是通过教师如何处理自身与学生、家长以及同事之间的关系得以体现和呈现。因此，学生、家长和教师最有资格担当师德的评价主体。他们对教师的道德状况和道德表现最为了解，也具有真实的道德感受。基于此，本调查主要面向教师、学生、家长三个群体，通过这三个群体对教师师德的评判，从不同角度和层面全面深入地考察师德状况，最后形成一个综合的映象和图景。其中,教师调查对象包括高校和中小学的教师,学生调查对象包括大学生、中学生和小学生,家长调查对象中鉴于大学生家长与教师无接触或交往少的特点,没有纳入调查范围,主要以中小学生的家长为调查对象。教师问卷在大学、中学、小学共发放了180份,有效问卷154份;学生问卷在大学、中学、小学共发放了231份,有效问卷230份;家长问卷在中学和小学共发放了140份,有效问卷137份,收到答卷共计521份。

本次调查采取了典型调查、重点调查和抽样调查相结合的方法。被调查的学校无论是在城市还是在乡镇,均是具有地方代表性的师范院校、实验学校和普遍中学,其目的不在于认识少数的几个典型,而在于借助于典型分析认识它所代表的同类事物的共性。其次,调查的重点是中小学教师的师德状况,旨在通过对重点样本的调查来大致地掌握总体情况,因为中小学教师在总体的数量总值中占有较大比重。所谓抽样调查也就是从调查对象的总体中抽取一些个人作为样本,通过对样本数据的定性和定量分析来推论师德的总体状况,作出基本的判断。

## 二 问卷的设计

要了解师德状况,先要搞清师德的范畴。通常人们都把师德看成是教师职业道德,它是指教师在职业活动中应遵循的行为准则和必备的道德品质。所以广义上说,师德包含了师德规范和师德品质,而且多数时候师德在规范意义上被理解。这里,为了研究的清晰,我们把"师德"与"师德规范"两个概念区分开来。师德规范是社会对教师的"道德立法",是教师行为模式的应然设定,属于教师伦理的范畴,反映了教育人际关系的社会性、伦理性和秩序性。而狭义上的师德是指教师在人格精神上拥有的德性品质,是主体自己的"自我立法"和道德之实然,强调了个体的心性修养及对道德价值的自觉追求,由知、情、意、信、行等因素构成,更侧重于主体在道德上的态度、情感和行为,因而具有个体性、主观性和实践性特质。当然,个体德性与社会规范是密切联系的,德性不是任性,而是对伦理道德规范的认同和践行,是道德精神的对象化。因此,师德调查既是对教师道德水准的测度,也是判断师德规范是否合理可行的重要手段。

基于上述思考,学生问卷设计了24个问题,每个问题均有3—4个可选项,以此来调查教师对待教育教学工作的理想、态度和表现,教师处理师生关系的价值取向、观念、情感、品质和行为等。教师问卷依据《教师职业道德规范》,从爱国守法、爱岗敬业、关爱学生、教书育人、为人师表、终身学习六个方面,依据教师群体平常的工作表现,分别作出优、良、中、差的评价。家长问卷设计了26个问题,每个问题均有3—6个选项不等,主要是通过调查了解社会(家长)对师德的总体评价、家校合作情况、师德失范、师德热点问题、对师德的期待等。本问卷的问题设计尽量做到实在而具体,调查的对象和范围涉及到大学、中学、小学的师生及家长,样本做到点与面的结合,体现全面性和大众性,力求客观、准确地反映当前师德的实际状况。

## 三 调查结果分析

由于本次问卷涉及大学、中学、小学的师生,中学生和小学生的家长,为了更清晰地反映不同类别的群体对师德的评价,进而把握师德总体状况,下面将从学生、家长和教师三种不同对象对师德的评判来分析师德调查的结果。

### (一)学生对师德状况的评价

1. 关于师德状况的总体评价

表1　　　　　　请你对学校老师师德的总体水平作一评价

| 选项 | | 好 | | 较好 | | 一般 | |
|---|---|---|---|---|---|---|---|
| 选择人数和百分比 | 小学生 | 42 | 52.5% | 29 | 36.3% | 7 | 8.8% |
| | 中学生 | 66 | 72.5% | 19 | 20.9% | 6 | 6.6% |
| | 大学生 | 10 | 17% | 37 | 62.7% | 10 | 17% |

在对教师师德水平总体状况的评价中,有88.8%的小学生、93.4%的中学生、79.7%的大学生选择了"好"和"较好",由此说明大多数学生对师德现状给予了肯定性评价,对教师师德基本上是认可的。

表2　　　　　你的老师在工作中是否体现了民主精神

| 选项 | | 是的 | | 不是 | | 一般 | |
|---|---|---|---|---|---|---|---|
| 选择人数和百分比 | 小学生 | 66 | 82.5% | 1 | 1.25% | 11 | 13.75% |
| | 中学生 | 68 | 74.7% | 3 | 3.3% | 16 | 17.5% |
| | 大学生 | 21 | 35.6% | 2 | 3.4% | 36 | 61% |

表3　　　　　你觉得老师是否做到与学生平等相处

| 选项 | | 做到 | | 没做到 | | 基本做到 | |
|---|---|---|---|---|---|---|---|
| 选择人数和百分比 | 小学生 | 55 | 68.75% | 1 | 1.25% | 24 | 30% |
| | 中学生 | 71 | 78% | 4 | 4.4% | 16 | 17.6% |
| | 大学生 | 10 | 17% | 3 | 5.1% | 44 | 74.6% |

表4　　　　　你的老师是否能做到公正对待每位学生

| 选项 | | 是的 | | 不是 | | 一般 | |
|---|---|---|---|---|---|---|---|
| 选择人数和百分比 | 小学生 | 67 | 83.75% | 2 | 2.5% | 11 | 13.75% |
| | 中学生 | 76 | 83.5% | 3 | 3.3% | 12 | 13.2% |
| | 大学生 | 12 | 20.3% | 13 | 22% | 34 | 57.6% |

民主、平等、公正既是现代社会的基本价值理念，也是教育伦理和教师道德彰显时代精神的重要体现，表中近80%左右的小学生和中学生认为教师在工作中以及与学生相处时坚持了这些伦理原则。相比之下，大学生在这方面的认可度不高，认为教师只是基本做到，可见大学教师对师生道德关系的处理并不是十分理想。由此也说明，师德的知与行未必就是合一的，而是可能出现分离的。

2. 关于师德的态度

表5　　　　　你能感受到老师对你的关心吗

| 选项 | | 经常 | | 偶尔 | | 从来没有 | |
|---|---|---|---|---|---|---|---|
| 选择人数和百分比 | 小学生 | 61 | 76.3% | 18 | 22.5% | | |
| | 中学生 | 61 | 67% | 19 | 20.9% | 3 | 3.3% |
| | 大学生 | 8 | 13.6% | 43 | 72.9% | 7 | 11.9% |

教师对学生的关心反映师德的态度和情感,也是学生的一种心理需求。结果显示 76.3% 的小学生、67% 的中学生经常受到老师的关心,而只有 13.6% 的大学生经常受到老师的关心;在中学尤其是大学有部分学生从未受到老师的关心,这说明随着年龄的增长,学生受到的关心越来越少了,这也意味着青年学生要趋向独立。

表6　　　你们老师评价学生优秀与一般的标准是

| 选项 | | 学习成绩 | | 组织能力 | | 道德品质 | | 家庭背景 | | 全面发展 | | 长相 | |
|---|---|---|---|---|---|---|---|---|---|---|---|---|---|
| 选择人数和百分比 | 小学生 | 14 | 17.5% | 2 | 2.5% | 20 | 25% | | | 54 | 67.5% | | |
| | 中学生 | 18 | 19.8% | 4 | 4.4% | 23 | 25.3% | | | 53 | 58.2% | | |
| | 大学生 | 34 | 57.6% | 11 | 18.6% | 6 | 10.2% | 1 | 1.7% | 18 | 30.5% | 1 | 1.7% |

表7　　　你认为老师对你们做到一视同仁了吗

| 选项 | | 完全能 | | 基本能 | | 完全不能 | |
|---|---|---|---|---|---|---|---|
| 选择人数和百分比 | 小学生 | 49 | 61.25% | 30 | 37.5% | 1 | 1.25% |
| | 中学生 | 61 | 67% | 28 | 30.8% | 2 | 2% |
| | 大学生 | 1 | 1.7% | 50 | 84.8% | 6 | 10.2% |

不以分数作为评价学生的唯一标准是师德规范的一个要求。调查发现在中小学有近 20%、大学有近 60% 的教师仍然把成绩作为区分学生优秀与否的根本标准,而且实施素质教育的大学在比例上大大超过受应试教育影响的中小学,说明大学教师对学生的教育评价观念和做法较中小学还落后,在中小学多数教师还能坚持以全面发展作为评价学生的标准,但大学却只有 1/3 不到的教师能做到,这是一个不正常的反差。同时,90% 以上的中小学生认为教师基本上能做到对学生一样看待,但有 10.2% 的大学生认为教师对学生存在偏见或厚此薄彼的现象。

表8　　　总体而言,你感觉你的老师在课堂上

| 选项 | | 充满激情 | | 热情不足 | | 精神萎靡 | |
|---|---|---|---|---|---|---|---|
| 选择人数和百分比 | 小学生 | 63 | 78.75% | 15 | 18.8% | 2 | 2.5% |
| | 中学生 | 79 | 86.8% | 9 | 9.9% | 2 | 2.2% |
| | 大学生 | 34 | 57.6% | 25 | 42.4% | 1 | 1.7% |

教师在课堂上是热情还是冷漠，反映其对待工作的态度和教育对象的情感，78.75%的小学生、86.8%的中学生、57.6%的大学生认为教师在课堂教学中是充满激情、积极主动的，总体上教师的职业信念是坚定的；但有21.3%的小学生、12.1%的中学生、44.1%的大学生认为教师在课堂上显得热情不足或精神萎靡，教学缺少吸引力和感染力，在这方面中小学教师表现得更有激情，它也表明了基础教育的教师更注重情感投入，而高等教育的教师却显得更理性平和。

3. 关于师德表现

表9　　　学校老师是否存在辱骂、体罚或变相体罚学生的言行

| 选项 | | 较多 | | 较少 | | 经常 | | 偶尔 | | 没有 | |
|---|---|---|---|---|---|---|---|---|---|---|---|
| 选择人数和百分比 | 小学生 | 1 | 1.25% | 16 | 20% | | | 47 | 58.8% | 16 | 20% |
| | 中学生 | | | 39 | 42.9% | 3 | 3.3% | 48 | 52.8% | 3 | 3.3% |
| | 大学生 | 1 | 1.7% | 46 | 78% | | | 10 | 17% | 3 | 5.1% |

教师应当尊重学生的人格尊严，保护学生的身心健康，这是师德的重要内涵。随着社会对师德的关注和呼吁，教师体罚或变相体罚学生的现象少了，80%以上的大学生、40%以上的中小学生选择了没有或较少，但也有50%以上的中小学生和17%的大学生选择了偶尔，表明这一现象依然存在，而大学在这方面做得较好。

表10　　　　　教师是否存在有偿家教现象

| 选项 | | 存在 | | 不存在 | | 较多 | |
|---|---|---|---|---|---|---|---|
| 选择人数和百分比 | 小学生 | 6 | 7.5% | 73 | 91.25% | | |
| | 中学生 | 4 | 4.4% | 84 | 92.3% | 2 | 2.2% |
| | 大学生 | 2 | 3.4% | 52 | 88.1% | 2 | 3.4% |

就师德的要求而言，教师不应从事有偿家教或谋取第二职业，应倾心于自己的教育教学。在教师是否存在有偿家教问题上，近90%的学生认为不存在，表明有偿家教还只是少数现象，而非普遍现象，但在大中小学都还不同程度地存在。

表 11　　　　　　　　教师是否存在不批改作业现象

| 选项 | | 存在 | | 不存在 | | 有时会 | |
|---|---|---|---|---|---|---|---|
| 选择人数和百分比 | 小学生 | 1 | 1.3% | 66 | 82.5% | 14 | 17.5% |
| | 中学生 | 2 | 2.2% | 71 | 78% | 18 | 19.8% |
| | 大学生 | 4 | 6.8% | 39 | 66% | 14 | 23.7% |

批改作业是教师的工作职责，也是师德的实际表现，师德首先表现在教师做好自身角色所规定的事情，表中多数学生反映教师不存在不批改作业的现象，但也有18.8%的小学生、22%的中学生、30.5%的大学生认为教师存在或有时存在这一现象，表明有些教师的工作责任心不强，敬业精神显得还不够。

表 12　　　　　教师是否会利用课余时间对学生进行无偿辅导

| 选项 | | 会 | | 不会 | | 有时会 | |
|---|---|---|---|---|---|---|---|
| 选择人数和百分比 | 小学生 | 33 | 41.3% | 12 | 15% | 34 | 42.5% |
| | 中学生 | 31 | 34.1% | 34 | 37.4% | 26 | 28.6% |
| | 大学生 | 8 | 13.6% | 23 | 39% | 25 | 42.4% |

教师能否做到利用课余时间对学生进行无偿辅导，体现教师是否具有奉献和牺牲精神，有83.8%的小学生、62.7%的中学生和56%的大学生选择了"会"和"有时会"，表明教师队伍是一个具有奉献精神的群体，尤其是小学教师做得更好。但也有近40%的大学生和中学生选择了"不会"，这从另一方面又表明当今社会不是所有的教师都能够做到"无私奉献"，教师的奉献意识有所削弱。

（二）家长对师德状况的评价

1. 对师德状况的总体看法

表 13　　　　　　　您对当前师德状况的看法是

| 选项 | | 满意 | | 基本满意 | | 不太满意 | |
|---|---|---|---|---|---|---|---|
| 选择人数和百分比 | 小学生家长 | 40 | 57.1% | 28 | 40% | 1 | 1.4% |
| | 中学生家长 | 39 | 58.2% | 22 | 32.8% | 5 | 7.5% |

家长是教育利益的直接关系者,是一定意义上的社会代表,经调查有97.1%的小学生家长和91%的中学生家长对教师的师德状况表示满意或基本满意,说明师德的主流是好的,不能因为个别教师的师德失范而否定整体上的师德。

表14　　　　你觉得你孩子的任课老师事业心责任心如何

| 选项 | | 强 | | 较强 | | 一般 | |
|---|---|---|---|---|---|---|---|
| 选择人数和百分比 | 小学生家长 | 46 | 65.7% | 22 | 31.4% | 2 | 2.9% |
| | 中学生家长 | 41 | 61.2% | 18 | 26.9% | 9 | 13.4% |

有97.1%小学生家长和88.1%的中学生家长认为孩子的老师具有较强的事业心和责任心,表明教师对待本职工作是认真负责的,这与师德总体评价是一致的。

表15　　　　教师对你的孩子是否存在体罚或变相体罚行为

| 选项 | | 没有 | | 偶尔 | | 经常 | |
|---|---|---|---|---|---|---|---|
| 选择人数和百分比 | 小学生家长 | 60 | 85.7% | 7 | 10% | 1 | 1.4% |
| | 中学生家长 | 58 | 86.6% | 8 | 11.9% | 16 | 23.9% |

有85%以上的家长认为教师没有体罚或变相体罚行为,在对教师体罚问题的看法上,家长评价好于学生评价,这与家长不能直接了解教师行为有一定关系;相比之下,小学好于中学,仍有23.9%的中学家长认为教师经常存在体罚行为,表明中学教师的体罚现象更突出一些,中学的教育管理还存在着暴力倾向。

2. 对师德的认识

表16　　　　您认为当前社会对教师师德的要求

| 选项 | | 太高 | | 较低 | | 正常 | |
|---|---|---|---|---|---|---|---|
| 选择人数和百分比 | 小学生家长 | 9 | 12.9% | 18 | 25.7% | 42 | 60% |
| | 中学生家长 | 10 | 14.9% | 16 | 23.9% | 41 | 61.2% |

对于社会对教师提出的师德要求,60%的家长认为正常,表明当前师德水平与社会期待基本适应;有25.7%的小学生家长和23.9%的中学生

家长认为社会的师德要求较低,表明他们对师德有更高的期待,这与教师的自我感受并不一致,社会要求高于教师的自我期许;也有13.9%的家长认为师德要求太高,表明社会价值观念和道德标准的多元化。

表17　　　　　　　您认为现在教师师德表现好的方面是

| 选项 | | 认真负责 | | 不断学习 | | 关爱学生 | | 工作敬业 | | 严谨治学 | | 公平公正 | |
|---|---|---|---|---|---|---|---|---|---|---|---|---|---|
| 选择人数和百分比 | 小学生家长 | 54 | 77.1% | 10 | 14.3% | 27 | 38.6% | 26 | 37.1% | 22 | 31.4% | 24 | 34.3% |
| | 中学生家长 | 24 | 35.8% | 21 | 31.3% | 23 | 34.3% | 16 | 23.9% | 18 | 26.9% | 20 | 29.9% |

表中人们从不同的方面对师德给予了积极肯定和认可,六个方面除小学教师认真负责占77.1%排在第一位、不断学习14.3%排在最后一位外,其他比例相差不大。这表明,一方面,师德作为教师的良好品行不能仅仅表现在某一方面,而是应该从不同层面呈现教师的美好德性;另一方面,学生家长没有集中在某一方面做出选择,表明社会对师德的价值期待也是多种多样的。

表18　　　　　　　您认为教师师德存在的主要问题是

| 选项 | | 工作责任心差 | | 歧视或体罚学生 | | 不尊重家长 | | 不思进取、碌碌无为 | | 缺少爱心 | | 对学生偏心 | |
|---|---|---|---|---|---|---|---|---|---|---|---|---|---|
| 选择人数和百分比 | 小学生家长 | 33 | 47.1% | 14 | 20% | 4 | 5.7% | 10 | 14.3% | 20 | 28.6% | 22 | 31.4% |
| | 中学生家长 | 33 | 49.3% | 14 | 20.9% | 4 | 6% | 10 | 14.9% | 20 | 29.9% | 22 | 32.8% |

对当前师德存在的主要问题,中小学生家长选择的比例具有惊人的相似,这是我们之前没有料到的,它们依次为工作责任心差,对学生偏心,缺少爱心,歧视或体罚学生,不思进取、碌碌无为,不尊重家长,其中,教师对工作是认真负责还是敷衍塞责成为社会公众关心的首要问题。

### 3. 对师德热点的关注

表19　　　　　　您认为市场经济条件下教师的师德水平

| 选项 | | 不会降低 | | 会在一定程度上降低 | | 会有所上升 | |
|---|---|---|---|---|---|---|---|
| 选择人数和百分比 | 小学生家长 | 14 | 20% | 32 | 45.7% | 23 | 32.9% |
| | 中学生家长 | 22 | 32.8% | 23 | 34.3% | 20 | 29.9% |

市场经济是一把双刃剑，对师德既有积极的影响，也有消极的影响，有26.4%的人认为师德水平不会因此降低，40%的人认为师德水平会在一定程度上降低，有31.1%的人认为师德水平会因此有所上升，可见人们对此存在不同的看法，而多数人并不认同市场经济必然带来道德退步或沦丧的观点，所以市场经济与道德并非水火不容。道德是人类精神的自律，提高道德修养关键在于主体自身，环境对人虽有外在影响但终究还是外因。

表20　　　　　　您对教师从事有偿家教的看法

| 选项 | | 赞同 | | 不赞同 | | 无所谓 | |
|---|---|---|---|---|---|---|---|
| 选择人数和百分比 | 小学生家长 | 15 | 21.4% | 37 | 52.9% | 18 | 25.7% |
| | 中学生家长 | 18 | 26.9% | 34 | 50.7% | 12 | 17.9% |

在教师能否从事有偿家教问题上，有51.8%以上的人表示了反对，有24.2%的人采取了赞同态度，另有21.8%的人保持中立态度，由此表明社会价值观念和评价标准的多样化。一方面，从教师角色及其义务出发，多数公众对教师从事有偿家教明确表示不赞同；另一方面，基于对家教的需求以及受市场规则的影响，有些人对此持赞同或默许态度，反映了社会成员价值取向的功利性。

表21　　　　　　教师利用职务之便谋取不正当利益

| 选项 | | 有损师德，应该杜绝 | | 人之常情，无可厚非 | | 不表态 | |
|---|---|---|---|---|---|---|---|
| 选择人数和百分比 | 小学生家长 | 51 | 72.9% | 3 | 4.3% | 14 | 20% |
| | 中学生家长 | 45 | 67.2% | 6 | 9% | 12 | 17.9% |

本题中有近70.1%的人反对教师利用职务之便谋取不正当利益,是非观念和道德标准明确,但也有25%左右的人选择了认可或不表态,表明在社会转型时期人们在对违反师德行为的评判中,价值判断标准不一,主流价值观较缺失。

4. 对师德的期待

表22　　　　　　　　　　您希望自己孩子的老师

| 选项 | | 师德好 | | 有师德 | | 教学好就行 | | 学历高 | |
|---|---|---|---|---|---|---|---|---|---|
| 选择人数和百分比 | 小学生家长 | 60 | 85.7% | 10 | 14.3% | 8 | 11.4% | 4 | 5.7% |
| | 中学生家长 | 47 | 70.2% | 14 | 20.9% | 9 | 13.4% | 7 | 10.5% |

结果显示100%的小学生家长和91.1%的中学生家长都希望自己孩子的老师"师德好"和"有师德",表明"学高为师""身正为范"仍是社会对教师的价值期望,师德是教师安身立命之本,也是实现"善的教育"、"好的教育"的伦理基础。

表23　　　　　　　　　你比较同意以下哪种说法

| 选项 | | 教师职业是一种谋生的手段 | | 教师要有一定的奉献精神 | | 教师首先应该是一个道德从业者 | | 教师言行有很强的示范作用 | |
|---|---|---|---|---|---|---|---|---|---|
| 选择人数和百分比 | 小学生家长 | 2 | 2.9% | 23 | 32.9% | 29 | 41.4% | 46 | 65.7% |
| | 中学生家长 | 4 | 6% | 16 | 23.9% | 14 | 20.9% | 37 | 55.2% |

如何看待教师职业的特殊意义,有31.2%的人认为教师首先应该是一个道德从业者,从事着教书育人的工作,又是一种"良心活",因而应具有一定的奉献精神,有60.5%的人强调了教师言行对学生具有很强的示范作用,可谓师者—模范也。

表 24　　　　　　　　当前教师师德仍需改善的方面是

| 选项 | | 尊重学生的个性差异 | | 经常与学生进行交流 | | 教会学生做人做事 | | 爱岗敬业 | | 为人师表 | | 教书育人 | |
|---|---|---|---|---|---|---|---|---|---|---|---|---|---|
| 选择人数和百分比 | 小学生家长 | 24 | 34.3% | 38 | 54.3% | 26 | 37.1% | 14 | 20% | 14 | 20% | 11 | 15.7% |
| | 中学生家长 | 20 | 29.9% | 30 | 44.8% | 21 | 31.3% | 13 | 19.4% | 15 | 22.4% | 6 | 9% |

在当前师德需要完善的问题上，中小学生家长的选择基本趋于一致，近50%的调查对象认为教师应经常与学生进行交流，表明师生之间交流不多，教师不去了解学生；其次是希望教师尊重学生的个性差异，教会学生做人做事，表明了师德的人文关怀和生活取向；最后是对为人师表、爱岗敬业和教书育人等传统的师德原则给予了更多的期待。**（三）教师对师德状况的评价**

表 25　　　　　　　　教师对师德内容的自评情况

| 选项 | | 爱国守法 | | 爱岗敬业 | | 关爱学生 | | 教书育人 | | 为人师表 | | 终身学习 | |
|---|---|---|---|---|---|---|---|---|---|---|---|---|---|
| 评价等级和选择人数 | 小学教师 | 优 | 37人 | 优 | 36人 | 优 | 36人 | 优 | 34人 | 优 | 37人 | 优 | 35人 |
| | | 良 | | 良 | 1人 | 良 | 1人 | 良 | 3人 | 良 | | 良 | 2人 |
| | 中学教师 | 优 | 50人 | 优 | 48人 | 优 | 46人 | 优 | 47人 | 优 | 49人 | 优 | 50人 |
| | | 良 | 7人 | 良 | 9人 | 良 | 11人 | 良 | 10人 | 良 | 8人 | 良 | 7人 |
| | 大学教师 | 优 | 60人 | 优 | 60人 | 优 | 60人 | 优 | 60人 | 优 | 60人 | 优 | 60人 |
| | | 良 | | 良 | | 良 | | 良 | | 良 | | 良 | |

该部分问卷依据《教师职业道德规范》的内容进行设计，分别从爱国守法、爱岗敬业、关爱学生、教书育人、为人师表和终身学习六大方面向教师做了抽样调查，结果小学教师37人中有35—37人对师德状况给出了"优"的等级，中学教师57人中有46—50人对师德表现给出了"优"的等级，大学教师60人则全部给出了"优"的等级。可见，师德的自评与他评在结果上并不吻合。由此说明，教师自身认为其师德是好的，他们

也有提升师德形象的愿望，这是应该肯定的。但出于对自我利益的维护，他们并不愿意承认在道德上存在的缺陷或不足。因此，师德自评的结果缺少真实性，只能作为一个参考。此外，虽然人们能够根据准则对某种教育行为作出善或恶的道德价值判断，但由于师德规范的规定非常模糊，没有一个明晰的标准和具体的指标，教师也就很难作出准确的评判。但事实上，教育情境和行为总是具体的、变化的、多样的，究竟怎样做才算合乎规范，才算"好"，并没有一个固定的模式。因此，科学的师德评价需要合理的标准，也需要把事实判断与价值判断结合起来，否则评价就会形式化、简单化。

## 四 讨论

本次师德调查的对象包含了不同层次、不同类型、不同区域的学校、学生、家长和教师，具有广泛性、代表性和真实性的特点。从数量看，任何的问卷调查都是选择某些具有研究意义的样本进行分析，都不可能囊括事物所有的构成因子，但个别之中有一般、特殊之中有普遍，通过对典型样本的考察分析能够达到从具体到抽象、由部分到整体、由现象到本质的理性认识目的，这其中也不排除可能存在的差异性定律。总体而言，我国教师师德的主流和本质是健康的、积极的、向上的，与社会发展的实际水平以及教育改革和发展的实践需求是相适应的，这一结论是以调查为依据的。我们不能因为现实生活中存在师德"失范"现象，就因此判定整个师德状况的"失控"、"危机"或"滑坡"，这种以偏概全的做法并不可取。从传统上说，人们较为习惯以高、大、上的思维来看师德，把教师职业看得无比神圣和崇高，孔子的"万世师表"就是一个很好的例证。但也需看到，在社会转型期，师德水准的不一致和多样性也是我们必须加以正视的现实。因之，对师德"失范"问题不必过分夸大，但也不能粉饰，要寻求对策促进问题的有效解决。

从学生和家长对问卷的回答来看，当前需要反思的问题是教师应该选择怎样的伦理规范及其教育德性来处理好师生关系，对待自己的工作，更好地满足社会的价值期待。概括起来，当前师德领域存在的共性问题主要是：（1）师德观念转变的滞后性。一些教师仍以传统的"师道尊严"自居，师生关系比较淡漠，对体现时代发展要求的进步道德观念诸如平等、公正、民主、法治等践行不到位；在对学生评价上依然受"应试教育"和"学而优则仕"思想的影响，秉持"成绩至上"的育人观，对学生身心的和谐、全面发展关切不多。（2）师德水准存在不平衡性。不仅大学、中学和小学之间存在群体和类别的差异，而且教师个体之间也存在德性状况的差别，比如有的工作热情不高，有的缺少奉献精神，有的工作责任心不强，还有的对学生关爱无方，等等。尤其是对学生的体罚或变相体罚现象仍然比较突出，应当予以纠正。（3）师德价值取向的功利性。社会对教师有着多方面的道德要求，也有着较高的价值期待，这给师德水平的提升注入了强大的外部动力。但同时，社会价值判断标准的多元化以及价值取向的功利化无形之中也在影响着教师的师德操守和道德信念，这导致了师德实践中的工具理性和实用理性偏向。面对调查结果所折射出的师德的负面状况，亟待通过加强和改进师德建设，提高教师的师德水准。

首先，要科学把握师德的概念。师德不等同于师德规范，规范是认识论范畴，师德是实践论范畴，它以实践精神的方式把握教育世界，是教师在伦理上获得的造诣，对规范自觉践行的程度。正由于师德的实质在于"行为"，其目的是实现价值，所以"师德"远远超出了教师职业道德规范的范围。它不仅含有规范，也含有一个人的世界观、人生观、价值观、政治立场和态度、法纪观念和行为等，直接关涉人的思想道德素质。良好的师德也是一个开放的、不断发展和完善的、与时俱进的体系，应以先进的价值观和师德观引领师德建设，充分认识师德在教育中的示范、导引和熏陶功能，培养教师富于时代特征和进步意义的道德品质。

其次，师德建设要体现层次性。在社会转型时期，教师德性状况并非整齐划一，而是呈现多样性和层次性特点。为此，师德建设必须从实际出发，鼓励先进、面向多数、分层次推进。这就是说，要坚持先进性与广泛性的统一，以"抓两头、促中间"的方法来推进师德整体水平的提高。在师德目标上，既要有基本层次的道德要求，也要有原则层次的道德要求，还应有理想层次的道德要求，这样才能形成一个系统完备的伦理保护圈，对不同境界的人都起到约束和导向作用；同时，对教育行为的道德规制还应该明确、具体，具有完整性和可操作性。师德建设要以建树"高标准"的道德大厦为方向，但首先是以构筑"道德底线"为基础，底线都守不住,何谈崇高?因此,要兼顾少数人的高起点和多数人的低起点。

再次,对师德负面状况之归因予以反思。目前师德"失范"虽属少数,但对于全面提高教师队伍的道德素质却是一大障碍。师德之形成和变化有积极因素和消极因素。就消极因素而言,师德问题的形成有多样化社会思潮特别是西方国家价值观的渗透以及物质主义、消费主义和功利主义的负面影响;有教师理想信念动摇,忽视自身师德修养,职业道德准则迷失的影响;有片面追求升学率、重智轻德,德育被边缘化的影响;有缺少对教师人文关怀和心理疏导,师德建设无针对性和实效性的影响;有师德建设与教师的教育、管理和考评脱节,制度、机制不健全的影响等。师德建设面对如此复杂的消极因素,必须以马克思主义为根本指南,用社会主义核心价值观引导思想意识,提高教师的思想理论水平,这才是治本之策。

最后,"师德建设工程"需要多方参与。师德建设是一项长期、系统、发展的精神文明工程,需要社会、学校、家长、学生、教师等不同主体的多方参与。因为他们既是教育活动的管理者、参加者或实践者,也是与教师师德具有直接或间接联系的利益相关者,因而理所当然地应当成为师德建设的参与者和推动者。作为一种价值追求和行为模式,师德是他律与自律的统一。师德既是他律,需要外在的规范、约束和激励,社会的制度和规范、学校的培育和考核、学生及家长积极参与的表达、监督和评价,对师德的形成和发展都是不可或缺的他律性机制和条件;师德也是自律,是教育主体对社会要求的内化及道德行为的外显。教师是有意识、有目的、能动的主体,具有选择和决定自己道德品质发展方向的能力,客观的伦理规范要转变成教师的道德品质,必须依靠教师个人的主观努力。因此,教师自身始终是师德建设的重要力量和内在要素。

(本文作者为南京森林警察学院思政部　糜海波)

# 社会主义核心价值观

　　培育和践行社会主义核心价值观是我国当前实施文化强国战略和推进社会主义道德建设的工作重点，也是中华民族在进一步推进中国特色社会主义事业过程中彰显文化自信的内在要求。党中央提出培育和践行社会主义核心价值观的"倡导"标志着当代中华民族对社会主义核心价值观的理论认识、理解和把握达到了新的高度，也标志着我国的发展进入了一个新阶段。对党中央倡导的社会主义核心价值观展开深入系统的理论研究是我国伦理学界义不容辞的重大责任。

# 改革开放以来核心价值的解构与建构

改革开放以来中国社会价值观发生了深刻变迁，这一变迁主要表现在两个方面：一方面是中国人的总体价值取向发生了重大转变；另一方面是社会的核心价值出现了解构与建构的双重过程。这两个方面是相辅相成的，并共同构成了改革开放以来中国社会价值观及其变迁的总体镜像和多重后果。具体而言，改革开放以来中国社会价值观的变迁，从价值取向上看，发生了从一元价值观向多元价值观、整体价值观向个体价值观、神圣价值观向世俗价值观、精神价值观向物质价值观的转变；从核心价值的变化来看，出现了对原有核心价值的解构和对新的核心价值的建构，原有核心价值主要是指改革开放以前形成并支配着当时中国人社会生活和价值观念的核心价值，如革命、斗争、集权、人治、身份、等级、崇高、信仰，等等，新的核心价值主要是指改革开放以来形成或重构、影响和支配着改革开放以来中国人社会生活和价值观念的核心价值，这些核心价值有些是改革开放以前形成但被改革开放和市场经济所重构的核心价值，有些则是在改革开放过程中在市场经济基础上新生的核心价值，这些重构和新生的核心价值主要是市场、契约、自由、平等、效率、公平、民主、法治、富强、文明、发展、和谐，等等。本文并不讨论上述核心价值究竟是如何被解构和建构的，而是将重点讨论改革开放以来核心价值解构与建构的条件、过程及其局限。这对建设社会主义核心价值体系和深入理解社会主义核心价值观必将有所裨益。

## 一 核心价值之解构与建构以社会转型和价值观变迁为基础

改革开放以来核心价值的解构和建构，首先与改革开放以来中国社会的深刻转型密切相关。改革开放以来中国人的一切观念和行为，都应该到社会转型之中寻求解释和答案，核心价值的解构和建构也不例外。改革开放以来，中国社会发生了有史以来最深刻的转型，譬如说，在社会结构上，中国社会由原来的单位社会逐渐转向了契约社会；在所有制和经济体制上，从原来的单一公有制转向了以公有制为主体、多种经济成分共同发展的"主体—多元"所有制结构，从原来高度集中的计划经济体制转向了社会主义市场经济体制；在政治体制上，由原来高度集权的政治体制转向了社会主义民主政治体制，政治实现了由集权政治向分权政治、由革命政治向发展政治、由权力政治向权利政治的转变；在"实现什么样的发展、怎样发展"的发展模式转变上，由片面追求经济增长转向了更加注重人的发展和人与自然的和谐，由物本发展转向了科学发展、和谐发展、人本发展。从社会结构的变化，到所有制、经济体制和政治体制的转变，以及发展模式的变化，说明改革开放以来中国社会已经发生了全面而深刻的加速转型。按照现代化理论和社会转型理论，在社会转型和现代化过程中，人们的思想观念和奉行的社会核心价值必然随之发生深刻变化。这既是人类历史发展的普遍规律，因为人类历史上的重要转型时期，如欧洲文艺复兴时期、日本明治维新时期、中国的春秋战国时期、辛亥革命和"五四"新文化运动时期等，都是人们的价值观念和社会的核心价值发生深刻变化、旧的核心价值被解构、新的核心价值被建构的时期；也被中国现代化和社会转型进程所再一次证明，中国改革开放以来的30多年，正处于社会转型的重要时期，不仅社会总的价值取向发生了重大变迁，而且社会的核心价值也必然在这一社会转型过程中被重新解构和建构。

核心价值的解构和建构还与改革开放以来中国社会价值观在价值取向上的变迁直接相关。改革开放以来价值取向的变迁，就是价值观出现了从一元向多元、从整体向个体、从神圣向世俗、从精神向物质的转变，改革开放以来中国社会核心价值的解构和建构就是在中国人价值取向的上述重大变迁中引发、实现和完成的。这同样既符合人类历史发展的普遍规律，也被中国改革开放和社会转型进程所再一次证明。在每一次社会转折时期，都会发生思想观念的大讨论、大碰撞，譬如，近代以来在社会重大转折时期差不多都发生了一场人生观的大讨论，欧洲文艺复兴时期关于人性论和人道主义的讨论、俄国革命前夕关于人本主义和新人生活的讨论、我国"五四"新文化运动时期的科学与人生观的讨论、20世纪80年代关于人生观、人性、人道主义的讨论，等等，这些讨论的一个共同点就是对人的发现和解放，围绕着人的发现和解放，直接引发了人们价值观念和社会核心价值的深刻变化，因为，所谓价值观就是指人的价值观，人的发现和解放必然导致人的价值观的重大变化，其重要表现就是激发了价值观的多元化、个体化、世俗化和物质化。在中国，改革开放以来随着人的发现和解放，人的价值观已经从一统的、整体的、神圣的、精神的钳制中解放了出来，在这一过程中对传统核心价值构成了重大冲击，并催生了新的价值观念和激发了新的核心价值，从而实现了对革命、斗争、集权、人治、身份、等级等旧的核心价值的解构和对市场、契约、自由、平等、效率、公平、民主、法治、富强、文明、发展、和谐等新的核心价值的建构。

## 二 核心价值之解构和建构是相反相成的辩证过程

我们认为，改革开放以来被解构的核心价值，主要是指改革开放前作为核心价值的革命、斗争、集权、人治、身份、等级、崇高、信仰等（这当然不包括改革开放前已被探索和确立的核心价值，如自由、平等、民主、富强等，这些核心价值在改革开放以后不是被解构了，而是被重构了），而对改革开放以来建构和重构的核心价值，主要概括为市场、契约、自由、平等、效率、公平、民主、法治、富强、文明、发展、和谐等。当然这些概括并不是非常全面和准确的，且肯定会有所遗漏，不同的人还会有不同的概括，但我们认为这些概括确实反映了改革开放以来中国社会核心价值之解构与建构的客观实际。

在这里我们所要讨论的是，改革开放以来中国社会核心价值的解构和建构是一个相反相成的辩证过程。这至少意味着以下三个含义：第一，改革开放以来中国社会核心价值的解构和建构不是一个相互分离的孤立过程，而是密切相连的"协同"行动；第二，改革开放以来中国社会核心价值的解构和建构，形式上看起来好像是"两个事物"，而实际上是同一个事物的正反两面；第三，改革开放以来中国社会核心价值的解构与建构,显然不是同一个方向运动的同一个过程,而是反方向运动的同一个过程。

改革开放以来中国社会核心价值的解构和建构作为相反相成的辩证过程,是改革开放以来中国社会核心价值解构和建构的一个鲜明特征。譬如,在政治核心价值上,随着中国共产党由革命党转变为执政党,其政治核心价值系统发生了重大改变,或者说提出全新的政治核心价值要求,即原来革命讲的是暴力,而执政强调的是平衡与妥协;革命是要揭示乃至激化阶级矛盾,而执政是要消除矛盾、弥合分歧;革命时强调阶级矛盾不可调和,而执政时强调阶层之间应该实现和谐;革命是通过剥夺一个阶级的利益来维护另一个阶级的利益,而执政则必须满足各阶层、各集团的利益;革命可以为了根本目的牺牲一部分人的利益,而执政则不能靠通过牺牲一部分人的利益来实现,只能通过提供各利益体的平等博弈来实现[1],等等。可见,随着中国共产党由革命党转变为执政党,执政要求建构新的政治核心价值,如和谐、民主、法治等,这就同时意味着对革命和斗争等原有政治核心价值的解构。再如,改革开放以来确立了以经济建设为中心的基本路线和市场经济体制,因此在经济核心价值上,必然要求建构市场、契约、自由、平等、效率、公平等经济核心价值,这同时也就意味着对计划、集权、人治、身份、等级等既是政治的也是经济的核心价值的解构。一句话,改革开放以来中国社会核心价值的建构,实际上就是对与其相对的核心价值的解构;反之亦然。

改革开放以来中国社会核心价值的建设,实际上就是在对原有核心价值的解构和对新的核心价值的建构之辩证运动过程中实现的,也就是说,改革开放以来中国社会核心价值的建设,不仅仅是对新的核心价值(如市场、契约、法治、发展、和谐等)的建构过程,也是对原有某些核心价值(如自由、平等、民主、富强、文明等)的重构过程,还是对原有某些核心价值(如革命、斗争、集权、人治、身份、等级等)的解构过程。核心价值的这种建构、重构和解构的辩证运动,不断促进着改革开放以来中国社会核心价值的建设。

---

[1] 徐晨光:《党的建设科学化路径探析》,《湖湘论坛》,2012年第3期。

## 三 对原有核心价值之解构有不彻底之处

改革开放以来原有某些核心价值在社会转型和价值观变迁中已然解构，但是，这并不意味着这种解构都是彻底的，相反，对原有某些核心价值的解构还有不彻底之处。这给改革开放以来中国社会核心价值的建设带来了某些负面影响，甚至对改革开放进程和现代化建设也造成了一定程度的阻碍。

正如上面已看到的那样，改革开放以来中国社会核心价值的解构呈现着十分复杂的状况，并基本呈现出以下四种情况：第一，不应被解构而被解构了的核心价值，如崇高与信仰的核心价值。尽管改革开放以前的某些崇高和信仰有"伪崇高"和"伪信仰"之嫌，需要被解构，但是，改革开放以来，随着社会价值观越来越世俗化和物质化，崇高和信仰本身越来越"下降"或退居边缘，或者说，婴儿与洗澡水被一起倒掉了。第二，应该被解构且事实上被彻底解构的核心价值，如革命和斗争的核心价值。改革开放前主导中国社会价值观体系的核心价值如革命和斗争等，应该说已经被彻底解构和消解，在中国人的心目中和中国社会价值观体系中已经完全失去了市场和影响力。可以认为，对革命和斗争这样的核心价值在改革开放之初就已被彻底解构，这主要源自于两方面的因素，一是"文化大革命"时期"以阶级斗争为纲"和"无产阶级专政下的继续革命"等极"左"思潮对中国经济、政治、文化的全面破坏、对中国人价值观的严重扭曲、对中国社会价值体系的深刻瓦解，使人们看到不能再坚持所谓革命和斗争的核心价值，必须进行拨乱反正、正本清源，彻底否定"文化大革命"，从而彻底解构了革命和斗争的核心价值；二是随着党和国家工作重心的战略转移，即在基本路线上从"以阶级斗争为纲"转向"以经济建设为中心"，在时代主题上从革命转向发展，顺应这一重大战略转变，人们的价值观念和社会的核心价值也从革命和斗争完全转向了改革和发展，这一客观历史必然性导致了原来革命和斗争等核心价值被彻底解构。第三，应该重构却被解构甚至被颠覆了的核心价值。如重义轻利的核心价值不仅被解构了，甚至被"颠覆"了，即被"颠倒"了，由原来"重义轻利"的极端颠倒为"重利轻义"甚至"见利忘义"的极端了。

第四，应该被解构却解构不彻底的核心价值，如集权、人治、身份、等级等核心价值。下面将重点对解构不彻底的核心价值作一简单分析。

毋庸讳言，改革开放以来所解构的原有某些核心价值并不是很彻底的，甚至至今仍然影响着中国的经济、政治、文化和社会生活，影响着人们的价值观念、新的核心价值的建构和社会主义核心价值体系的建设。譬如，集权、人治、身份、等级等就是这样的核心价值。我们曾经指出，改革开放以来，人们的平等意识、商品意识、市场意识和公民意识被唤醒，原来以集权为特征的权力价值和以领袖魅力为特征的人治价值受到了极大冲击，并逐渐被民主制度和法理权威所解构和取代。然而，集权和人治的核心价值却并没有随着改革开放、市场经济、民主政治的推进和人们平等意识、商品意识、市场意识和公民意识的觉醒而消解，反而顽固地残留于改革开放以来的整个进程之中，甚至某些时候还特别明显和活跃，尤其是对领袖魅力的膜拜有时深深地内化到了人们价值观念之中，因此人们经常无意识地认同以领袖魅力和道德习俗为基础的人治价值。关于身份与等级的核心价值并未被彻底解构的情形也是一样。我们曾经指出，中国传统社会是一个身份社会，身份社会必然是一个等级社会；而改革开放前的中国社会还是一个单位社会与身份社会相叠加的社会；单位社会与身份社会使人们深深地认同了身份和等级的核心价值，并内化为身份和等级观念、身份和等级意识以及身份与等级情结。改革开放以来中国社会已由原来的单位社会和身份社会逐渐转变为契约社会，身份和等级的核心价值也随之被解构。但是，这一解构是并不彻底的。时至今日，中国人的身份和等级观念和意识仍然十分明显，甚至旧的身份和等级消失了，而新的身份和等级又产生了。显然，解构并不彻底且仍在发挥作用的集权、人治、身份、等级等原来支配着人们价值观念和社会价值体系的核心价值，无疑对推进改革开放、完善社会主义市场经济体制、加强社会主义核心价值体系建设，都在产生着不良的影响，阻碍着经济的发展和社会的进步。

## 四 对新的核心价值之建构有不成熟之处

与对原有某些核心价值的解构有不彻底之处一样，改革开放以来中国社会对新的核心价值的建构也有不成熟之处。这里讲的新的核心价值，既包括改革开放以前已经形成、改革开放以后被重构的核心价值，如自由、平等、民主、富强、文明等，这些核心价值是改革开放以前就被中国人所艰辛探索、孜孜追求并逐渐形成、改革开放以后又被中国人所继承并赋予新义的核心价值；也包括主要在改革开放以后形成和新生的核心价值，如市场、契约、效率、公平、法治、发展、和谐等核心价值。这些核心价值无疑是推动改革开放以来中国经济发展和社会进步、推进社会主义核心价值体系建设的十分重要的价值元素。

可以认为，在这些核心价值中，已经被完全建构起来的核心价值应该说只有富强和发展，即富强和发展既已成为了全体人民所追求的核心价值，成为了人们普遍的价值共识，而且已经被改革开放30多年所取得的巨大经济成就、理论和制度创新成果所巩固。而市场、契约、自由、平等、民主、法治，等等，虽然也已成为了全体人民所追求的核心价值，并在改革开放30多年中发挥了很好的积极作用，但在对这些核心价值的具体理解和建构方式等问题上，却并未达成普遍的价值共识，在实践上也还需要大胆探索和创新。这就说明对这些核心价值的建构还有不成熟之处。

改革开放以来对新的核心价值建构的不成熟之处主要表现在：第一，虽然市场经济体制已经建立起来，但市场仍然还不成熟，人们的市场意识还没有完全树立起来，甚至还存在着不健康的市场意识，以为市场经济是不讲规则的，甚至把市场经济直接等同于"赚钱经济"，由此就必将一切违法犯罪活动归咎于市场经济，要到市场经济中去"找原因"，这显然是对市场经济的严重曲解，也必然严重影响对市场这一核心价值的健康建构和正确理解。第二，我们说市场经济就是契约经济，建基于其上的社会就是契约社会，然而，中国社会的契约关系还没有完全建立起来，即还没有完全取代家族关系、权力关系和人情关系，人们的契约意识也没有完全树立起来，这就意味着契约作为核心价值的建构还有很长的路要走。① 第

---

① 据香港《南华早报》网站2012年2月11日报道，2012年1月20日至2月6日，广东省委宣传部在全省开展"新广东精神"票选活动，希望在原"广东人精神"的三个核心概念"先天下、纳百川、重实干"之外增加一个概念，并在"乐善施"、"讲诚信"和"讲契约"中进行选择，结果有34%的人选择了"讲诚信"，只有17%的人选择了"讲契约"。作者据此认为在改革开放的前沿和市场经济最发达的地区，中国人居然仍然"信赖美德甚于契约"，说明"改革开放多年后，思想还像以前一样封闭"。（广东省最后确定的新广东精神是："厚于德、诚于信、敏于行"。）

三，由于市场和契约作为核心价值的建构还没有真正完成，以市场和契约为制度前提的自由、平等、效率、公平等的核心价值就自然基础不牢，改革开放30多年来人们对自由、平等、效率、公平的追求和困惑已能很好地注解这一状况，在获得了宪法自由和平等以及经济效率的同时，却存在着失去经济自由、人际平等和分配公平的危险，公平问题已经凸显为当今中国的重大社会问题，这些可能导致严重的社会失范和价值失序。第四，民主与法治建设任重而道远，这既是改革开放30多年来政治体制改革的重要目标，也是政治体制改革需要攻坚的重要领域。民主与法治作为核心价值已经深入人心，但民主与法治作为政治制度却需要大胆创新。虽然在民主与法治建设上已经取得了很大成绩，但民主制度还不健全，公民民主参与意识和能力还有待提高，比较普遍地存在的"以言代法、以权压法、徇私枉法"等与民主和法治背道而驰的现象还比较严重，这些都严重地影响着民主和法治等核心价值的建构。此外，还有诸如道德与诚信等核心价值的建构，与上述核心价值的建构也存在着同样的不成熟之处。

经济的持续健康发展，社会的和谐进步，社会主义核心价值体系的建设，社会主义核心价值观的培育和践行，都迫切要求对改革开放以来新的核心价值的建构尽快成熟起来，使这些核心价值成为真正与中国特色社会主义相适应并成为社会主义核心价值体系重要内容的核心价值。

(本文作者为中南林业科技大学伦理学研究所　廖小平)

# 培育社会主义核心价值观
# 与中国优秀传统文化

　　培育践行社会主义核心价值观必须而且应当立足于中华优秀传统文化的基础上，在弘扬和光大中华优秀传统文化的过程中使其获得精神的滋养和民族价值的认同。社会主义核心价值观与中华优秀传统文化不独是一种源与流、民族精神与时代精神的关系，更是一种双向互动、共生共赢共发展的关系。从某种意义上说，培育践行社会主义核心价值观为中华优秀传统文化的发展开辟了新路径，开拓了新领域，开创了新境界；而弘扬和光大中华优秀传统文化在当代中国的主旨、主潮和主脉是同培育践行社会主义核心价值观密切联系在一起的。中华优秀传统文化是社会主义核心价值观的肥沃土壤、思想资源、源头活水。社会主义核心价值观对中华优秀传统文化的当代发展和全面振兴有着引领方向、提供动力和价值支撑的功能效用。二者的关系可以在纵向的传承与创新的意义上获得内在精神的衔接，也可以在实现中华民族伟大复兴之中国梦的理论致思和未来诉求中获得价值系统的完美建构。这是与崛起的中国之精神文化大势高度密合的轴心时代之价值文化创化，民族的伦理品质和哲学智慧将在二者的结合中演绎出一幕"为往圣继绝学，为万世开太平"的伟大史诗。

## 一　弘扬中华优秀传统文化对培育践行
## 社会主义核心价值观的重大意义

　　习近平总书记以中国化马克思主义者的深刻文化价值洞见和伦理精神自觉把培育践行社会主义核心价值观与弘扬中华优秀传统文化有机地结合起来，强调指出，牢固的核心价值观，都有其固有的根本。培育和弘扬社会主义核心价值观必须立足中华优秀传统文化。抛弃传统、丢掉根本，就等于割断了自己的精神命脉。博大精深的中华优秀传统文化是我们在世界文化激荡中站稳脚跟的根基。[①] 深入学习和理解习近平总书记的这一重要论述，对于我们把握中华优秀传统文化与社会主义核心价值观二者的关系，认识弘扬中华优秀传统文化对培育践行社会主义核心价值观的重大意义，具有极其重要的指导价值。

第一，中华优秀传统文化是构成社会主义核心价值观的文化根基和精神血脉。文化根基和精神血脉的定性强化了中华优秀传统文化积淀着中华民族最深沉的精神追求，包含着中华民族最根本的精神基因，代表着中华民族独特的精神标识，是中华民族生生不息、发展壮大的丰厚滋养，凸显出中华传统文化是中华民族的文化之"根"和精神之"魂"。中华优秀传统文化，以其独特的精神价值和理论建构特别是正大日新、革故鼎新的品格而具有穿越千年时光的持久魅力，使得中华民族无论经历怎样的危难与变故始终作为一个命运共同体和情感共同体而存在，使得世世代代的中国人无论身在何处处于何种地位始终保有难以摧毁的精神根柢和气象。中华优秀传统文化建构的是中华民族共有的精神家园和意义世界，赋予中华民族以精深厚重的伦理气质和不断发展的道德智慧。如果抛弃中华优秀传统文化，就等于丢掉中华民族的安身立命之本，就等于割断了自己的精神命脉。中华优秀传统文化作为中华民族的生存之本、精神之魂，在当代社会必然成为社会主义核心价值观的文化根基和精神血脉。培育践行社会主义核心价值观只有立足于中华优秀传统文化，不断吸取中华优秀传统文化的精神滋养，才会有深厚的文化根基和充足的精神血脉，才能得到全体中国人广泛的价值认同，进而形成伦理精神的自觉和行为的自主，产生内在的亲近、亲善和源于生命并且充实生命的担当与创化。

第二，中华优秀传统文化是社会主义核心价值观的思想资源和肥沃土壤。社会主义核心价值观作为中国特色社会主义的价值观念不是从天上突然掉下来的，也不是个别人头脑里想当然突然想出来的，而是社会主义与

---

[①] 参阅习近平：《在中央政治局第十三次集体学习时的讲话》（2014 年 2 月 24 日），《人民日报》，2014 年 2 月 25 日。

中国当代改革开放的实践和中华优秀传统文化相结合的产物，是根源于中华优秀传统文化并总结继承中华优秀传统文化的产物。是什么力量拱立并支撑着中华文明生生不息，无论遭遇怎样的冲击与变故始终充满生机并获得不断发展的活力？是什么原因让中华民族在一次次的危难和困局中转危为安、变乱为治，衰而复兴、蹶而复振，巍然屹立于世界民族之林？是中华优秀传统文化。中华优秀传统文化作为我国现代社会主义文明的基础和源头活水，也必然成为社会主义核心价值观的思想资源和肥沃土壤。如果我们把社会主义核心价值观比喻为一棵枝繁叶茂的参天大树，那么源远流长的优秀传统文化则是社会主义核心价值观得以扎根的肥沃土壤。同时，中国五千多年博厚悠久的传统文化，如同源头活水，滋润并浇灌着社会主义核心价值观这棵参天大树。根之茂者其实遂，膏之沃者其光晔。如果抛弃中华优秀传统文化，割断民族文化血脉，社会主义核心价值观的培育与践行就会像无源之水，无本之木，失却其凝神铸魄的独特功用，就无法在当今世界文化多样发展、多元竞争、相互激荡的格局中站稳脚跟。中华优秀传统文化体现了中华民族绵延不绝的精神基因，建构的是中华民族安身立命的精神家园，是培育和践行社会主义核心价值观的思想资源和文化土壤。

第三，中华优秀传统文化能够为社会主义核心价值观提供价值支撑和道义支持。中华优秀传统文化是中华文明历经沧桑而积淀下来的精华，是中华民族五千多年文明智慧最基本的元素和最珍贵的结晶，承载着伟大的民族精神和优良的道德传统。在中华文化的结构体系中，核心价值观是其枢纽和精髓。中华民族之所以能够历经数千年而不断繁荣兴盛，其重要原因之一就是我们的一代又一代先人创造了绵延不断的符合社会发展趋势的核心价值观和核心价值体系，并以此为精神支柱建构起了我们民族生生不息的精神家园。中华民族核心价值观的探求与建构可以追溯到遥远的古代，是同"仰则观象于天，俯则观法于地"、"近取诸身，远取诸物"的效法天地人物之路径探求和致思取向密切联系在一起的，它在长期的历史和文化进化发展中凝聚为一种"执两用中"、"无偏无党"、"无过不及"的道德智慧和中庸德性，化生为一种以中正和善的德性为待人接物的礼仪文明，积淀为一种以天下为公为基本价值取向的群体或整体主义传统，铸就为一种"讲仁爱、重民本、守诚信、崇正义、尚和合、求大同"①的中华传统美德。中华核心价值观与社会主义核心价值观的价值取向有着一脉相承的联系，中华传统美德构成社会主义核心价值观的精神源脉，是中华民族道德情操和当代精神文化信仰的集中体现，能够对培育践行社会主义核心价值观起到一种价值支撑和道义支持的独特妙用。培育践行社会主义核心价值观就是要立足于中华优秀传统文化与传统美德这一"发达根基"和文化本源，从中华核心价值观和历经数千年历史淘洗的传统美德中去挖掘、去构建，亦即立足于社会主义核心价值观的源头去践行价值理念，顺着社会主义核心价值观的精神脉络去宣扬价值准则，只有这样，才能使社会主义核心价值观与人们身上的伦理基因和道德慧命产生精神的共鸣，与世代流淌的文化血脉产生价值的共振，才能让社会主义核心价值观入脑入心，成为人们精神生命的支柱和主宰。

世界历史和文明发展的经验告诉我们，一个国家核心价值观的确立必须深深植根于本国的文化土壤之中，与其传统文化相结合才有生命力和影响力。中国优秀传统文化在历史上孕育并形成了自己的传统美德和核心价值理念，这些传统美德和价值理念经过转化和创新完全有可能成为社会主义核心价值观的思想资源和丰厚养料，社会主义核心价值观的培育践行必须而且应该立足于弘扬中华优秀传统文化并通过对中华优秀传统文化的创造性转化和创新性发展来获得自己的发展空间和国民心理的认同。

## 二 中华优秀传统文化蕴含社会主义核心价值观的精神要素

凝聚着中华民族最深沉的价值追求和价值共识，传承着中华民族最根本的精神基因和伦理品质，代表着中华民族独特的精神标识和道德慧命的中华优秀传统文化，有着从文化精神和价值追求方面上下求索、着力用工的传统，形成了源远流长的道统和道德文化传统。中华民族的道统和道德文化传统以"尊德性而道问学，致广大而尽精微，极高明而道中庸"的

---

① 参阅习近平：《在中央政治局第十三次集体学习时的讲话》（2014年2月24日），《人民日报》，2014年2月25日。

伦理品质彪炳于世，凸显着修身齐家治国平天下的内圣外王之道，在家国同构、贵和乐群、天下一体的精神建构中彰显其核心价值观的意义。中华优秀传统文化蕴含着社会主义核心价值观的精神要素，社会主义核心价值观无论是国家层面追求的富强、民主、文明、和谐的价值目标，还是社会层面追求的自由、平等、公正、法治的价值导向，抑或是公民个人层面追求的爱国、敬业、诚信、友善的价值观念，都在一定意义上尽情地吸纳着中华优秀传统文化的养料，彰显着中国特色和中国元素的内在价值。

中国优秀传统文化以追求国富和民富的统一彪炳于世。儒家代表人物从民为邦本的价值观出发，强调富民保民，主张在富民的基础上教民，进而达到仁政礼治。史载鲁哀公问政于孔子，孔子回答说："政之急者，莫大乎使民富且寿也。"那么怎么实现富民呢？孔子认为，"省力役，薄赋敛，则民富矣。"鲁哀公担心如此富民会导致国贫，孔子回答说："诗云，恺悌君子，民之父母。未有子富而父母贫者也。"① 在孔子看来，民富是国富的前提和根本，国富只有奠基于民富的基础上才能获得保障。荀子说："裕民则民富，民富则田肥以易，田肥以易则出实百倍。上以法取焉，而下以礼节用之，余若丘山，不时焚之，无所臧之。"② 荀子认为，国富与民富是统一的，"下贫则上贫，下富则上富。"民富是国富之本。实现"上下俱富"，需要开源节流，固本强基，义利并重。荀子还探讨了如何在富国的基础上强国的问题，指出"观国之强弱贫富有征验：上不隆礼则兵弱，上不爱民则兵弱，已诺不信则兵弱，庆赏不渐则兵弱，将帅不能则兵弱。"③ 统治者隆礼爱民、取信于民以及奖罚分明都是强国的重要内容。儒家《大学》倡言"生财有大道"，并认为"财聚则民散，财散则民聚"，只有为民兴利，才能使万民安居乐业，天下太平。应该说，这些思想和价值观念是中国传统文化的精华，可以也能够成为社会主义核心价值观中"富强"观念的源头活水。

中国优秀传统文化包含着浓厚的民本主义思想。《尚书》提出"天聪明，自我民聪明。天明威，自我民明威。达于上下，敬哉有道"，"民可

---

① 《孔子家语·贤君》。
② 《荀子·富国》。
③ 同上。

近，不可下，民为邦本，本固邦宁"，凸显了庶民在国家政治生活中的主体地位。孟子提出了"民为贵，社稷次之，君为轻"的价值判断，主张尊重民意，维护民权，保障庶民的合法利益。道家提出"圣人无常心，以百姓心为心"的伦理命题，突出了百姓心的导向性，无疑是民本主义思想的集中反映。尽管古代的民本主义思想同现代的民主还有很大的不同，但其中对万民利益、权利和人格的尊重却完全有可能成为培育和发展社会主义民主政治的思想资源。

中国优秀传统文化发展成为置重文明的精神传统。中国以礼仪之邦、文明古国著称于世，在对文明的追求、创造以及文明成果的保护、捍卫与传承方面，留下了令后人仰之弥高、钻之弥坚的丰厚遗产。《中庸》作者以无比自豪的口气论述道："大哉圣人之道！洋洋乎！发育万物，峻极于天。悠悠大哉！礼仪三百，威仪三千。待其人而后行。"中华文明有礼仪三百，以尽吉、凶、军、宾、嘉之制，有威仪三千，以悉乎登降、进反、酬酢之文，故"洋洋乎流动而不滞，充满而不穷，极于至大而无外矣。"[①] 建设现代社会主义文明国家，需要而且应该掘发古代中华文明的优势资源，并予以创造性的转化，以彰显五千年悠久文明史的厚重底蕴和精神价值。

中华优秀传统文化本质上是一种和谐型的文化，充满着对和谐、和睦、和合以及和平的热切追求。史载尧治理天下期间不仅以和谐统一内部各部落使之形成大的部落联盟体，而且以和谐精神处理同其他部落联盟体的关系，留下了"协和万邦"的历史传说。西周末年，郑国史官史伯在与郑桓公的对话中提出和同之辨，认为"和"是"以它平它"，而"同"则是"以同裨同"，故得出了"和实生物，同则不继"的结论。儒家孔子提出"君子和而不同，小人同而不和"的命题，并主张以和为贵。孟子说，"天时不如地利，地利不如人和"，只要"人和"就可以产生巨大的力量。孔孟之后，儒家提出了一系列关于身心和谐、人我和谐、己群和谐、天人和谐的理论命题或观点，极大地彰显了和谐共生、和睦相处、和平友好的伦理意蕴，铸造了中华民族热爱和平的优秀品质和民族精神。而

---

① （清）王夫之：《四书训义》卷四，《船山全书》第 7 册，岳麓书社 1990 年版，第 208 页。

这完全可以成为培育践行社会主义和谐价值观的思想资源。

在社会公共生活层面，中华优秀传统文化有着自己独特的对自由、平等的价值追求，对公道正义的置重和向往。毛泽东指出："中华民族不仅以刻苦耐劳著称于世，同时又是酷爱自由、富于革命传统的民族。"[①] 中华优秀传统文化既肯定自尊的伦理意义，也特别注重尊重他人自由选择和意志自由的权利。儒家"道并行而不相悖，万物并育而不相害"的价值理念，道家"我无为而民自化"以及"生而不有，为而不恃，长而不宰，功成弗居"的尊道贵德思想，还有庄子"独与天地相往来"的逍遥游思想，无疑是对自由理念的肯定和自由精神的充分表达。论及平等，中国优秀传统文化特别强调人格尊严的平等，主张把人当人看，尊重人的生命和价值。历代农民起义提出的"等贵贱、均贫富"等思想，都用特有的方式表达着平等的价值要求，也推进着中国社会和历史的进步。公道正义的思想在中国可谓源远流长。原始社会时期的氏族公社内部，奉行"天下为公，选贤与能"的公正原则。祖述尧舜的儒家特别强调公道正义的伦理价值，孔子建立的仁学把"己欲立而立人，己欲达而达人"，"己所不欲，勿施于人"视为基本的待人之道。管子在治理齐国期间力主"社稷高于亲戚"的观念，要求对所有人都一视同仁，公平对待。《大学》提出平天下的"絜矩之道"，其所谓"絜矩之道"就是公平正义地对待每一个人。王夫之指出："所谓絜矩之道者何也？物之有上下四旁，而欲得之均齐方正，则工以矩絜之。君子之应天下，亦有然者。"[②] "君子只于天理人情上著个均平方正之矩，使一国率而繇之。"[③] 这些主张为社会主义核心价值观社会层面的价值导向提供了思想资源和有益的启示。

中国优秀传统文化特别推崇爱国、敬业、诚信、友善的价值观念，并形成了以爱国主义为核心的团结统一、爱好和平、勤劳勇敢、自强不息的伟大民族精神。中华民族有着悠久的爱国主义传统，习惯于把个人的利益

---

① 毛泽东：《中国革命与中国共产党》，《毛泽东选集》第2卷，人民出版社1991年版，第623页。

② （清）王夫之：《四书训义》卷一，《船山全书》第7册，岳麓书社1990年版，第88页。

③ （清）王夫之：《读四书大全说》卷一，《船山全书》第6册，岳麓书社1990年版，第437页。

同国家民族的利益联系在一起，关心国家前途命运，积极参与国家大事，把报效祖国作为人生最大的快乐与价值。从"苟利国家，生死以之"到"先天下之忧而忧，后天下之乐而乐"、"天下兴亡，匹夫有责"，爱国主义已深深融入到中华民族的血液之中，成为民族凝聚力和向心力的精神纽带。千百年来，我们中华民族虽历经无数内忧外患，却能够一次又一次地转危为安，巍然屹立于世界民族之林，靠的就是这种流淌在中华民族血脉中的爱国主义精神和传统。中国早在西周就十分崇尚敬德，并在此基础上形成了敬业乐群的价值观念。宋朝朱熹说，"敬业"就是"专心致志以事其业"，即用一种恭敬严肃的态度对待自己的工作，认真负责，一心一意，任劳任怨，精益求精。在中国传统文化的价值视野里，敬业才能乐业，敬业才能精业。敬业是做事的第一美德。中华民族许多伟大的发明与创造，无数科学文化的建树与智慧都是建立在敬业基础之上的。"诚信"思想是中国文化的优秀传统。孔子说，"人而不信，不知其可也"，不仅把信视为立国之道，更把诚信视为做人之本。二程说："学者不可以不诚，不诚无以为善，不诚无以为君子。修学不以诚，则学杂；为事不以诚，则事败；自谋不以诚，则是欺其心而自弃其忠；与人不以诚，则是丧其德而增人之怨。"[①] 只有诚实守信，才能使自己成为真正意义上的人。中国优秀传统文化也十分推崇友善，孔子说"君子与人为善"，"成人之美"，老子说"善者吾善之，不善者吾亦善之"，并在此一方面留下了精神财富的论述和不少值得深情礼赞的人物事例。这些精神要素可以成为社会主义核心价值观公民个人层面基本道德品质和观念的思想营养和有益补充。

## 三 社会主义核心价值观对中华优秀传统文化的传承与创新

社会主义核心价值观既来源于对我国优秀传统文化的继承与创造性转化，其践行也必须借助弘扬优秀传统文化的路径来实现自身的本土化和民

---

[①] （宋）程颢、程颐：《河南程氏遗书》卷二十五，《二程集》，中华书局2004年版，第326页。

族化。培育践行社会主义核心价值观，必须立足于弘扬中国优秀传统文化的价值视点，在大力弘扬中华优秀传统文化的过程中使社会主义核心价值观魂有所附，根有所系。这就需要正确认识和处理好继承与创新的关系，处理好创造性转化和创新性发展的关系。

社会主义核心价值观是中华优秀传统文化的创造性转化和超越性升华。社会主义核心价值观不是中华传统文化的简单继承和现代复归，而是在马克思主义指导下，根据时代的发展变化，坚持"古为今用、推陈出新、取其精华、去其糟粕"的方针，为中华优秀传统文化注入新的时代内涵，实现中华优秀传统文化的创造性转化。社会主义核心价值观是对中华优秀传统文化的超越升华，同时也使中华优秀传统文化重新焕发出生机活力。

培育践行社会主义核心价值观要求坚持对中华优秀传统文化辩证继承的基本原则。把弘扬中华优秀传统文化和发展社会主义先进文化有机统一起来，在继承中华优秀传统文化的基础上发展社会主义先进文化，在发展社会主义先进文化的同时继承中华优秀传统文化。用博物馆心态看待中华优秀传统文化肯定是不对的，用盲目崇拜的心态阐释中华优秀传统文化也是不行的。我们既不能躺在传统文化遗产上睡大觉，更不能妄自菲薄、随便丢弃中华优秀传统文化。立足中华优秀传统文化和大力弘扬中华优秀传统文化，不是简单拿来就用，照抄照搬，更不是厚古薄今，以古非今，这就需要坚持古为今用、推陈出新，结合新的实践和时代要求进行正确取舍的原则，坚持以古鉴今和有鉴别地对待、有扬弃地继承的方针，激活中华优秀传统文化的机体，使之与社会主义先进文化相融相通，实现中华优秀传统文化的创新和当代发展。对那些具有民主性精华、与当代社会主义先进文化相适应、相协调的中华优秀传统文化，我们应该给予创造性的解释，将其纳入社会主义核心价值观的体系范畴，使其发挥应有的活力和机能。如把"贵和乐群"、"协和万邦"、"和为贵"的和合精神融入到社会主义核心价值观的和谐范畴，把"公正无私"、"直道而行"、"刚正不阿"的公道精神融入到社会主义核心价值观的公正范畴，把"苟利国家，生死以之"、"天下兴亡，匹夫有责"以及"杀身成仁"、"舍生取义"的献身民族、报效祖国的精神，融入到社会主义核心价值观中的爱国范畴，把"业精于勤"、"刚健有为"、"自强不息"的奋进精神和"天下为公"、

"公而忘私"的奉献精神，融入到社会主义核心价值观中的敬业范畴，把"重然诺，轻死生"、"诚实守信"、"知行合一"的求实精神融入到社会主义核心价值观中的诚信范畴，把"君子成人之美"、"与人为善"以及"扶危济困"的关爱精神，融入到社会主义核心价值观中的友善范畴，这样不仅活化和升华了传统美德，而且充实和丰富了社会主义核心价值观，实现了中华优秀传统文化与社会主义核心价值观的双向提升和共同发展。

培育践行社会主义核心价值观要求坚持对中华优秀传统文化进行创造性转化和创新性发展的基本导向。对中华优秀传统文化予以创造性转化，就是按照当今时代的特点和要求，对那些至今仍有借鉴价值的内涵和陈旧的表现形式加以改造，赋予其新的时代内涵和现代表达形式，激活其生命力。对中华优秀传统文化予以创新性发展，就是按照当今时代的新进步新发展，对中华优秀传统文化的内涵加以补充、拓展、完善，增强其影响力和感召力。无论是对中华优秀传统文化的创造性转化还是创新性发展，都要求我们必须立足于中国特色社会主义建设与中华民族伟大复兴的实践需要与时代要求，在马克思主义基本原理与基本立场、观点与方法的指导下，通过使中华优秀传统文化的基本精神与现时代的具体实际相结合，不仅把本已有之的中华文化精神转化为能在当代起作用的鲜活因素，而且在此基础上，通过"新的综合"与"新的创造"，进一步推进中华优秀传统文化的当代发展，以达到超越以往的"新"进境，从而在传承与发展中创造中华文化新的辉煌。

培育践行社会主义核心价值观要求坚持对中华优秀传统文化予以超越性升华的价值路径。所谓超越性升华亦即不能简单地就弘扬中华优秀传统文化而弘扬中华优秀传统文化，而应当在吸收外来和着眼未来的视域中对其进行整体性提升，将其同实现中华民族伟大复兴之中国梦的实现有机地联系起来，提升中华优秀传统文化的"精气神"，促进中华优秀传统文化的当代发展和未来发展。中华优秀传统文化的超越性升华体现着向历史扎根、向现实逼近、向世界开放、向未来探求的价值特质，是中华优秀传统文化的当代复兴和未来再造的有机统一。在当前世界多元文化相互竞争的格局和各种思想文化相互激荡，不同文明交流、交融、交锋更加频繁的背景下，承继中国优秀传统文化的价值观念、道德理想和伦理品质，形成全国各族人民和海外华人的伦理共识和建设中华民族共有精神家园，无疑是培育和践行社会主义核心价值观的路径选择。现在，不同国家、不同民族对西方国家的文化霸权主义及其扩张意图已经有所警醒，对自己民族文化的被侵蚀的情况已经有所警惕，很多的民族都在自觉或者不自觉地维护和保持本民族的文化特色和传统，表现出对自己的民族文化强烈的价值认同。从世界文化的健康发展上讲，也要求文化冲破"一种声音"的价值独断，实现"多种声音"的和谐共鸣。只有民族的，才是世界的。各个国家弘扬自己民族的优秀文化，就能为世界文化的多样发展作出自己的贡献。作为拥有五千年悠久文明的东方大国，中国更应当通过弘扬本民族的优秀传统文化来推进社会主义核心价值观的培育，体现出中国特色、中国风格、中国气派，提升中华民族的价值认同感和精神归属感，并在此基础上创造出中华优秀传统文化的当代升级版和精华版，这恰恰是当代社会主义核心价值观培育践行的必由之路，是华夏儿女"文化自觉、文化自信、文化自强"的集中表现。

我们现在比历史上任何时候都更加接近中华民族伟大复兴的价值目标。唯其如此，促进弘扬中华优秀传统文化和培育践行社会主义核心价值观二者的良性互动就显得更加重要、更加紧迫。我们必须从文化强国和繁荣发展社会主义先进文化的角度，深刻认识弘扬中华优秀传统文化与培育和践行社会主义核心价值观之间的关系，积极发掘中华传统文化的优势资源，从中华优秀传统文化中充分吸取精神营养，并结合时代要求加以创造性转化，使之成为社会主义核心价值观的精神元素，不断凸显中国特色和中国神韵，只有这样，才能彰显出中国特色社会主义核心价值观的理论魅力和价值感召力，建构实现中华民族伟大复兴的精神家园！

（本文作者为湖南师范大学道德文化研究院　王泽应）

# 培育和践行社会主义文明观的几个问题

一

文明，是人类共同的期盼、不懈的追求。人类社会发展的历史，就是一部人类不断地战胜野蛮，从野蛮走向文明，由低级文明走向高级文明的斗争史。在我国古代文献中，早在《周易》乾卦文中就出现了"天下文明"的表述，《尚书·舜典》中也强调"睿哲文明"。我国古代的先贤强调"……观乎天文，以察时变；观乎人文，以化成天下。"这里讲的"人文"，也即"文明"。意思是说，只有深入了解自然与社会的变化，才能在社会生活中不断地创造光明美好的事物，这才是人之所以为人的高贵之处，也才是人生价值之所在。由此，在长达数千年漫长的中国古代社会，中华民族创造了光辉灿烂的华夏文明，成为举世公认的"文明古国"。进入近代以后，尽管西方列强打着"文明"的旗号，对中华民族进行野蛮的侵略和奴役，使中华民族陷入水深火热、亡国灭种的空前的民族危机之中，但我国各族人民从来没有屈服，为了国家的独立、民族的振兴、人民的解放、社会的进步，前仆后继，浴血奋斗，捍卫了自己的文明，向世界有力证明了中华文明自力更生、光复旧物的强大的生命力。历史证明，近代中国人民反帝反封建的历史，就是一部捍卫自己独特文明的历史，体现了中国人民实现"中国梦"的不懈的追求。新中国成立以来，中国人民在中国共产党领导下，在全新的历史背景下，开始了传承和弘扬中华文明，创造社会主义文明的艰苦卓绝的新的历程，特别是改革开放以来，取得举世瞩目的光辉成就。党的十八大报告提出培育和践行社会主义核心价值观，在国家层面上"倡导富强、民主、文明、和谐"，再一次在全新的历史起点上，把培育和践行社会主义文明观提到了全党全国人民的面前，它深刻地体现了中华民族历史血脉一以贯之流淌的前进方向，体现了当代社会发展的必然要求，体现了中国特色社会主义的本质特征和中国各族人民的根本利益。凝聚全民族的力量，努力培育和践行社会主义文明观，是每一个中华儿女共同的社会期盼和光荣的历史使命。

## 二

文明是一个内涵十分丰富、结构十分复杂的总体评价性的概念。文明的观点最初是由18世纪法国思想家针对西欧中世纪教会的专横和封建专制的"野蛮"统治提出来的。它的语源出于拉丁文"Ciris"，意思是"公民的"，"组织的"，用以表示国家和社会的开化程度和进步状况，作为一个对国家、社会开化程度和进步状况的、客观描述的概念，文明和文化是紧密相连的，文化是文明定义的共同主题，离开了文化就无所谓文明，所以在日常生活中我们也可以把某种文化说成是某种文明。但是文化是一个中性词，文化虽是以不同的形式客观地存在着，大凡一切人的创造、人为的制作的产物，都可以叫作文化，即所谓"文化即人化"。但一切人的创造和人为制作的东西是否都可以称之为文明的？显然不能等而观之。现在人们常说的"灰色文化"、"黄色文化"、"黑色文化"等就不但不可说是文明的东西，相反是对文明的反动。文明关涉到"文化是否进步及其进步程度的问题"。一谈到进步，就必须有一个借以衡量的尺度。事实上，进步是作为主体的人依据某种价值尺度所作出的一种价值判断。而作为主体的人要作出这种价值判断，势必就涉及到主体自身所持的价值标准和评价活动等，于是，文明的概念就必然要关涉到评价主体的价值尺度的更为广泛的领域，这涵盖着一个国家和社会人们的生存方式，生活方式，思维方式，价值观念，制度规范，技术水准以及科学知识、风俗习惯等极为复杂的内容。正是这种复杂的内容，使得有的学者把文明视为是一种放大的文化，认为文明的概念总是世界观习俗结构和文化的特殊联结，是和历史的某种集合密不可分的。唯物史观告诉我们，人是社会的存在，是历史的产物，人的主体尺度不论如何复杂多样，都是社会存在的反映和历史的产物。因此只有符合社会前进的潮流、历史发展的需要和人们自由解放的程度时，这种主体的尺度才是合理的。这就是说，只有当人们把社会所取得的进步和成就摆在社会前进的潮流、历史发展的需要和人的自由解放的程度上来加以审思、考量时，才能作出文明与否的价值判断。因此，文明不只是一种对社会进步和成就状况单纯的描述性的客观概念，还是一个关涉到社会主体的存在和发展状况的价值概念。文明作为人类一种永恒的价值追求，它所体现的是社会进步和成就合乎社会发展的规律性和社会主体发展的目的性的统一。这种统一的最深刻、最根本的基础就是社会实践。人是社会实践的主体，社会生活的本质是实践的，因此说到底，文明的最深刻的本质乃是对人类调整同外部世界的关系以及人自身关系的实践能力的一种价值认定，是人类作为一个整体的生存和发展实践能力的价值标识。这就说明，社会存在的客观性，人的存在的主体性和人与社会关系的实践性，乃是文明概念内涵的三个本质的规定。人和文明的这种不可分割的内在统一，一方面表明，文明不是一个一成不变的僵死的概念，而是一个不断流变、不断更新、不断创造的社会实践的历史过程，一旦离开了人们的社会实践，或者成为社会实践的障碍，文明就不成其为文明、甚至成为野蛮的东西了；另一方面也表明，践行和创造文明既是人的存在和发展的内在需要和本质规定，也是人的存在和发展的社会责任和历史使命。在今天社会主义社会的历史条件下，创造社会主义文明，培养和践行社会主义文明观，既是社会主义社会人的存在和发展的内在需要和本质规定，也是社会主义社会人的存在和发展的社会责任和历史使命。

文明是一个有机的系统，有着内涵丰富，层次复杂的结构。大凡关涉到提升人类整体生存和发展能力的各种要素，都无不要进入文明概念的内涵之中，因而它逻辑地展开为物质文明、政治文明、精神文明、社会文明和生态文明五大层次或系统。物质文明是指人类在物质生产活动中所创造的物质成果，是人类社会在物质生产和物质生活领域的开化程度和进步标志，是人类在改造自然界过程中获得的物质成果的总和，它具体表现为生活条件、生产工具、生产技术、生产规模等生产力的状况和人们日常物质生活条件，等等；政治文明是指人类社会政治活动方式的开化程度和进步标志，是人类改造社会的政治成果，也是人创造的政治经验的总和。国家是一种政治制度，恩格斯说："国家是文明社会的概括"[①]，因而也可以把

---

① 《马克思恩格斯选集》第四卷，人民出版社1972年版，第172页。

政治文明标之为"制度文明";精神文明,是指人类从事精神生产活动所创造的精神成果,它包括丰富多彩的物质现象和精神现象,特别是作为人们的"社会关系的抽象的、观念的表现",是由诸多物质因素和精神因素构成的统一体;社会文明是指人类生活在社会中,通过其思想和行为在调整人与人、人与社会关系中所创造的社会生活的成果,它具体体现为社会秩序稳定有序,日常生活的质量和充实质量,以及社会各个构成要素之间关系的和谐程度,等等;至于生态文明,虽然这是一个直到现代才为人们所认识和重视的文明构成系统,但是,人类起源于自然,依赖于自然,是自然界的一个部分。人总是在以其强烈的生存欲望去选择有利于自身发展的生态环境,并激发自己的意志和智慧,通过自己的劳动去千方百计地把自然物转化为"属人的""为了人的""人化自然",以展现自身的能动的本质。这一基本的历史事实表明,人类文明伊始,生态文明就是人类文明的重要的组成系统。在古代,世界各个民族的先贤们就有过许多关于人和自然界关系的睿思,提出了不少尊重和保护自然、人和自然应该和谐共生的灼见。生态文明反映的是人类与自然关系的文明,它以尊重和保护自然,实现人和自然和谐共生为基本理念,体现了人与自然关系的开化程度和进步状况,是人类协调和改善与自然关系的成果,是正确处理人与自然关系经验的结晶。从一定意义上讲,它是人类文明得以产生和发展的前提和条件。

上述文明构成的五个层次或系统,乃是对社会文明完整形态的把握,它们各自从自己特定的方面,从总体上展现出人类整体生存和发展的能力。文明构成的这五个层次或系统之间不是相互平行、互不相干的,而是处在一种在形成上相互生成、在内容上相互交织、在性质和功能上相互建构的有机系统之中,从生态文明→物质文明→政治文明→精神文明→社会文明,其逻辑制约关系是前一层次是后一层次形成的前提和基础,后一层次则是前一层次更高的进一步地展现,并把前者包含于自身,因而更加丰富,但却反过来又规定和影响前者的性质。五个层次之间没有前者就没有后者,有了前者就一定会有后者,因而成为一种前者建构后者,后者建立在前者基础之上并组织支配、规范前者的互生互动的有机结构体。

因此,要把握文明作为考量人类整体生存和发展实践能力的价值认定和价值标识,就不能不深入构成它的各个层次及其相互关系之中,我们要培育和践行社会主义文明观,也只有建立在对社会主义文明的本质、构成及其相互关系的全面整体地把握之上。

## 三

应该看到,自从人类走出蒙昧、野蛮的原始状况,进入文明社会以后,随着社会历史的发展,人类文明是在不断进步的,但这种进步不是直线的,而是一个充满了矛盾斗争的过程,在这个过程中文明与野蛮,文明与不文明总是如影随形,相互冲突,因而呈现出一个螺旋式的上升的过程。

造成人类文明进步的这种矛盾性,最深刻的根源是,人类总是在具体的历史条件、不同的生存境遇中去从事社会实践,创造自己的文明的,是在不同的社会形态和社会结构制约下,通过生产力和生产关系、经济基础和上层建筑的矛盾运动来展现社会的开化程度和进步状况的。这就不能不使文明的进步打上深刻的历史烙印和时代局限性。特别是应该看到,在社会主义制度建立以前,人类的文明的发展是在以私有制为基础和阶级对抗的社会中运行的,先后产生了奴隶制文明、封建制文明和资本主义文明。这几种社会文明类型,历史地看,后者都是比前者更高一级的文明类型,其社会开化程度和进步状况无论是物质文明、政治文明、精神文明、社会文明和生态文明,总体说来,后者比前者都体现了人类作为整体的生存和发展的实践能力的极大的提升。每一种文明类型所获得的文明进步的成果都是人类共有的财产,需要认真对待和高度重视,它依次构成了人的解放、人类文明进步的必经的历史阶梯和必然过程。但是也应该看到,这几种文明类型毕竟是在私有制和阶级对抗的社会里产生和发展的,少数剥削阶级垄断了社会物质生产条件和社会财产,国家是表达他们的阶级意志和维护他们对广大被剥削阶级统治的工具,精神生产的条件和社会生活的组织也是以他们的利益为转移的,这就使得在这几种社会文明类型中,文明的发展陷入深刻的矛盾之中,而人的发展如马克思指出的,只能采取这种形式,这就是少数人垄断了发展权,大多数人因而不得不失去其生存发展的起码条件,少数人的发展总是要以牺牲大多数人的发展为前提和代价。① 这种情况在当代发达资本主义社会中得到了典型而极致的表现。

在当代发达的资本主义社会,一方面科学技术、物质文明高度的发展;另一方面由于普遍物化,人都沦为"自己生活条件和技术的奴隶",人们的精神生活日益的沙漠化,所谓"价值的颠覆","意义的缺失""精神的危机"就是其生动的写照;资产阶级也创造了自己优于封建专制制度的政治制度,但这种以"民主"相标榜的资产阶级政治在其实际运行中,则完全被形式上的"选举"所绑架,金钱成了资本主义政治文明的"母乳",但这并不妨害他们以此为旗号,对其他民族、国家大逞殖民主义、霸权主义的淫威;资本主义的社会文明是靠"现金交易"为纽带来维系的,这就造成人的思想和行为总是以个人私利的获得成为其出发点和归宿点,"人对人是狼"的"丛林法则"就成了资本主义社会生活的圭臬。还必须指出的是,资本主义的工业文明是以掠夺自然、无休无止地占有自然、破坏生态平衡为代价的,他们才是当代生态危机的始作俑者,尽管这一危机正在日益危及人类的整体生存,但这并不防害他们还在把这种危机的后果千方百计转嫁到其他地区国家和民族的人民的头上……

恩格斯曾经把人类从原始社会到资本主义社会发展的历史称之为人类的"史前时期",他指出,只有消灭了私有制,消灭了剥削阶级,建立了社会主义制度,才使人们之间的"生存斗争停止了,于是人才在一定的意义上最终地脱离了动物界,从动物的生存条件进入真正人的生存条件",只有从这时起,才揭开了真心人的历史的序幕,开始了"人类从必然王国进入自由王国的飞跃"。也只有从这时起,人在自然界面前、在客观世界面前才真正站立起来,"人们第一次成为自然界的自觉的和真心的主人,因为他们已经成为自己社会结合的主人"②。这就从根本上把人类文明的发展转移到一个全新的历史轨道上,使社会主义文明的发展获得了前所未有的新的特质,开辟了"真正的人"的文明创造的无限广阔的道路。社会主义的目标和使命就是创造这种优于和高于以往文明形态的新型文明。那么这种新型文明具有哪些新的特质呢?

首先,社会主义文明是在马克思主义指导下,人们自觉创造的文明。

---

① 《马克思恩格斯全集》第 3 卷,人民出版社 1963 年版,第 507 页。
② 《马克思恩格斯选集》第 3 卷,人民出版社 1972 年版,第 441 页。

在社会主义以前文明发展的各种形态中，一般地说，人类对社会文明的创造并没有从根上摆脱自发的、盲目的状态。即使在发达的资本主义社会中，人们对社会生活的各个领域的认识有了前所未有的提高，特别是在科学技术的领域它还处于遥遥领先的地位，但就整个社会而言，还是被一只"看不见的手支配着人间的幸福与不幸"，周期性的经济危机、金融危机使得一些资产阶级的明智之士也不得不承认，这对资本主义制度来说"还真是一个问题"，因而提出了资本主义民主的合理性的质疑。马克思主义科学地总结了人类已有的认识成果，如实地反映了世界的本来面目和社会发展的规律，它的产生使人类在错综复杂的社会历史现象面前真正睁开了眼睛，对于过去全部历史发展的规律性，有了正确的认识，对于未来的社会发展的前景有了科学的预见，因而能够根据这种规律性的认识主动地推动历史的前进，自觉地创造自己的文明。我们党把马克思主义中国化的历史进程，就是一个创造性地把马克思主义基本原理与中国革命、建设和改革开放的实际相结合的历史过程，中国特色社会主义道路、理论和制度就集中地反映了中国社会发展的规律和时代发展的要求，充分体现了社会主义文明的特质，它日益成为中国各族人民的价值共识，成为指引、动员和鼓舞中国各族人民自觉地创造社会主义文明的光辉旗帜和强大的动力。

其次，社会主义文明是一种全面完整的文明。在社会主义社会以前的各种文明类型，由于历史条件的限制和少数统治阶级的私利，它们在发展某种文明构成要素的过程中，总是自觉不自觉地忽视、排斥、甚至以牺牲其他文明构成要素为代价，因而使文明的发展始终摆脱不了残缺的、片面的性质。当代发达资本主义社会科学技术、物质方面的高度发展和精神的道德的危机日益深重，社会贫富对立的尖锐化和社会矛盾的加深等等，就充分地说明了这一点。社会主义文明强调文明是一个有机整体，构成文明的各种要素无论是物质文明、政治文明、精神文明、社会文明还是生态文明，只有按照文明的内在联系、相互制约的内在机理协调发展，才能从整体上提升人类调适与外部世界以及自身关系的实践能力。党的十八大在科学地总结我国社会主义建设和改革开放的历史经验的基础上，所提出的经济建设、政治建设、文化建设、社会建设和生态文明建设"五位一体"的中国特色社会主义建设的总体格局，就是对社会主义文明的整体性和全面性的科学把握，是对社会主义文明特质认识的新成果和新境界。它深刻地告诉我们，如果我们不能从全面性、整体性上把握社会主义文明建设的内在要求，而顾此失彼、重此轻彼，那么就会造成社会主义文明构成要素的失衡，引发文明内部的冲突，贯彻落实科学发展观就可能是一句空话，中国特色社会主义现代化建设就可能蒙受重大的损失。

最后，社会主义文明是以人的自由全面发展为最高价值目标的文明。在社会主义文明产生前的文明发展的各种形态中是无法提出这样的目标的。虽然资产阶级在其处于上升的革命时期也曾标榜"人的发现"，打出了"人的价值"、"人的尊严"、"天赋人权"等旗号，但资本主义统治一经确立之后，资产阶级所许诺的"理性王国"就随之而破灭了。正如马克思指出的，资产阶级总是把生产看成是个人的目的，又把财富看成是生产的目的，而它的财富生产事实上只是追求一个阶级的片面享乐，因而它把"彻底发掘人类的内在本质弄成了彻底空虚，把普遍物化弄成了极端麻木不仁，把打破一切固定的片面的目的弄成了为了一种纯粹外在的目的而牺牲人类自身的目的。"① 于是，当代资本主义文明发展所呈现的是，人都越来越被"工具化"、"功能化"，人成了"单面人"、"片面的人"。马克思主义一产生就明确的宣称："工人们在自己的共产主义的宣传中说：任何人的职责、使命、任务就是全面地发展自己的一切能力。"② 社会主义、共产主义作为一种崇高的价值体系，就是要建立一个"个人自由全面发展能够成为他人自由全面发展和条件"的社会。当然这是一个长期历史发展的过程，但是，人的解放、人的自由全面发展始终是社会主义文明发展的主题，是衡量社会主义文明发展水平与程度的价值尺度。在我国还将长期处于社会主义初级阶段的历史条件下，"以人为本"始终是我们党和国家坚持的最高原则，它成为贯穿我们的物质文明、政治文明、精神文明、社会文明和生态文明建设的一根红线，也是我们的社会主义文明建设能够获得全民族的广泛认同，成为汇聚民意，凝聚民心，激发民力，坚持不懈地加强社会主义文明建设的强大的精神动力。

---

① [德] 马克思：《政治经济学批判大纲》，人民出版社1963年版，第104页。
② 《马克思恩格斯全集》第3卷，人民出版社1963年版，第330页。

## 四

社会主义文明观作为人类文明发展史上一种新型的文明观，作为贯穿于社会主义核心价值体系基本内容的一个重要方面，大力培育和切实践行社会主义文明观就成为中国各族人民在新的历史起点上，建设中国特色社会主义现代化强国，实现民族伟大复兴的一个重要的历史责任和社会责任，它反映了中国各族人民的整体利益和共同的价值期盼。培育和践行社会主义文明观是一个长期艰巨社会实践的历史过程，我们必须立足现实，放眼未来，从现在做起，从我们工作和生活中的点滴做起。只要这样，我们就能聚合全民族的力量，为培育和践行社会主义文明观开辟现实而广阔的道路。为此：

第一，必须尊重社会发展的客观规律，坚持发展是硬道理的要求，把全面推进中国特色社会主义建设各项事业的发展同培养和践行社会主义文明观有机地结合起来。

社会主义文明进程的内在逻辑是与社会基本矛盾运动的客观规律紧密相连的。物质生产是一切社会发展的基本条件，在社会主义社会，只有坚持以经济建设为中心，解放和发展社会生产力，建设高度发达的社会主义物质文明，才能为社会主义文明的发展创造坚实的物质基础与社会前提。为了发展社会生产力，就必须积极稳妥地推进生产关系和上层建筑的改革，也就是说，在建设社会主义物质文明的同时，还必须同时建设与其相适应的政治文明、精神文明、社会文明和生态文明，才能使社会主义社会充满生机与活力。这既是社会主义文明进程的内在要求，也是社会主义社会基本矛盾的内在逻辑。纵观我国社会主义文明发展的历史进程，也是一个坚持发展是硬道理，坚持以经济建设为中心，全面推进中国特色社会主义现代化建设的历史过程。因此培育和践行社会主义文明观，就必须尊重社会主义社会发展的客观规律，把社会发展的合规律性和价值建构合目的性有机地结合起来，才能保证正确的方向，取得实实在在的成效。

第二，必须把传承和发扬中华民族的优良传统同借鉴人类文明的积极成果有机地结合起来。

列宁曾经指出，社会主义不是离开人类文明大道的一种偏狭愚顽的观念,相反它是人类文明发展的必然结果。社会主义文明之所以高于优于其他的一切文明类型,就在于继承了人类文明的一切积极的成果,并在全新的基础上使之发展光大。对于中国人民来说,培育和践行社会主义文明,首先就要继承和弘扬中华民族的优良文化传统。中华民族历史悠久,创造了灿烂的古代文明,为人类文明的发展作出了重大的贡献,培育和践行中国特色的社会主义文明不能割断同传统文明的历史联系,更离不开对我们民族优秀的传统文化的继承和弘扬,只有这样,我国的社会主义文明才是有中国特色、中国气派的,也才能为我国各族人民所认同、所践行。在这里,我们必须对不时鼓噪的所谓"西方文明至上论"、"历史虚无论"保持高度的警惕。被称为20世纪的智者、英国著名哲学家罗素就指出,中国文明如果完全屈从于西方文明,那将是人类文明史的悲哀。

社会主义文明是一种开放的文明。历史证明,一种文明的活力和生命还在于它能以开放的心态和虚怀若谷的胸怀,去面对其他的文明形态,勇敢地借鉴和吸收其他文明所获得的积极成果。列宁曾经指出:"有人在这里说,不向资产阶级学习也能实现社会主义,我认为,这是中非洲居民的心理。我们不能设想,除了建立在庞大的资本主义文化所获得的一切经验教训的基础上的社会主义,还有别的什么社会主义。"[1] 江泽民也曾经指出,不同文明的相互交流和对话、想法冲突和融合,常常是人类文明进步的里程碑。因此,处理好古今和中外的关系,坚持把民族化、本土化和全球化、世界化辩证地结合起来,这是培育和践行社会主义文明观又一个重要的要求。

第三,必须把充分发挥人民群众的创造精神和加强社会主义核心价值体系导向有机地结合起来。

人民群众是历史的创造者,也是社会文明的创造者。培育和践行社会主义文明观,既是促进社会全面进步的需要,也是实现人的自由全面发展的需要,必须坚持以人为本,尊重人民群众的主体地位,努力挖掘蕴藏于人民群众中无穷的智慧和力量,充分利用各种时机与场合,努力搭建有利于培育和践行社会主义文明观的平台,形成相应的生活情景和社会氛围。应该看到,在社会主义初级阶段,由于利益关系的多元化,人们在价值观

---

[1] 《列宁全集》第34卷,人民出版社1984年版,第252页。

念上存在着差异性是正常的，它反映了社会生活的多样性与丰富性。因此在培养和践行社会主义文明观的过程中，我们必须加强社会主义核心价值体系的导向，坚持既鼓励先进，又照顾多数，用典型示范、交流疏导、说服教育、民主讨论的方法，有针对性地解决人民群众的思想疑虑与困惑，因势利导，顺势而为，在尊重差异中扩大社会认同，在包容多样中形成价值共识，有力抑制各种错误思潮和腐朽观念的影响，使培育和践行社会主义文明观真正成为人民的自觉要求和实际行动。

第四，必须把积极探索方法途径和努力建立长效运行的保障机制有机地结合起来。

培育和践行社会主义文明观，绝非一朝一夕之功，而是一个长期有组织有计划的实施推进的过程。近年来，我们在加强社会主义核心体系建设的实践中，各地区、各行业、各单位充分发扬民主，广泛汇聚民意，纷纷开展各具特色的文明创建活动，收到了良好效果。应该看到，这也是引导人民群众培育和践行社会主义文明观的生动过程。方法途径来自实践，我们必须积极探索，认真总结，使培养和践行社会主义文明的方法途径更加贴近群众，更加生动多样。至于在建立培育和践行社会主义文明观长效运行的保障机制方面，我们必须努力探索和建立融入机制，把培育和践行社会主义文明观融入到国民教育体系、社会主义现代化建设实践的方方面面；衔接机制，形成学校、家庭、社会的教育相互联系，相互呼应，彼此配合，在全社会形成合力，努力使社会主义文明观教育的各个构成要素在内容上相互补充、相互促进；支持制度机制，这里包括制度规范、实施队伍和物质支持等，真正使培育和践行社会主义文明观实现制度化、科学化运行和永续发展。

（本文作者为湖南师范大学道德文化研究院　唐凯麟）

# 培育和践行社会主义敬业观

## 一

敬业，是指人们以虔敬的态度对待自己所从事的职业，兢兢业业地工作、刻苦钻研业务与技能、努力提高自己职业活动的产品质量与服务质量，以履行自己职业所承担的社会责任，实现自己人生价值的一种职业的道德精神和行为方式。所谓敬业观，就是对这种道德精神和行为方式的价值认同与观念把握。培育和践行社会主义敬业观，首先认清它在整个社会主义核心价值观中的地位与作用，是非常重要的。

职业活动是人类社会活动最普遍、最基本的活动。它是社会发展与文明进步的基础，也是公民个人参与社会，实现自己生存与发展的最重要、最根本的途径。社会主义敬业观作为社会主义核心价值观中关涉公民个人的价值准则，在整个社会主义核心价值观中既具有最广泛的普遍性，又具有最基础的实践性。很显然，无论是追求富强、民主、文明、和谐国家层面上的价值目标，还是贯彻自由、平等、公正、法治社会层面上的价值取向，从根本上讲，都必须落实到人们具体的职业活动中，也只有通过社会上各行各业的职业活动，社会主义核心价值观所倡导的方方面面才能得到具体体现和践行，并在实践中不断地发展与完善。至于社会主义核心价值观在公民个人层面上的其他行为准则：爱国、诚信、友善，也都无不与敬业观紧密相连。习近平同志指出："空谈误国，实干兴邦。"这里讲的"实干"，在很大程度上就是要落实到各行各业的本职工作中，体现在职业活动的敬业精神上。很难说，如果一个人不能把自己的职业活动同国家的富强、社会的公正和人民的幸福紧密地联系，从国家的根本利益出发，从社会的大局出发来对待自己的职业活动与职业生涯，那么他就必然缺乏自觉地从事自己职业活动的精神动力,很难把握自己职业活动和职业发展的正确方向,自然人们就很难给予他的职业活动以敬业的道德评价。同样,我们在评价一个人的行为是否具有诚信、友善的道德价值时,在很大程度上就是就其职业活动而言的。正是人们在职业活动中的敬业精神和品行,才使得人们在处理职业内部、职业与职务对象、职业与社会的关系时,必然坚持诚信的准则,怀抱友善的态度。从这个意义上讲,诚信、友善也可以说是人们的敬业精神在社会生活中的具体体现和实际表征。

鉴于所述,不难看出,一方面,敬业在整个社会主义核心价值观中处于一个最普遍、最基础、最具实践性的地位。如果说培育和践行社会主义核心价值观是一个巨大的社会系统工程,是我国人民为实现中华民族伟大复兴的中国梦而必须承担的长期艰巨的历史任务,那么培育和践行社会主义的敬业观则是实现这一伟大工程、完成这一光荣历史任务的最具普遍性、基础性和现实性的具体途径。社会主义敬业观最集中、最生动、最直接体现了社会主义核心观的广泛性和先进性、理想性和现实性相统一的品格。从我做起、从现在做起、从本职工作做起,努力培养和践行社会主义敬业观,是培育和践行社会主义核心价值观的必然要求和实践基础。

另一方面,我们也可以看出社会主义核心价值观,无论是在国家层面上的富强、民主、文明、和谐的价值目标,在社会层面上的自由、平等、公正、法治的价值取向,还是在公民个人层面上的爱国、敬业、诚信、友善的价值准则,乃是一个层次分明而又相互联系、相互渗透、相互建构、相互促进的有机整体。这个整体从价值形态上集中地体现了社会主义的本质特征,表达了社会主义意识形态和文化建设的根本要求,是我国人民在建设中国特色社会主义强大国家的伟大实践中所达成的社会认同和价值共识的基础。这个整体的三个层次之间不是平行的、互不相干的,而是处在一种价值层级上相互生成、在价值内涵上相互交织、在性质和功能上相互建构的有机系统之中。从公民个人层面的价值准则→社会层面的价值取向→国家层面的价值目标,其逻辑制约关系是前者,是后者形成的前提与基础,后者则是前者进一步提高的展现,它把前者包含于自身,因而更加丰富,但却反过来又规定和影响前者的性质和方向。三个层面之间没有前者就没有后者,有了前者就一定会有后者,因而形成一个前者建构后者,后者建立在前者的基础之上并组织、支配、制约前者的互生、互动、互构的有机系统。

因此，培育和践行社会主义的敬业观，就必须深入地把握社会主义核心价值观各个层面的有机联系，只有建立在对社会主义核心价值观全面理解和整体把握的基础上，才能认清社会主义敬业观在整个社会主义核心价值观中的重要地位和作用，才能保证人们敬业观的培育与践行的社会主义方向及其前进的节律。

## 二

培育和践行社会主义敬业观，也是继承和弘扬中华民族的传统美德的需要。敬业乐业是中华民族传统美德的重要内涵，它为我们培育和践行社会主义敬业观提供了丰厚的历史文化资源和民族精神与民族性格的价值依据。培育和践行社会主义敬业观，乃是一个继往开来，实现传统与现代的对接、民族性和时代性相统一的必然过程和现实要求。

我国有着五千多年从未间断的文明发展的历史。中华民族向来以勤劳勇敢著称于世，其精神基础与价值内核之一，就是中国各族人民在漫长的历史征途中、在各行各业的职业活动中所表现出来的敬业乐业的精神。在一定的意义上说，正是中国各族人民在各个历史时期、各行各业的职业活动中所表现的敬业乐业精神，才成就了中华五千年的灿烂的文明，才凝练出"自强不息，厚德载物"的中华民族优秀的文化传统，其所表征的家国情怀、社会关爱和个体修养等主要特质，都无不渗透了中国人民敬业乐业的精神，都是这种精神的具体体现和生动写照。

在中国传统社会，虽然由于农耕生产力的限制和宗法制度的制约，使职业的分化和职业活动的发展都具有不可避免的历史局限性，但是职业的地位和职业活动的意义却一直受到明智的统治者和杰出的政治家、思想家的高度重视，因而形成了"安居乐业"普遍的社会心理与价值诉求，造成了浓厚的"七十二行，行行出状元"的社会氛围。人们普遍地认为，不论是七十二行还是三百六十行，人们的职业活动都是"有益于生人之道"的，社会财富靠职业活动来创造，社会的发展繁荣靠职业劳作来支撑，每个人的生存发展也要靠职业活动来维持。因而要求从事各行各业的人们"就其资之所近,力之所及而业焉,以求尽其心"①。尽者,敬也。所谓"尽心",就是要以敬业的精神来从事职业活动。它主要体现在如下几个方面。

首先,忠于职守。古人强调不能把职业活动仅仅看成是做事、是谋生的手段,而要把它看作是一种社会事业。"有事无业,事则不经"②。一个人是否能够通过职业活动履行自己的社会责任,有所作为,不在于他做什么,而在于他能否尽心尽力地把所做的事做好。"成业者系于所为,不系所籍"③。因此古人崇尚脚踏实地、朴实无华的作风,贬斥那种"大事不得,小事不为"的浮华习气,倡导在一行,爱一行,干好一行。同时,古人也强调要把忠于职守看作是成就自己的品德,铸造自己人格的途径,做到"习勤劳以尽职",认为"心尽则职亦尽,自无愧怍于己"④。无论什么人,从事什么职业,都应当尽全力做好本职工作。"读书者,当闭户发愤,止愧学问无成,哪管窗外闲事;务农者,当用力南田,惟知及时耕种,切莫悬耜妄为;艺业者,当居肆成工,务以技能取利,勿生邪念旷闲;商贾者,当竭力经营,一味公平忍耐,毋以奇巧欺人"⑤。正是在这种观念的影响下,我国历史上各朝各代的人们以尽职尽责、朴实无华的默默劳作,创造中华民族的千秋大业,灿烂文明。

其次,诚信无欺。诚信无欺是指人们在自己的职业活动中要重承诺、讲信誉、守合约,以诚正己,把诚信作为立业之本。古人认为,诚信是职业的生命,"可终身而守约,不可斯须而失信"⑥,"有所许诺,纤毫必偿;有所期约,时刻不易"⑦。对于职业欺诈,古人是竭力贬斥的。《礼记·王制》强调"布帛精粗不中数,幅宽狭不中量,不粥于市"。那种以小充大,以次充好,缺斤少两侵害顾客的行为,是君子所不齿的。当然,古人也认为诚信不是一味机械、遵循契约,而要以义为准,有所变通,做到

---

① (明)王阳明:《王文成公全书》卷二十五,文渊阁四库全书本。
② 《左传·昭公十三年》。
③ 《晋书·陈寿传》(卷八十二)。
④ (清)石成金:《传家宝》三集卷二。
⑤ (清)石成金:《传家宝》二集卷二。
⑥ (唐)张弧:《素履子·履信》。
⑦ 《袁氏世范》卷二。

"信于义"。孟子就把那种离开"义"的标准而讲"言必行"的人斥为"硁硁然小人",认为"唯义是从",这才是诚信的真精神。

最后,精益求精。就是要求人们在职业活动中充分发挥自己的主动性、创造性,不断提高自己的专业技能,出色地完成本职工作。唐代韩愈说:"业精于勤,荒于嬉"①。古人认为,"天下事无不可为,但在人自强如何耳"②。人们在自己的职业活动中要发挥自强不息、持之以恒、"日新精进"的精神,不断地提高自己的职业技能,把工作做得精益求精。所以古人说:"心心在一艺,其艺必工;心心在一职,其职必举。"③

总之,五千多年灿烂的中华文明发展的历史,也是中国各族人民"敬于职事"的创业史。马克思就曾经高度评价中国历史上的"四大发明"在开启世界近代文明的不可忽视的伟大功绩,它启示我们,作为炎黄子孙必须高度珍视、继承和弘扬这宗珍贵的历史遗产,使之成为我们在新的历史时期培育和弘扬社会主义敬业观的历史依托,真正能在实现中华民族伟大复兴的中国梦中发扬光大。

## 三

社会主义敬业观就是建立在中华民族几千年所形成的敬业精神的价值共识和传统美德基础之上的,它不仅与这种传统美德一脉相承,而且是其在新的历史条件下的时代升华与弘扬。它获得了全新的社会特质,并具体表现为热爱本职、忠于职守、诚实守信、办事公道、服务群众、奉献社会的职业操守与行为方式,因而成为社会主义核心价值观的重要组成部分。

第一,社会主义敬业观具有鲜明的时代性。应该看到,中华传统的敬业精神毕竟是在以农耕为"本务",以家庭为"本位"的宗法社会的基础上形成和发展起来的。生产力不发达,职业分化的有限性,造成了它特有的狭隘性;宗法制度的社会结构又使它不可避免地打上等级性、行邦性的烙印。人们敬业精神的发挥受到了所谓"耕读传家"、"安分守己"的历

---

① (唐)韩愈:《韩昌黎集》卷十一。
② (宋)朱熹:《答许顺之》。
③ (清)纪昀:《阅微草堂笔记》。

史条件的制约与束缚,常常处于深刻的矛盾之中。社会主义敬业观则是建立在现代社会化的大生产的基础之上的,是在我国现代化建设的伟大实践中成长和发展的。社会化的大生产使职业的分化日益精细,现代化的伟大实践使人们的职业活动获得了前所未有的地位和新的发展空间,因而社会主义敬业观无论在价值内涵上、价值功能上、价值目标上都突破了传统敬业精神的狭隘性和宗法等级性的局限,呈现出鲜明的时代性的新特质。社会主义社会确立了人人平等、互助合作的社会关系,形成了职业无尊卑、劳动无贵贱的价值共识和社会氛围,这就使得社会主义敬业观在价值内涵上获得了全新的社会主义的性质,其价值功能的发挥是服务于经济全球化条件下国际综合国力的竞争,服务于改革开放、建立和发展社会主义市场经济的需要的,而建设富强、民主、文明、和谐的社会主义强大国家,则成为它的最高的价值目标。

第二,社会主义敬业观具有自觉的服务性。本来,一般而言,职业活动作为人们参与社会生活的最普遍、最基本的活动,既是人们履行一定社会职责的最重要的舞台,又是人们维持自己的生存和发展,实现人生价值的最基本的途径。但是如何实现这两者的统一,却要受到各种社会条件的制约,成为一个漫长而艰巨的历史过程,这就必然使人们在职业活动中所表现的敬业精神呈现出特有的历史性质,甚至被严重的压抑和扭曲。在中国传统社会,由于阶级的对立,宗法等级的压迫,由于四民分业恒定的宗法制度和"重农抑商"的社会取向,使得人们在职业活动中所要履行的社会职责常常被宗法等级义务所局限和扭曲;而其维持自己生存发展、实现人生价值的职能则被"养家糊口"的需求所主导,这自然就使得人们的敬业精神的发挥被单纯的功利性所束缚,呈现一种"自顾而不自觉"状况。马克斯·韦伯在《新教伦理与资本主义精神》一书中曾经指出,敬业精神曾经是资本主义发展的文化价值动因,但是这种敬业精神作为新教伦理"天职"教义的重要内容,则被定义为理性地制欲和合理地赚钱,因而成了资产阶级狭隘功利追求的代名词。社会主义的敬业观则是社会主义的经济制度和政治制度在价值观念上的反映。个人利益和社会集体利益的统一,为人们在职业活动中实现履行社会职责和实现个人价值的统一,开辟了现实的广阔道路。社会主义的敬业观是社会主义道德体系的重要组成部分,是以为人民服务为核心,以集体主义为基本原则的道德精神在职业领域的具体体现。社会主义集体主义道德原则并不否认个人利益的合理性与重要性，相反它要求人们在服务人民，坚持个人利益和社会集体利益相结合的基础上去更好、更充分地实现自己正当的个人的利益。这就极大地唤起了人们的道德自觉性，激发出人们在职业活动中服务群众、奉献社会的自觉要求，使社会主义的敬业观获得了前所未有的自觉的服务性。人们在"两弹一星"精神、志愿者活动和涌现于各行各业的劳动模范与最美中国人当中，清楚地看到社会主义敬业观所获得的这种新的特质。随着社会主义现代化事业的深入发展，它将日益成为人们敬业精神的主导取向。

第三，社会主义敬业观具有强烈的创新性。如前所述，敬业作为中华传统美德的一个重要内涵，就是精益求精。它要求人们在职业活动中能够奋发向上、持之以恒、精思勤研，博采众长，不断地提高自己的职业技能，把工作做得尽善尽美。这种职业追求在社会主义社会不仅获得了得以实现的全新的社会条件，而且也被注入了新的强大活力。社会主义事业是人类历史上前无古人的伟大事业，它本身就意味着在实践中不断地开拓创新。特别是改革开放以来，以人为本的宗旨越来越成为全社会的各项事业和各种活动的根本出发点和落脚点，这就必然极大地激发人们职业活动的创新精神。社会主义民主法治的不断健全，社会主义市场经济的不断完善，更是为这种创新精神的弘扬提供了坚实的制度保证和物质基础，而人们行为的主体性、多样性和选择性的确立和增强，则为这种创新精神的弘扬提供了强大的主体动因。因此在现实生活中，我们清楚地看到，人们的职业活动和职业追求已经在不断超越"养家糊口"、"过上好生活"的传统圈子，而日益同自己人生价值的实现、自由全面发展的内在需求联系起来；社会对人们职业活动评价的价值尺度，也不再单纯地停留在是否是行家里手、兢兢业业的层次，而是提升到是否有所突破、有所创新的更高要求。正是人们职业活动的这种创新精神才成为汇聚我国改革创新的时代精神的重要因素，使传统职业不断提升、新兴职业不断涌现，社会呈现出就业和创业相结合的一派繁荣景象，有力地推动了新时期中国精神、中国道路、中国模式的形成和发展。

应该指出，培育和践行社会主义敬业观是一个长期社会实践的过程。在这个过程中我们必须不断加深对社会主义敬业观在整个社会主义核心价值观中的地位与作用的认识,努力将其同继承与弘扬中华民族传统美德有机地结合起来,深入地把握社会主义敬业观的新的特质,用以指导我们的职业活动,规划我们的职业生涯,这是实现中华民族伟大复兴的中国梦的光荣使命和时代召唤。

(本文作者为湖南师范大学道德文化研究院　唐凯麟)

# 中国传统道德的诚信精神及其现代意义

作为中国传统道德文化的重要观念，自思孟学派从本体的角度对诚信作了阐释之后，诚信不仅是人际交往的道德要求，而且被看作是立物、立事、立人、立身之本，是一种道德精神，也是人的道德品格，体现了中国传统文化体用一源、显微无间的思维路径。真实无妄谓之诚，言而有实谓之信，诚为信之本，信为诚之用。信不仅是一种言语或者承诺的真实，更是本心之真，本性之真。它不是求信于人，不是求人所信，而是尽己，即尽言、尽心和尽性。

## 一

信于言，忠于自己的言论，行与不行依于言，是为尽言。在行为的层面上，诚信作为人际交往的基本规范就是要求人们在为人处世中诚实不欺、讲究信誉、信守诺言。人与人之间应该真诚相待，这是建立良好人际关系的最基本的要求。真即出自本心，诚即忠于本质，言行一致、表里如一，不欺人欺己，讲究信义，这样才能言可复，行可行，获得他人的信任和尊重，从而保证其言行的一贯性、真实性和有效性。

在中国传统伦理文化中，诚信历来受到高度的重视。孔子以"信"为"四教"（文、行、忠、信）科目之一，要求人们讲究信义，做到言而有信，行而有信。"与朋友交，言而有信"[①]，"信则人任焉"[②]，又说："言忠

---

① 《论语·学而》。
② 《论语·阳货》。

信，行笃敬，虽蛮貊之邦，行矣；言不忠信，行不笃敬，虽州里，行乎哉？"① 这就是说，只有言而有信，才能得到他人的信任。得到他人的信任，其行为无论在什么地方都能够畅通无阻；相反，不讲究信义，得不到他人的信任，即使在自己所熟悉的家乡，也会使其行为处处受阻，遭到他人的抵制，无法实现自己行为的目的。

"信则人任焉"，说明信是人与人之间相互交往的精神纽带，它反映了人与人之间真诚的交往和相互的信任与尊重。首先，信要求人们言行一致，信守诺言，即所谓"言而有信"。儒家强调在人际交往中要"重然诺"，守信用，以诚待人，表里如一。其次，信要求人们的行为保持一贯性。孔子讲的"谨而信"、"敬事而信"、"笃信好学"，等等，都是强调的这一点。做到了信，才能够得到他人的尊重、理解、肯定与扶持，保证行为的顺利性和有效性。传统道德强调，君臣有信则仁忠，父子有信则孝慈，夫妇有信则义顺，兄弟有信则友悌，朋友有信则亲爱。

信也是立国之本。《左传》以信为"国之宝"，孔子则说，一个国家可以去食、去兵而不能去信，"自古皆有死，民无信不立"②。《吕氏春秋》总结先秦儒家的观点，对此作了详细的论述："君臣不信，则百姓诽谤，社稷不宁；处官不信，则少不畏长，贵贱相轻；赏罚不信，则民易犯法，不可使令；交友不信，则离散郁怨，不能相亲；百工不信，则器械苦伪，丹漆染色不贞，夫可与为始，可与为终，可与尊通，可与卑穷者，其唯信乎！"③一个社会的结构、秩序、行为规范应该真实无妄，具有稳定性；一个人的行为必须与自己的本性相符合，不能反复无常，只有这样，才能维持正常的社会秩序，建立良好的人际关系，促进社会生活的有序进行。

尽言的要求是言行一致，做不到的不要说，说了就要想办法做到。言是思想、观念和意图的表达，是内心状态的一种宣示，反映的是人的内心本质和情操，在社会生活中起着传递信息、交流思想和情感的作用。信于言，人们才有可能正常交往，思想和观念才能够具有通约性，才会有人与人之间的认同，也才能维持人际交往的基本秩序。

---

① 《论语·卫灵公》。
② 《论语·颜渊》。
③ 《吕氏春秋·离俗览·贵信》。

## 二

所谓信于言,并非对语言外在形式的肯定,而是对语言所表达的内心思想、观念的肯定,言者尽意者也,信于言归根结底是信于心,心正则言正,心可信言方可信。这就是所谓尽心,传统道德将此概括为"正心诚意"。所谓正心即端正自己的本心;所谓诚意按照《大学》的说法即"毋自欺"。朱熹阐释说:"凡人所以立身行己,应事接物,莫大乎诚敬。诚者何?不自欺、不妄之谓也。敬者何?不怠慢、不放荡之谓也。"[①] 信在应事接物中,首先是对自己的要求,信于己、不自欺就是要忠实于自己真实不妄的本性,行于外而动于中,动于中而发于外,应事接物皆率性而行,真诚坦荡,无一点怠慢,无一毫放荡,无一丝勉强,无一丝夹杂,完全出自本性,身心一致,真心真性真情可对天地。

只有信于己、不自欺,才能做到不欺人、信于人。荀子说:"君子耻不修,不耻见污;耻不信,不耻不见信。"[②] 对他人守忠信,实际上也是对自己的忠诚,行忠于言,言忠于行,言与行均忠实于自己的本性。只要做到言行、表里如一,竭尽忠信,最终一定会得到他人的信任。这就是所谓"精诚所至,金石为开"。《孟子》也说:"至诚而不动者,未之有也;不诚,未有能动者也。"不欺人、不欺己的诚信,是沟通人际关系、促进人与人之间相互尊重、相互理解、相互信任的重要品德,是人与人之间心灵的沟通、本性的连接和精神的契合。

在现实生活中,传统的诚信道德对人们的规约作用,重要的不是制导人言人行,而是制导人心。《礼记·王制》说:"布帛精粗不中数,幅宽狭不中量,不粥于市。""粥"同"鬻",意为卖。诚信是对自己内心的要求,诚于中而信于外。不诚无物,不诚无信。因此,当自己都认为某种商品的质量和数量都不符合标准的时候,就不应该拿到市场上销售。在交易过程中,更应该诚心待人,做到买卖公平、童叟无欺。"虽使五尺之童适市,莫之或欺。布帛长短同,则贾(按,即价)相若;麻缕丝絮轻重同,

---

① (宋)朱熹:《朱子语类》卷一一九。
② 《荀子·非十二子》。

则贾相若；五谷多寡同，则贾相若；屦大小同，则贾相若。"① 童叟无欺不仅不能以小充大、缺斤少两，更不能以次充好、假冒伪劣。买卖公平的关键在于不欺心，有不欺人之心，才会有不欺人之行。

诚信是一种真，真的道德，真的良心。人人心中有杆秤，心中有信才是真信。中国古代的儒商，就体现了这样一种诚信精神。明代何良俊《语林·德行》记载："公沙穆尝养猪，有病，使人卖之于市。云：'当告买者，言病。贱取其直。不可言无病，欺人取贵价也。'卖猪人到市即售，亦不言病，其直过价。穆怪问其故，赍（按，通资）半直追，以还买猪人。语以猪实有病，欲贱卖，不图卖者相欺，乃取贵直。买者言卖买定约，亦复辞钱不取。穆终不受钱而去。"在市场交易中，卖者应该将商品的情况特别是瑕疵告知购买者，否则就是有意欺瞒。因此，当卖猪者欺瞒了买者之后，公沙穆感到心中不安，坚持将售价的一半退还买者，其行为的动机不是兑现对买者的诺言，而是不欺心。

不欺心才是人际交往中真正的诚信，也是诚信的基础。信不是局限于契约，而是信于心。以心为信，则无论有约与否都应当遵循。因此，信并非语言或者文本的承诺，而是一种良心的承诺。正是在这种观念的影响之下，中国传统道德并不把契约的签订当作诚信的保障，而是将诚信看作一种生命的承诺，良心的约定。季子挂剑，说明了传统诚信道德精神的悠久历史渊源。春秋时吴国季札使齐路过徐国，"徐君好季札剑，口弗敢言。季札心知之，为使上国，未献。还至徐，徐君已死，于是乃解其宝剑，系之徐君冢树而去。从者曰：'徐君已死，尚谁予乎？'季子曰：'不然，始吾心已许之，岂以死倍吾心哉？'"② 徐君好剑，季札并未口头承诺给他，只是在心中默许。而正是由于这种内心的已然，季札就特地回徐国履行自己的承诺，而且并不因为徐君已经去世就不去践行。在传统道德的视阈内，这毫无疑问是一种高尚的道德。

传统诚信的这种德性主义精神，与现代市场经济所要求的诚信道德并不完全一致，而且从某种意义上说，它与市场经济所要求的诚信精神存在着相互矛盾之处。传统诚信注重的是信任，是对人的德性的一种评价和依

---

① 《孟子·滕文公上》。
② 《史记·吴太伯世家》。

赖,它将社会看作一种伦理秩序,将人与人之间的联系交付于德性,于是就将诚信理解为心灵的相映,把道德作为保证诚信、维护社会生活秩序的主要甚至是决定性的手段。现代市场经济条件下的诚信强调的是信用,是对人的理性的一种评价与肯定,它将社会看作一种法律秩序,将人与人之间的联系交付于制度,于是就将诚信规定为理性对某种普遍意志的认同,道德只是保证诚信、维护社会生活秩序的辅助性手段,在生活中对人们行为的规范起决定作用的是法律。简而言之,诚信即是要求守约,但传统道德强调的是守心灵之约,是对良心的回应,反映的是对德性的尊崇;而现代社会生活所需要的诚信强调的是守契约,是对法律文本的遵守,反映的是对法律的尊重。

基于德性主义伦理,人被赋予了道德的本质,每个人都具有至善的本性,都具有道德的自觉,道德不仅是生活的手段,也是生活与生命的目的。而基于现代市场经济伦理,每个人的行为都是从自己现实的利益出发的,道德变成了保障、实现和维护自身利益的手段,而且是辅助性手段,法律的规约在社会生活方面与道德相比具有优先的信任度。由此就不难理解,为什么在现代生活中某些行为需要契约的场景,两种诚信会表现出明显的冲突。例如:两个亲属或者非常亲密的朋友之间发生借贷关系,借者让贷者写下借据,这是现代诚信发生的基础和保证;而如果贷者按照传统的诚信观念去评价这件事,他会极为反感借者的行为,会认为这是对他的不信任甚至是侮辱,因为诚信需要的不是契约而是心灵,信任也不能交付于一纸文本,而应该依赖于德性和情感。诚信就是尽心,是一种完全自觉的行为,它高于法律的认可和规约。

## 三

大量的生活经验说明,由于主体素质、客观环境等等的制约和变化,人们在实际生活中说话、许下的诺言并非都能够做到,甚至并不是都应该做到。除了能不能做到之外,该不该做还有一个标准的问题。在传统道德中,这就是义理。因此,诚信不仅仅是言信于行,也不只是行信于言,而是人们的一切言行都必须信于义理。所以,在中国传统道德中,信与义是不可分的,常谓之"信义"。孟子说:"大人者,言不必信,行不必果,惟义所在。"① 以信作为处理人际关系的精神纽带,诚实不欺、"重然诺"、守信用是最起码的道德要求。在通常情况下,人们应该言行一致,说到做到,这样才能取信于人,人与人之间才能够相互沟通,也才有人与人之间的相互尊重与相互信任。但是,中国传统道德并不以此为绝对的行为准则,并不把言行一致看作是绝对的戒律和僵化的行为模式,它注重的不是信的外在形式,而是其精神实质。

尽言要求的是言行一致、表里如一,尽心则是尽言的本质。但是心在任何情况下都具有主观性,良心的通约性在任何时代都不具有普遍性,所以,王守仁倡导良知说,导致了其后学的分化和对传统的反叛。于是,中国传统道德对诚信又提出了第三个层次的要求:尽性。在这一层面,传统道德力图为诚信提供一个客观的依据。

"诚"在中国传统文化中不仅是一个道德范畴,更是一个本体范畴。儒家认为宇宙万物是客观实际的存在,它们不是虚无的、虚假的、被设定的,而是真实无妄的存在。这就是所谓"诚"。客观的天道真实无妄,人道作为天道在人类社会中的具体表现也同样真实无妄,道德实实在在地存在于天地之间。故《中庸》说:"诚者,天之道也;诚之者,人之道也。"《孟子》说:"诚者天之道,思诚者人之道。"这种思想强调的就是人应该效法天道真实无妄的品德,天以其客观自然为真实,而人尊重天道之自然、体验天道之真实,这就是人之诚。所谓"天命之谓性,率性之谓道,修道之谓教",说的就是这个意思。

因此,诚首先是对宇宙存在的价值肯定,是对人的本性、人类道德的价值肯定。它强调人的存在、人类道德与人的本质、天地自然的本质具有内在的一致性,人性源自天性,人道本于天道。所谓"诚之者"、"思诚者",就是要求人们尊重客观天道,认同客观天道,遵循客观天道,按照人的本质去生活、去行动,使天然的德性化为自然的行为,无一毫的勉强、做作,这就叫作"真实无妄"。

如果诚是对天道的本性和存在的真实性的价值肯定,那么,信就是对人的本性和存在的真实性的价值肯定,它要求人们忠于自己的本性和存在,使自己的言行与其所处的社会地位、所承担的社会职责和道德义务相

---

① 《孟子·离娄下》。

符合，因而受到儒家的高度重视。《中庸》说："在下位不获乎上，民不可得而治矣；获乎上有道：不信乎朋友，不获乎上矣；信乎朋友有道：不顺乎亲，不信乎朋友矣；顺乎亲有道：反诸身不诚，不顺乎亲矣；诚身有道：不明乎善，不诚乎身矣。诚者，天之道也；诚之者，人之道也。诚者，不勉而中，不思而得，从容中道，圣人也。诚之者，择善而固执之者也。"① 信，就人际关系而言，是忠于自己的社会身份，自觉承担起自己应尽的社会责任和道德义务；就主体自身的修养而言，则是通过思诚来择善、明乎善，并固执此作为自己的本性。只要明白了天地之善在自己本性中的真实性、实在性，就能够与天合一，无须努力即可行而合德，无须思虑即可见而有得，从心所欲，从容中道，所言所行，皆是率性之真。

真的存在是本质的存在，本质的存在是最有价值的存在。人的生活也只有符合自己的本质，成为本质的自然呈现时，才是真正道德的生活，才能以"应该"的行为方式处理好日常之事，处理好与自己、与他人、与社会的关系。故信为立人之本。"人而无信，不知其可也。大车无輗，小车无軏，其何以行之哉！"②，车子辕端的横木，缚轭以驾牛者，车子辕端的曲木，勾衡以驭马者。古代以牛驾大车，以马驾小车，二者若无，则无法套住牲口，车子也无法行走。人而无信，所言所行不符合真实无妄的本性，其言行也根本不可能行得通。

因此，信的实质是真实无妄，是对宇宙万物真实本性的价值肯定。从伦理学上说，诚信是对道德的忠实。它追求的是道德上与善一致的真，而不是简单事实之存在。传统道德强调在人际交往中不应轻易许诺，许诺就是承担一种责任。符合道德的，应该大胆地承担责任，不符合道德的，不能随便许诺，也不应该承担违背道德的责任。因此，所说的话是否需要践行，必须以义理为标准去衡量，而不是说了就要做。不顾义理的标准，"言必信，行必果"③，被孔子斥为小人行径，是"匹夫匹妇之谅"。离开道义的标准，片面强调诚信，机械地遵守言行一致的行为规范，并不符合诚信的本质，而必然导致对道德的否定，其泛滥引发为所欲为的不负责任的态

---

① 《中庸》。
② 《论语·为政》。
③ 《论语·子路》。

度，破坏正常的社会秩序，形成不正常的人际关系。所以，传统道德坚决反对践行不符合道德的言论，"君子宁言之不顾，不规规于非义之信"[1]。

尽性的要求是信于义，就是对自己真实本性的忠诚，是对自己应该承担的社会职责和道德义务的高度的自觉性和一往无前的坚定性。这才是诚信的本质，才是中国传统道德诚信的精神实质。社会对处于不同地位的人有不同的道德要求。为了保证社会的发展和社会秩序的安定，每个社会成员都应该忠实于自己的社会身份，即忠实于应该自觉承担的社会职责和道德义务，这就是以义为宗、信于义理的诚信。中国传统道德讲信，从来就是要求人们安于本分，忠于职守，积极履行社会对自己所规定的职责和义务。只有如此，才能使诚信真正成为人际交往的纽带，建立健康的人际关系。

当然，传统道德提出的诚信道德标准是封建社会的基本道德原则，反映的是封建社会的价值观念。但对其精神实质的揭示，则有利于我们今天在建设社会主义精神文明的过程中加深对诚信的理解，把握诚信的精神实质，真正使诚信成为我们的做人立身、行为处事之本，化作人们的内在本质和自觉，而不仅仅是一种外在的规范。从总体上说，它的精神旨趣与现代精神有一定差异，不能简单地拿来取代我们在建设中国特色社会主义市场经济过程中的诚信道德。中国特色社会主义市场经济建设所需要的诚信，应该是这二者的有机结合。

传统的诚信属于德性主义道德，它把道德本身看作行为的目的，无论尽言、尽心还是尽性，强调的都是内在德性的外化，并视之为人的完善的根本途径，追求的是情感的契合与心灵的感应，从而实现人际关系的和谐与社会生活秩序的良好。现代市场经济的诚信则属于功利主义道德，它把道德看作行为的手段，是为了节约交易成本，促进经济活动的规范性，追求的是经济上的功利目的。我们应该以传统诚信的优良内核充实现代诚信的内涵，将信用式的诚信道德升华为一种伦理精神，呼唤德性的回归，以建设中国特色社会主义市场经济的伦理文化。

（本文作者为湖南师范大学道德文化研究院　张怀承）

---

[1] （宋）张载：《正蒙·有德》。

# 培育和践行社会主义诚信价值观

公民具有正确的社会核心价值观，是一个国家挺立的脊梁。古往今来，任何国家，增强社会价值共识，促进社会良性运行和协调发展，都重视社会核心价值观对人们思想和行为的引导。诚信是人类的普遍道德要求，是中华民族的传统美德，是培育和践行社会主义核心价值观的重要内容，是每个公民理应树立和积极践行的道德价值准则。

## 一　倡导社会主义诚信价值观的正当性

"人是一种多维的存在。……是一种理性的存在，一种历史的存在，一种文化的存在。这种种存在固化为个体的生命心智、思维禀性、情感倾向、意志品质，个体也就获得了一种实在性与生存的权利。因此，人不仅是一种事实性的存在，而且是一种价值性的存在。"[①] 人的理性、意识、思想等特征，使人不仅追问生命、生活的意义，而且也要追问行为的价值理由，即行为的正当性。无疑，人的生活和行为需要某种价值的支撑和文化的归属。人生活在意义世界中的价值特性，决定了其对行为规则合理性的诉求。为此，富有成效地培育社会主义诚信价值观，使社会成员积极践行社会主义诚信价值准则，首先需要阐明提倡和践行社会主义诚信价值观的理由。质言之，任何价值原则，要想获得社会成员的普遍认同和自觉服膺，都需要具有正当性。正当性意指合规律性具有合理性，合规则性获得合法性，在合规律性、合法性的基础上，具有正确性、肯认性和信服性。无疑，诚信的正当性，是社会成员认同与践行诚信价值原则的前提。

---

① 吴松：《大学正义》，人民出版社2006年版，第2页。

### 1. 诚信是"自然本性法则"

诚信是本体论、认识论和价值论的统一。自然万物的本性是客观实在性,人对事物客观实在性的真实反映并按照真实要求待人接物,就是诚实道德律令。为此,"诚"有三层意蕴:一是在本体论上,指自然万物的客观实在性,即"天道"的必然性和规律性,如韩非所言:"道者,万物之所然也,……道者,万物之所以成也。"① 故我国古代典籍《中庸》道:"诚者,天之道也。"② 二是在认识论的意义上,指对"天道"的客观真实的反映,即"人道"效法"天道"的真实性,尊重客观规律。为此,《中庸》道:"诚之者,人之道也。"③ 三是在价值论的意义上,指尊重事实和忠实本心的待人对物的规范要求,即真实反映事物求真,真诚待人求实,既不自欺也不欺人。故朱熹言:"诚者,真实无妄之谓。"④ "诚者何?不自欺不妄之谓也。"⑤ 综上所述,诚实是客体的实在性与主体真实反映及其尊重实在性的统一。故而,孟子曰"是故诚者,天之道也;思诚者,人之道也。"⑥ 朱熹注解为,"诚者,理之在我者皆实而无伪,天道之本然也。思诚者,欲此理之在我者皆实而无伪,人道之当然也。"⑦ 人们尊重规律,实事求是,做事实在,为人不虚假,自然衍生出言行一致、表里如一、有约必践的信用道德要求。所以,许慎在《说文解字》中,把"诚"和"信"互训:"诚:信也,从言成声"⑧,"信:诚也,从人从言。"⑨ 由此可见,诚信不是社会强加于人的规定,而是自然万物本性的道德要求。

### 2. 诚信是"生命存在法则"

人作为生命有机体,生物机制决定了人的物质需要性。大自然没有恩泽人类坐享其成的生活,人类只能通过劳动满足生命体的需要。劳动是人

---

① 陈秉才译注:《韩非子》,中华书局2007年版,第106页。
② (宋)朱熹:《四书章句集注》,中华书局1983年版,第31页。
③ 同上。
④ 同上。
⑤ (宋)黎靖德编:《朱子语类》(第7册),王星贤点校,中华书局1986年版,第2878页。
⑥ 杨伯峻:《孟子译注》上,中华书局1960年版,第173页。
⑦ (宋)朱熹:《四书章句集注》,中华书局1983年版,第282页。
⑧ (东汉)许慎:《说文解字》,中华书局1985年版,第70页。
⑨ 同上。

类赖以生存的基础。尊重规律的诚实劳动，关系着人类生命的存在样态及其质量。劳动作为物质变换的手段，其维持人类自我生存和发展的积极价值，是在尊重自然规律基础上对人类正当需要的满足。尊重自然规律、满足人类的正当需要，内蕴了对人类诚信的道德要求。一方面，诚信要求人们在满足人的衣食住行等基本需要过程中，按照事物本性做事，不能背离客观规律，反对急功近利的弄虚作假；另一方面，诚信要求人们尊重生命的健康和安全规律，反对丧尽天良的唯利是图。一言以蔽之，毒奶粉、毒胶囊、地沟油、染色馒头、劣质工程、破坏环境等非诚实劳动，对人的生命构成极大危害。所以说，诚实劳动不仅是人们干活出力而不偷奸耍滑，更在于人们在认识自然、改造自然和社会中，对客观规律的尊重而不作假牟利。食品安全、工程质量中的诚信问题，实则是人类的自我伤害和残杀。显然，真实反映事物求真，竭力而为求实的诚实劳动，是人类存在和发展的"生命法则"。

3. 诚信是"社会门槛原则"

诚信是为人处世之道。道德是人有别于动物的重要标志。中国古人认为，人异于禽兽，在于人知礼义，讲道德。所以，人们常把那些丧尽天良、泯灭人性的恶人，斥责为"禽兽不如"。诚信是人的基本德性。凡是人，都要讲诚信；不讲诚信者，徒有人形而无人性。我国古籍《春秋穀梁传》曰："人之所以为人者，言也，人而不能言，何以为人？言之所以为言者，信也。言而不信，何以为言？言之所以为信者，道也，信而不道，何以为道？"①人们在社会交往中，忠于本心表达真实思想并坚守承诺，是人应该具有的态度和品行。为此，孔子曰："人而无信，不知其可也。"② 陆九渊更直白："人而不忠信，何以异于禽兽者乎？"③ 所以，人们出生后一明事理接受的最早道德要求就是不说谎、说话算数等诚信道德教育。因为人是具有各种社会关系的、必然要进行交往的社会人。人是通过"社会化"完成其从生命体的自然人到具有社会角色的社会人转化的。人的社会化，不仅要学习和掌握社会生活所必需的知识和技能，而且要了

---

① 承载撰：《春秋穀梁传译注》，上海古籍出版社2004年版，第273页。
② 杨伯峻：《论语译注》，中华书局2006年版，第21页。
③ （宋）陆九渊：《陆九渊集》，中华书局1980年版，第374页。

解社会交往规则。说实话、不欺骗、守诺言、履行合同等，是任何一种社会秩序的核心因素。① 所以，孩子一懂事，大人们首先要对孩子进行诚信的规则教育，以便使其融入社会生活中。在这个意义上，不说谎、说话算数等诚信要求，是人们步入社会的门槛原则。

4. 诚信是市场经济的基本原则

市场经济是信用经济。市场经济是发达的商品经济，商品交换具有频繁性和广泛性。市场经济的商品交换，打破了以货币为媒介的"一手钱、一手货"的交易形式，普遍实行赊销、赊购、预付款、贷款、融资等有条件让渡的价值不同步实现的信用交易。以信用取代货币为主导的市场经济，在本质上是一种以信任为基础的信用经济。信用经济表现为在商品交换和货币流通过程中，债权人以有条件让渡的形式贷出货币或赊销商品，债务人则按约兑现。信用经济商品交换的产权关系转移的不同步性，既需要债权人对交易安全能够给予确信，又要求债务人诚实守信，能够履行约定，兑现承诺。显然，信用经济存在的基础是信任，因为交易离开信任无法进行。债权人对债务人的信任，既来自债务人具有履约的经济实力，也来自债务人诚实守信的商业道德操守。在这个意义上，诚信是实现信用交易安全的前提和保障，是市场经济健康发展的黄金规则和生命线。市场主体诚实守信，不仅能够规避逆向选择和道德风险，降低交易成本，而且能够形成合理的市场秩序，增强经济社会活动的可预期性，提高经济效率。为此，德国社会学家鲍曼在其《道德的市场》一书中明确指出："诚信、真挚、值得依赖或可信性重新被视作确保市场交易的先决条件而不是市场的结果。"②

## 二 全面理解和把握社会主义诚信价值观

诚信是诚实和信用的简称，它的要义是真实无欺不作假、真诚待人不说谎、践行约定不失言。具言之，诚实要求人们真实反映事物求真，做事

---

① [德] 米歇尔·鲍曼：《道德的市场》，肖君等译，中国社会科学出版社2003年版，第49页。

② 同上书，第27页。

认真，实事求是，不弄虚作假；真诚待人求实，言行一致、表里如一，不说谎骗人和违心自欺；说真话、做实事，切忌大话、空话、假话满天飞。信用是人们遵守和践行承诺、契约、合同、誓言等，守约有信誉，说话算数，不食言。君子一言，驷马难追；言必行，行必果；一言九鼎，一诺千金。

首先，不要窄化社会诚信，避免诚实与信用相割裂的倾向。不能用信用取代诚信，信用需要诚的规制。信用的一个重要命题是"行其所言谓之信"。这个命题虽然在履行诺言的意义上是成立的，但它不是一个绝对命题。"行其所言"只表明信守诺言、践行约定是一种良信，但这种良信并不必然是诚信。诚信除了"言必行"外，还要求"言"出于本心，诚实无欺。一旦言不由衷、言中有欺，那种"行其所言"本身就失去了道德性。故此，宋儒张载曰："诚善于心谓之信。"① "诚"是"信"之根，"信"是"诚"之用。因为，信用作为忠于自己诺言和义务的道德品行，需要诚实的道德基础。为此，美国学者柯维等指出：如果对诚实与信用的关系用一棵树来比喻，那就是"'诚实'是在地表以下的基础，是信用之树赖以生长的树根。"② "多数破坏信任的行为都是不诚实的行为。"③ 有鉴于此，需要夯实信用的诚实道德基础。其一，许诺需要发自内心，是真实思想的表达，不能急功近利而采取相对主义的行为方式，背离自己信服的正确价值原则而欺骗自己或他人。其二，承诺不是信口开河，要量力而为，需要盘算诺言实现的主客观条件，要具有实事求是的诚实精神，向他人传递真实信息，讲真话，既要避免不顾客观实情的随意许诺也不能盲目许诺。对此，孔子曾提出君子要"敏于事而慎于言"④，即人们要谨慎言语，不要随意夸口而失信。人们既"不要冲动地做出承诺"，也"不要做太多的承诺。因为这样注定会失败。……当你对自己做出某项承诺时，要

---

① （宋）张载：《张载集》，张锡琛点校，中华书局1978年版，第27页。
② ［美］史蒂芬·M. R. 柯维（Stephen M. R. Covey）、丽贝卡·R. 梅里尔（Rebecca R. Merrill）：《信任的速度：一个可以改变一切的力量》，王新鸿译，中国青年出版社2008年版，第81页。
③ 同上书，第79页。
④ 杨伯峻：《论语译注》，中华书局2006年版，第9页。

记住你是以你的诚实做抵押的"。① 其三,有承必践、有约必履,即履行承诺或义务,要真心实意,竭尽全力,不走过场,不虚情假意,要心口如一,言行一致。正如孔子所言:"君子欲讷于言而敏于行。"② 可见,信德的实现需以诚实为前提。一旦人们缺乏诚实之德,不尊重客观事实,不掂量自己的履约实力,信口允诺,乃至弄虚作假,虚伪欺骗,信守诺言将是梦人说话,不能实现。所以,只有待人以诚,待事以忠,待物以实的人,才能成为坚守承诺的信用之人。总之,诚是一切德行的基础和根本,只有内心诚才有信,否则就会沦为空伪。所以,中华传统美德把诚信视为人"立身进业之本、为政之道",要求人们"内诚于心,外信于人"。

其次,不要忽视诚信的性质,要注意诚信的义理规制性。诚信不仅要求人们的"诺言"要忠于本心而诚实,也强调"诺言"要合乎"义理"。因为"义"是诚信的基础和践约的前提。孔子曰:"信近于义,言可复也。"③ 只有合乎"义"的约定,才有履行承诺的道德要求,不能践行同"义"相违背的"约定",要"以信求仁","讲信循义"。言行一致决不是"诚信"的全部内容,言行合乎义理才是"诚信"的最终规定性。为此,朱熹曰,"盖信不近义,则不可以复"④。显然,守信的根本标准,在于是否合乎社会义理,做到明理诚信,即信德载道,以"义"为规,合义之约必履,违义之诺非守。

诚信之德的义理规制性,涉及到遵守诚信道德的绝对性与相对性问题。在人们为人处世是否需要讲诚信的问题上,遵守诚信是无条件的;但在何种性质的诚信问题上,又是有条件的,必须要以社会正义为前提。人们许下的诺言、签订的契约、合同等,要积极践约,但是,践约不是盲目的,需要对约定的正义性质进行考量。诺言、协议等内容的合理性,需要社会制度、法律或良俗的规定,不能与社会道德价值原则或法律规则发生冲突。"义"不是私情的"义气"。讲信用,不能泛用"义气"而盲目守

---

① [美]史蒂芬·M.R.柯维(Stephen M.R. Covey)、丽贝卡·R.梅里尔(Rebecca R. Merrill):《信任的速度:一个可以改变一切的力量》,王新鸿译,中国青年出版社2008年版,第94页。
② 杨伯峻:《论语译注》,中华书局2006年版,第44页。
③ 同上书,第8页。
④ (宋)黎靖德编:《朱子语类》(第2册),王星贤点校,中华书局1986年版,第491页。

信,要摒弃那些违法背德的小集团或团伙的"义气"。

最后,诚信价值准则的规范要求,需要在人的劳动关系、人我关系、身心关系中理解和把握。社会主义诚信价值观要求人们诚实劳动。劳动是人类自救的本领。诚信绝不只是单纯的守约与履约的信用问题,更是劳动创造的态度和品德问题。诚信要求人们在劳动中,尊重客观事实不作假;出勤出力不投机取巧和偷奸耍滑。如果说劳动创造世界,那么只有诚实劳动才能创造出提升人的生活品质和增强人们幸福感的美好世界。缺乏诚实劳动,会产生各种弄虚作假行为,如食品安全、虚报业绩、掺水数字、伪造剽窃、制假贩假、劣质工程,等等。在某种程度上也可以说,当前危害我国人民生命健康的食品、药品、工程等安全问题,无不是缺乏诚实劳动的恶果。

社会主义诚信价值观要求人们真诚待人对己。社会交往是人的本质体现。诚信要求人们在社会交往中,真诚待人求实不骗人;坦诚对己不自欺;反对虚伪和欺骗。因此,诚信是忠于本心、真实无妄的态度和品行。中国目前的政治、经济、文化发展,都面临与"虚假"与"失信"做斗争的任务。有真实才会有真理;按照真实要求为人做事,即为人实在、实诚,才会有好的工作作风和社会风气;人们唯有信守约定、践行承诺,才会心里踏实,具有安全感、信任感和幸福感。

诚信价值观要求人们恪守约定。行为预期是社会的稳压器。诚信要求人们遵守诺言、契约、制度,反对毁约和违背制度的行为。诺言、契约和制度,是人类防止人的行为任意性而破坏社会秩序的保护器。公民恪守约定,既包括由人们自己承诺而引发的特定权利和义务关系,也包括国家法律、法规、政令、规章制度等而形成的普遍权利与义务关系。破坏法律制度本身在一定意义上,也是一种毁约失信行为。

## 三 培育和践行社会主义诚信价值观的原则与着力点

我国社会诚信建设,既要反思传统诚信道德的局限性,契合现代社会的需要注重诚信的制度建设,也要避免西方信用制度的片面"移植"倾向,注重诚信道德教化。为此,社会主义诚信价值观的培育,需要坚持德法共治原则,注重诚信道德与法律制度的有机结合。培育社会成员的诚信价值观，要发挥好道德与法律功能的互补作用。道德治人心，法律治人行。只有人心与人行共治，才能使诚信内化于心，外化于行。深化诚信道德教育，增强社会成员对诚信道德价值原则的正当性、规范性的认知、认同和信服，促使人们形成诚信道德信念与良心，形成"有耻且格"的诚信德性；发挥法律制度的惩戒作用，严厉制裁欺诈、投机、违约等悖德行径，形成守信与失信的奖罚制度，促进社会成员形成诚信的规则意识和行为，最终实现诚信德性内规与制度伦理外治的有机结合，使诚实守信成为人们的一种心灵状态、行为习惯和生活方式。

正确处理好传统诚信优良文化的承继与西方信用法律制度的借鉴问题。诚信是中华民族自本自根的传统道德文化的精华，其道德本体论的诚信观、义理诚信观、信义诚信观、德性诚信观等，是中国特质的诚信文化。现代公民诚信价值观的培育，既要汲取我国传统优良诚信文化的精髓并与时代精神相融合，又要从发达国家借鉴良好的信用法律制度。要注重对我国传统诚信道德资源的开发与利用，要注意西方信用法律制度与我国国情的结合，避免西方信用法律制度的单纯"移植"现象。

建立和完善社会信用法律体系，为诚信道德构建制度保护屏障。遏制诚信危机，营造"守信"、"用信"的社会环境，需要在加强诚信思想道德教育的同时，建立健全诚信激励约束的长效机制。第一，完善保护诚信的法律制度，加大对欺诈失信行为的惩戒力度。在"工具理性"盛行的市场经济社会，需要对欺诈失信行径实施重典治理。为此，我国需要对《刑法》、《民法通则》、《食品安全法》、《消费者权益保护法》等涉及诚实信用、欺诈方面的法律条文进行修订。一是加大对失信主体民事、行政和刑事责任的一次性直接处罚力度，形成对各类欺骗失信投机牟利行为的严厉惩治，做到违者必究，让欺诈失信者付出惨痛代价而不敢投机牟利，使失信受罚的教训成为其一生的"警钟"；二是修订笼统条款，使法律规范明确、具体，易于操作，避免"自由裁量权"的滥用，减少"选择性执法"的空间。第二，加快制定信用信息公开和传播方面的法律制度，发挥失信不良记录的惩戒作用。我国亟须建立"不动产统一登记制度、公民统一社会信用代码制度和法人统一社会信用代码制度"，加快制定信用信息公开法，使企业和个人的信用信息能够依法采集、评级、披露和使用。利用信用信息的传散性，使企业或个人欺诈失信的不良信用记录普遍公开和广泛传播，让不良信用记录见阳光，使失信者无法换地行骗、无处躲藏、到处碰壁，形成个人或企业的诚信记录与利益的联动，真正使"诚信记录"对投机失信企图和行为构成利益钳制。第三，建立信用记录广泛使用制度。公民诚信道德的养成、社会诚实守信道德风尚的形成，需要营造"处处用信用、时时讲信用"的社会氛围。借鉴西方发达国家的"诚信通行证"制度，尽快在我国商业、租赁、就业等交互行为密集的领域，通过在办事程序中设置信用关卡，大力推广使用信用记录，让企业和个人的信用记录对他们的未来利益发生重要影响。只有"让个人信用报告成为公民的第二身份证"，才能依靠全社会力量排挤失信者，真正使"失信者寸步难行"。完善黑名单制度，让"黑心商人"、"借钱不还的老赖"、"自摔讹人者"形成不良记录，影响其当下和今后的生活。让信用记录伴随人的一生，成为人们的一种生存力和发展力。

构建信用信息共享机制，逐步消除"信息孤岛"。政府要以身作则，积极推进政务公开，依法公开在行政管理中掌握的信用信息，改变当前不同系统和部门之间信用信息的分割状态，促进社会征信系统的数据共享与交互促进。逐步由同业征信过渡到联合征信。从采集银行信息起步，逐渐向其他信用领域延伸，实现不同领域的联合征信。社会信用信息互联互通共享，依法使各类社会主体信用状况公开透明和可核查，铲除欺骗毁约牟利的土壤，是遏制欺诈失信投机行为有效的撒手锏。

开展生活化的针对性诚信教育，避免诚信道德教育的空洞化。诚信教育，要贴近人们的社会生活，把诚信道德的说理性、规范性教育寓于人们的日常生活中。围绕诚信方面的法律规定、信贷业务、信用卡办理、信用消费、职业发展等，开展广泛的诚信法律和信用知识的普及教育，避免人们因对信用的无知而客观失信。教会人们在信用经济时代，如何使用和维护"信用"为自己生活服务，增强自己的社会生存能力。要根据不同社会人群诚信面临的实际问题及道德接受能力的差异性，善于运用不同类人群喜闻乐见的方式，开展切合人们思想实际的诚信道德教育；对社会中普遍存在的诚信道德两难选择问题，开展针对性的理论分析和多种形式的社会讨论，注重培养人们的道德判断力和选择能力。

讲好古代诚信故事，宣传好现代诚信道德楷模。系统开发和充分利用我国古代优良诚信道德文化资源，完善中华优秀传统诚信文化教育。萃取古代诚信思想的精华，联系现实并结合时代精神作出通俗易懂的当代表达；传诵古代脍炙人口的诚信故事，使之妇孺皆知，深入人心，弘扬我国的"信义诚信"道德精神；发挥好家规、家训、家风、家教的教化、濡化作用，从小培养人们的诚信品行。社会要大力宣传诚信道德模范真实而感人的事迹，营造良好的社会道德氛围，发挥好道德楷模的道德示范作用和道德价值的传递功能，增强诚信道德模范的社会辐射力。因为每个成员都具有社会学习能力，他人良好的道德行动，会通过观察、模仿等社会学习，熏染受教育者。宣传好现代诚信楷模，增强社会道德正能量。道德楷模，是以行动注解的道德。当代社会涌现出的诚信道德模范，是人们身边零距离的道德标杆，具有无言的道德说服力。

注重人格化组织的诚信道德建设。培育和践行社会主义诚信价值观的主体，绝不只是社会个体，也包括各种人格化的社会组织，尤其是政府和企业。政府诚信是整个社会诚信的风向标、定盘星，企业诚信是社会的基础。政府、企业等组织诚信缺失，会直接消解社会个体的诚信道德信念和意志。组织的道德败坏对社会的破坏性是巨大的，是不容忽视的。应该说，社会主义诚信价值准则，既是社会成员的个人行为原则，也是政府、各类社会组织的行为原则。从事职业活动的社会成员，都分属于不同的社会组织，组织对内对外是否遵守诚实信用原则以及是否形成诚信的工作氛围，直接影响社会成员个人诚信信念和品行的形成。在很大程度上，社会主义诚信价值观培育的场域是职场。

（本文作者为首都师范大学　王淑芹）

# 培育和践行社会主义核心价值观的战略路径

党的十八大报告号召我国社会各界大力培育和践行社会主义核心价值观,这不仅标志着党中央对社会主义核心价值观的理论认识达到了新高度、新水平和新境界,而且意味着我国社会各界对社会主义核心价值观的培育和践行应该进入新视野、新平台和新阶段。当代中华民族在建设中国特色社会主义的伟大实践中逐步形成了以"社会主义核心价值观"为核心内容的价值共识,这是当今中国社会的一个重大进步,但它仅仅意味着当代中华民族在培育和践行社会主义核心价值观的"长征"中迈出了值得肯定的第一步。我们可以在改革开放的30多年时间里提出社会主义核心价值观,但我们可能需要上百年,甚至更多的时间,才能很好地培育和践行社会主义核心价值观。社会主义核心价值观的培育和践行是一项必须持久用心、持久用功、持久用力的社会工程。要完成这一工程,我们还有大量的工作要做,还有很长的路要走,可谓任重而道远。

## 一 我国培育和践行社会主义核心价值观的现状

"一个国家的文化软实力,从根本上说,取决于其核心价值观的生命力、凝聚力、感召力。"[①] 正因为如此,每一个重视文化软实力建设的国家都会重视核心价值观的培育和践行。

当今中国更需要核心价值观的引领。改革开放30多年,我国在推进中国特色社会主义建设事业方面成就斐然,但也遭遇了许多新的难题。例如,经济体制改革解放了我国生产力,带来了空前丰富的物质财富,极大

---

① 习近平:《习近平谈治国理政》,外文出版社2014年版,第163页。

地提高了广大人民群众的物质生活水平，但同时也造成了物欲横流现象日趋严重的问题。在当今中国，物欲横流现象通过唯利是图的经济行为、贪污腐败的政治行为、陶醉于高消费的文化行为等形式表现出来，可谓五花八门。又如，在自由、民主等社会价值在当今中国得到越来越多实现的同时，很多人的利己主义价值观也日益膨胀。他们对个人利益斤斤计较，却很少考虑或根本不关心国家和社会的整体利益。这些难题的出现不仅说明改革开放的不断深化必然推动我国社会发生深层次的观念变化，而且说明我国改革开放的真正困难是改造人们的思想观念。我国改革开放事业的成败最终是以人们的思想观念被改造的程度为最高衡量标准的。当今中国需要支持全面深化改革开放的思想观念，更需要能够反映或代表中国社会发展趋势的道德价值观念。党中央大力倡导、培育和践行社会主义核心价值观正可谓顺应时代大势之举，反映党心、国心和民心之举，具有不容忽视的时代意义和价值。

社会主义核心价值观是当代中国价值观念的核心内容，反映中国特色社会主义的核心价值取向和价值导向，因此，它理应受到我国社会各界的高度重视。党中央提出培育和践行社会主义核心价值观的倡导之后，我国社会各界掀起了培育和践行社会主义核心价值观的热潮，研究社会主义核心价值观的理论文章大量涌现，宣传社会主义核心价值观成为宣传部门的工作重点，传播社会主义核心价值观成为媒体的最重要使命，学习社会主义核心价值观则成为企事业单位开展思想道德建设的必有内容，这些事实说明培育和践行社会主义核心价值观在当今中国确实受到了社会各界的普遍重视，但它们并不意味着社会主义核心价值观已经在当今中国得到很好的培育和践行。由于社会主义核心价值观的培育和践行目前还处于起步阶段，下列问题的存在就是情理之中的事情。

第一，对社会主义核心价值观的认知缺乏广泛性的问题。人们对每一个新事物的认知都需要时间。时间不够，则认知不深。由于社会主义核心价值观出台时间不长，人们对它的认知还必须受到时间的检验。在当今中国，人们认知社会主义核心价值观的实际情况是：许多人不完全熟悉社会主义核心价值观的内容，少数人对社会主义核心价值观的内容还十分陌生，极少数人甚至对社会主义核心价值观毫不知情。

第二，对社会主义核心价值观的价值认同明显偏低的问题。这是与第一个问题紧密相关的问题。由于对社会主义核心价值观缺乏认知,广大社会公民对社会主义核心价值观的价值认同目前还处于偏低水平,有些人甚至对社会主义核心价值观采取盲目排斥和拒绝的态度。

第三,对社会主义核心价值观的捍卫和维护勇气不足的问题。由于对社会主义核心价值观缺乏深刻认知和价值认同,许多人缺乏维护和捍卫社会主义核心价值观的道德勇气,不敢做社会主义核心价值观的捍卫者,更不敢与违背社会主义核心价值观的思想和行为作坚决斗争。

第四,对社会主义核心价值观的信念严重偏低的问题。因为对社会主义核心价值观的认知、认同和维护勇气不到位,有些人对社会主义核心价值观的主要内容、存在价值、社会功能等抱持怀疑主义态度,不相信社会主义核心价值观能够引领中国社会的发展。

第五,对社会主义核心价值观的行为落实不到位的问题。社会主义核心价值观必须落实到行为上才是现实的。由于缺乏培育和弘扬社会主义核心价值观的认知基础、认同态度、道德勇气和坚定信念,有些人对社会主义核心价值观的培育和践行仅仅停留在"空谈"层面,空喊培育和践行社会主义核心价值观的口号,但不愿意将社会主义核心价值观转化为实际行为。

第六,对社会主义核心价值观的宣传和教育简单粗糙、不切实际和缺乏说服力的问题。宣传部门和教育界的一些人把社会主义核心价值观的培育和弘扬做简单化处理,简单地强调"知"和"行"的统一,不关注和研究个人情感、意志、信念等主观因素对社会公民践行社会主义核心价值观的过程的深刻影响,因而使相关的宣传和教育工作简单粗糙、不切实际和缺乏说服力。

上述问题的存在说明我国培育和践行社会主义核心价值观的工作离成功的目标还有非常遥远的距离。对此,我国社会各界需要有深刻认识。社会主义核心价值观的培育和践行并不是可以一蹴而就的易事,因此,我们需要有打"持久战"的战略思想,即需要有持久发力、持久用功的思想观念。社会主义核心价值观是当代中国价值观念的核心内容,但它们转化为我国公民道德价值观念的过程需要在时间中慢慢推进,它考验我们的智慧、意志和耐心。

## 二 培育和践行社会主义核心价值观
## 　　需要落实的五个工程

中国人具有强调"知行合一"的伦理思想传统。"知"指的是人的道德意识或道德知识;"行"指的是人的道德行为或道德实践。一个人可以化"知"为德,从而具有"知德";也可以化"行"为德,从而具有"行德"。"知行合一"意指,完整的道德是人的道德意识与道德行为的有机结合、贯通、融合和统一。这集中体现在王阳明的伦理思想中:"知之真切笃实处,即是行;行之明觉精察处,即是知,知行工夫本不可离。……真知即所以为行,不行不足谓之知,……"① 在王阳明看来,一个人的道德意识或道德知识蕴含着他的道德行为或道德实践状况,他的道德行为或道德实践则反映着他的道德意识或道德知识状况,两者相互结合、相互贯通、相互融合、相互支持。

强调"知行合一"的中国伦理思想传统对我们认识、理解和把握人类道德生活的路径具有启发意义,但它提供的路径是粗略的。人类道德生活不是从"知"到"行"所形成的一条直线,其间还存在"情""意"和"信"三个环节。"情"是指人的道德情感,它反映一个人对道德是否价值认同或热爱的情感态度。如果一个人能够化"情"为德,则他具有"情德"。"意"是指人的道德意志,它反映一个人是否具有维护和捍卫道德的坚强意志和道德勇气。如果一个人能够化"意"为德,则他具有"意德"。"信"是指人的道德信念,它反映一个人是否相信道德的实在性和真理性的事实。如果一个能够化"信"为德,则他具有"行德"。完整的道德不是"知德"和"行德"的简单统一,而是"知德""情德""意德""信德"和"行德"的有机整合和统一。

社会主义核心价值观属于道德价值观念的范围,因此,它们的培育和践行问题实质上是一个道德建设问题。具体地说,它实质上是一个如何将社会主义核心价值观转化为公民道德价值观念的问题。社会主义核心价值观是一系列道德原则,也是一系列道德价值目标,反映着中国特色社会主

---

① (明)王阳明:《传习录》,张怀承 注译,岳麓书社 2004 年版,第 127 页。

义的内在道德要求；因此，它在内容构成上必然涵盖"知德""情德""意德""信德"和"行德"五个方面。要培育和践行社会主义核心价值观，我们所要做的工作也必然由五个"工程"构成，即：

一是"认知"工程。

要培育和弘扬社会主义核心价值观，必须首先引导广大社会公民深入感知和熟悉社会主义核心价值观的内容构成和内涵要义，以对社会主义核心价值观形成必要的道德知识涵养。这是让社会主义核心价值观"入脑入心"的工程，它的根本目的是要推动社会公民培养知道、熟悉和了解社会主义核心价值观的"知德"。

培育和践行社会主义核心价值观的首要环节是落实"认知"工程。必须推动广大社会公民对社会主义核心价值观形成深刻的认知；否则，它们对社会主义核心价值观的培育和践行就无从谈起。"认知"不仅意味着人们能够记住或记忆社会主义核心价值观的内容，而且意味着他们能够比较深入地认识、理解和把握社会主义核心价值观的存在价值和社会功能。推动广大社会公民深刻认知社会主义核心价值观的过程，实际上是一个推动他们建构和确立关于社会主义核心价值观的道德知识的过程。

二是"情感"工程。

熟悉、懂得和了解社会主义核心价值观是社会公民培育和践行社会主义核心价值观的一个必要条件，但具备这一条件的人并不一定会热爱社会主义核心价值观。只有推动广大社会公民对社会主义核心价值观形成真挚的情感，即推动他们从内心深处热爱社会主义核心价值观，社会主义核心价值观才能真正得到他们的价值认同。发乎情，才能见诸行。要培育和践行社会主义核心价值观，必须从"情感"上发力，即必须引导广大社会公民培养热爱和认同社会主义核心价值观的"情德"。

落实"情感"工程是培育和践行社会主义核心价值观的一个重要环节。如果对社会主义核心价值观缺乏必要的价值认同或热爱，人们就不可能从内心深处形成培育和践行它的动机。纵然他们可能因为受到某些外来强制而培育和践行社会主义核心价值观，他们也完全可能因为缺乏内在动机而难以长久地坚持。社会主义核心价值观的培育和践行需要建立在人们热爱它的真挚情感基础之上。

三是"意志"工程。

培育和践行社会主义核心价值观还需要建立在社会公民的坚强道德意志基础上。只有那些具有坚强道德意志的社会公民才能真正向往、尊重和践行社会主义核心价值观。要卓有成效地培育和弘扬社会主义核心价值观,必须推动广大社会公民培养勇于捍卫社会主义核心价值观的坚强意志和道德勇气,必须引导他们培养敢于拥护和维护社会主义核心价值观的"意德"。

落实"意志"工程是培育和践行社会主义核心价值观不可逾越的一个必要环节。社会主义核心价值观的培育和践行考验人们的道德意志和道德勇气。在需要捍卫社会主义核心价值观的语境下,拥有坚强道德意志和道德勇气的人会勇往直前,甚至义无反顾,而没有坚强道德意志和道德勇气的人往往会犹豫不决,甚至会退缩逃避。

四是"信念"工程。

信念是一种强大精神力量,是推动人们行动的强大精神动力。当今中国社会的发展需要社会主义核心价值观的引领和导航。只有深刻认识这一点,广大社会公民才能对社会主义核心价值观形成坚定的道德信念,才能形成坚信社会主义核心价值观的"信德"。

落实"信念"工程是培育和践行社会主义核心价值观的一个紧要环节。只有推动广大社会公民相信社会主义核心价值观的真理性、存在价值及其对我国社会发展的价值引领作用,我们才能推动他们形成关于社会主义核心价值观的道德信念。要达到这一目的,关键是要培育和建设好社会主义核心价值观,要努力使之成为人们可以相信、愿意相信和值得相信的道德价值观念。

五是"行为"工程。

"行为"是我们培育和弘扬社会主义核心价值观的落脚点。要培育和弘扬社会主义核心价值观,必须推动广大社会公民将他们对社会主义核心价值观形成的深刻认知、真挚情感、道德勇气和坚定信念外化为具体行为,必须引导他们培养能够切实践行社会主义核心价值观的"行德"。

落实"行为"工程是培育和践行社会主义核心价值观的最后一个环节,也是具有决定意义的一个环节。只有完成这一环节,社会主义核心价值观才能完全现实化。仅仅停留于"知""情""意""信"层面的社会主义核心价值观是空洞的，甚至可能是伪善的。只有经过化"行"为"德"的环节，社会主义核心价值观的培育和践行才能得到现实化。

社会主义核心价值观的培育和践行是我国社会各界的共同使命。这不仅意味着我国社会各界需要齐心协力才能完成它，而且意味着我们必须在"知""情""意""信"和"行"五个方面用心、用功、用力才能落实它。只有将社会主义核心价值观全面转化为广大社会公民的"知德""情德""意德""信德"和"行德"，我们致力于培育和践行社会主义核心价值观的工程才算成功。我们培育和践行社会主义核心价值观的理想目标应该是：广大社会公民知道它，认同它，捍卫它，相信它，并愿意将它外化为具体的行为。

## 三　培育和践行社会主义核心价值观的战略路径

作为一项社会系统工程，社会主义核心价值观的培育和践行具有不容低估的复杂性，但这并不意味着我们不可能找到完成它的战略路径。深入揭示和分析我国培育和践行社会主义核心价值观的现状，并在此基础上将培育和践行社会主义核心价值观的工作路线图勾画为五个工程，这些努力有助于我们寻找培育和践行社会主义核心价值观的战略路径。

在培育和践行社会主义核心价值观的问题上，我们必须抓住一个核心任务，搭建两个大平台，重点建设三种道德，正确认识和处理四种关系。

第一，抓住一个核心任务。

社会主义核心价值观的培育和践行涉及多种多样的任务，因此，能否抓住其中的核心任务就显得至关重要。由于社会主义核心价值观本质上属于道德价值观念的范围，如何将社会主义核心价值观转化为公民道德修养就是我国培育和践行社会主义核心价值观的核心任务。具体地说，它就是要把社会主义核心价值观转化为我国社会公民的道德知识、道德情感、道德意志、道德信念和道德行为。只有紧紧抓住这一核心任务，我们才能充分尊重社会主义核心价值观属于道德价值观念的事实，也才能真正找到培育和践行社会主义核心价值观的工作内容、工作方法和工作规律。

社会主义核心价值观在当代中国价值观念中居于核心地位。作为当代中国价值观念的最重要内容，社会主义核心价值观的培育和践行只能遵循非强制性原则。社会主义核心价值观不是强制性法律规范，因此，它的培育和践行不能基于任何形式的强制手段。非强制性原则要求我们在培育和践行社会主义核心价值观的过程中只能采取讲道理的劝导方式。"劝导"是一个人让另外一个人接受某种道德价值观念的唯一有效途径。如果他的"劝导"不成功，则他应该张扬"包容"的美德，即容忍后者具有与其不同的道德价值观念。为了培育和践行社会主义核心价值观，我们无疑需要尽最大努力来凝聚价值共识，但由于不能诉诸任何强制手段，我们只能逐步推进，切忌急于求成的做法。

第二，搭建两个大平台。

一是必须搭建社会主义核心价值观的教育大平台。教育是人类社会传播道德价值观念的一个有效途径。要有效培育和践行社会主义核心价值观，教育平台必不可少。只有充分发挥教育传播道德价值观念的功能，我们才能将培育和践行社会主义核心价值观的具体工作纳入国民教育的整个过程中。具体地说，我们才能将社会主义核心价值观纳入国民教育的总体规划，并使之贯穿于基础教育、高等教育、职业技术教育、成人教育等各个教育领域。我们建构全方位推进社会主义核心价值观的教育大平台的根本目的是为了让广大社会公民有深入感知和熟悉社会主义核心价值观的机会。

搭建上述教育大平台的关键是必须有一支高素质的教师队伍。教师教书育人，授业解惑；因此，他们必定是我国培育和践行社会主义核心价值观的一支重要力量。教师具有培育和践行社会主义核心价值观的光荣使命。要完成这一光荣使命，教师必须具有关于社会主义核心价值观的"知德""情德""意德""信德"和"行德"；否则，他们对社会主义核心价值观的教育完全可能流于肤浅、空洞和无效。

二是必须搭建社会主义核心价值观的媒体大平台。媒体的一个主要功能是宣传和传播道德价值观念，因此，我们应该充分发挥大众媒体的宣传功能，把培育和践行社会主义核心价值观的工作纳入广播电视、报纸杂志、网络建构等媒体制作工程，使之成为大众媒体的必要内容。建构推进社会主义核心价值观宣传的媒体大平台，旨在让广大社会民众通过公益广告、影视作品、报刊文章、网络信息等途径加深对社会主义核心价值观的认知。

要搭建社会主义核心价值观的媒体大平台，关键是必须建设一支高素质的媒体队伍。在当今中国，宣传社会主义核心价值观是媒体人员的道德责任。为了履行这一责任，媒体人员应该深入认知社会主义核心价值观，真诚地认同社会主义核心价值观，勇敢地维护社会主义核心价值观，坚定地相信社会主义核心价值观的存在价值，并愿意将社会主义核心价值观见诸行动；否则，他们就难以成为培育和践行社会主义核心价值观的可靠力量。

第三，重点建设三种道德。

一是官德。领导干部是广大人民群众眼中的"父母官"，他们的一言一行在社会上具有"上行下效"的社会效应；因此，他们必须率先垂范，带头培养以践行社会主义核心价值观为主导的官德。

二是师德。教书育人是教师的神圣职责，教师的一举一动会对整个社会产生不容忽视的示范作用；因此，他们必须为人师表，在培育和践行社会主义核心价值观方面发挥模范带头作用，培养以践行社会主义核心价值观为主导的师德。

三是青少年道德。一个国家的长远发展必须依靠青少年。青少年是我国社会发展的未来希望，也是我们培育和践行社会主义核心价值观的未来希望，因为他们的道德价值观念状况决定着未来中国社会的价值取向和道德状况。另外，青少年处于道德价值观念形成和确立的年龄阶段，他们往往是西方资本主义国家进行"和平演变"的重点对象；因此，能否引导他们自觉培育和践行社会主义核心价值观就具有特别重要的长远意义。

上述三种道德是我们观察、了解和把握当今中国道德状况的风向标或晴雨表，也是我们观察、了解和把握社会主义核心价值观在当今中国的培育和践行状况的风向标或晴雨表。一个社会的道德状况主要通过它的官德、师德和青少年道德状况来标示。如果一个社会官德昌明、师德光辉、青少年道德阳光向上，它的整体道德状况一定是比较好的；相反，如果一个社会官德败坏、师德不彰、青少年道德阴暗，它的整体道德状况一定堪忧。正因为如此，要在当今中国培育和践行社会主义核心价值观，我们必须重视官德、师德和青少年道德建设。在当今中国，领导干部、教师和青少年是培育和践行社会主义核心价值观的三种主要道德主体。

第四，正确认识和处理四种关系。

如何培育和践行社会主义核心价值观是我国在推进中国特色社会主义事业的过程中遭遇的一个重大问题，但这并不意味着该问题的出场仅仅与当今中国社会的状况有关。它与中华民族的道德记忆有关，与中华民族的传统美德有着千丝万缕的联系。它与当代中华民族的现实生活相关，与当代中华民族的道德生活状况有着不可切割的关联性。它还与中华民族的未来理想有关，预示着中华民族的未来道德生活前景。社会主义核心价值观建立在中华民族的道德记忆、现实生活和未来理想基础之上。

我们培育和践行社会主义核心价值观的工作需要建立在过去、现在和未来相互贯通的基础之上。我们既应该"不忘本来"，也应该立足于现实，还应该放眼未来。要做到这一点，我们在当下应该正确认识和处理四种重要关系。

一是社会主义核心价值观与中华传统美德的关系。在努力培育和践行社会主义核心价值观的过程中，我们不能武断地割裂社会主义核心价值观与中华传统美德的内在关联。中华传统美德源远流长，其中包含大量积极成果，是我们培育和践行社会主义核心价值观不可缺少的历史基础和思想资源。

中华传统美德是中华文化的精髓，是中华文化软实力的历史根基，是中华民族确立文化自信必不可少的强大动力，是中华民族自立于世界民族之林的重要精神资本。为了很好地培育和践行社会主义核心价值观，我们必须从丰富深厚的中华传统美德中吸取思想资源和养分，必须用中华民族在传统社会形成的深厚道德智慧来助推社会主义核心价值观的培育和践行，以使中华民族对崇高道德生活的向往、追求和实践能够不断得到延续。我们对社会主义核心价值观的培育和践行必须包含当代中华民族继承和发展中华传统美德的内容。

二是社会主义核心价值观与社会生活现实的关系。社会主义核心价值观的现实来源是当代中华民族的道德生活经验。社会主义核心价值观来源于当代中华民族的社会生活中，又能够引导他们的社会生活。培育和践行社会主义核心价值观的工作不能脱离社会生活现实，因此，我们必须在培育和践行它们的过程中狠抓落细、落小、落实的工作，必须切实将它们贯穿于社会生活的方方面面，必须借助于教育引导、舆论宣传、文化熏陶、实践养成、制度保障等多种多样的途径将它们内化为广大社会公民的道德生活追求。

当代中华民族的社会生活并不是铁板一块。它不仅存在物质生活水平的人际差异，而且存在精神生活水平的人际差异；因此，在培育和践行社会主义核心价值观方面，我们一方面要致力于推动所有人做社会主义核心价值观的认知者、热爱者、捍卫者、信仰者和践行者；但另一方面也要允许不同的人在不同的层面和不同的水平上认知、热爱、捍卫、信仰和践行社会主义核心价值观。

三是社会主义核心价值观与社会主义道德的关系。推进社会主义道德建设是我国在社会主义阶段推进国家发展和社会进步的重要基础和长期使命。社会主义核心价值观的培育和践行是社会主义道德建设的核心内容；因此，在致力于培育和践行社会主义核心价值观的过程中，我们必须高度重视如何认识和处理社会主义核心价值观与社会主义道德的关系问题。

社会主义核心价值观是社会主义道德文化和社会主义文化软实力的灵魂。能否成功培育和践行社会主义核心价值观是标示我国社会主义道德建设成败的最重要标志。可见，社会主义核心价值观的培育和践行不能脱离我国推进社会主义道德建设的社会背景，社会主义道德建设也不能脱离我国培育和践行社会主义核心价值观的时代语境。

四是社会主义核心价值观与中国特色社会主义前景的关系。社会主义核心价值观的培育和践行状况事关中国特色社会主义事业的未来前景，因为社会主义核心价值观是当代中华民族在致力于建设中国特色社会主义的过程中逐步形成的一个价值观念体系，它反映的是中国特色社会主义的内在道德要求，并从根本上决定着中国特色社会主义的核心价值取向和价值导向。

社会主义核心价值观不仅要为中国特色社会主义的"今天"提供核心价值取向和价值导向，而且要为它的"明天"提供不可或缺的价值护航。中国特色社会主义的价值既在于它能够在"现在"推动我国社会的发展和进步，也在于它能够在"未来"为我国社会的长远、可持续发展提供价值保证。建设中国特色社会主义对于当代中华民族来说是一个长期工程，培育和践行社会主义核心价值观也是一项需要当代中华民族不断推进的一个社会系统工程。社会主义核心价值观的培育和践行具有复杂性、长期性和艰巨性，但它具有历史意蕴、现实价值和长远意义。

（本文作者为湖南师范大学道德文化研究院　向玉乔）

# 培育和践行社会主义核心价值观的主要道德阵地

社会主义核心价值观是当代中华民族在推进中国特色社会主义建设事业的过程中逐步形成的道德价值观念体系,它反映的是中国特色社会主义的内在道德要求,它的培育和践行也需要借助于社会主义道德建设的途径才能得到实现。培育和践行社会主义核心价值观无疑是一项社会系统工程,它的工作重点是必须将社会主义核心价值观融于三种主要道德的建设过程中。它们是官德、师德和青少年道德。本文称之为培育和践行社会主义核心价值观的三个主要道德阵地。

## 一 培育和践行社会主义核心价值观的官德阵地

培育和践行社会主义核心价值观的首要道德阵地是官德。所谓官德,在中国传统社会,是指政府官员的道德修养状况;在当今中国,是指领导干部的道德修养状况。

什么是领导干部的道德修养?它是领导干部应有的职业道德涵养。领导干部是一种职业,与这种职业相关的道德就是官德。与师德、医德、商业道德等道德形式一样,官德是一种职业道德,只不过它是一种仅仅适用于领导干部的职业道德。在人类社会,有多少种职业,就有多少种职业道德。每一种职业都有与之相适应的道德要求。"领导干部"这一职业也不例外。

官德历来受到人类社会的重视。中国儒家伦理思想尤其强调,为官者必须首先修身,修身重在修德,修德是齐家治国平天下的根本所在。正如

《大学》所强调的那样:"自天子以至于庶人,壹是皆以修身为本。"① 其意为,上至皇帝,下至普通老百姓,都是以修身修德作为根本的。儒家伦理思想还强调,修身修德是为官者获得百姓支持的必要条件。孔子说:"为政以德,譬如北辰,居其所而众星共之。"② 其意指,如果政府官员能够以德行政,他们就会得到老百姓的普遍支持,这就好比北极星受到众多星辰拱卫的情况。在当今中国,党中央更是强调领导干部修德的重要性。习近平同志指出:"好干部的标准,大的方面说,就是德才兼备。"③ 显然在习总书记看来,衡量一个好干部的标准是德才并进,但德在先,才在后。

官德的重要性还在于,领导干部的道德修养状况能够在社会上产生广泛而有力的示范作用。在一个国家里,领导干部是国家公共权力的主要掌控者和运用者,并且能够在很大程度上主导国家的政治生活,因此,他们实际上充当着国家治理的中坚力量。正因为如此,领导干部在任何一个国家中的地位都是比较显赫的,担任领导干部也很容易成为国家公民普遍追求的人生理想。在官本位观念严重的社会里,领导干部甚至是绝大多数人羡慕和崇拜的对象,担任领导干部也被普遍视为最荣耀的事情。由于在国家生活中占据十分显要的位置,领导干部的所思所想和所作所为不仅容易成为广大社会公民关注的焦点,而且会对他们的行为产生上行下效的示范作用。一个国家的道德状况往往首先与它的官德状况有关。一般来说,如果一个国家的官德状况比较好,它的整体道德状况也比较好;反之,如果一个国家的官德状况比较差,它的整体道德状况也一定比较差。如果说每一个国家的发展都需要以道德建设为基础,那么,它进行道德建设的首要任务就是必须狠抓官德建设。

当今中国正在同时实施以德治国和依法治国的方略。要有效实施这两种方略,领导干部的角色和作用是关键。2015年2月2日,习近平在省部级主要领导干部学习贯彻十八届四中全会精神全面推进依法治国专题研讨班的开班式上就曾经旗帜鲜明地指出,各级领导干部在推进依法治国方

---

① 《大学·中庸》,颜培金、王谦注译,崇文书局2009年版,第14页。
② (春秋)孔子:《论语》,外语教学与研究出版社1998年版,第12页。
③ 习近平:《习近平谈治国理政》,外文出版社2014年版,第412页。

面肩负着重要责任，全面依法治国必须抓住领导干部这个"关键少数"。事实上，领导干部不仅是我国依法治国的"关键少数"，而且是我国以德治国的"关键少数"。无论是推进法治，还是推进德治，领导干部都是举足轻重的中坚力量。只有在领导干部能够发挥模范带头作用的前提下，我国的法治和德治方略才能取得实际效果。

培育和践行社会主义核心价值观是我国实施以德治国方略的最重要环节，也是我国在改革开放时代推进官德建设的最重要环节。要实现以德治国的方略，关键是要借助于社会主义核心价值观来明确引导国家发展、社会建设和公民行为的道德价值目标，但要达到这一目的，最重要的是必须首先将社会主义核心价值观内化为领导干部的道德价值观念。领导干部是当今中国进一步推进改革开放和中国特色社会主义事业的组织者和领导者，他们培育和践行社会主义核心价值观的状况对整个社会起着不容忽视的示范和导航作用；因此，他们也应该充当培育和践行社会主义核心价值观的先锋队。可以说，社会主义核心价值观能否培育好，关键要看领导干部；社会主义核心价值观能否践行好，关键也要看领导干部。

要在培育和践行社会主义核心价值观方面发挥模范带头作用，领导干部的主要道德责任是必须用好他们手中的公共权力。领导干部都是掌握着一定国家公共权力的人，因此，衡量领导干部道德操守的最重要标准是看他们能否合理运用其掌握的权力。一些领导干部将他们手中掌握的国家公共权力视为私人权力，以权谋私，为所欲为，从而沦为贪污腐败分子，并且给国家和社会的发展带来巨大危害。要推动领导干部培育和践行社会主义核心价值观，就必须推动他们树立和践行用权为民、用权养民、用权利民、用权惠民的道德价值观念。如果领导干部不能树立和践行这些道德价值观念，他们就不能为建设富强、民主、文明、和谐的国家做贡献，不能为建设自由、平等、公正、法治的社会做贡献，也不能为培养爱国、敬业、诚信、友善的公民做贡献；相反，他们不仅很可能作为国家和社会的败坏者而存在，而且很可能作为广大社会公民的坏榜样而存在。

作为当今中国社会的"关键少数"，领导干部应该在培育和践行社会主义核心价值观方面充当先行者、引领者和带动者。正如习近平总书记所说："榜样的力量是无穷的，广大党员、干部必须带头学习和弘扬社会主义核心价值观，用自己的模范行为和高尚人格感召群众、带动群众。"①如果说社会主义核心价值观的培育和践行是一项社会系统工程，那么，它首先应该从领导干部抓起。带头培育和践行社会主义核心价值观是领导干部不可推卸的道德责任。

## 二 培育和践行社会主义核心价值观的师德阵地

培育和践行社会主义核心价值观的另一个重要道德阵地是师德。师德是指教师的道德修养状况。什么是教师的道德修养？它意指教师的职业道德涵养。教师是一种重要职业，并且有相关的职业道德要求。师德就是这种职业道德要求在教师身上得到内化的现实表现。师德的重要性是由"教师"这一职业的存在价值决定的。

人类的生存活动比其他动物的生存活动要复杂得多。这是因为人类必须时刻保持其生存的文明性，而其他动物仅仅需要在本能的驱动下野蛮地生存着。文明是区分人类和其他动物的界限。为了使自身的生存状态具有文明性，人类不仅需要对他们的自然本能进行有意的抑制，而且需要发明道德、法律等各种各样的社会规范来规约他们的行为；或者说，人类必须借助于各种各样的社会规范来阻止他们自己退回到低等动物的野蛮状态。本能的生存是不需要学习的，但文明的生存是需要学习的；因此，人类的生存活动必须建立在学习基础之上。学习是人类生存的一个必要条件，也是人类生存的一个重要内容。要成为文明人，人类必须在学习中锤炼自己的人性。

学习的价值有两个维度。一方面，它能够帮助一代又一代的人类获得人之为人的文明性；另一方面，它为人类的教育活动提供了合理性基础。"教育"总是和"学习"相比较而言的。既然人类必须学习才能作为文明人而生存，教育就是人类不能或缺的一项重要活动。教育是人类为了满足其自身的学习目的而发明的一项活动。人类需要不断开展学习活动，也需要不断开展教育活动。"学习"和"教育"相辅相成，它们不仅共同推动着人类从低级文明走向高级文明，而且催生了人类社会的一种重要职

---

① 习近平：《习近平谈治国理政》，外文出版社2014年版，第164页。

业——教师。教师就是适应人类要求学习和教育的现实需要而产生的一种职业。

教师是人类社会最崇高、最光荣的职业，因为它不仅是联结人类学习活动和教育活动的纽带，而且是保证人类文明得以不断传承的重要桥梁。领导干部主要是通过他们使用国家公共权力的方式来影响人类社会的。与领导干部不同，教师对人类社会的影响主要是通过教育的途径来体现的。在传统社会，教育主要借助于家庭、私塾、社会等形式来进行；在现当代社会，教育主要借助于学校来进行。教师就是专门从事教育工作的人，他们的职责是教书育人。"教书"意指教师具有传授思想、理论和知识的职责；"育人"意指教师还具有塑造人的品格、灵魂和精神的职责。在现实生活中，教师之所以被称为"人类灵魂的工程师"，是因为他们所从事的教育工作能够对受教育者的心灵起到强有力的塑造、净化和提升作用。教师是推动人类社会发展的一支重要力量。正因为如此，教师在人类社会历来具有比较高的社会地位。在中国，甚至一直以来流传着"一日为师终身为父"的说法。

教书育人是教师的道德责任，但并非所有人都有资格来承担这种道德责任。纵观人类社会发展史，只有那些能够真正为人师表的人才有资格成为教师。教师应该有大师风范，而不是"照本宣科"的机器。他们的所思所想和所作所为不仅会对受教育者个人产生巨大影响，而且会对人类社会的发展产生深刻影响；因此，他们既应该成为学问大师，也应该成为品行大师。正如习近平总书记所说："教师要时刻铭记教书育人的使命，甘当人梯，甘当铺路石，以人格魅力引导学生心灵，以学术造诣开启学生的智慧之门。"[1] 教师的光荣在于教书育人的光荣；教师的伟大在于教书育人的伟大。

在当今中国，教师"教书育人"的一个重要使命是必须将社会主义核心价值观教育融于他们的职业活动之中。习近平同志明确指出，社会主义核心价值观"要从娃娃抓起、从学校抓起，做到进教材、进课堂、进头脑"[2]。可见，传播社会主义核心价值观是我国教师的共同使命。要完

---

[1] 习近平：《习近平谈治国理政》，外文出版社2014年版，第175页。
[2] 同上书，第164—165页。

成这一使命，教师不仅应该深入系统地认识、理解和把握社会主义核心价值观的精义和内涵，而且应该成为培育和践行社会主义核心价值观的模范。

要推动教师做培育和践行社会主义核心价值观的模范，就必须进行教师队伍建设。从目前的总体情况来看，我国的绝大多数教师在坚守着"教书育人"的神圣使命，并且努力"为人师表"，因此，他们能够在培育和践行社会主义核心价值观方面发挥表率作用。不过，进入改革开放时代之后，由于物欲横流、唯利是图、贪污腐败等丑陋社会现象对校园形成了巨大冲击，加上师德建设在我国各级学校普遍遭到了严重忽略，教师背德、丧德、失德的现象在我国也呈现出日益严重的态势。

有些教师以工资待遇不好为借口，在教学工作中敷衍塞责。他们不认真备课，不勤于科研，不积极进取，把课堂当成发泄个人情绪的场所。这样的教师对教育事业缺乏真诚的爱，因此，他们不可能在教育工作中表现出应有的乐观精神和奉献精神。他们往往将自己的悲观主义人生态度带进课堂，对学生的成长造成极其严重的消极影响。

有些教师滥用手中的行政权力或学术权力，以权谋私。在当今中国，各级学校均存在比较严重的行政化问题，官本位问题也比较突出，因此，"教师想当官"的现象十分普遍。有些教师不安心于本职工作，千方百计到政府机关或学校谋个一官半职。这样的教师一旦掌握一定的行政权力或学术权力，贪污腐败往往就成为他们的行为特征。

有些教师用实利主义的眼光看待师生关系，唯利是图，将学生当成"摇钱树"来看待。这样的教师将教书育人的神圣职责抛之脑后，以"财"取人，利用教师节、春节、过生日等机会榨取学生的钱财，将师生关系变成纯粹的经济利益关系。

有些教师弄虚作假，剽窃他人学术成果，在社会上产生了极其恶劣的影响。他们急功近利，出于职称晋升、沽名钓誉等目的而置学术道德于不顾，侵犯他人的知识产权，甘愿做学术道德的破坏者和诚信危机的加剧者，从而对我国学术的发展造成非常恶劣的影响。

有些教师在课堂课后不注意自己的言行，胡言乱语，致使教师队伍的整体形象遭受损害。这样的教师要么存在过分推崇西方价值观念的问题，要么存在对我国社会现实缺乏了解的问题，要么存在缺乏社会责任感的问题，要么存在缺乏师德修养的问题，要么存在哗众取宠的问题。

上述问题说明，我们不能想当然地认为教师必定能够充当培育和践行社会主义核心价值观的模范或表率。我国目前所拥有的教师队伍并不是整齐划一的。绝大多数教师尽职尽责，确实堪称"教书育人""为人师表"的楷模，因此，他们能够承担培育和践行社会主义核心价值观的重任；与此同时，我们也不得不承认，由于存在思想道德修养不到位等问题，一些教师并不能在培育和践行社会主义核心价值观方面发挥应有的表率作用。要推动教师做培育和践行社会主义核心价值观的模范或表率，必须将社会主义核心价值观教育作为师德建设的核心任务来加以重视。教师并不是天生就能够教书育人、为人师表的人。与其他人一样，教师需要在不断的学习中才能成长起来。学习也是教师应有的一种美德。教师对社会主义核心价值观的认识、理解和把握也可能存在不深入、不到位的问题。在培育和践行社会主义核心价值观的问题上，教师也需要学习。

与领导干部一样，教师的所思所想和所作所为在社会上也具有不容忽视的示范效应。在现当代社会，几乎所有人都必须经过教师的教育才能成为能够融入社会生活的人才。教师既是绝大多数人的学问导师、知识导师，也是绝大多数人的人生导师、品德导师。正因为如此，要在当今中国很好地培育和践行社会主义核心价值观，我们必须重视师德建设。师德是教师的灵魂，也是教育的灵魂。没有师德支撑的教师不堪为人师表。没有师德支撑的教育只能是腐败堕落的教育。当今中国要完成培育和践行社会主义核心价值观的使命，也应该高度重视"师德"这一道德阵地的建设。

## 三 培育和践行社会主义核心价值观的青少年道德阵地

婴幼儿和儿童是人类没有道德价值观念的年龄阶段，因此，他们没有被要求具有明辨是非善恶美丑的能力。也正因为如此，他们可以随心所欲地哭闹、说话和做事，从而使他们的生活充满着童真、童趣，而成年人并不能对他们进行道德上的指责。"天真无邪"是他们能够免于道德谴责的根本原因。没有道德价值观念的婴幼儿和儿童往往本能地生活着，他们的生活简单而自然、天真而率性、自由而快乐。自由自在是他们的生活特点，也是他们的幸福所在。

青少年时期是人类最有挑战性的年龄阶段。这一年龄阶段的人必须学习适应社会生活的各种知识、技能和手段，必须把绝大部分时间花在学习上面。更重要的是，他们必须逐步培养人类社会所需要的各种道德价值观念；否则，他们的所思所想和所作所为就不能得到社会的认可和接受。可以说，青少年时期是人类逐渐养成道德价值观念并以此作为其最重要生存资本的人生阶段。孔子所说的"不惑之年"（40岁）其实是横亘在青少年和成年之间的一条年龄分界线。青少年以达到"不惑"作为终点，成年人则以"不惑"作为起点。所谓"不惑"，是指人类能够明辨是非善恶美丑的事态；或者说，它指人类能够正确地做出是非判断、善恶判断和美丑判断的事态。

道德价值观念是人类参与社会生活的道德资本，因此，培养道德价值观念的青少年时期往往被视为人类的黄金年龄阶段。这一年龄阶段对于青少年本身来说是最珍贵的，对于人类社会来说也是最珍贵的，因为它预示着青少年未来人生的成败，也预示着人类社会未来发展的成败。对于某个个人来说，只要拥有成功的青少年阶段，他的人生至少成功了一半。对于一个社会来说，只要拥有成功的青少年，它的未来发展就充满着成功的希望。青少年的成功主要在于道德价值观念的成功。正因为如此，任何一个致力于追求可持续发展的国家和社会都会高度重视培养青少年的道德价值观念。

青少年的道德价值观念之所以重要，原因主要有两个：一是因为它们决定着一个国家和社会的未来价值取向，事关一个国家和社会的未来发展前景；二是因为它们处于养成和确立阶段，具有很强的可塑性，能否抓好这一年龄阶段的道德价值观念建设至关重要。正如习近平总书记所说："这就像穿衣服扣扣子一样，如果第一颗扣子扣错了，剩余的扣子都会扣错。人生的扣子从一开始就要扣好。"[①]青少年是一个国家和社会的希望所在，而培养青少年的关键是必须帮助他们养成和树立正确的道德价值观念。只有帮助青少年在人生的关键时期扣好"道德价值观念"这一颗扣子，他们才能步入真正成功的人生道路，也才能真正点燃一个国家和社会的未来希望之火。

---

① 习近平：《习近平谈治国理政》，外文出版社2014年版，第172页。

当今中国要培育和践行社会主义核心价值观，也必须高度重视在青少年中间传播社会主义核心价值观的工作。要在青少年中间传播社会主义核心价值观，就是要鼓励朝气蓬勃的青少年深入系统地了解我国社会发展的未来价值取向，就是要推动他们深入系统地了解当代中华民族正致力于建设什么样的国家、建设什么样的社会、培养什么样的公民，就是要促使他们深入系统地了解当代中华民族精神的精髓，就是要让他们深入系统地了解当代中国价值观念与中国传统价值观念、西方资本主义价值观念的区别。

青少年是我国不断推进中国特色社会主义建设事业的未来希望。中国特色社会主义是必须用社会主义核心价值观武装起来的社会主义。它不仅需要显示与西方资本主义相比较的优势，而且需要展现可持续发展的魅力。在与西方资本主义相比较的过程中，中国特色社会主义的最大优势应该通过它的核心价值观念来体现。在展现可持续发展的魅力方面，只有坚持社会主义核心价值观，中国特色社会主义才能具有最坚实的道德合理性基础。要完成这两大使命，推动青少年培育和践行社会主义核心价值观是题中之意。

需要特别强调的是，由于青少年正处于养成和确立道德价值观念的年龄阶段，如果我们不能推动他们培育和践行社会主义核心价值观，其他形态的价值观念就会乘虚而入，并占据我国青少年的头脑。正因为如此，自第二次世界大战以来一直千方百计搞"和平演变"的西方资本主义国家总是妄图通过对我国青少年进行价值观念入侵来达到它们瓦解社会主义中国的邪恶目的。"和平演变"又被称为"颜色革命"。所谓"和平演变"，是以美国为首的西方资本主义国家在用武力颠覆社会主义国家难以奏效的时代背景下，妄图通过操控社会主义国家的青少年的价值观念来达到不战而颠覆社会主义国家的邪恶目的而实行的一种战略。20世纪80年代末90年代初发生的苏联解体和东欧剧变都是西方资本主义国家实施"和平演变"战略的结果。对此，当今中国不能不保持高度警惕。

要很好地培育和践行社会主义核心价值观，我们必须有长远的眼光。这不仅意味着我们在培育和践行社会主义核心价值观方面应该有持久用力、持久用功的思想准备，而且意味着我们应该将培育和践行社会主义核心价值观的长远希望寄托在那些正在茁壮成长的青少年身上。社会主义核心价值观的培育和践行绝非一朝一夕的事情。只有放眼未来和长远，我们才能高度重视在青少年中间培育和践行社会主义核心价值观的工作。在培育和践行社会主义核心价值观方面，我们应该着眼于长远，而不是仅仅立足于现在和当下。争取青少年，鼓励青少年培育和践行社会主义核心价值观，社会主义核心价值观才能展现可持续存在的价值和魅力。

## 四 结语

官德、师德和青少年道德是衡量一个国家或社会道德状况好坏的主要指标。如果一个国家或社会的官德、师德和青少年道德昌明、强盛，则该国家或社会的整体道德状况比较好；反之，如果一个国家的官德、师德和青少年道德黑暗、软弱，则该国家或社会的整体道德状况必定很糟糕。作为社会主义道德价值观念的最重要内容，社会主义核心价值观在当今中国的培育和践行状况根本上取决于它融入我国官德、师德和青少年道德的程度。

社会主义核心价值观的培育和践行需要具体的道德载体。这既是社会主义核心价值观彰显其生命力的最有效途径，也是社会主义核心价值观影响当今中国社会的必经之地。只有以官德、师德、青少年道德等具体道德形式为载体，社会主义核心价值观才能真正融入人们的道德生活之中。在培育和践行社会主义核心价值观方面，领导干部、教师和青少年群体应该担负主要责任，与之相关的官德、师德和青少年道德也是培育和践行社会主义核心价值观的三个主要道德阵地。只有重点解决好如何将社会主义核心价值观融入当今中国的官德建设、师德建设和青少年道德建设的问题，社会主义核心价值观的培育和践行才能展现出成功的希望。

(本文作者为湖南师范大学道德文化研究院　向玉乔)

# 社会资源分配与分配正义

　　社会资源是人类社会生活的基础，事关每一个社会成员的切身利益；因此，它们的分配状况在任何一个社会都是人人关心的一个重大现实问题。人们对社会资源分配问题的关注往往聚焦于它是否公正的事实，它实质上表现为分配正义问题。一个国家的分配正义状况不仅反映该国家分配社会资源的实际状况，而且反映它是否达到"善治"的事实。分配正义是国家治理必须实现的一个重要价值目标。分配正义的实现既需要借助于个人的良好道德修养，也需要借助于合理设计和安排的社会制度。

# 社会公正为何如此重要

近年来，社会公正问题愈发凸显，已然成为当今中国社会最受关注的社会主题之一。在西方国家，这一问题的凸显大抵始于20世纪60—70年代；就世界范围而言，国际社会的正义问题似乎始终困扰着我们这个世界，仿佛是人类文明发展过程中始终开放着的难题。究竟是什么原因使得社会公正成为当代中国社会高度关切的问题？如何解决这一问题——倘若社会公正的合理解决的确已经成为关乎我们这个社会能否继续改革发展的重大社会难题的话？在我看来，社会公正问题的凸显决非理论界刻意主题化的结果，而是我们这个社会持续发展所不得不面对的一个严峻挑战，因而回答上述问题也就远不只是一个理论问题，而首先是一个社会实践课题。

## 一 公正和福利是人类社会的两个等价的根本价值目的

让我们首先从人类社会的基本目的入手开始本文主题的讨论。由此，我们可以把人类社会的基本目的一般地理解为人类对于组织社会或者对社会本身的基本价值期待。组织社会并以社会的方式生存和发展，是人类从自然状态进入社会文明的根本标志，甚至也是人类文化创造（如语言、艺术和宗教）和文明进步（如创造工具和社会生产方式）的根本前提和条件，这一点已然为考古学、人类学和人类社会学的研究反复证实。但是，如何组织社会？为什么人类必须以社会的方式生存和发展？却是我们首先需要明确的前提性问题。

按照马克思主义创始人的观点，人类社会的形成首先是生产力和生产关系发展的结果，经过从原始群集性劳动（如捕猎）到社会自组织（如部落、群聚性原初社会等）的漫长演进，伴随劳动产品的剩余和群体内部劳动产品的分配、相对的劳动分工以及私有制的出现等生产关系要素的逐步形成和扩展演化，一种更高级更广大范围的组织化社会开始形成，这是人类社会生成的雏形。概略而言，人类组织社会并确立以社会的方式生存和发展，主要基于两个最根本的目的，即寻求生活的"福宁"（well-being）和"福利"（welfare）。原初的生存和生活经验让人类懂得，孤独的生存方式所面临的风险更大，或者，反过来说，群体或社会的生存和生活方式不仅可以大大降低个体生命所不得不面临的风险和代价，而且可以给各个个体带来更大的福利。比如，围猎、产品交换，等等。孤独个体的捕猎行为既具有较大的生命风险，也难以获得较高的捕猎效益，只有通过多人的"组织化"围猎才可能猎获较大较多的猎物。更何况，在面对自然灾害和其他偶发灾难时，群体或社会的抵抗能力和能量，显然非任何哪怕是最为强健的个体所能比拟。同样，以社会组织的方式生产和生活，使得社会分工和劳动产品的交换成为可能，因之大大提高了人类的生产力，并增加了人类获取生活福利产品的可能或机会。现代经济伦理的研究充分表明，社会分工不仅标志着人类社会生产方式的巨大解放和提升，而且社会分工本身就具有相较于个体孤立劳作更高的道德伦理价值。因为，它充分尊重各个个体自身的能力个性和特点，不但使每一个人的能力、劳动意愿和价值追求得到更充分自由的发挥和实现，同时，也通过互通有无的产品交换互补，更大程度地满足了不同个体的生活需求。

然而，以怎样的方式来实现组织社会和国家的"福宁"和"福利"之目的呢？比起明确人类社会组织的基本目的来，认识和实施社会组织的基本方式和手段要更为复杂和艰难。组织社会并以社会的方式生存发展，意味着人类生活和行为之公共生活领域及其公共结构的生成，而社会公共生活领域及其公共结构的价值基础首先是而且也只能是社会公正。每一个社会成员对"福宁"的价值诉求都必须得到平等的满足，因而，凡社会基本权利和基本义务的社会分配都必须符合或者体现社会公平的基本价值标准。所谓社会公正，最一般地说就是平等地分配社会的"基本善物"（罗尔斯语，"the primary goods"，亦译"基本益品"），包括各种基本的社会权利和社会义务的对等分配和承诺，以及其他社会公共产品的公平分配。社会借以实现这一公平分配的基本方式是构建社会的基本制度体系，包括宪法根本、社会的经济、政治和文化之基本制度、通过国家权力机构即政府系统所制定的各种重要政策，等等。在此意义上说，社会公正首先体现为社会制度的正义安排，因而社会基本制度的正义与否或公正程度，根本上决定了社会的公正与否或可能达成的社会公正程度。

制度是政治社会或国家用以规范和调节社会公共生活和公共行为的基本规范体系，具有不可违抗和僭越的"刚性"特征。比如，国家法律和政府律令。然而，有两个相关要点必须明确：其一，所谓制度，有狭义与广义之分。狭义的制度指政治社会和国家的基本法律系统和政治律令，相当于西方早期制度经济学家康芒斯所说的"显型制度"；而广义的制度则泛指各种具有行为约束力的社会规范体系，包括社会风俗礼仪、伦理道德、乃至健全的宗教信仰体系等等，因而，社会公正的内涵也就有可能扩展到政治法律正义之外的人际伦理公正和一般价值意义上的公正平等。其二，对于制度的约束和规范功能不可仅仅从消极的意义上加以理解，还需要给予其积极的理解。康芒斯对"制度"做了一个值得仔细体会的界定，他说，所谓制度，即是"集体行动对个体行动的控制、扩张和解放"。将制度界定为"集体行动对个体行动的控制"，实际是指集体行动所需遵循的普遍规范对个体行动的约束，这是对制度的消极理解；而将制度同时界定为"集体行动对个体行动的……扩张和解放"，则是对制度规范的积极理解。换言之，对集体行动具有普遍约束力的制度规范功能不只是约束和控制个体行动，而且也对个体行动具有积极的引导、扩张和解放作用。因此，可以说，这些规则（规范）体系的建立和实施，是人们行动范围得以大大扩展、行动能力得以大大提升的基本制度资源。就此而论，制度及其有效运行本身不仅具有社会公正的价值意义，同时也具有行动效率的价值意义。如此理解的制度和社会公正显然比那种简单消极的理解更为合理。

## 二 在社会公正与社会效率之间

同公正一样，效率也是人类组建社会并以社会的方式生活的根本价值目的之一。人类是为了寻求更大的"福利"才缔结社会和国家的，一如人类为了寻求更普遍的正义才缔结社会和国家一样。但问题在于，作为社会根本价值目的的效率与公正之间既存在内在的一致，也存在内在的紧张。因为效率有赖于个体的自由竞争，凡自由竞争必造成人际、群际和社会利益的矛盾和冲突，因之对社会公正构成紧张和挑战，这也是不以个人意志为转移的基本事实。因此，解决问题的关键就在于如何认识和处理社会效率与社会公正之间的关系。这是人类历史上长期存在的一个难题，也一直左右着人类的社会思考和社会价值判断。

一般而论，效率与公正应为社会根本价值坐标的两面，不可偏废。事实上，一个只注重效率或只注重公正的社会，很难成为一个健全稳定、文明发展的社会。而且，社会的效率追求总需要稳定的社会生活秩序作为其基本的社会条件。很难设想，一个动乱无序的社会可以创造很高的效率；反过来，一个稳定有序的社会，必定是一个颇具运转效率的社会，效率的缺乏或早或迟必定使社会秩序出现紊乱、甚至解体，这是人类的历史经验和教训所反复证实了的。因此，没有人会怀疑秩序公正和效率创造之于人类社会发展的根本意义。

然而，问题的复杂性在于，在社会实践中，效率和公正常常难以兼顾，甚至也很难持久保持某种相对的平衡。在某一特定社会及其特定的历史发展阶段，效率或者公正总会呈现一种相对优先和显著的价值优选秩序：要么因社会的急速发展需求，而使得效率优先于公正，成为压倒一切的社会价值目标；要么因社会诸种矛盾的激化和社会秩序的紧张，而使得公正成为社会持续有序发展的第一要务。效率与公正的这种先后秩序改变，常常取决于社会实际的发展状况和社会历史条件。一般来说，一俟社会和国家得以形成，尤其是一旦作为国家权力行使机构的政府得以组建和确定，寻求快速高效的社会发展，便自然而然地成为国家和政府的当务之急或第一目标。在此，我所谓的"自然而然"不是指国家或政府行为的自发性，恰恰相反，这种"自然而然"常常是国家或政府基于其政治目标考量而生发的自觉行动。主要原因在于：首先，迄今为止，任何一个国家或社会都没有摆脱"民族国家"（national state）的生存状态，都必须面对民族国家间的势力竞争，这就迫使每一个民族国家将自身的发展当作其生存和发展的头等大事，所谓"立于民族之林"，所谓"开除球籍"等说法都说明了这一点。其次，效率不仅是社会和国家生存发展过程中始终凸显的价值目标，而且也是基于每一个社会成员对生活价值的"合理期待"所形成的显见的社会价值目标,因而往往更容易获得全体社会成员的价值认同和实践支持,用经济学的术语来说,效率的价值目标更切近人们的经济理性,即"价值最大化"的追求。最后,相较于社会公正的价值目标,效率不仅具有更普遍更直接的经验感受性,关乎人们的日常生活体验,如所谓"幸福指数",而且也因其更受社会关注而更容易成为诸如政府这样的公共权力机构的优先考虑,成为国家政治和政府行政决策的优先价值目标,尤其在社会秩序正常运行时。反过来说,只有当社会公共秩序或国家面临某种政治紧张、甚至出现社会秩序危机的潜在可能时,社会公正问题才会凸显出来,成为国家、政府和社会公众关注的焦点。然而,问题的严重性在于,一旦出现此类情况,国家政治的正当性和政府的合法性就会出现深刻的危机,有时候甚至会出现无可挽救的极端局面。在此意义上说,公正问题总是一个十分严肃而急迫的社会政治问题。

一种辩证的观点主张,应杜绝在效率与公正之间做出截然的两分,或者做出简单武断的先后排序。事实上,一种持续的社会效率总是以社会的公正秩序为其基本前提和条件的,而且在政治哲学和政治学的意义上,社会公正本身就具有社会效率的意义(生活成本相对较低),是一种特殊的社会政治效率。同样,一种可持续维系的社会秩序不仅必须是公正的,而且也必须是持续有效的。很难想象,一种低效甚至无效的社会秩序状态能够持久地支撑社会的公正发展。十年"文革"虽然可以勉强维持社会的"简单平等",却无法根本解决社会的"复杂平等"问题,也无法保证社会持续的稳定和发展。人类社会所可能接受和实现的社会公正,决非一种简单的、甚至是原始的平均主义式的社会公平正义,而是基于日趋复杂的社会关系结构和社会生产方式变化,而逐步形成共识的复杂的平等正义。绝对的、简单的平均主义之所以不是真正的社会公正,是因为它简单而武断地——无论是出于个人的意愿,还是出于政府或其他社会组织的意志——否认了人类自身的自然差异和社会差异,包括天赋自然能力和后天社会才干的差异。经济学和社会心理学的研究反复证明,绝对而简单的平均主义不但会严重降低和扼杀社会的发展效率,而且有可能滋长"搭便车"、行为惰性和丑陋的个人利己主义,走向社会公正理想的反面。

因此,唯一合理可取的方式是,根据社会发展的实际状况和条件,来考量社会效率和社会公正的价值秩序,并以此来选择社会实践的发展策略。确切地说,在基本解决创造社会高效发展的有效方式或发展路径且社会的实际发展已然进入快速发展轨道时,就必须把社会公正问题纳入国家政治和政府决策的议事日程,放在突出和优先的地位来加以考量。反之,如果社会和国家所面临的社会主要矛盾仍然是如何激活社会价值的创造力和发展动力,则寻求高效的社会发展方式或路径就必须置于国家政治和政府行政决策的优先地位。这也就是说,社会效率和社会公正的先后优先秩序并非一成不变的,两者之间的优先秩序应当根据社会发展的基本状况和实际条件来加以确定。人类社会的历史经验和教训反复告诉我们,社会发展效率和社会公正秩序乃是人类社会、国家和国际社会文明发展中的两个同等重要的根本价值目标,任何价值选择的偏颇和失衡都可能带来严重的、甚至是灾难性的社会后果。

## 三 如何实现社会的普遍公正

毋庸讳言,社会公正已然成为当今中国社会的焦点问题,因而也必须置于国家政治和社会发展战略的优先地位。这一社会发展目标的凸显是随着 30 多年改革开放实践的巨大成功和由此带来的社会物质财富的迅速增长所形成的一种社会总体价值秩序的变化。对于这一变化,人们可能有着或者实际已有各种不同的判断和态度,其中,一种显见的直觉性价值判断是,人们认为,目前所出现的社会不公集中表现为社会贫富差距、城乡差距、地区发展差距和某些社会资源分配不公等较为突出的方面,以及由此所造成的连续性或连带性的社会不公正积累效应,包括教育机会、体制安排和社会福利——特别是公共医疗健康保障性福利——"社会公共益品"的分配不公,等等。在此,我所谓的"连续性或连带性的社会不公正积累效应"是一个动态的描述性概念,主要是指一些初始性的或由某些阶段性和区域性的特殊政策所造成的社会不公正结果,正随着我国经济社会的持续快速发展,而产生着不断积累和扩大的社会不公效应,若不加以舒缓和解决,这种社会不公的效应将会日趋严重。

于是,社会公正便自然而然地成为全社会日益热切的社会价值期待。人们或许以为,持有这种社会价值期待的并不包括那些在改革开放中获利较大的地区、行业、社群和个人,而只限于那些在改革开放中获利较少的地区、行业、社群和个人。我想，这仅仅是一种过于直观的经验感知。事实上，社会的不公正以及由此所造成或可能造成的社会秩序不稳，从根本上说也不符合那些哪怕是获利较大的地区、行业、社群和个人的长远利益。一个良序稳定的社会是全体社会成员共同的"合理期待"（布坎南语），没有人愿意生活在一个秩序紊乱的社会中，更没有人可以确保自身能够长期超然于社会秩序的变化之外，即使他们暂时拥有优越的社会生活资源。可是，究竟应该如何满足全社会对于社会公正秩序的"合理期待"？由于地区差异、社群差异和人际差异的现实存在，不同区域、不同社群和不同的个人对社会公正秩序的期待不可能是一样的，也就是说，人们对于社会公正秩序的"合理期待"实际上存在着不尽相同的"合理性"标准。就目前我国社会的发展现状而言，人们对于寻求社会公正秩序的价值目标并不难达成共识，难的是如何满足和实现不同区域、不同社群和不同个人对社会公正秩序的合理期待。

提出这一问题的另一个特殊背景是，改革开放前较长时间的社会平均主义实践和观念，很容易使一些人滋长这样一种简单的价值判断和思想倾向，即：把社会公平简单地理解为缩小、甚至消除经济社会的贫富差别，实现社会物质财富的平等、甚至平均分配。这种社会公正观念既不合理，也不现实。社会公正当然包括经济公正，在某种意义上说，经济分配正义甚至构成了社会公正最基本的实质内涵。然而，无论如何，社会公正不等于经济正义，更不等于社会物质财富的均等分配。首先，在市场经济条件下，所谓经济正义实际是指市场分配正义，至少是指符合市场经济基本规则的分配正义。然而，市场分配正义仅仅具有程序公平的意义，其结果恰恰是实质性的差异或者不平等。我常常列举的一个类比是，市场经济如同体育竞技，它开放地面对一切自由参与市场交易和竞争的人或法人（企业、公司），并且以同样的市场规则来规范所有市场行为，这就如同体育竞技一样，同样的竞赛规则、同样的评判标准、同样的竞技程序。然则，第一，市场竞争和体育竞技虽然都强调起点公平，却同样有着基本的参与资格要求和条件限制，没有资本和财产的无产者无法参与市场竞争，如同没有获得基本的体育技能、达到某种竞赛水准的人无法参与体育竞赛一样。第二，即便是获得了公平的起点和程序规则，市场（资本）逻辑所寻求或者所可能实现的恰恰是尽可能大的竞争差异，如同体育竞技的内在目标恰恰是通过平等的竞赛，比出高低输赢一样。在市场行为中，这种差异最大化的结果根源于"经济人"在经济理性支配下所追寻和实现的自利价值最大化；而在体育竞技中，这种差异最大化的结果则源自竞技者追求"更高、更快、更好"的目标之自我最优化的竞赛表现。第三，在某种（比如在价值比较和价值优选的）意义上，我们甚至可以说，市场竞争一如体育竞技，所寻求或可能实现的恰恰是一种差异最大化的结果，因而所谓市场正义与社会公正恰好构成了一种紧张关系，这也是近代以来，市场经济带给现代人类社会的一个全新的政治哲学课题，其核心是如何寻求个人自由与社会平等之间的均衡。

显然，我们所需要且具有现实可能的社会公正并不是简单的经济正义或财富分配正义，而应该是一种既具有更复杂和更长远价值考量、又具有现实实践合理性的社会公正。在我看来，实现这样的社会公正至少需要具备以下要素。

1. 社会基本制度的公正安排和调整。实现中国特色的社会主义市场经济是我国改革开放 30 多年努力探索并取得巨大成功的伟大成就，这是毋庸置疑的基本事实！但是，我们必须同时清醒认识到，这一改革探索的过程也是一个不断改进和完善的过程。在这一过程中，我们所面对的一个永久的开放性课题是，如何实现社会主义科学发展的根本目的与社会主义市场经济体制的创造性建构的内在统一与和谐发展。实现社会主义市场经济首先必须遵循市场经济的基本规律和法则，这是毫无疑问的。同时，我们也必须认识到，第一，市场经济体制本身并不代表整个社会基本制度安排的全部内涵，而仅仅是社会经济制度的选择。第二，选择市场经济体制的根本目的不仅仅在于改善和提高社会生产力，增加社会财富，而且也是为了巩固我国社会主义发展的物质基础和政治基础，必须有利于发展中国特色社会主义这一根本政治目标。第三，社会主义市场经济所应遵循的不仅仅是市场和资本的逻辑，还有（甚至是更重要的）社会主义的基本政治原则和目标，因而，通过政府和社会对市场实施必要且合法的"干预"和调节不仅必要、合理，而且必须、正当。

2. 社会政治正义的普遍提升。政治正义是依据国家宪法和社会基本制度体系实现的社会普遍公平，其关键是国家和政府依法行使公共权力机制，通过合法正当的公共权力运作方式，比如，某些公共政策的倾向性调整、财政支付转移、有效税制实施、公共产品（资源）的合理分配和再分配，等等，来实现社会政治、经济、文化和教育等资源分配的社会公正，以尽可能缩小各种社会资源分布的差异，寻求尽可能普遍合理的社会公正分享。在此，有两个要点需要特别强调：其一，社会政治正义的实现方式必须符合政治合法性和正当性的原则，确保国家行政行为始终保持在合法的自由量裁范围之内。其二，教育公平在实现社会公正的过程中有着关键而基础的地位。如果说，机会均等是社会公正的题中应有之义，那么，如何使得全体社会成员获得实现均等机会的能力，才具有现实的因而也是更重要的实现社会普遍公平的根本的长远的意义，后者更能体现社会主义公正原则的实质内涵。因此改善教育（特别是义务教育）发展和条件的不平衡状态，甚至于在条件允许时适时提升国民义务教育和专业技能教育的水平和条件，便成为我国当前实现社会公正的紧迫要务。

3. 提升并充分运用道德伦理的调节方式改善社会公正的状况，既是社会主义社会的政治伦理优势，也是实现社会公正持久且有效的基本方式。正义伦理的调节方式主要包括社会慈善事业、社会自组织自发实施的无偿援助、扶困济弱和人际帮助等等，实践证明，它是一个文明社会所不可缺少的道德资源，更应该成为我国社会主义公正原则的应有之义。客观地说，迄今为止，我国的社会慈善事业尚不发达，政府也还未能提供足够有效的激励机制和社会渠道，某些现有的机制或体制，甚至还不利于社会慈善事业和捐助行为的发展，比如，政府对一些捐赠的课税，就不利于社会企业向教育和贫困地区的捐助行为。如此等等，值得我们认真地加以研究和改进。

总之，社会公正是一个十分复杂现实的社会课题，在我国当前的社会发展战略中已然凸显为一个具有价值优先性和政治紧迫性的任务，这显然也是我们落实科学发展观，促进中国特色社会主义持续科学发展的实践任务。

(本文作者为清华大学人文学院　万俊人)

# 分配正义原则的现实中国境遇

如何按照分配正义原则合理处理好当下中国政治领域的权力腐败和经济领域的两极分化问题，是一项十分重大而又非常急迫的任务。我们认为，针对权力腐败，中央实施的反腐倡廉、群众路线教育、依法治国等策略都是非常必要的、成效也是显著的。但是，权力腐败要得到根本性的扼制，最终还得依靠深化改革、通过民主制度的建设和完善来加以解决。而针对贫富两极分化问题，我们所实施的依法剥夺与二次分配相并用的策略——即针对非法的首次分配所得使用依法剥夺原则、针对合法的首次分配则通过二次分配予以调节也非常合理到位[①]。其实，剥夺非法财富的目的不在于剥夺本身，而是政府向国人宣示一个基本定论：非法致富必得不偿失，合法致富才是光明之路。由于差异性正义原则与同一性正义原则是分配正义的两个基本原则，因此，剥夺原则与二次分配原则应当在这两个基本原则的指导下加以运用。

## 一 两种分配正义原则及其协同关系

我们认为，人是差异性与同一性的统一体，故此，因人而生的正义也

---

[①] 也许有人认为，将依法剥夺原则与二次分配原则相提并论是抬高了依法剥夺原则的地位，但我们认为当下必须如此来提。对中国的经济发展、社会发展来讲，当下的依法剥夺原则就是斯大林格勒保卫战，是生死之战，它是当下抓好党的建设与经济建设、深化改革和依法治国的一个基本点，是关键的少数和少数中的关键，为此，党和政府还应专寻那些非法致富的典型来对之作战，而且要坚决除之而后快。依法剥夺其实是一个常态的手段，但是，当非法致富是一个重大的根本的关键的问题时，依法剥夺也就成了根本与关键，因为它是解决这一问题的利剑。能否发现关键问题、能否发现解决关键问题的有效手段、能否勇敢地运用这一手段来果断地处理现实问题，不仅是一个把握现实本质的认识水平问题，更是一个考验主政者有无大无畏气概深化改革之胆量问题。

就有两个基本原则，即差异性正义原则与同一性正义原则。所谓差异性正义原则，就是人们因某些被认可的差异而得到差等对待，而同一性正义原则则是人们因某些被认可的同一而得到同等对待。正是这两个正义原则的矛盾运动，不断推动着人类社会的有序发展。

差异性正义原则与同一性正义原则之间存在着一种差异协同关系，这种差异协同关系主要表现在以下几个方面。

第一，差异性正义原则与同一性正义原则有相对分工。两原则作为两个有重大区别的正义原则，它们当有各自相对不同的适用领域——即它们有其相对分工。具体来讲，在一些相对抽象的需要彰显某些统一性的范围内，更适用同一性正义原则；在一些相对具体的需要彰显某些区别性的范围内，更适用差异性正义原则。比如当今的人权分配原则、法律规范原则，都主要基于同一性正义原则，所有的人——无论其差异多么丰富和巨大，在人权分配面前、在法律面前他们都一律平等，不应有任何区别对待。而收入的按生产要素分配原则、各种赛事的公平竞争原则等，则是主要彰显人之差异的正义原则，即只要人们按照规则合法行事，就允许他们所得结果有所差异——甚至是差异巨大。

本人曾经提出过，差异性正义原则主要适用于经济领域，同一性正义主要应用于政治领域，今天看来，似乎过于粗放。但从历史发展来看，虽然人类历史上任何国家都出现过不仅经济领域主要适用差异性正义原则而且政治领域也主要适用差异性正义原则的阶段，但随着历史的发展，同一性正义的地位是不断提升着的。当今一些西方发达国家，民主意识、人权意识、法治意识、平等意识已经成为各色政治人物表现其政治才干的基本前提，任何人——无论其家族如何显赫、其才华如何出众，如果他缺乏必要的民主意识、人权意识、法治意识、平等意识，他就不可能在政治领域有所作为，更不可能超拔凡群。这也就是说，随着人类文明进程的不断推进，同一性正义原则在政治生活领域的作用越来越突显了，它虽然不可能在此领域完全淹没差异性正义原则，但它着实已经在某些领域取得了支配性地位，从而成为人们差异能力表现的基本前提。

在经济领域，自然经济条件下，种豆得豆、种瓜得瓜，劳动付出与收入所得之间是一种直接的对等关系，差异付出与差异收入之间的对应，不仅是应然的而且是实然和必然的。社会分工形成之后，人们要通过社会合作、通过劳动交换才能得到自己想要的劳动产品和其他利益,这就需要必要的原则来规范人们的经济活动、规定人们的利益所得,于是就逐渐生成了市场经济原则,这些原则对于所有工作者都一视同仁。市场经济条件下,主体收入差异其实是主体差异合法表现的结果,它通过平等交换原则而实现,这种合法表现与平等交换原则,不仅促使主体差异的表现淋漓尽致,也促使其表现有法可依、有章可循:由于人之间存在着各种具体的差异,这些差异必对象化到劳动过程、劳动产品之中,从而形成劳动效益的差异,若按劳动效益分配,则必然形成收入差异。可见,若鼓励人们在经济领域各尽所能,那么其收入差异也就不可避免。

第二,差异性正义原则与同一性正义原则相互渗透。人与人之间既有差异也有同一,因此,人际对待既可能要求差等、也可能要求同等——所以,差异性正义原则与同一性正义原则是相互渗透的。粗放地讲,由于差异性正义原则更多地适用于经济领域,同一性正义原则更多地适用于政治领域,因此同一性正义原则向经济领域的渗透,就要求着经济的平等——不仅是基本生活需要的平等,而且还可能要求整个经济状况的平等,而差异性正义原则向政治领域的渗透,则又要求着政治对待的差等——不仅是一般意义上的行政级别的对待差异,而且也现实地在一些方面"规导"着人权、人格的差等。两种原则向对方的尽力渗透,其实是其背后差异性与同一性之"任其自性"表现的结果,它们当然都会遭遇对方的阻击,但正是对方的反抗,才在这反抗之处生成出各自的合理性边界,规划着各自的正义范围。

第三,差异性正义原则与同一性正义原则相互制约。由于差异性正义原则必然维护人及其活动的差异,而同一性正义原则则必然维护人及其活动的同一,由于差异与同一具有某种对立性,因此,差异性正义原则与同一性正义原则就必然形成某种相互规范、相互制约的关系。显然,这种相互规范、相互制约是通过人这个中介而实现的,因为人既是差异与同一的统一体、也是正义原则的实践体。在一定的社会历史条件下,人的差异与同一的表现有一定"度"的规定,在度内表现是正义的,超出度了就可能是不正义的。所以,当人的差异性表现过分而侵蚀到同一性的核心领域时,它就可能失去其正义性,同时也会遭到同一性的反击,反之亦然。差异性正义表现与同一性正义表现之间的相互制约关系,常常是主体不得不并用两种正义原则而生成的，因此，两种表现之间的相互制约关系也就必然体现为两种正义原则之间的相互制约关系。

第四，差异性正义原则与同一性正义原则相互推进。正义原则是用来规范和引导人们生产生活实践中的行为表现的，人的差异性表现与同一性表现之间的关系，如果处理不好就可能导致某方甚至双方受到伤害，而如果处理得当，则可能促进某方甚至双方的繁荣发展。因此，寻求二者的协同是理性人的上上选择。差异性正义原则与同一性正义原则在人际表现中的协同作用，常常体现为平等与卓越间的协同，即人的卓越与平等都因考虑到对方的合理存在而自觉表现于自身的规定范围之内，于是平等成为充分认同他人合理卓越的平等，卓越则成为具有必要平等基础的卓越。从整体社会发展而言，差异性正义原则与同一性正义原则在社会现实生活中的协同表现，也可体现为平等与效率的协同关系，即平等是有效率的平等，效率是有平等的效率，平等与效率都囿于自身的合理范围之内，从而推进双方的共同发展。

差异性正义原则与同一性正义原则在分配领域中的协同，主要表现为首次分配与二次分配之间的协同。差异性正义原则在经济活动的体现，就是人们按照公平的市场规则进行活动，合理表现自身的"独有"能力，它允许产生且必然导致差异性收入，这就是相对合理的首次分配。对这一差异若不进行调节，其差值就必然越拉越大——最后大到人的基本权利受到威胁，所以就有必要进行二次分配，以对过大差异进行调节，将其限定在相对合理范围之内，从而促进社会的健康和谐发展。

## 二　两种分配正义原则的现实中国表现

当今中国社会，差异性正义原则与同一性正义原则的表现都存在一些问题，其实地协同表现也不太到位，这集中体现在以下几个方面。

第一，两正义原则的分工不甚明确甚至相互错位。按理讲，差异性正义原则主要应用于有利于合理体现人之差异性的领域，而同一性正义原则则主要应用于有利于合理体现人之同一性的领域，它们之间的这种相对分工，是人们在不同生活领域追求不同存在价值的结果。但在当今中国，人们既没有关于差异性正义与同一性正义相对分工的清晰认识，更没有基于这种认识的"明白"实践。检阅中国过往的社会发展历史，从两正义原则自发的客观表现来看，二者的应用场域恰恰发生了错位：人们总是把同一性正义原则错位地应用到了经济领域，而将差异性正义原则错位地应用到了政治领域，于是就有了经济上的平均主义与政治上的差等人格。我们知道，同一性正义原则相对抽象、差异性正义原则相对具体，按其内在规定，同一性正义原则应当主要适用于相对抽象的领域、而差异性正义原则则主要适用于相对具体的领域才对。因为相对来讲，政治领域体认人之同一性的情境较多，经济领域则体认人之差异性的情境较多，因此，若要从政治与经济的分异来"对应"正义原则，应当说政治领域更多地适用同一性正义原则，经济领域则更多地适用差异性正义原则。于是，在现代"理性"社会，经济领域便有基于人之差异表现的收入差等，而政治领域则有被普遍认同的人权平等、人格平等原则。

第二，两正义原则向对方适用领域的渗透或过度或不及。我们认为，针对正义的两个基本原则，人们在社会生活的不同领域产生侧重选择和表现某一原则，是正义原则的存在常态；同时，两正义原则向对方适用领域作适度渗透，也是其存在常态。但在现实中国，在人们的观念、意识层面，同一性正义原则向经济生活的渗透就过度了——它不仅要求人们基本生活需要的平等，而且还要求人们总体生活状况平等，这种平均主义主张就过分了，从而也就失去了其正当性，它必须得到阻止。而在生活实践层面，同一性正义原则向经济生活的渗透又还没有到位，也就是说许多下层民众的基本生活需要并没有得到合理满足，更谈不上定有保障。同时，差异性正义原则在政治生活中也有"类似"过头情况，即它在要求不同层级的行政主体应当上下有别、区别对待的同时，还向行政人员的基本人权、人格进行渗透，以致导致人权差异、人格差等：在上者往往专横跋扈，在下者则是卑躬屈膝，并且二者紧密依偎在一起。于是，平等人格基础上正常的工作合作，就变成了人身依附基础上不问对错的听话。究其原因，正义原则的"误用"只是其表象，根本还在于：从主体心理来讲——根深蒂固的封建特权意识在作祟，从社会制度来讲——存在民主制度的滞后与乏力之病根。因为权力只会对权力的来源负责，因此只要存在专权或权力不受制约，这种政治生活中的奴化与被奴化、这种"非法"的差序格局、这种差异向同一、差等向平等的过度渗透就必将延续。

第三，同一性正义原则表现中，人们基本平等要求的实现缺乏普遍公共共识的支持。人的同一性在正义的生成过程中主要产生两个作用：一是生成同一性正义原则，以从总体上调节人们的差异生存状况；二是生成平等的活动规则，以按规则行事从而激励人们的差异表现。无论在政治生活还是在经济生活中，差异性正义原则与同一性正义原则都是同时并存着的。但在现实中国社会，政治生活中基本的同一性正义原则——比如人权、人格平等并没有得到应有的足够的认同与运用，也许正因为如此，其"敌人"——差异性正义原则才获得"占其领土"、疯狂表现的机会。所以，从认识的角度来讲，人们对人权平等、人格平等的自觉认识认同不够是人权差等、人格差等的内因，也正因为如此，人们各自自发的人权、人格平等诉求也就往往难以普遍化为牢不可破的公共性的基本共识。也就是说，在当今中国，平等的要求从个体来讲还是存在的，但这种平等要求往往是出于"自我不平"的自发申诉，而不是普遍化的针对所有个体的平等要求，即不是一种自觉的公共性"集体意识"，这就会出问题。自我当然是特殊的自我、个体也当然是特殊的个体，但是当个体之间只是以个体的差异性、独特性显现于对方和社会时，自我就并不关注他者的"不平"，更有甚者，他往往在反对他人特权的同时还希冀自身拥有特权呢。于是，这种据于自我中心而外推的平等就成了仅基于个体私利的单向要求，它当然很难推将出去——因为以邻为壑的平等没有普遍性，没有普遍性就没有通达于他者的道路，也就不会得到他者的"反身"支持，就难以走出封闭的自我中心。

第四，差异性正义原则表现中，条件平等原则没有得到合理彰显。差异性正义是不同于差异性表现的，差异性表现缺乏平等规则制约的主体行为表现，而差异性正义则是有平等规则制约的主体行为表现。当今中国社会的两极分化，既有差异性正义表现的方面，也有差异性表现的方面，甚至某种程度上可以说，差异性表现方面还相当严重。具体来讲，所谓差异性表现，就是首次分配的财富不是通过公平竞争、诚实劳动、合法经营而生成，而是非法所得。

一般来讲，无平等规则制约的差异性表现往往容易引起公愤甚至动乱，但这种情况在当下中国尚未大规模发生，原因是多方面的。一是中国仍然是一个缺乏必要平等意识的差序社会，不平等只会激起平等者的反抗，因此在这样的社会，虽然贫富差异很大，却不一定产生铤而走险的"暴动"。二是生产力纵向的快速发展一定程度遮蔽了横向比较的差异，虽然横向比较差异很大，但由于纵向发展带来了总体利益增加，因此纵向的自我比较促使人们对现状有所满足。三是长期的差等文化使中国生成了一种"不平等的平等观"：既然大家都不守规矩，你有本事你同样可以不守规矩地去干！别人是搞关系成功的，你有本事你去搞关系呀！别人是行贿成功的，你有本事你去行贿呀！这种"不平等的平等"已然成为中国当下文化的一个特色！四是传销式奴化意识的影响。所谓传销式奴化意识，就是指通过传销方式而得以延展的奴化意识。就某人而言，对于比他强大的人来说，其意志愿受他者支配，他便表现出逆来顺受的特征；而对于比他弱小的人来说，他又支配别人的意志，表现出专横跋扈的特征。其机理是：我可以忍辱为奴，但目的是为了让他者忍辱为奴；当下忍气吞声为奴是为了今后颐指气使为主。别让我"小人得志"，否则我会把我所有屈辱全加在你身上，这就是典型的以曲解曲、以怨报怨的报复式（或传销式）差等人格生成方式！

总的来讲，分配正义原则在当今中国社会的现实表现，在许多方面都存在一些问题，对这些问题进行认真分析，归结起来主要是两个：一个是政治领域的特权化；一个是经济领域的两极化。而且，这两者是深度地纠缠在一起的：政治特权者向经济领域渗透便大捞财富，大财大富拥有者向政治领域进军则是勇捞政权，权钱交易、各得其所，如此严重的两个问题深度地影响着中国经济社会的进一步发展。

## 三　如何解决问题

改革开放以来，中国社会发展取得的巨大进步有目共睹。但正如上文所说，政治特权滥化、经济两极分化问题也非常突出，如何化解这两个问题，是我们必须直面和跨越的现实困境。

政治特权滥化集中表现在两个方面：一是基本政治权利的平等分配没有充分实现，基本的人权平等、人格平等没有根本性的制度保障；二是政治行为规则不平等，人们的起点不平等、机会不平等、竞争不平等，寒门子弟和草根阶层很难获得向上发展的机会。这两个方面不平等的最突出结果，就是政治腐败的蔓延、民生问题突显。

针对以上问题，新一届党中央果敢采取了依法反腐、群众路线、法治建设等有力措施，效用非常显著，也深受广大人民群众赞扬，应当给予充分肯定。但是，我们知道，腐败最根本的原因，就是特权泛滥，就是权力不受制约，因此我们还得在已有的基础上继续前进才行，即要通过深化改革、通过相应的现代化的政治制度建设来正本清源、来获得长期稳定的发展动力。

依法反腐，是对已经形成的腐败现象进行追查，这是党中央的一个基本态度；群众路线，就是一切为了群众、一切依靠群众，从群众中来、到群众中去，把党的正确主张变为群众的自觉行动，这也是党中央的一个基本态度。如果说反腐是弃恶、是堵恶，那么群众路线则是扬善、是引善，二者都是需要的。但是，权力腐败、脱离群众现象并不是今天才有的，可为什么今天才有如此刚劲的反腐行为和群众路线教育呢？这虽然说明对于同样的问题人们的不同认识、不同选择在发挥重要作用，但从另一方面也说明：若基本治国方略只是出于不同领导者不同选择，那么它就往往缺乏政治实践的内在一致性，它往往不太稳定，这届领导坚决反腐、坚决走群众路线、坚决依法治国，那下一届呢？再下一届呢？他们的态度是否一样坚决？或不那么坚决？或更加坚决？可见，若没有现代基本政治制度的规范，没有对权力从上到下的约束，人们对国家行为就还有"基本预见"、无法胸有成竹，这样的状况，人们普遍产生且行且看、无所作为的短期行为就不足为怪了。

历史证明法治比人治更好。但在中国这个传统人治社会，要实施好法治却并不那么简单，因为人治社会中，人们唯上是从、上传下达已经成为一种习惯，并且这种习惯还被提升为行政官员的基本经验，为什么？因为权力只对权力的来源负责，我唯下，老百姓能给我权力？我唯实，事实能给我权力？正因为存在这种机理，当唯上与唯下、唯实之间发生矛盾时，绝大多数官员总会毫不犹豫地选择唯上。那么，在今天人治气息仍然十足的情境下，当唯上与唯法之间发生冲突时，你凭什么相信官员们会选择唯法？由此可见，法治的有效实施在根本方式上还不是上推下效，而是以民主为基本动力，因此为缺乏民主的法治，必然仍然要在人治的圈圈中打转，它必然演化为对自己讲情义、对他人讲法理，对上级讲情义、对下级讲法理，对领导讲情义、对群众讲法理。这样的状况能真正约束权力？其结果往往是强调把别人的权力关进笼子，把自己的权力放出笼外，最后必然是不了了之。所以，如果说反腐败、群众路线教育、法治建设是针对现实的政治建设的必要方式——它因此也形成了对一些特权的有力打击，那么民主制度则是政治建设的根本方式——它的出场必对特权形成致命的毁灭性打击。而如果我们的民主政治建设取得突破性发展，那么整个中国的发展就一片光明，于是中国的分配正义——特别是政治资源的分配正义当然也就曙光灿烂：不仅普遍的人权平等、人格平等容易实现，而且人们的行政规则平等、发展条件平等、职位机会平等也更加容易实现。由此，能力本位社会就可能形成——任何人——不管其出身如何卑微，只要他有足够的能力，他就有可能在政治领域大显身手。同时，民主政治的形成，不只是带来政治生活的有序发展，它还将对市场经济产生更好的协同促进作用，从而促进经济的进一步快速发展和整个社会的全面进步。

总之，在当下中国，民主是前进的方向、是改革的关键、是不得不过的桥梁。民主是人类文明的发展方向，因此背离民主就必然是反人类的，不仅会遭受国内人民的反对，也会遭受世界人民的反对。今天我们的市场经济不断自由了，因此取得了如此巨大的成就，但我们的民主政治虽不能说是裹足不前但也只是碎步前进，它距离市场经济的要求越来越远了。市场经济与民主制度、与法治社会是内恰的，而与专制特权、与人治社会是忤逆的，因此，市场经济内在地呼唤着政治的民主化改革，以使二者相适应。否则，我们的经济可能滞步于此，我们的社会也难以稳定。因此，民主这个桥，想过也得过，不想过也得过。其实，从中国社会发展的长远视角来看，如果说以毛泽东同志为首的共产党人的主要贡献是实现了中国的独立，那么以邓小平同志为首的共产党人则实现了中国的富裕，而如何实现中国的政治民主则是天降大任于后人，因为它是一项十分光荣而艰巨的任务——事关中国民族的伟大复兴、事关中国社会的长治久安、事关中国人民的永久福祉。

就两极分化问题而言，"合法的"或符合正义原则的贫富差异，是成熟的市场条件下主体通过自身努力、通过公平竞争、通过合法方式而形成的必然结果，这样的差异即使相对较大，也往往因其内具合理性而可以承受。第一，人的先天差异是客观存在的，它无法被主观地完全消除，这些差异必然渗透在各种生产要素之中，如果实行按生产要素进行分配，就必然产生收入差异；第二，人的各种先天差异在生产和分配中被主观任意消除的内在依据不足。在生产中消除差异就必然否定各尽所能，在分配中消除差异，就必然否定按生产要素分配。也许有人认为它基于平等，不错，平等是对人的某些差异有否定、排斥、压抑，但平等也有其"规定"的合理表现域，其对差异的否定、排斥、压抑也有一定的限度，超越这一领域、这种限度，它就可能是不合理的。当代平等主义正义论的典型代表——罗尔斯的平等也只是对基本善之分配的平等，而不是所有方面分配的平等；第三，允许人的各种差异通过平等市场竞争表现出来，有利于人的主体性、能动性、创造性的发挥，有利于人的潜能潜力的实现，它是激励人的一种方式，也是实现人的自由全面发展的一种方式；第四，充分地合理地表现人的差异可以在发展人、成就人的同时也通过人的积极活动而增加社会财富总量，而社会财富总量的增加，又为人类文明的进步提供了物质基础，并进而为个人财富的增加提供可能；第五，现代文明条件下，巨大的财富差异总要通过二次分配有所调整，二次分配的客观存在，为首次分配财富的差异性表现提供了某种可以尽兴的"保障"，因为有这种保障，所以首次分配的差异表现便可以充分发挥，甚至可以"不计后果"。

但是，中国当今贫富差异的两极分化，在一定层面只是表现为"形式化"的差异性正义实现、而其实质却是差异性任性表现的结果。在形式上，我们也强调起点平等、条件平等，强调公平竞争、诚实劳动、合法经营，即强调人之差异表现的正义性，但实质上在许多方面则存在着不公平、不完善、不遵从市场规则的差异性表现——即人的差异表现是非法的、非正义的，这样的差异表现，既不体现优胜劣汰，也不体现遵纪守法，成功者往往或依恃特权、或胆大妄为，总之是非法牟利。

面对中国如此的两极分化，一些人主张首次分配也得平等的原则，还有一些人则主张二次分配进行调节的原则，但我们认为它们都不是最佳选择。要合理解决中国的两极分化，首先要搞清中国的两极分化的基本成因是什么。如上所述，它在许多层面不是因差异性正义表现而起，而是因为差异性直白表现而成——即它不是通过公平竞争、合法经营的方式而形成的，对此，我们认为应当这样思考：

第一，针对造成财富分化的非法所得应当采用剥夺的方式。既然它是通过非法剥夺他人的方式夺过去的，就应当通过合法剥夺的方式夺回来，这才是正义的。当今通过反腐、反黑而产生的对腐败分子、黑社会分子的财富剥夺就是合理合法的。我们反对一般的二次分配调节的原因也在于此。在一次"分配"中，别人是通过非法手段将你的财富无理夺走的，之后你却仅要求别人在二次分配给点"回扣"，这不是岂有此理吗？因此，二次分配是需要的，但要具体情况具体分析，它根本不适用于对非法财富的处理。因此，一个笼统的二次分配，就不只是照抄照搬西方分配理论的瞎想，不只是可能导致分配的更加不公，它更是掩盖正义分配之关键的巧妙"杀手"。

第二，如果说笼统的二次分配还披着迷人的形式，那么首次平等分配就只能是从内容到形式的赤裸丑陋了。因为平等原则不是首次分配中应当使用的原则，而是二次分配中应当使用的原则。更要注意的是，当今中国首次分配所形成的财富差异中，也有通过诚实劳动、合法经营而生成的，是劳动者的血汗钱，对于这部分财富，无论是贫穷者还是富有者、勤奋者还是懒惰者、为官者还是为民者，若要去平等分配之则都是不正义的。更为本质的是，平等主义因为是懒人的原则、低效的原则，因而只能导致普遍贫穷，大锅饭的沉痛教训还历历在目呢！而事实上，首次平等分配在西方社会早已销声匿迹，但在我国，人们对平均主义带来的灾难虽还记忆犹新，但其余孽却又总想死灰复燃、并时有叫嚣，但蚍蜉撼大树，他们除了引起人们的鄙视之外还会有什么好的结果！

总之，面对中国的两极分化，必然通过平等的方法去处理，这平等的方法大致分为两种，一是规则平等，二是结果平等（当然只是一种相对平等），这两种平等原则都得应用，其关系应当是这样的：规则平等主要应用于首次分配过程之中，结果平等主要体现在二次分配过程之中；规则平等主要体现效率，结果平等主要体现平等；规则平等有利于人的潜能、能力的进一步发挥，结果平等则为人的基本能力发挥提供前提。总体来讲，两个平等原则是相互依赖、相互协同的，但若硬要在当今中国分出它们的"轻重"，我们认为目前应当首先强调规则平等，规则平等方法优先于结果平等方法，因为财富差异只有在规则平等的条件下生成，结果平等才有出场的机会。

其实，市场经济中规则平等的本质就是合法致富，它有两个基本规定：一是要致富、不能致贫；二是致富要合法、不能特权致富和强占致富。当下中国，强调合法致富非常重要而又十分关键，国家应当再对此用大智、下大力去宣传推荐，要让"合法致富"不仅成为当下中国社会的"核心价值"，而且要透入中国人的骨髓。而要达到这样的效果，我们认为至少应当从以下三个方面着力。

一是要有合法致富的坚强的社会制度保证。要认定贫穷不是社会主义，要认定私有财产的合法性，要鼓励人们千方百计去致富，同时要做到在致富过程能有法可依，有法必依，执法必严。

二是要有对合法致富的坚强的法律行为保证。既要通过现实具体的法律行为对合法致富者给予非常有力的保护，并依法保护其合法财产；同时更要对非法致富者——特别是腐败致富、强夺致富者给予严厉的打击，依法没收其非法财产。这些行为要坚决、完全、彻底，以使人深信：合法致富前程似锦，非法致富死路一条。

三是要努力培养人们的合法致富意识，要以合法致富为荣、违法致富为耻。致富之心人皆有之，但必须基于正确的人生观、价值观——致富当以勤以能为本。同时要认定，合法致富就是道德的行为，只要你的致富是合法的，那么你在为自己积累财富的同时，也在为祖国和人民增添荣耀。

（本文作者为吉首大学　易小明）

# 个人的公正美德

公正（正义）是支撑社会大厦的顶梁柱。[①] 人类历来强调个人公正美德的修炼，因为一个社会的公民是否普遍具有公正美德的事实事关该社会的兴衰成败。本文拟从政治伦理学的角度对个人公正美德展开分析，以揭示其主要内涵、现实基础、修炼路径及其与社会制度的公正德性之间的可相通性。

## 一 个人公正美德的利己性与利他性

古希腊哲学家亚里士多德说："在各种德性之中，唯有公正关心他人的善。因为它是与他人相关的，或是以领导者的身份，或是同伴的身份，造福于他人。"[②] 其意为，人类可以拥有多种美德或德性，但只有"公正"这种美德涉及如何在人与人之间合理分配社会资源的问题；它"集一切德性之大成"[③]，是个人所能拥有的最重要美德。

"公正"是人类对物质财富、政治权利、发展机会等社会资源进行合理分配所体现的公平合理性，即分配正义。处于社会状态的每一个人都必须依靠各种社会资源来生存和发展，但这些社会资源需要通过适当的社会分配才能为他们所掌握。个人的公正美德是人类以个体（个人）的身份参与社会资源分配时展现的一种道德修养或道德品质，它意指个人能够把追求社会资源分配的公平合理性作为支配其分配行为的核心价值观念和最

---

[①] ［英］·亚当·斯密：《道德情操论》，余涌译，中国社会科学出版社2003年版，第93页。
[②] ［古希腊］亚里士多德：《尼各马科伦理学》，苗力田译，中国社会科学出版社1999年版，第97页。
[③] 同上。

高准则。

每一个人都带着他们自己的主观欲望、需要、偏好和价值观念参与社会资源的分配，但他们不能仅仅以其自身的主观欲望、需要、偏好和价值观念作为评判社会资源分配是否公平合理的尺度或标准，因为参与社会资源分配活动的主体不可能只是某一个人，必定是所有的"个人"，人与人之间很容易因为主观欲望、需要、偏好和价值观念存在人际差异而在如何分配社会资源的问题上讨价还价，甚至产生尖锐的矛盾和冲突。如果参与社会资源分配的个人不对其主观欲望、需要、偏好和价值观念进行合理性限制，这种"讨价还价"、"矛盾"和"冲突"一定会变得无休无止。显然，在参与社会资源分配活动的时候，每一个人都面对着如何认识和处理个人分配利益和他人分配利益的关系问题。

上述问题实质上是个人如何看待和处理"利己"和"利他"的关系问题。解决这一问题的关键是参与社会资源分配的个人能否有效地平衡、协调和统一他的利己德性和利他德性。要深刻认识这一点，参与社会资源分配的个人需要以下面的思路来展开他的思维方式。

首先，他需要承认每一个处于社会状态的人都需要占有物质财富、政治权利、发展机会等社会资源才能过上幸福生活的事实。一个人在社会状态中的生活或生存状况从根本上取决于他对社会资源的占有状况；因此，进入社会状态的人都不得不为了生存和发展而参与社会资源的竞争。为了拥有富足的经济生活，他需要占有足够的物质财富和发展机会；为了拥有满意的政治生活，他需要占有足够的政治权利和政治权力；为了拥有圆满的文化生活，他需要占有足够的精神性社会资源（如思想自由、言论自由、宗教信仰自由、幸福等）。对个人来说，参与社会生活的过程就是他参与社会资源竞争的过程。占有社会资源的成败得失状况直接影响他在人类社会中的地位、生活质量和人生命运。如果参与社会资源分配的每一个人都能首先认识到这一点，并且能够对个人试图占有社会资源的努力给予适当的理解和尊重；那么，他们的思维方式和价值观念就建立在人本主义的起点上。确立这一起点是必要的，因为真正公平合理的社会资源分配是那种能够充分满足所有分配参与者的生活需要的分配。一旦能够以人本主义作为其思维方式和价值观念的起点，参与社会资源分配的人就不仅仅能够从个人的基本需要出发来看待人类对社会资源的依赖性，更重要的是他们能够将心比心地看待人与人之间的社会资源竞争。

其次,他需要认识到所有参与社会资源分配的人的平等性。美国哲学家罗尔斯强调:"每一个人都拥有一种基于正义基础上的不可侵犯性,它甚至不能因为维护社会整体福祉的缘故而遭到践踏。"[1] 其意指,拥有物质财富、思想自由、言论自由、宗教信仰自由、发展机会等社会资源是人之为人的平等权利;因此,每一个人在参与社会资源分配的时候都有平等地表达其分配正义诉求的自由,这种自由应该得到国家、政府和社会的充分尊重和保护。如果参与社会资源分配的人都能够深刻地认识到这一点,并且能够从"平等"的视角来看待每一个人的分配正义诉求,他们的思维方式和价值观念就不仅突破了自我中心主义的藩篱,而且具有平等主义的根本特征。确立平等主义的思维方式和价值观念不仅仅有利于推动参与社会资源分配的人赋予其自身作为社会公民存在的平等地位,更重要的是它有利于推动他们一视同仁地看待人类在社会状态下获取社会资源的平等权利。

最后,他需要洞察每一个参与社会资源分配的人都兼有利己人性和利他人性的事实。人类的存在具有二重性。一方面,他们作为个人即人类个体而存在,这种意义上的人类是具体的、现实的、自私的;另一方面,它们也作为"社会人"即社会公民而存在,这种意义上的人类是抽象的、理想的和利他的。个人存在的个体性决定其利己的本性,他的利他本性则是由他的社会性本质决定的。正如马克思所说,"现实的人只有以利己的个体形式出现才可予以承认",但"真正的人只有以抽象的 citoyen [公民] 形式出现才可予以承认。"[2] 这是指,"人的本质不是单个人所固有的抽象物,在其现实性上,它是一切社会关系的总和"[3];因此,在如何合理分配社会资源的问题上,一个人在基于其自身的主观欲望、需要、偏好和价值观念表达其分配正义诉求的时候,必须同时充分考虑和尊重其他人基于其主观欲望、需要、偏好和价值观念提出的分配正义诉求。如果每一个参与社会资源分配的人都能够这样思考问题,那么,"公正"就不仅仅

---

[1] John Rawls, 1971, *A Theory of Justice*. Cambridge, Massachusetts: The Belknap Press of Harvard University, p. 3.

[2] 《马克思恩格斯文集》(第1卷),人民出版社2009年版,第46页。

[3] 同上。

作为人类在社会资源分配领域共有的一个价值目标而存在,更重要的是每一个参与社会资源分配的人都能够充分尊重彼此的分配正义诉求。

分配正义问题是因为参与社会资源分配的个人能够现实地表达其分配正义诉求的原因才出现的。个人是社会资源分配活动的主体,也是能够表达分配正义诉求的主体。当人类以"个人"的身份参与社会资源的分配,他一方面希望社会资源的分配能够最大限度地体现分配正义;另一方面又不可避免地要将其分配正义诉求首先建立在其自身的生活欲望、需要、偏好和价值观念基础之上;他的分配正义诉求往往会被深深地打上个体性、私人性和特殊性的深刻烙印;然而,由于他的人性中还有社会性的一面,他在表达其分配正义诉求的同时也不得不兼顾其他人的分配正义诉求。作为个人存在的人类不难明白这样一个道理:如果每一个参与社会资源分配的人都将其自身的分配正义诉求完全建立在各自的主观欲望、需要和偏好基础上,人类社会分配社会资源的活动必定会因为个人的极端利己主义价值观念和相应的利己行为而受阻,因为在每一个人都希望分配正义的天平朝着有利于自身的方向倾斜时,其结果必然是社会资源无法得到成功分配。

"呈现在我们面前的世界历史是一个合理化过程。"[1] 人类历史不仅是由具体的个人创造的,而且是由具有理性的个人创造的。由于有"理性"在场,人类总是努力将社会历史的变迁和演进纳入合理化轨道。在社会资源分配领域,人类理性发挥作用的地方在于,它能够引导参与资源分配活动的个人兼顾他的利己本性和利他本性,从而推动他形成一种兼有利己德性和利他德性的公正美德。

要全面认识、理解和解释个人的公正美德,我们既应该看到个人基于其自身的主观欲望、需要、偏好和价值观念表达其分配正义诉求的正当权利,也应该看到个人拥有这种正当权利的合理性限度。由于每一个人都不可避免地要带着自己的主观欲望、需要、偏好和价值观念参与社会资源分配,人与人之间就很容易在分配过程中产生错综复杂的分配利益矛盾。要解决这种矛盾,充分发挥个人的首要作用是必要的。参与社会资源分配活

---

[1] Georg Wilhelm Friedrich Hegel, 1956, *The Philosophy of History*. New York: Dover Publications, Inc. p. 9.

动的个人既有责任将他们彼此之间的社会资源竞争纳入合理化轨道,也有责任化解他们彼此之间的分配利益矛盾。

个人的分配正义诉求兼有利己性和利他性的事实是分配正义问题产生的现实基础,也是个人公正美德得以养成的现实基础。在参与社会资源分配的时候,个人不可能仅仅以利己主义价值观念来支配他们的所思所想和所作所为,也不可能仅仅以利他主义价值观念来支配他们的所思所想和所作所为,而是往往努力在"利己"和"利他"之间取得一种平衡、协调和统一。在社会资源分配问题上,个人不能过分强调"利己",但由于他的自私本性总是要实际地发挥作用,他也难以做到"毫不利己,专门利人"。个人的公正美德只能建立在个人的自私本质和利他本质相互作用、相互影响、相互支持、相互贯通、相辅相成的基础之上。它应该是个人的利己德性和利他德性所达到的一种平衡、协调和统一。

## 二 个人公正美德中的"知德"、"情德"、"意德"和"行德"

个人的公正美德是个人道德修养的一种重要表现形式。个人道德修养是指他的道德涵养。它是指个人能够深刻认识和充分肯定"道德"作为社会规范存在的价值,能够在情感态度上赞成和支持人类的道德价值追求,能够在意志上维护道德的尊严,并能够在行为上践行道德的内在要求,从而在道德观念、道德情感、道德意志和道德行为上达到全面贯通和高度统一的事态。一个能够将一定的道德观念、道德情感和道德意志转化为实际道德行为的人就是一个有道德修养的人。道德修养是人之为人的一种本质性规定,它不仅是人类区别于其他动物的一个重要标志,而且贯穿于人类社会生活的方方面面。在社会资源分配领域,个人道德修养集中表现为他的公正美德。完满的个人公正美德也应该体现"知德"、"情德"、"意德"和"行德"的完全贯通和高度统一。

作为"知德"存在的个人公正美德是指个人的分配正义观念。它是个人对社会资源分配的公平合理性进行价值认识、价值判断、价值定位和价值选择而形成的一种道德价值观念。当一个人形成了应有的分配正义观念,这就意味着他不仅能够深刻地认识到他自己的利己性分配正义诉求的正当合理性，而且能够深刻地认识到其他人的利己性分配正义诉求的正当合理性，因此，他也能够深刻地认识到兼顾这两种正当分配正义诉求的必要性。个人的分配正义观念意指个人能够兼顾所有人的正当分配正义诉求，它具有公共性，因此，罗尔斯将它称为"公共正义观念"，认为它是每一个人可以在"良序社会"（公正社会）共享的一种正义观念。[1] 个人的分配正义观念一旦形成，它就会转化为个人的分配正义信念。一个具有分配正义信念的人不仅相信社会资源分配的公平合理性作为个人行为准则和价值目标存在的真实性、实在性或现实性，而且相信人类社会的分配正义状况能够不断得到改善。

"情德"意义上的个人公正美德是个人在参与社会资源分配的时候表现出来的道德情感态度，即个人的分配正义感。一个具有正常道德情感的人在面对社会资源分配是否公正的问题时不仅能够表现出应有的道德敏感性，而且能够表现出追求和维护分配正义的道德情感态度。他能够敏锐地意识到分配正义问题的存在，能够把追求和维护分配正义当成他的道德责任，并愿意为分配正义的实现付出努力。这种个人公正美德能够为个人追求和维护分配正义的努力提供强有力的情感支撑和驱动力。

"意德"意义上的个人公正美德表现为个人追求和维护分配正义的道德意志。道德意志是一个人向善的意愿的强烈程度及其在维护善的过程中面对压力、挫折和困难时所展现的心理承受能力。一般来说，道德意志坚强的人在向善和维护善的过程中会表现出不屈不挠的意志力，而道德意志薄弱的人在向善和维护善德过程中会表现出畏难怕险、甚至知难而退的意志力。一个道德意志坚强的人不仅具有追求和维护分配正义的强烈意愿，而且在追求和维护分配正义的过程中遭遇压力、挫折、困难时能够表现出迎难而上、坚持不懈、不屈不挠的坚强意志力。

"行德"意义上的个人公正美德是指个人追求和维护分配正义的全部实践能力，即全部行为能力。正如个人道德修养总是必须以个人的实际行为作为落脚点一样，个人公正美德也必须终结于个人追求和维护分配正义的具体行为。这种美德在个人身上的表现是：在参与社会资源的分配活动

---

[1] John Rawls, 1971, *A Theory of Justice*. Cambridge, Massachusetts: The Belknap Press of Harvard University, p. 5.

时，个人能够将其追求和维护分配正义的思想观念、道德感、意志力转化成具体的行为；或者说，个人能够通过具体的行动或行为兼顾他自己与其他人具有正当性的分配正义诉求。

黑格尔说："世界上没有一个人是为了恶而作恶的，也就是说，人们都是向善的，在动机和思维中都是希望求善的。但是，仅仅动机中的善还不是真正的善，因为善的动机在行为中也会导致恶。"① 人类所能拥有的每一种德性无疑都以"完满"作为终极目的。个人的公正美德也不例外。如果个人的利己德性和利他德性能够在社会资源分配领域达到平衡、协调和统一，那么他的公正美德就是完满的。这种美德也一定和"至善"一样完美无缺。不过，与人类所能拥有的任何一种其他美德一样，现实中的个人公正美德总是存在这样或那样的缺陷。有缺陷的个人公正美德当然不是完满的美德。

个人公正美德的缺陷可能是因为个人的主观条件有欠缺导致的。要形成健全的"知德"、"情德"、"意德"或"行德"，个人必须具备一定的主观条件。"知德"要求个人具有正常的道德思维能力，因为只有具备这种道德思维能力的人才能够深刻认识"分配正义"的内涵和实质以及个人培养公正美德的意义和价值；"情德"要求个人具有丰富而深厚的道德情感，因为只有具备这种道德情感的人才能够在遭遇分配正义问题时表现出足够的道德敏感性，并恰当地对人类追求和维护分配正义的努力表现出应有的赞成和支持态度；"意德"要求个人具有坚强的道德意志力，因为只有具备这种道德意志的人才能够在遭遇挫折和困难的时候仍然坚持不懈、不屈不挠地追求和维护分配正义；"行德"要求个人具有果敢的实际行为能力，因为只有具备这种行为能力的人才能够将他的分配正义观念、分配正义感和维护分配正义的意志转化为现实的道德行为。不过，并非所有现实的个人都能够完全具备形成"知德"、"情德"、"意德"或"行德"的主观条件。如果一个人在道德思维能力、道德情感、道德意志或道德行为能力方面有欠缺，那么他形成的"知德"、"情德"、"意德"或"行德"也一定存在缺陷，他的个人公正美德也会因此而残缺不全。

---

① ［德］黑格尔：《法哲学原理》，杨东柱、尹建军、王哲编译，北京出版社2007年版，第71页。

个人公正美德的缺陷也可能是因为外在的客观条件有欠缺导致的。个人总是在一定的社会环境中来修炼他的公正美德，因此，社会条件的好坏优劣会对个人的德性修炼产生深刻影响。一个显而易见的事实是，如果一个社会具有强调和维护分配正义的伦理思想传统，那么生活于该社会中的个人就比较容易养成应有的公正美德；相反，如果一个社会缺乏重视和维护分配正义的伦理思想传统，那么生活于该社会中的个人就难以养成应有的公正美德。另外，一个社会的社会制度状况及其执行情况也会对个人修炼公正美德的努力产生不容忽视的客观影响。如果一个社会的社会制度在设计和安排上很公平合理，并且得到了很好的执行，那么生活于该社会中的个人就比较容易养成公正美德；相反，如果一个社会的社会制度在设计和安排上严重缺乏公平合理性，那么生活于该社会中的个人也难以养成公正美德。

## 三 个人公正美德向社会制度的延伸

要养成完善的公正美德，个人必须跨越两个难关：一是他需要很好地平衡和协调他自己的利己德性和利他德性；二是他需要使他的公正美德在"知"、"情"、"意"、"行"四个环节上达到全面贯通和高度统一。如果个人能够顺利跨越这两个难关，他的公正美德就达到了完善，但实际的情况往往不是这样的。一方面，由于物质财富、政治权利、发展机会等社会资源都具有稀缺性，而它们的分配状况又事关每一个人的切身利益，个人与个人之间争夺社会资源的竞争非常激烈，甚至常常会激发难以调和的人际利益矛盾。这不仅说明个人公正美德产生的现实基础错综复杂，而且说明个人通过平衡和协调其利己德性和利他德性的途径来培养其公正美德的努力具有很高的难度。另一方面，由于推动"知"、"情"、"意"、"行"四个环节达到全面贯通和高度统一的主客观条件通常难以得到充分满足，个人公正美德往往也会因为个人的"知德"、"情德"、"意德"和"行德"存在缺陷和不足而不可能达到完善的程度。作为个人道德修养的一种重要表现形式，个人的公正美德具有其自身难以克服的局限性。

人类与其他动物的一个根本区别在于，他们能够将其生存的意义和价值无限延伸或拓展，而后者只能用静态的、固定的方式展现其生存的意义和价值。由于既具有理论理性，又具有实践理性，人类能够能动地、合目的性地生存和发展。尤其重要的是，他们能够洞察自身的各种局限性，并想方设法超越它们。他们深知自己的体能是有限的，因此，他们会发明各种工具和机器来帮助自己。他们深知自己的身体承载思想和精神的时间是有限的，因此，他们会借助于书籍、艺术作品、电脑等手段来保持和延伸他们的思想和精神。当他们发现自己的个人公正美德具有局限性并难以对其自身参与社会资源分配的行为进行自律性约束的时候，他们会诉诸社会制度的合理设计和安排来对自己施加一种他律性约束。

人类社会充满着各种各样的竞争，但绝大多数竞争是出于争夺社会资源的目的而展开的。社会资源分配是一件极其复杂的事情。它不仅仅涉及各种经济性社会资源、政治性社会资源和精神性社会资源的分配，更重要的是它很容易引起错综复杂的人际分配利益矛盾。所谓分配利益矛盾，只不过是因为社会资源在人与人之间的分配不均衡、不合理或不公平而产生的人际矛盾。当一个人或一些人认为或相信某种或某些社会资源的分配更多地有利于另外一个人或一些人的时候，他或他们不仅可能对他自己或他们自己所处的"不利"局面表示出不满，而且可能将这种"不满"转化成与那些处于有利地位的人对立和冲突的尖锐矛盾。在阶级社会中，这种分配利益矛盾是通过阶级矛盾的形式表现出来的。人类社会的分配利益矛盾有时可以达到极其残酷的程度。有些人为了满足其占有物质财富的贪欲而谋财害命；有些人为了维护其自身的政治权利而不惜侵害他人的政治权利；有些人为了争取其自身的发展机会而违法乱纪地剥夺他人的发展机会；有些人为了确保其自身的幸福而故意阻断他人的幸福之路。显而易见，社会资源分配及其导致的分配利益矛盾的复杂性常常会超出"道德"调控人类社会生活的功能和能力。

马克思曾经说过："人不是抽象地蛰居于世界之外的存在物。人就是人的世界，就是国家，社会。"[1] 这不仅意指个人不可避免地会进入"国家"和"社会"，而且意指个人存在的意义和价值必须最终通过"国家"和"社会"的存在状态来加以体现。一旦进入国家状态和社会状态，个人之为人的权利（自由）和义务（责任）都必须在国家意志和社会意志

---

[1] 《马克思恩格斯文集》（第1卷），人民出版社2009年版，第3页。

的统一支配下来展现其存在的实在性或现实性，因为"正如国家对自由具有最高权力一样，国家对个人也具有最高权力，而个人的最高义务就是成为国家公民。"①"国家"和"社会"之所以对个人具有最高权力，其根本原因在于它们能够设计和安排旨在体现国家意志和社会意志的社会制度，并对个人的所思所想和所作所为进行强制性约束。

设想个人公正美德能够充分体现个人利己德性和利他德性的平衡和协调，并设想它能够实现"知德"、"情德"、"意德"和"行德"的全面贯通和高度统一，这说明人类对社会资源分配的公正性作出的认识、理解和规定具有主观性、抽象性和理想性，同时折射了个人公正美德可能存在局限性的事实。真正的个人公正美德不是仅仅停留于主观性、抽象性和理想性设想基础上的美德，它必须借助于"国家"和"社会"对社会制度的合理设计和安排来达到主观性和客观性、抽象性和具体性、理想性和现实性的统一。只有在现实的国家和社会中，个人在参与社会资源分配活动中追求和维护分配正义的伦理思想和伦理精神才能得到真正的体现。因此，黑格尔说："国家是实现了的伦理理念与伦理精神，即它是现实中的伦理概念与其定在的统一。"②

社会制度与道德规范的不同之处主要在于它的强制性。由于代表的是国家意志和社会意志，社会制度具有不以任何个人意志为转移的强制性特征。作为一种强制性社会规范，社会制度的最重要功能是维护社会资源分配的公正性，即维护分配正义。借助于强制性社会制度的合理设计和安排来规范个人参与社会资源分配活动的行为，是人类进一步延伸其立法精神和伦理精神的必要手段，也是人类克服个人公正美德在社会资源分配领域难以独立承担维护分配正义任务的局限性的必要手段。

个人公正美德一旦延伸至社会制度，它就变成了一种社会制度德性。社会制度是一种人为的建构，它的首要价值是保持和延续个人公正美德内含的伦理思想和伦理精神，即个人追求和维护分配正义的伦理思想和伦理精神。为了充分体现这种"首要价值"，社会制度必须是公正的。因此，

---

① ［德］黑格尔：《法哲学原理》，杨东柱、尹建军、王哲编译，北京出版社2007年版，第113页。
② 同上。

罗尔斯说:"正如真理是人类思想体系的首要德性一样,公正是社会制度的首要德性。"① 他试图强调,合理设计和安排的社会制度是公正社会制度,其内在公正性集中表现为它的公平性,即它能够在支配和引导社会资源分配的时候一视同仁地对待参与分配的所有人。社会制度的公正德性集中表现为它在设计和安排上的公平合理性。

社会制度的公正德性是对个人公正美德的延伸和升华。追求社会资源分配的公正性是人类孜孜以求的一个价值目标,但如果他们将实现这一价值目标的希望仅仅寄托于个人的公正美德,他们的希望肯定无法完全变成现实。由于难以达到完善,个人公正美德只能在有限的程度上发挥其维护分配正义的功能和作用。只有进一步转化为一种社会制度德性,个人公正美德的存在价值才能够得到进一步拓展和提升。

## 四 结语

"人只有在社会中才能生存,他生来就适合在塑造他的那种环境中生活。"② 作为人类个体存在的个人不是与世隔绝的,他的所思所想和所作所为都不能不顾忌其他人的感受、态度和价值判断;因此,在参与社会资源分配的时候,他不应该任凭其自私本性无限膨胀,而是应该同时充分张扬其利他本性,从而使其自身能够展现出一种兼有自私德性和利他德性的公正美德。个人公正美德把适当占有物质财富、政治权利、发展机会等社会资源视为个人的基本权利,但它反对任何人为了一己之私妨碍和侵害他人占有社会资源的正当权利。它与唯私利是图的资源利己主义价值观是对立的。

能否在个人的利己德性和利他德性之间达到平衡、协调和统一是每一个致力于培养公正美德的人都必须直面和着力解决的一个难题,它贯穿于个人在社会资源分配过程中追求和维护分配正义的道德观念、道德情感、道德意志和道德行为之中。实现"知德"、"情德"、"意德"和"行德"

---

① John Rawls, 1971, *A Theory of Justice*. Cambridge, Massachusetts: The Belknap Press of Harvard University. p. 3.

② [英]亚当·斯密:《道德情操论》,余涌译,中国社会科学出版社 2003 年版,第 92 页。

的全面贯通和高度统一对于每一个参与社会资源分配的人来说都是必要的,但如果不具备相关的主客观条件,这一目标的实现是困难的。

与人类所能拥有的其他美德一样,个人的公正美德通常不是完美无缺的,这不仅意味着它具有其自身难以克服的局限性,而且说明它不可能在人类社会独立承担维护分配正义的重任。要延伸和拓展其追求和维护分配正义的伦理思想和伦理精神,个人需要将其公正美德转化为一种社会制度德性。借助于公正社会制度来追求和维护分配正义是个人延展其公正美德的必要途径,也是人类建设分配正义社会的必由之路。

(本文作者为湖南师范大学道德文化研究院 向玉乔)

# 社会制度实现分配正义的价值维度

分配正义是人类在分配政治权利、政治权力、物质财富、发展机会、幸福、义务等社会资源的活动中致力于实现的最高价值目标，它意指社会资源在社会成员中间的分配应该最大限度地体现公正性。分配正义还是人类道德价值观念的一种重要表现形式。它是人类对社会资源分配的公正性进行价值认识、价值判断、价值定位和价值选择而形成的核心道德价值观念。作为这种道德价值观念存在的分配正义是引导个人在社会资源分配活动中追求公正的最高道德信念，也是引导社会制度得到合理设计和安排的最重要道德理念。一个社会要实现分配正义，既需要诉诸个人的良好道德修养，也需要诉诸社会制度的合理设计和安排。本文侧重于探讨社会制度实现分配正义的价值维度，并将其归结为三个主要方面：（1）合理设计和安排的社会制度具有实现分配正义的强大功能；（2）基于分配正义原则得到设计和安排的社会制度具有实现分配正义的原则依据；（3）社会制度实现分配正义的事实具有不容忽视的现实意义。

## 一 社会制度实现分配正义的强大功能

在任何一个社会，"个人"和"社会"都是能够表达或提出分配正义诉求的两种主体。个人的分配正义诉求往往基于个人的个体性、私人性和特殊性分配利益需要被提出，社会的分配正义诉求往往基于社会集体的整体性、公共性和普遍性分配利益需要被提出，因此，分配正义既不是个人的分配正义要求得到单方面满足的结果，也不是社会的分配正义要求得到单方面满足的结果，而是这两种分配正义诉求达到吻合和协调的产物。分配正义是一种双向性道德要求：它一方面要求个人用良好的道德修养对待社会集体的整体性、公共性和普遍性分配利益；另一方面也要求社会用合理的社会制度设计和安排保护个人的个体性、私人性和特殊性分配利益。也就是说，人类总是需要通过两个途径来实现分配正义：一是个人道德修养；二是社会制度。前者指分配正义可以借助于个人的良好道德品质得到实现；后者指分配正义可以借助于社会制度的合理设计和安排得到实现。

个人道德修养是个人作为道德主体在道德品质锻炼上所达到的水平，"它不是人性的自然发展，而是主体自觉、能动的道德活动。"[①]个人锻炼道德修养的过程表现为个人将社会所倡导的道德原则和道德规范转化为个人道德信念、道德观念、道德感和道德行为的过程。在人类分配活动领域，个人道德修养往往是通过个人的分配正义信念、分配正义观念、分配正义感和分配正义行为来表现的。分配正义信念是个人对"分配正义"这一价值目标的现实性所抱持的一种信念，它说明个人相信分配正义是一种能够在人类社会得到实现的社会价值。分配正义观念是个人对"分配正义"这一价值目标的内涵、实质、存在价值、实现途径等进行理性认识、理解和解读所展现的一种思维方式。它不是一种仅仅考虑社会资源分配对某个人来说是否公正的思维方式，而是一种考虑社会资源分配对所有人来说是否公正的思维方式。当一个人在面对分配正义问题时能够把"分配正义"当成所有人应该共享的一种社会价值来看待时，他的分配正义观念就不仅兼有个体性和社会性、私人性和公共性、特殊性和普遍性特征，而且具有道德价值观念的鲜明特征。分配正义感是个人在涉及分配正义问题的语境里能够合理对待"分配正义"这一价值目标而表现的一种道德态度，它说明个人能够把追求分配正义当成一种应当的道德要求来对待。分配正义行为是个人的分配正义信念、分配正义观念和分配正义感见诸行为的具体表现。具有分配正义信念、分配正义观念、分配正义感和分配正义行为的个人是具有良好道德修养的个人，也是能够实现分配正义的个人。

社会制度是社会成员必须共同遵守和按一定程序办事的规程或行动准

---

[①] 唐凯麟、张怀承：《成人与成圣：儒家伦理道德精粹》，湖南大学出版社1999年出版，第131页。

则①，它包括政治制度、经济制度、法律制度、婚姻家庭制度、教育制度、宗教制度、环境制度等多种形式。社会制度的设计和安排往往是一种国家行为，它体现的是国家意志。在阶级社会，由于国家意志就是统治阶级的意志，社会制度的设计和安排实质上反映的是统治阶级的意志。不同社会实行的社会制度可能在基本构成或形式上是相似的、甚至是相同的，但它们的实际内容往往存在显著差别。纵然两个社会宣称实行相同的社会制度，它们对社会制度的具体内容规定也总是存在这样或那样的区别。不过，社会制度是人类社会生活无法回避的一种现实背景，因为人总是制度里的公民，"制度确定并限制了人们的选择集合"②。人类分配社会资源的活动也必须在社会制度的支配下来进行。人类需要政治权利、政治权力等政治性社会资源过政治生活，但它们必须经过政治制度的分配才能为人类所掌握。人类需要物质财富过经济生活，但它必须通过经济制度的分配才能为人类所拥有。人类需要尊严、幸福、自由等精神性社会资源过精神生活，但它们也在很大程度上依赖社会制度的分配。唯其如此，社会制度能否实现分配正义对人类来说历来是一件至关重要的事情。如果一种社会制度在支配社会资源分配的时候不能在某种程度上实现分配正义，它的存在价值就会遭到人类的质疑、甚至否定。

社会制度和道德都属于社会规范的范围，但它们是两种不同类型的社会规范。道德主要借助于个人的道德信念、道德观念和道德感来约束或规范个人的行为，它是一种非强制性的社会规范。相比之下，社会制度是人类对社会状态的基本结构和各种必要的社会关系所作的一种强制性设计和安排，它是一种强制性的社会规范。道德和社会制度都具有约束或规范个人行为的功能，但它们约束或规范个人行为的力度和效果是有区别的：前者是非强制性的或柔性的，因而很容易被个人突破防线；后者是强制性的或刚性的，因而不容易被个人突破防线。

个人道德修养是人类实现分配正义的一个重要途径，但它并不能独立承担实现分配正义的重任，这是由它自身的局限性决定的。个人道德修养

---

① 《辞海》，上海辞书出版社2000年版，第223页。

② [美]道格拉斯·C.诺斯：《制度、制度变迁与经济绩效》，杭行译，格致出版社、上海三联书店、上海人民出版社2008年版，第4页。

的主要局限性在于它的人际差异性、不完善性和不确定性。在人类分配活动领域，个人的分配正义信念、分配正义观念、分配正义感和分配正义行为不仅不可避免地具有人际差异，而且还会因为容易受到个人意志、欲望、兴趣、需要等主观性因素的深刻影响而表现出明显的不完善性和不确定性。在现实社会中，个人破坏分配正义的现象之所以时有发生，其根源就在于个人道德修养难以摆脱人际差异性、不完善性和不确定性的事实。由于个人道德修养并不能独立承担实现分配正义的任务，人类不得不借助于社会制度的合理设计和安排来实现分配正义，社会制度也因此而被赋予了实现分配正义的功能。虽然社会制度也可能是不完善的，但是它可以凭借其普遍适用性、普遍有效性和普遍强制性克服个人道德修养的人际差异性和不确定性，因而能够有效克服个人道德修养实现分配正义之功能的局限性。

在西方，最早对社会制度实现分配正义的功能给予深刻关注和研究的当推马克思主义经典作家。在19世纪中期以前，西方哲学家往往追随古希腊哲学家的思想，把分配正义视为个人公正德性的一种具体表现形式。正如亚里士多德所说："所谓公正，是一种所有人由之而做出公正的事情来的品质，使他们成为作公正事情的人。"[1] 19世纪中期以后，由于资产阶级与无产阶级之间的阶级矛盾日趋尖锐化，西方资本主义国家的社会矛盾达到空前未有的严重程度。在此历史背景下，马克思主义经典作家不仅对资产阶级的贪婪和残暴进行了无情揭露，而且对资本主义制度乃至一切建立在私有制基础上的不公正社会制度进行了史无前例的猛烈抨击。他们明确指出，由不合理经济基础决定的不公正社会制度是导致社会资源分配不公的根本原因，奴隶制度和封建制度是不公正的社会制度，因为我们在它们之中"到处都可以看到社会完全划分为各个不同的等级，看到社会地位分成多种多样的层次"[2]；资本主义制度也是不公正的社会制度，因为"从封建社会的灭亡中产生出来的现代资产阶级社会并没有消灭阶级对立。它只是用新的阶级、新的压迫条件、新的斗争形式代替了旧的。"[3]

---

[1] [古希腊]亚里士多德：《尼各马科伦理学》，苗力田译，中国社会科学出版社1999年版，第95页。

[2] 中共中央马克思恩格斯列宁斯大林著作编译局编译：《马克思恩格斯文集》第2卷，人民出版社2009年版，第31页。

[3] 同上书，第32页。

20世纪中期以后，美国和英国涌现了罗尔斯、诺齐克、麦金太尔、纳格尔、德沃金、桑德尔、巴利等一大批研究分配正义问题的哲学家，并提出了许多种分配正义理论。虽然这些哲学家之间存在非常激烈的思想和理论争鸣，但是他们研究分配正义问题的总体思路大体上是一致的，即他们都不再把关注个人道德修养实现分配正义的功能作为研究分配正义问题和建构分配正义理论的重点，而是普遍转向重点研究社会制度实现分配正义的功能。在这些英美哲学家中间，最有影响的当推约翰·罗尔斯。他在20世纪五六十年代就开始发表研究分配正义问题的论文，并在1971年出版了专著《正义论》。他在该著作中旗帜鲜明地说："公正是社会制度的首要德性。"[1]这一著名政治伦理学命题是罗尔斯建构其分配正义理论的逻辑起点，它正确地把"公正"归结为社会制度的最重要价值，并暗示社会制度实现分配正义的前提条件是它本身必须具有内在公正性。一种社会制度是否具有存在的合理性基础，关键在于它本身是否具有内在公正性。只有公正社会制度才具有存在的合理性基础，也只有公正社会制度才具有实现分配正义的功能。公正性有限的社会制度只能有限地实现分配正义。公正性不足的社会制度不能充分地实现分配正义。如果一种社会制度完全缺乏公正性，那么它根本就不具有存在的合理性基础，更不用说具有实现分配正义的功能。内在公正性是社会制度的根本所在。缺乏内在公正性对任何一种社会制度来说都是致命的缺陷。

不过，罗尔斯等当代英美哲学家对社会制度实现分配正义的功能的研究普遍缺乏历史唯物主义和辩证唯物主义的方法论基础。他们往往不在生产力和生产关系、经济基础和上层建筑的辩证关系中来探讨社会制度实现分配正义的功能，而只是抽象地谈论社会制度的公正性与分配正义的关系。虽然他们普遍看到了公正性对社会制度的重要性，但是他们往往没有用历史的、辩证的眼光来看待和分析社会制度的公正性问题。他们立足于资本主义社会的现实之中，但他们不仅不关注和研究对资本主义制度具有决定作用的资本主义经济基础和生产力状况，而且对资本主义制度的内在不公正性缺乏深刻批判。他们偶尔也会谈论资本主义社会中的分配不公现

---

[1] John Rawls, *A Theory of Justice*. The Belknap Press of Harvard University Press, Cambridge, Massachusetts. 1971. p. 3.

象,但他们并不把那些不公现象从根本上归因于资本主义私有制经济的不合理性和资本主义制度的不公正性。

马克思主义经典作家的分配正义理论为我们全面认识和深刻理解社会制度实现分配正义的功能提供了科学指南。他们不仅坚信完善社会制度的设计和安排是实现分配正义的根本途径,而且主张用社会革命的手段彻底摧毁资本主义经济基础和资本主义制度,以从根本上改变人类社会的分配正义状况。他们预言:"代替那存在着阶级和阶级对立的资产阶级旧社会的,将是这样一个联合体,在那里,每个人的自由发展是一切人的自由发展的条件。"[①] 在马克思主义经典作家的分配正义理论里,人类实现分配正义的最有效途径是诉诸合理设计和安排的社会制度,但这种社会制度的建构需要通过社会革命的途径来完成。他们就是在此思想基础之上论证了用社会主义制度取代资本主义制度以及推动人类最终实行共产主义制度的合理性,并对社会主义社会的按劳分配制度和共产主义社会的按需分配制度进行了科学构想。

我们需要用历史唯物主义和辩证唯物主义的眼光看待社会制度实现分配正义的强大功能。社会制度是人类社会的一个重要构成要素,也是人类在社会状态下分配各种社会资源和实现分配正义必不可少的一种重要手段,但并非所有社会制度都具有实现分配正义的功能。社会制度有合理和不合理之别,其关键在于社会制度本身是否具有内在公正性。只有具有内在公正性的社会制度才具有存在的合理性基础,也只有这样的社会制度才能帮助人类实现分配正义。人类经历过原始社会制度、奴隶社会制度、封建社会制度,目前正处于社会主义制度与资本主义制度同时并存、相互对立、相互争鸣的历史时期。纵观人类社会发展史,社会制度总体上是沿着越来越合理的方向发展的,因为人类设计和安排的社会制度总体上呈现出越来越公正的态势。我们之所以坚信封建社会优于奴隶社会,资本主义社会优于封建社会,社会主义社会优于资本主义社会,最重要的原因就在于——我们相信社会制度从奴隶制度到封建制度、从封建制度到资本主义制度、再从资本主义制度到社会主义制度的发展过程是社会制度的内在公

---

① 中共中央马克思恩格斯列宁斯大林著作编译局编译:《马克思恩格斯文集》第2卷,人民出版社2009年版,第53页。

正性得到不断强化的过程，是社会制度的合理性基础变得越来越坚实的过程，也是社会制度实现分配正义的功能得到越来越充分发挥的过程。

## 二 社会制度实现分配正义的原则依据

社会制度是社会上层建筑的最重要内容，也是建构社会基本结构的根本方式。人类社会总是在社会制度不断变迁的过程中向前演化的，因此，诺斯说："制度变迁决定了人类历史中的社会演化方式，因而是理解历史变迁的关键。"[①]

社会制度在人类社会中的变迁是一个复杂过程，但这一复杂过程是围绕社会制度的公正性问题展开的，因为社会制度的根本是其自身的内在公正性能否得到确立的问题。由于社会制度必须通过人类的集体立法行为来制定，能够赋予社会制度内在公正性的只能是人类。人类能够在多大程度上赋予社会制度内在公正性，社会制度就具有多少公正性。那么，人类是通过何种途径来赋予社会制度内在公正性呢？纵观人类社会发展史，他们是通过借助于分配正义原则引导社会制度设计和安排的方式来达到这一目的的。

分配正义原则是引导人类追求和实现分配正义的行动准则或价值标准。存在两种分配正义原则：一种是作为个人行为准则存在的分配正义原则；另一种是作为社会制度得到合理设计和安排的原则依据存在的分配正义原则。前者是一种道德原则，它要求个人在分配社会资源的活动中追求分配正义，并对个人的分配行为发挥着道德规范作用；后者既是一种道德原则，也是一种立法原则，它要求社会制度的设计和安排应该合乎"分配正义"这一道德价值观念的内在要求，并对社会制度的设计和安排发挥着强有力的伦理引导作用。

引导社会制度得到合理设计和安排的分配正义原则只能由社会制度的制定者——人类——在社会实践中选择和确立。人类需要借助于社会制度的合理设计和安排来服务他们的社会生活，他们对社会制度是否合理的事

---

① [美] 道格拉斯·C. 诺斯：《制度、制度变迁与经济绩效》，杭行译，格致出版社·上海三联书店·上海人民出版社 2008 年版，第 3 页。

实有着最深刻的体会、认识和理解,他们也有能力在社会实践中找到那些能够赋予社会制度内在公正性的分配正义原则。

社会制度都是基于一定的原则制定的,但只有公正社会制度是依据分配正义原则制定的。在奴隶社会和封建社会,占据统治地位的奴隶主和封建地主宣称奴隶制度和封建制度是公正合理的社会制度,但他们掩盖不了他们与被统治阶级(奴隶和农民)之间的压迫和被压迫、剥削和被剥削、奴役与被奴役关系。奴隶制度和封建制度得以确立的根本原则是"等级原则"或"不平等原则"。森严的等级划分不仅将奴隶主和奴隶、封建地主和农民变成了两大尊卑鲜明的阶级阵营,而且使他们在社会资源分配领域处于截然不同的地位。在社会人口中占据少数的奴隶主和封建地主在社会资源分配方面处于绝对的优势地位,而广大的奴隶和农民在社会资源分配方面则处于绝对的劣势地位。奴隶制度和封建制度之所以是不合理或不公正的社会制度,这首先是指它们根本没有赋予广大奴隶和农民获取社会资源的平等机会。由于在获取社会资源方面不能享有与奴隶主、封建地主平等的机会,奴隶和农民只能生活在水深火热之中。这一历史事实告诉我们,人类要设计和安排合理的社会制度,首先应该遵循的分配正义原则是"机会平等原则"。这一分配正义原则的要义在于:每一个社会成员参与社会资源分配的机会都应该是平等的,这种机会平等性在社会制度的设计和安排中应该得到充分肯定、尊重和保护,它不会因为社会成员的性别、年龄、种族、教育背景、社会地位等原因而遭到社会制度的否定、蔑视和损害。

机会平等指每一个社会成员通过分配途径获取社会资源的机会是平等的或均等的。机会平等原则以承认社会成员的平等主体身份和地位为前提,它强调把人视为平等存在的要求与人类追求公正的需要有关,[①] 认为人类借助于社会制度实现分配正义的诉求首先表现为他们将自身视为平等主体的道德价值观念之中。"如果没有主体,也就没有有用的实践理性,更不用说存在关于正义的实践理性。"[②] 对人类来说,用机会平等原则支

---

[①] Amartya Sen, *The Idea of Justice*. Cambridge, Massachusetts: The Belknap Press of Harvard University Press, 2009. p. 293.

[②] Onora O'Neill, *Bounds of Justice*. New York: Cambridge University Press, 2000. p. 29.

配和引导社会制度的设计和安排是其自身具有实践理性能力的重要表现,它说明人类有能力把"分配正义"这一道德价值观念运用于设计和安排社会制度的实践之中。

"社会制度具有为人们提供不同生活机会的作用。"[1] 作为人类集体行为建构的产物,社会制度的设计和安排总是与人类社会生活非常紧密地联系在一起,也总是服务于人类的各种生活目的。人类的生活目的主要是追求各种社会资源的目的。如果说社会制度确实能够为人类提供各种生活机会,这主要是指它能够为人类提供拥有各种社会资源的机会。社会制度发挥其为人类提供生活机会的功能就是为人类拥有各种社会资源创造有利条件。

机会平等原则反对任何一个社会成员利用社会制度的设计和安排不合理地占有社会资源、剥夺其他社会成员获取社会资源的平等机会或只享受利益不承担责任;因此,它必然反对等级制度、专制制度、剥削制度等不平等社会制度,也必然反对政治权力不受制约、贫富悬殊、发展机会欠均等等社会资源分配不公现象。

用"机会平等原则"来引导社会制度的设计和安排意味着社会制度必须保证每一个社会成员具有参与社会资源分配的平等机会,这为社会制度合理支配社会资源的分配提供了一个合理的逻辑起点,但如果社会制度不对社会资源分配的内容作出明确规定,社会成员参与社会资源分配的"平等机会"是无法落到实处的。这就需要有一个确定社会资源分配内容的分配正义原则来进一步引导社会制度的设计和安排。这个分配正义原则可以被称为"利益与责任同等分配原则",其意指:社会制度在把利益分配给社会成员的同时应该把相应或相关的责任同等地分配给他们,绝不允许任何一个社会成员拥有只享受利益不承担责任的特权。

社会制度能够对社会成员分配的社会资源可以被归纳为两种:一是政治权利、政治权力、物质财富、发展机会等普遍受到社会成员喜欢或欢迎的社会资源。这种社会资源往往被社会成员普遍视为他们的"切身利益",可以被统称为"利益"或利益性社会资源。二是以义务、负担、惩罚等形式存在但不被社会成员普遍喜欢或欢迎的社会资源。这种社会资源

---

[1] Brian Barry, *Why Social Justice Matters*. Cambridge: Polity Press, 2005. p. 17.

往往是社会成员不得不承担的东西,可以被统称为"责任"或责任性社会资源。

人类在很多时候会想方设法逃避责任。追求利益、逃避责任似乎是人类的通病。正因为如此,在考虑如何借助于社会制度的设计和安排解决社会资源分配问题时,许多人倾向于把眼光更多地投向对其自身有利的东西——即利益,而不去关注或较少关注责任的分配问题。人类社会的许多分配不公问题与责任没有得到公正分配的事实紧密相关。在政治生活领域,如果政府官员仅仅享有政治权力,不承担用手中的政治权力为人民谋福利的责任,这必定是造成政治权力没有得到公正分配的一个重要原因。在经济生活领域,如果富人仅仅贪婪地占有物质财富,不愿意承担用他们的物质财富造福社会的责任,这必定是导致贫富悬殊的一个重要原因。如果一些人仅仅强调开发利用自然资源的权利,不承担保护自然环境的责任,这也必定是致使自然资源没有得到公正分配的一个重要原因。

合理设计和安排的社会制度不仅应该支配和引导金钱、商品、财产、就业机会、教育机会、医疗卫生、荣誉、住房、交通设施等被社会成员普遍喜欢或欢迎的利益性社会资源的分配,而且应该支配和引导以义务、负担、惩罚等形式表现出来的责任性社会资源的分配。利益和责任都是可以在社会成员中间分配的社会资源,也都是应该在社会成员中间得到公正分配的社会资源。它们都是与人类的分配正义诉求有关的社会资源。它们之所以与人类的分配正义诉求有关,是因为它们是"受重视的善(或被当作负担而不受重视的善),但它们的分配都会受到主要社会制度的支配"[①]。

"利益与责任同等分配原则"要求社会制度在设计和安排上必须对社会资源分配应该涵盖的完整内容作出明确规定,但这一原则要求仍然不足以保证社会资源能够在社会成员中间得到公正分配。一个明显的事实是,如果社会制度没有对社会资源分配的标准和程序作出合理规定,利益和责任都不可能在社会成员中间得到合理分配。解决这一问题的有效途径是将社会制度的设计和安排置于另一个分配正义原则的引导之下。这就是

---

[①] David Miller, *Principles of Social Justice*. Cambridge, Massachusetts: Harvard University, 1999. p. 7.

"分配标准和程序合理原则",其要求是:社会制度在平等社会成员中间分配同一种社会资源的标准和程序必须是合理的,绝不允许任何一个社会成员拥有超越合理分配标准和程序的特权。

分配标准是社会资源分配所依据的准则,分配程序则是社会资源分配的实际操作规程。"分配标准和程序合理原则"要求社会制度对每一个平等社会成员分配同一种社会资源所依据的分配准则和所实行的分配程序必须是合理的的。合理的分配标准和程序至少有三个主要特征:(1)它们是集体制定的。合理分配标准和程序必须通过集体行为来确定。(2)它们是统一的。合理分配标准和程序必须是统一的。(3)它们是公开的。合理分配标准和程序必须经得起质疑和批评,因而也必须是公开的。

集体行为是团体行为,它旨在增进所有集体成员的利益。社会制度确定合理分配标准和程序的根本目的是为了增进或维护受其支配的每一个社会成员的分配利益。用合理的分配标准和程序分配社会资源也是社会制度具有内在公正性的一个重要表现。通过追求分配标准和程序的合理性,社会制度不仅拓展了机会平等原则要求充分肯定、尊重和保护社会成员的平等主体性的内在精神,而且将"利益"和"责任"的分配同等地置于了合理的分配标准和程序之中。由于坚持"一把尺子量到底"的分配标准和"一种程序应用到底"的分配程序,社会制度不会对任何一个社会成员的特殊分配利益需要予以特别的照顾,也不可能使分配正义的天平向任何一个社会成员倾斜。它要求分配正义的天平在所有社会成员的面前是平衡的。因此,如果我国现行的分配制度把"按劳分配"和"按生产要素分配"同时确定为物质财富分配的合理标准[①],并把市场自由分配和政府干预分配作为实现按劳分配和按生产要素分配的合理程序,那么,它们就是促使物质财富在我国社会公民中间达到公正分配的合理标准和程序。

"分配标准和程序合理原则"旨在实现的分配正义是社会成员在参与社会资源分配过程中受合理分配标准和程序支配而追求的分配正义。这种分配正义相对于社会制度来说是一种绝对公平,但相对于每一个社会成员

---

[①] 党的十七大对我国现行分配制度的表述是:"要坚持和完善按劳分配为主体、多种分配方式并存的分配制度,健全劳动、资本、技术、管理等生产要素按贡献参与分配的制度,初次分配和再分配都要处理好效率和公平的关系,再分配更加注重公平。"参阅《十七大报告学习辅导百问》,学习出版社、党建读物出版社2007年版,第167—168页。

的个体性、私人性和特殊性分配利益需要来说只能是一种相对公平。用这一分配正义原则来引导社会制度的设计和安排能够使每一个社会成员平等地从统一的、集体的、公开的分配标准和分配程序中受益，但不可能全面满足每一个社会成员的个体性、私人性和特殊性分配利益需要。从这种意义上来说，这一分配正义原则通过社会制度设计和安排体现的分配正义是有限度的。

"分配标准和程序合理原则"反对任何社会成员利用社会制度的设计和安排把社会资源的分配标准和程序变成暗箱操作的东西。暗箱操作的分配标准和程序往往是某个或某些社会成员试图利用社会制度的设计和安排谋取私利的产物，因此，它们不可能是合理的分配标准和分配程序。社会资源分配可以依靠的合理分配标准和程序一定是通过集体行为确定的，并且是统一的和公开透明的。

从理论上来讲，如果"机会平等原则"、"利益与责任同等分配原则"以及"分配标准和程序合理原则"得到了充分体现，则依据它们设计和安排的社会制度就应该达到了完美无缺的程度。人类也希望他们依据这些分配正义原则设计和安排的社会制度是完美无缺的，但规则总有例外，制度也总有漏洞。人类迄今为止还没有拥有完美无缺的社会制度，社会制度旨在实现的分配正义也远远没有达到理想状态。其实，纵然人类能够依据一定的分配正义原则设计和安排完美无缺的社会制度，他们也可能遭遇社会制度执行不力的问题。如果一种完美无缺的社会制度不能得到很好的执行，它的有效性也是非常有限的。除此之外，社会制度还必须时刻面对来自个人的威胁。那些缺乏道德修养的个人完全可能不遵守合理设计和安排的社会制度。由于这些原因，人类社会总是存在这样或那样的分配不公现象。也正是由于这些原因，人类还必须拥有一个引导社会制度设计和安排的分配正义原则——"纠正不公原则"。这一分配正义原则的精义是：社会制度应该通过自身的合理设计和安排对因为社会制度本身不健全、个人道德修养不到位等原因造成的社会资源分配不公现象进行及时有效的纠正。

分配不公现象就是政治权利、政治权力、物质财富等社会资源在社会成员中间的分配存在严重不合理性的现象。领导干部过多地掌控政治权力、贫富悬殊、发展机会欠均等等是典型的分配不公现象。这些分配不公现象与社会制度旨在实现的"分配正义"价值目标是背道而驰的，因此，它们是社会制度应该否定的现象，也是设计和安排社会制度的人类不能容忍的现象。正因为如此，一个社会的社会制度设计和安排应该有纠正分配不公现象的内容。这种以纠正分配不公现象为内容的社会制度可以被称为纠正制度。这种社会制度在现实社会中是存在的。社会保障制度就是一种典型的纠正制度，它主要通过向社会成员提供公共福利的方式来纠正物质财富分配存在的不公现象。

人类借助于社会制度的合理设计和安排来纠正分配不公现象的方式主要有两种：一是通过合理配置政治权力、增加公共财政支出、扩大社会保障投入等方式缩小社会资源分配在社会成员中间形成的不合理差距；二是对破坏分配正义的社会成员予以制度惩罚。这两种方式都是人类社会纠正分配不公现象必须诉诸的方式。如果一个社会存在领导干部掌控的政治权力过大、贫富悬殊等问题，它就应该借助于第一种方式来缩小社会成员在占有社会资源方面形成的不合理差距。如果一个社会出现了社会成员破坏分配正义的问题（例如，一些政府官员以权谋私），它就应该借助于第二种方式来纠正那些社会成员破坏分配正义的行为导致的分配不公现象。

上述四个分配正义原则一起构成一个原则体系。它们对社会制度的合理设计和安排作出了全面的原则规定，要求社会制度从原则上保证社会成员具有获取社会资源的平等机会，保证利益性社会资源和责任性社会资源能够得到同等分配，保证社会资源能够在合理分配标准和程序的支配下得到公正分配，并保证分配不公现象能够得到及时有效的纠正。四个分配正义原则是按照先后顺序排列的，它们之间的逻辑秩序不能被打乱。"机会平等原则"是整个原则体系的逻辑起点，因为如果不能首先保证社会成员参与社会资源分配的平等机会，社会制度必然缺乏最基本的公正性，它们实现分配正义的大厦也是不可能矗立起来的。"利益与责任同等分配原则"和"分配标准和程序合理原则"是整个分配正义原则体系的核心内容。前者不仅明确规定了社会制度设计和安排所涉及的社会资源分配的主要内容——利益和责任，而且对利益和责任分配所应达到的价值目标作出了规定——即要求它们在社会成员中间实现同等分配，后者则规定了社会资源达到公正分配必不可少的合理标准和程序。"纠正不公原则"是作为前三个原则的补充性原则被提出的。

政治权利、政治权力、物质财富等社会资源的分配都是复杂的系统工程，支配社会资源分配的社会制度在设计和安排上也应该充分反映这一事实。上述四个分配正义原则要求社会制度的合理设计和安排涵盖社会资源分配的每一个环节，因而能够保证社会资源在公正社会制度的框架内得到公正合理的分配。现实中的有些社会制度之所以是不公正的，要么是因为它们根本不是基于上述四个分配正义原则制定的，要么是因为它们没有全面遵循这些分配正义原则。如果一种社会制度仅仅基于"机会平等原则"得到制定，它既没有对分配的内容、标准、程序等作出合理的制度规定，也没有对如何纠正可能出现的分配不公现象作出合理的制度规定，则它强调的机会平等必然是空洞的、虚假的。如果一种社会制度对社会成员参与某一种社会资源分配的平等机会、内容等作出了合理的制度规定，但没有就这种社会资源分配的合理标准和程序作出制度设计和安排，则这种社会资源的分配必定会因为缺乏必要的程序正义而变得不公正。一种社会制度要成为公正合理的社会制度，并发挥实现分配正义的强大功能，它必须在设计和安排上同时遵循或体现上述四个分配正义原则。

## 三 社会制度实现分配正义的现实意义

社会制度实现分配正义的价值维度不仅表现在它实现分配正义的强大功能及其蕴含分配正义原则的事实中，而且表现在它实现分配正义的现实意义中。基于分配正义原则得到合理设计和安排的社会制度具有实现分配正义的强大功能，能够给人类的现实社会生活带来多方面的积极影响。这种积极影响反映的就是社会制度实现分配正义的现实意义，它主要表现在如下几个方面。

第一，社会制度实现分配正义的事实说明一个社会具有追求分配正义的集体意向性，并且这种集体意向性通过社会制度的合理设计和安排得到了很好的体现。

"集体意向性"（collective intentionality）是指人类具有集体性信念、欲望和意愿，它是人类集体行为的动机来源。与集体意向性相对而言的是"个体意向性"（singular intentionality），它指作为个体存在的人类具有个体性信念、欲望和意愿。个人行为在很多时候是受个体意向性驱动的结果。"集体意向性"不能被"个体意向性"取代，因为"它包含一种合作做事（共同追求、共同相信某种东西等）的感觉，并且个人的个体意向性来源于他们分享的集体意向性。"① 个体意向性往往必须在集体意向性的支配下发挥作用，因为集体性信念、欲望和意愿对个人的个体性信念、欲望和意愿有着强有力的支配作用。"理解集体意向性是理解社会事实的关键所在。"② 一个社会的集体意向性主要是通过它的社会制度设计和安排来体现的。

"大多数人类矛盾的解决需要依赖集体意向性的干预。"③ 人类矛盾的一种重要表现形式是个人基于其个体意向性提出的分配正义诉求往往各不相同，彼此之间很容易形成张力。这种张力是人与人之间产生分配矛盾的根源所在。个人道德修养在缓解因个体意向性差异导致的人类分配矛盾方面能够发挥一定的作用，但它不能彻底化解这种矛盾，因为（正如笔者在第一部分所说）个人道德修养具有其自身难以克服的局限性。要解决人类分配矛盾，不仅需要诉诸个人道德修养，而且需要诉诸合理设计和安排的社会制度。

要考察一个社会的分配正义状况，应该重点考察该社会致力于实现分配正义的集体意向性，即考察社会制度实现分配正义的功能在该社会得到发挥的情况。如果一个社会的分配正义状况很好，这不仅说明该社会具有追求分配正义的集体意向性，而且说明这种集体意向性通过该社会的社会制度设计和安排得到了很好的体现。如果一个社会的分配正义状况比较差，这说明该社会追求分配正义的集体意向性并不强烈，它追求分配正义的集体意向性也没有很好地通过社会制度的设计和安排体现出来。在一个分配正义状况差的社会里，追求分配正义的呼声往往主要作为个体意向性的内容存在，它并没有或至少没有完全变成通过社会制度体现的集体意向性。这种情况的现实表现可能是，广大社会民众要求实现分配正义的呼声很高，但分配正义并没有通过社会制度的合理设计和安排得到很好的实现。

---

① John R. Searle, *The Construction of Social Reality*. New York: The Free Press, 1995. pp. 24—25.
② Ibid, p. 24.
③ Ibid, p. 23.

显然，一个社会实现分配正义的首要步骤是必须把分散在个体意向性中的分配正义诉求整合成一种集体意向性，并通过社会制度的合理设计和安排很好地反映这种集体意向性。这一步骤的完成能够使一个社会致力于实现分配正义的集体信念、集体欲望和集体意愿得到充分彰显，并能够对个人追求分配正义的个体意向性发挥强有力的支配作用，从而使该社会形成一种有利于实现分配正义的主流意向性。这种主流意向性是以社会制度的合理设计和安排为载体的。

第二，社会制度实现分配正义的事实说明一个社会不仅具有审视分配正义问题的个人视角，而且普遍具有审视分配正义问题的社会视角。

每一个社会都充满分配正义问题。一个人参与了某种选举活动，也在亲自投票过程中展示了自己的选举权，但由于政府宣传不够，他通常是在并不深入了解候选人的情况下盲目地投出了自己的选票，因此，他可能质疑这种选举制度的公正性。一个人付出了辛勤劳动，也得到了相应的劳动报酬，但由于他的家庭存在特殊经济困难，他可能认为单位给他提供的工资太少，并把"按劳分配"视为一种不公正的分配制度。一个人是环境保护主义者，他也时刻通过自己的实际行动保护着自然环境，但在他身边发生的破坏环境行为屡禁不止，因此，他可能对其他人破坏自然环境的行为感到义愤填膺，如此等等。所有这些都是发生在人类社会的分配正义问题。人类几乎时时刻刻都生活在这样的问题之中。这些问题之所以能够激起人们对选举制度的怀疑、对按劳分配制度的不满和对破坏环境行为的义愤，主要是因为他们在用自己的视角审视它们。

不可否认，人类审视分配正义问题的视角在很多时候是一种个人视角。个人视角并不一定是错误的，但它因为容易受到个人欲望、兴趣、爱好等主观因素的干扰而往往会表现出一定的片面性、狭隘性和局限性。如果一个人用纯粹的个人视角来审视分配正义问题，他往往很难看到问题的实质。通常的情况是，他的个人欲望、兴趣、爱好等主观因素会遮蔽他的眼睛，"分配正义"在他的眼里往往也会因此而变成一个被扭曲的意象。这就是现实社会常常会出现这样一些荒谬现象的原因：有些人把无限占有物质财富视为分配正义；有些人把以权谋私视为分配正义；有些人把剥削他人视为分配正义；有些人把损人利己视为分配正义；有些人因为自己的利益需要没有得到完全满足就否定整个社会的分配正义状况。

社会制度实现分配正义的事实给我们的启示是：除了个人视角之外，人类还可以从社会的角度来审视分配正义问题。如果一个人能够从社会的角度来审视分配正义问题，他不仅能够体会他自己追求分配正义的个体意向性，而且能够洞察他人追求分配正义的个体意向性以及整个社会追求分配正义的集体意向性。用美国哲学家塞尔的话来说，他就会超越狭隘的"我—意识"（I Consciousness）和"我—意向性"（I Intentionality），转而形成一种开阔的"我们—意识"（We Consciousness）和"我们—意向性"（We Intentionality）。[①] 具有"我们—意向性"的人就是具有集体意向性的人，也是具有社会视角的人。这种人不仅能够看到所有与他同类的人都需要分配正义的事实，而且能够看到分配正义在很多时候必须表现为社会集体利益、公共利益和普遍利益的事实。一个人在具有社会视角之后，他就能够站在"他人"、"所有人"或"社会集体"的角度来看待和分析分配正义问题，并能够对"他人"、"所有人"或"社会集体"的分配正义诉求给予充分的理解、尊重和维护。

分配正义问题说到底是人类如何看待分配利益的问题。人类审视分配正义问题的个人视角既可能是合理的，也可能是不合理的。合理的个人视角能够使个人在参与社会资源分配的时候尊重、关心和维护他人和整个社会的分配利益，不合理的个人视角则往往使个人在参与社会资源分配的时候表现出利己主义倾向、甚至极端的利己主义倾向。人类不能仅仅从个人视角来看待分配正义问题。社会制度存在的一个重要价值就在于，它能够通过其自身实现分配正义的功能引导作为人类个体存在的个人普遍从社会的角度审视分配正义问题，从而使他们在追求分配正义的过程中能够对他人和社会集体的分配利益给予必要的尊重、关心和维护。

第三，社会制度实现分配正义的事实说明一个社会形成了成熟的平等主义分配正义观。

社会制度对分配正义的追求不以让某个或少数社会成员从社会资源的分配中受益为目的，而是以让所有社会成员从社会资源的公正分配中平等地受益为目的，因此，通过社会制度的合理设计和安排实现的分配正义是以"平等"为内在伦理精神的；或者说，社会制度旨在实现的分配正义

---

① John R. Searle, *The Construction of Social Reality*. New York: The Free Press, 1995. p. 24.

是以追求社会资源的平等分配为核心价值取向和价值导向的。在支配社会资源分配时，社会制度不会偏袒任何一个社会成员的不正当分配利益，也不会侵害任何一个社会成员的正当分配利益。它追求的是一种平等意义上的分配正义。

平等是一个说明人际关系的特别概念。平等是人的一种生存状态，但它主要反映个人处于人际关系之中的生存状态。平等可以指人格上的平等。这种意义上的平等指所有人在人之为人的身份和地位上是平等的。人格平等的关键在于尊严平等。人之为人的尊严不仅意味着人与其他动物具有根本性区别，而且意味着人与人之间不应该是一种压迫和被压迫、剥削和被剥削、奴役和被奴役的关系。奴隶社会、封建社会和资本主义社会之所以是不平等社会，是因为奴隶主和奴隶、封建地主与农民、资产阶级与无产阶级之间是一种压迫和被压迫、剥削和被剥削、奴役和被奴役的不平等关系。平等也可以指政治上的平等。这种意义上的平等是指人与人之间在政治地位上是平等的，其要义在于政治权利和政治权力能够在人与人之间得到平等分配。平等还可以是指经济上的平等。这种意义上的平等是指人与人之间在经济地位上是平等的，其要义在于经济利益或物质财富能够在人与人之间得到平等分配。因此，恩格斯说：现代意义上的平等是指"一切人，或至少是一个国家的一切公民，或一个社会的一切成员，都应当有平等的政治地位和社会地位"[1]。

"平等观念本身是一种历史的产物，这个观念的形成，需要全部以往的历史，因此它不是自古以来就作为真理而存在的。"[2] 人类曾经经历过漫长的不平等社会，但人类也一直在追求平等。哲学家亚里士多德早在古希腊时期就曾经指出："正义被广泛地认为是某种形式的平等……正义涉及如何把物品分配给人们的问题——平等的人有权分配到平等的东西。"[3] "平等"一直是人类追求的一种分配正义，也是人类一直关注的一个话题。在政治学、法学和哲学话语系统中，"平等"是一个常见的术语。在人们的日常话语中，"平等"更是一个司空见惯的词语。人类之所以对

---

[1] 中共中央马克思恩格斯列宁斯大林著作编译局编译：《马克思恩格斯文集》第9卷，人民出版社2009年版，第108页。

[2] 同上书，第355页。

[3] Aristotle, *Politics*. London and Totowa, N. J. : Everyman's Library, 1959. p. 86.

"平等"孜孜以求,是因为它的反面"不平等"对每一个人来说都是一种痛苦。"不平等"是人类普遍不喜欢的一种生存状态。

社会制度实现的分配正义以追求社会资源的平等分配为核心价值取向和价值导向,它要求一个社会设计和安排的各种社会制度都能够使社会成员的命运不受经济背景差异、性别差异、种族差异等因素的影响,以保证每一个社会成员都能够从社会资源的公正分配中平等地受益。当代美国哲学家德沃金认为,社会制度对分配正义的追求应该体现"平等的关切"。他倡导"重要性平等原则":"以平等的关切对待处在某种景况下的一些群体。一个统治着其公民并要求他们忠诚和守法的政治社会,必须对其全体公民一视同仁,每个公民都必须投票,它的官员也必须在制定法律、确定施政方针时牢记那项责任。"①

平等本身也是一种社会资源,并且是一种可以借助于社会制度加以分配的社会资源。在很多语境下,我们渴望平等,但支配我们的社会制度将我们置于了"不平等"的桎梏之中。我们不能说奴隶社会的奴隶都不要求平等,但不平等的奴隶制度却将其置于了被奴役的地位。我们也不能说社会主义社会的公民能够享受的平等完全是他们自己主观追求的结果,因为如果社会主义制度不赋予人民当家做主的机会,平等对于社会主义社会的公民来说必定是一种非常稀缺的社会资源。平等问题是一个非常重要的分配正义问题。平等的实现需要个人努力争取,更需要社会制度予以制度上的保障。

社会制度追求社会资源平等分配的价值取向和价值导向有利于引导一个社会形成成熟的平等主义分配正义观。这种分配正义观反对依据个人在年龄、性别、种族、智力、能力、外貌、社会地位、文化背景等方面的差异性来决定社会资源在社会成员中间的分配状况,要求每一个社会成员都能够平等地享有所有社会资源。它反对某个社会成员或少数社会成员过多占有社会资源的现象,因此,政治专制、贫富悬殊等是它的敌人。它也反对某个或某些社会成员占有社会资源不足的现象,因此,社会成员被非法剥夺政治权利、贫困等是它拒斥的东西。要求政治权利、政治权力、物质

---

① [美]罗纳德·德沃金:《至上的美德:平等的理论与实践》,冯克利译,江苏人民出版社2007年版,"导论"第6页。

财富、发展机会、尊严、幸福等社会资源在所有社会成员中间实现平等分配是平等主义分配正义观的精义所在。

第四，社会制度实现分配正义的事实说明一个社会对伸张分配正义的行为给予了制度保护，同时对破坏分配正义的行为进行了有效的制度惩罚。

一个社会的分配正义状况的好坏既取决于该社会对伸张分配正义的行为给予制度保护的程度，也取决于它对破坏分配正义的行为进行制度惩罚的程度。对破坏分配正义的行为给予制度惩罚即通过强制性的制度惩罚使破坏分配正义的人为他们的破坏行为付出应有的代价。破坏分配正义的人肯定是要付出代价的，但这种代价有轻重之分。较轻的代价来自道德谴责，较重的代价出自制度惩罚。道德谴责通过震慑个人良知发挥作用，但它仅仅能够对那些有道德修养的个人发挥作用。如果一个人丧失了道德良知，则道德谴责的震慑作用是微乎其微的。道德谴责的软弱性源于"道德"这一社会规范的非强制性特征。由于道德不能强制性地要求一个人做什么，个人突破道德防线的事情就很容易出现，道德谴责对个人行为的制约作用也显示出局限性。

"制度运行的关键在于犯规确有成本，并且惩罚也有轻重之分。"[①] 与道德谴责相比较，制度惩罚不仅具有更强的威慑力，而且具有更显著的效果。制度惩罚在人类分配活动领域的威慑力和效果在于，它可以借助于强制性的制度规定迫使那些破坏分配正义的人为他们的破坏行为付出应有的政治代价、经济代价等。这些代价比道德谴责造成的代价更实在——因为它们会迫使破坏分配正义的人牺牲其实际的政治利益、经济利益等。制度惩罚也更具有惩戒性——因为它们能够迫使那些破坏分配正义的人付出沉重的代价。

一个社会要有效制止破坏分配正义的行为，需要发挥道德谴责的作用，更需要发挥制度惩罚的作用。许多分配正义问题之所以在一些社会无法得到有效解决，不是因为人们对破坏分配正义的行为进行的道德谴责不够，而是因为社会没有对那样的行为给予足够的制度惩罚。在当今中国，

---

① [美] 道格拉斯·C. 诺斯：《制度、制度变迁与经济绩效》，杭行译，格致出版社、上海三联书店、上海人民出版社 2008 年版，第 5 页。

那些依靠加工、贩卖或使用"地沟油"牟取暴利的人几乎时刻都遭到来自社会各界的道德谴责，但他们的非法活动并没有得到有效遏止。他们之所以敢于通过危害人们健康的方式牟取暴利，是因为他们已经丧失人之为人的道德良知，道德谴责并不能从根本上阻止他们破坏分配正义的行为。由于地沟油的加工、贩卖或使用能够给他们带来暴利，加上他们加工、贩卖或使用地沟油的行为通常难以受到严厉的制度惩罚，他们常常会突破道德和法律的双重防线。有效解决中国地沟油问题的根本途径是诉诸强有力的制度惩罚，即应该使那些置人们身体健康于不顾的地沟油加工者、营销者、使用者等受到严厉的制度惩罚，要达到使他们对地沟油"望而却步"的效果。

在现实社会中，政治权利、政治权力、物质财富、发展机会等社会资源的分配往往都超出了道德调控的范围。如果社会公民的政治权利遭到了非法侵害、政治权力遭到了领导干部的滥用、物质财富分配出现了贫富悬殊或发展机会的平等性遭到了"暗箱操作"的破坏，这些分配正义问题的解决就不能仅仅停留在道德谴责的层面，更多的是应该诉诸强有力的制度惩罚。虽然制度惩罚也有轻重之分，但是它的威慑力和有效性是道德谴责不能相提并论的。在道德谴责不足以阻止或抑制个人破坏分配正义的行为时，制度惩罚的出场是必要的，也是最有效的。

第五，社会制度实现分配正义的事实说明一个社会既注重保护社会强势群体的分配利益，也重视增进社会弱势群体的分配利益。

在任何一个社会，人都可以区分为两种：强势群体和弱势群体。社会中的强势群体是指那些因为个人智力、毅力、体力、家庭背景等条件比较好而在社会生活竞争中处于相对优势地位或有利地位的社会成员。由于个人条件、家庭条件等比较好，这种人往往更容易在社会生活的某个领域获得较大的成功。社会中的弱势群体是指那些因为个人智力、毅力、体力、家庭背景等条件比较差而在社会生活竞争中处于相对劣势地位或不利地位的社会成员。由于个人条件、家庭条件等比较差，这种人不容易在社会生活竞争中获得成功。在现实生活中，无论人们愿意或不愿意把人划分为这样两个不同的群体，强势群体和弱势群体的区分总是实际存在的。

苏格拉底曾经说过："如果一个国家的公民各想各的事，各有各的小算盘，全然不顾国家乃至国内同胞的死活，那么，这个国家很可能就会处于无序状态,也就牵不起团结的纽带了。"[1] 如何协调强势群体和弱势群体之间的分配利益关系在任何一个社会都是一个不容忽视的分配正义问题。强势群体和弱势群体占有社会资源的能力差异往往是客观存在的,他们所占有的社会资源也不可避免地存在量上的差异,但这并不意味着他们占有社会资源的差距应该越大越好。一个社会进步或发展到什么程度或水平,这并不取决于该社会中的强势群体,而是取决于该社会中的弱势群体。如果一个社会的弱势群体既无法得到强者的帮助,也无法得到社会制度的保护,那么,该社会一定不是一个公正社会。一个公正社会应该保护强势群体的分配利益,更应该增进弱势群体的分配利益。它应该保护和增进所有社会成员的分配利益。

要改善弱势群体的生存状况,最有效的途径是诉诸合理设计和安排的社会制度。个人可以通过做慈善为改善弱势群体的生存状况作出贡献,但这种贡献是有局限性的。在一个社会中,并不是每一个人都有做慈善的能力,也不是每一个人都愿意参与慈善事业。社会制度在帮助社会弱势群体方面的优势在于:它可以借助于社会制度的合理设计和安排对社会资源的分配进行合理的宏观调控,从而使弱势群体和强势群体在占有社会资源方面形成的差距最小化。具体地说,社会制度可以通过强制性的制度规定增加公共财政支出和社会保障支出,从而使弱势群体在占有社会资源方面的不利地位得到改善。

社会制度实现分配正义的事实对一个社会的弱势群体是有利的。在人类社会中,最需要得到社会制度保护的是弱势群体。借助于社会制度的合理设计和安排来实现平等意义上的分配正义,这意味着社会强势群体在社会竞争中的优势地位会受到社会制度的限制,同时意味着社会弱势群体在社会竞争中的弱势地位能够借助于社会制度的保护得到改善。

注重增进和保护社会弱势群体的分配利益是社会主义制度优越于资本主义制度的一个重要标志。邓小平同志明确指出,我国社会主义制度与资本主义制度的主要区别体现在两个方面:一是以社会主义公有制经济为主体;二是强调共同富裕。他反复强调,社会主义制度应该旗帜鲜明地反对两极分化,虽然它"鼓励一部分地区、一部分人先富裕起来",但是它的

---

[1] [古希腊]柏拉图:《理想国》,常维夫译,西苑出版社 2009 年版,第 43 页。

最终目的是要"带动越来越多的人富裕起来,达到共同富裕"[①]。邓小平同志不仅认为"贫穷不是社会主义,更不是共产主义"[②],而且把"共同富裕"视为社会主义制度优越于资本主义制度的一个根本性标志。他的"共同富裕"思想要求社会主义制度应该注重增进和保护社会弱势群体的分配利益。

## 四 结语

社会制度实现分配正义的价值维度总是与个人道德修养实现分配正义的价值维度相比较而言的。由于个人道德修养并不能独立承担实现分配正义的任务,人类借助于社会制度的合理设计和安排来实现分配正义就显得十分必要,但社会制度实现分配正义的功能取决于一个前提条件,即它本身必须是公正的。只有公正社会制度才具有实现分配正义的强大功能。

我国具有强调德治的伦理思想传统,这一方面有利于突出个人道德修养的社会管理功能;但另一方面也容易导致社会制度的社会管理功能被重视不足的问题。进入改革开放时代之后,党中央明确提出了"以德治国"和"依法治国"相结合的治国方略,这有利于推动我国社会各界重视社会制度的社会管理功能,但由于强调德治的伦理思想根深蒂固,当代中国人至今还没有形成重视、尊重、服从和维护社会制度的普遍思维方式和价值观念。这一现实在我国分配领域的主要表现是,人们仍然更多地依赖个人道德修养来解决分配正义问题,社会制度实现分配正义的强大功能仍然遭到不应有的严重忽略。

改革开放30多年,我国在取得丰硕社会发展成果的同时遭遇了领导干部权力过大、贫富悬殊、发展机会欠均等、社会保障机制不健全等分配正义问题日益尖锐化的局面。虽然这些分配正义问题的解决不能没有道德规范的干预,但是它们更多地属于社会制度规范的范围。如何限制领导干部手中的权力、如何缩小人与人之间的贫富差距、如何保证社会成员拥有均等的发展机会、如何进一步健全社会保障机制等等,这些都是不能仅仅

---

① 邓小平:《邓小平文选》(第三卷),人民出版社1993年版,第142页。
② 同上书,第64页。

依靠个人道德修养可以得到解决的问题。只有更多地借助于社会制度的合理设计和安排，这些问题才能得到有效解决。

研究社会制度实现分配正义的价值维度为我们在当今中国推进社会制度建设提供的启示是：

首先，社会制度建设的首要任务是必须确保社会制度设计和安排的公正性。公正性是社会制度的根本所在。人类需要借助于社会制度实现分配正义，但他们必须确保社会制度的设计和安排是公正合理的。

其次，社会制度建设必须依据一定的分配正义原则来进行。分配正义原则是社会制度确立其内在公正性的原则依据，也是社会制度实现分配正义的原则依据。社会制度的设计和安排应该体现机会平等原则，以保证每一个社会成员都具有获取社会资源的平等机会；应该体现利益与责任同等分配原则，以保证利益性社会资源和责任性社会资源能够在社会成员中间得到公正分配；应该体现分配标准和程序合理原则，以保证社会资源能够在合理分配标准和程序的统一支配下得到公正分配；应该体现纠正不公原则，以保证因各种原因导致的分配不公现象能够得到及时有效的纠正。

最后，社会制度建设只能以追求社会资源的平等分配为价值目标。社会制度不遵循"差别原则"，即它们仅仅在"平等"的层面上关注、尊重和维护社会成员的分配正义诉求和分配利益，不会因为个人的特殊分配利益需要而给予任何一个社会成员特殊的"照顾"。在社会制度面前，人人平等。

社会制度建设是当今中国推进改革开放事业的主旋律，也是当今中国建设中国特色社会主义的工作重点。我国社会主义制度建设应该以实现分配正义为最高价值目标，即应该以全面实现政治权利、政治权力、物质财富、发展机会、尊严、幸福、义务等社会资源的公正分配为最高价值目标。只有以实现分配正义为最高价值目标，我国社会主义制度的设计和安排才能越来越充分地满足广大人民群众的物质文化生活需要，它与资本主义制度相比较的公正性和合理性优势也才能越来越充分地凸显出来。

（本文作者为湖南师范大学道德文化研究院　向玉乔）

# 市场经济与道德责任

　　当今中国社会的经济基础是社会主义市场经济。社会主义市场经济与资本主义市场经济相区别的一个重要标志是，它必须建立在更加坚实的道德合理性基础之上。社会主义市场经济不仅必须受到法制的强力制约，而且应该受到道德规范的严格制约。在当今中国，政府、企业、个人等市场经济主体不乐于或不勇于承担道德责任的问题比较严重，这是导致我国市场经济体制难以达到完善的一个重要原因。对此，我们需要从经济伦理学的角度来加以认识、理解和分析。

# 市场经济主体的道德责任

随着社会主义市场经济体制建设步伐的推进，市场经济主体的道德责任问题在我国日益凸显出来。从经济伦理学的角度对该问题进行深入探讨，既能够在一定程度上进一步推进我国经济伦理学研究，也能够为当今中国解决市场经济主体道德责任感不足的现实问题提供一些启示。

## 一　我国市场经济主体道德责任感不足的现实

改革开放 30 多年，我国逐步实现了从计划经济体制向市场经济体制的成功转型，在发展社会主义市场经济方面取得了举世瞩目的成就，人民群众的物质文化生活水平也得到了空前提高，但这种"转型"、"成就"和"提高"毕竟是在短期内达到的，其中不可避免地存在这样或那样的问题。目前已经暴露出来的一个突出问题是，我国市场经济主体的道德责任感或道德责任意识还没有普遍确立起来，这不仅使我国市场经济体制的道德维度难以彰显出来，而且为我国市场经济主体以不合乎道德的方式参与市场经济活动留下了很大空间。

2008 年发生的"三鹿牛奶事件"至今让许多人记忆犹新：石家庄三鹿集团股份有限公司生产的三鹿牌牛奶含有三聚氰胺且导致许多婴幼儿患结石病的真相被曝光，蒙牛、伊利、圣元、雅士利等十多家国内知名乳业公司生产的牛奶也传出含有三聚氰胺的恐怖消息，消费者对我国企业生产的乳制品产生了强烈的恐惧感。该事件之所以引人注目，并不仅仅是因为它暴露了我国乳业公司普遍存在以假冒伪劣商品侵害消费者利益的真相，更重要的是因为它暴露了我国市场经济主体普遍缺乏道德责任感的问题；因此，事件发生之后在我国社会引起了一次广泛的伦理反思：如果市场经济主体、尤其是企业缺乏应有的道德责任感,任凭唯利是图的商业动机无限膨胀,以不合乎道德的方式参与市场经济活动,那么人民群众的根本利益就会遭到不应有的严重侵害,市场经济内在具有的道德维度或伦理意蕴无法得到张扬,市场经济体制的道德合理性也会遭到质疑。

"三鹿牛奶事件"并非偶然事件,因为它不仅牵涉众多知名乳业公司,而且牵涉众多提供奶源的牧民和监管乳业生产的地方政府。乳业公司缺乏社会责任感,肆意侵害广大消费者的权益,这是导致事件发生的主要原因;牧民缺乏道德自律精神,政府没有尽到监管企业生产的道德责任,这些是导致事件的次要原因。虽然事件最后以石家庄三鹿集团股份有限公司的主要高管遭到法律严惩、有关地方官员遭到免职和《食品安全法》成功出台而告终,但它暴露的问题是值得重视和深思的。"三鹿牛奶事件"只不过是我国市场经济主体缺乏道德责任感或道德责任意识的一个典型事例而已。事实上,个人见利忘义、背信弃义、铺张浪费之类的行为在当今中国相当严重,企业偷税漏税、以假冒伪劣商品坑害消费者之类的事情在当今中国并不少见,地方政府非法侵害企业和个人正当权益的现象在当今中国也时有发生。所有这些都说明,如何加强市场经济主体的道德责任感或道德责任意识是我国进一步健全社会主义市场经济体制必须着力解决的一个紧迫问题。

## 二 我国市场经济主体道德责任感不足的成因

我国市场经济主体道德责任感不足的原因何在?归纳起来,主要有如下三个方面。

首先,改革开放之后,"重经济增长,轻道德建设"的思想观念一直在我国社会颇有市场,这使我国在改革开放时代出现了道德建设严重落后于经济建设的问题。我国是在百废待兴的历史局面中开始改革开放的,这一方面使经济建设必然成为我国在改革开放时代推进社会发展的首要任务;另一方面也使思想空前解放的国民很容易普遍滋生出片面强调和追求经济效率或经济效益的经济主义思想。实行市场经济体制之后,我国的个人、企业、政府等以主体的身份积极地参与市场经济活动,但它们作为市场经济活动主体的主体性主要体现在对经济效率或经济效益的狂热追求中。全民狂热追求经济效率的局面能够刺激经济增长,但它带来的经济增长只能是一种畸形增长——一种缺乏道德规范和法律规范制约的增长,这使改革开放时代的中国不得不面对经济增长日新月异的现象与道德失范、法制秩序欠缺的现象复杂交错的局面。由于道德和法律不能充分发挥规范和制约经济生活的作用,市场经济主体往往在片面追求经济效率或经济效益的过程中不愿意或不勇于为自身的经济行为承担道德责任,这不仅使个人、企业、政府等相互侵害利益的现象十分严重,而且使我国市场经济体制的运行难以彰显应有的社会价值和生态价值。正因为如此,我国改革开放时代的经济发展具有显而易见的两面性:一方面是经济持续高速增长、社会财富急剧增加等让人鼓舞的事实;另一方面是贫富差距日益拉大、环境破坏日益严重等催人忧虑的事实。

其次,改革开放之后,我国市场经济主体普遍缺乏加强自身道德建设的动力。市场经济体制要求个人、企业、政府等市场经济活动主体不断加强自身道德建设。对个人来说,加强自身道德建设的过程即加强自身道德修养的过程,拥有道德修养是其乐于承担道德责任的前提条件;对企业和政府来说,加强自身道德建设的过程即加强自身道德文化精神的过程,拥有道德文化精神是其勇于承担道德责任的前提条件;然而,由于整个社会弥漫着"重经济增长,轻道德建设"的思想观念,加上"不讲道德者得利,讲道德者吃亏"的现象十分普遍,个人、企业、政府等市场经济活动主体必然缺乏加强自身道德建设的动力,这不仅使我国市场经济主体普遍缺乏道德自律精神,而且为我国市场经济主体想方设法逃避道德责任提供了温床。

最后,改革开放之后,我国激发和呼唤市场经济主体承担道德责任的学术力量一直不够强大。市场经济在我国的发展既需要有经济学理论的支持,也需要有伦理学理论的支撑。进入改革开放时代之后,由于市场经济体制取代计划经济体制成为时代大势,以"市场经济"或"市场经济体制"为主要研究内容的经济学在我国迅速成为"显学",而以"市场经济道德"为研究对象的经济伦理学的发展则一直处于严重落后状态。一方面,经济伦理学研究直到20世纪八九十年代才在我国出现,其落后于西方经济伦理学研究的状况十分明显;另一方面,在我国从事经济伦理学研究的学者缺乏经济学知识或经济实践经验的问题十分突出——一些从事经济伦理学研究的学者闭门造车，提出的经济伦理思想和理论根本不能对我国市场经济体制的运行发挥真正有效的道德引导作用。由于这两个方面的原因，我国经济伦理学的发展至今还不能满足市场经济在我国迅速发展对道德建设提出的紧迫需要。当今中国严重缺乏能够对社会主义市场经济体制的运行施加深刻影响的经济伦理学家和经济伦理学理论，这在很大程度上限制了我国学术界激发和呼唤市场经济主体承担道德责任的力量和作用。

## 三 何谓市场经济主体的道德责任

由于整个社会存在道德建设落后于经济建设、市场经济主体缺乏加强自身道德建设的动力、激发和呼唤市场经济主体承担道德责任的学术力量不够强大等问题，当今中国的个人、企业、政府等对其作为市场经济活动主体之道德责任的认知往往难以到位。因此，有必要推动我国市场经济主体对道德责任的内涵达到正确的认识和理解。

何谓道德责任？首先，道德责任专指人的责任。一方面，能够承担道德责任是人与低等动物相区别的一个重要标志："人与其他生物之间的一个重大区别在于，只有人才能对他们所做的事负起道德上的责任。"[1] 另一方面，承担道德责任是人的行为获取道德价值的唯一途径："一个行为要具有道德价值，必然是出自责任。"[2] 由于道德责任的承担往往会具体落实到个人身上，人承担道德责任的最基本模式是"个人应该为其行为负责"。根据德国哲学家康德的看法，道德责任是个人"行为实践的无条件的必然性"，它对"所有的理性存在者"都有效。[3] 换言之，承担道德责任是人类共有的行为特征，它反映了人类共有的道德理性精神。

其次，道德责任是指人自觉接受道德的调控而为其行为承担的责任。由于道德往往表现为一系列约定俗成、在特定人群中普遍有效和告诉人们应该怎样行动的原则规范，道德责任就是人尊重道德原则和道德规范而表

---

[1] [美]约翰·马丁·费舍，马克·拉维扎：《责任与控制——一种道德责任理论》，绍刚译，华夏出版社2002年版，第1页。

[2] [德]康德：《道德形而上学基础》，孙少伟译，九州出版社2007年版，第17页。

[3] 同上。

现出的一种行为必然性:"一个出自责任的行为,其道德价值并不来自于通过此行为而要实现的意图,而是来自行为被规定的准则"[1];因此,存在一个"普遍的责任律令",只有它才有资格告诉个人应该怎样行动:"你应该如此行动,就好似你的行为准则,要通过你的意志而变成普遍的自然规律。"[2] 与道德责任形成鲜明对比的是法律责任。法律责任是一种强制性的、硬性规定的或制度化的责任,它要求人必须在法制的框架内为其行为承担相应的责任。与法律责任不同,道德责任是一种非强制性的、非硬性规定的或非制度化的责任。不过,虽然道德责任并不要求人"必须"为其行为承担责任,但它确实强调人"应该"为其行为承担责任。人类社会秩序的建立,既有赖于人承担法律责任的努力,也有赖于人承担道德责任的努力。正因为如此,法律和道德被视为能够对人类社会生活发挥有效调节作用的两种基本手段。

最后,作为人的应然之责,道德责任具有无限的拓展性——它是一种能够从个人向各种人类群体和人类社会组织不断拓展的责任。"个人应该为他的行为负责"仅仅是人类承担道德责任的最基本模式。人不仅是一种个体的存在,而且是一种"类"的存在和社会的存在,他们会通过组成族群、民族等方式来体现其存在的"类"特征,并通过建构国家、政府、企业等组织的形式来体现其存在的社会性,因此,人的道德责任不可避免地要从个人进一步延伸到各种人类群体和人类社会组织之中。存在主义哲学家萨特看到了个人承担道德责任的事实与人类整体之间的关联,因此他指出,道德责任问题是个人应该对"自己是怎样的人负责"的问题——所谓"负责",不仅指要对个人意义上的"自己"负责,而且指要对人类意义上的"自己"负责,即"当我们说人对自己负责时,我们并不是指他仅仅对自己的个性负责,而是对所有的人负责。"[3] 虽然个人行为只能由个人"亲自"选择,但是这种选择的责任牵涉整个人类,因此个人承担道德责任的行为既意味着对自己承担道德责任,也意味着对整个人类承担道德责任。"当一个人对一件事承担责任时,他完全意识到不但

---

[1] [德]康德:《道德形而上学基础》,孙少伟译,九州出版社2007年版,第17页。
[2] 同上书,第67页。
[3] [法]让-保罗·萨特:《存在主义是一种人道主义》,周煦良、汤永宽译,上海译文出版社2005年版,第6—7页。

为自己的将来作了抉择,而且通过这一行动同时成了为全人类作出抉择的立法者——在这样一个时刻,人是无法摆脱那种整个的和重大的责任感的。"[1] 德国经济伦理学家格特鲁德·努讷尔—温克勒尔则更多地强调人的道德责任从个人向人类社会组织和社会关系拓展的必要性。他认为,"个人应该为他的行为负责"这一最基本的行为模式有扩展的必要,因为"行为日益发生在由于分工而高度分化和等级化的组织之中,以及发生在通过市场沟通的或匿名化的关系中"[2]。

在明确什么是人的道德责任之后,要理解市场经济主体的道德责任就比较容易。所谓市场经济主体的道德责任,是指个人、企业、政府等以主体身份参与市场经济活动所应担负的道德责任,是人的道德责任感或道德责任意识在市场经济体制条件下从个人向企业、政府等市场经济活动主体进一步延伸和拓展的产物。在市场经济体制中,不仅个人是活跃的市场经济活动主体和道德责任主体,更重要的是企业和政府成为举足轻重的市场经济活动主体和道德责任主体。市场经济体制的一个重要特征是市场经济主体之间存在严格的职责分工,它要求个人、企业、政府等市场经济活动主体"各司其职,各尽其责",但这种职责分工既是一种经济职能分工,也是一种道德责任分工。它意味着,个人、企业、政府等市场经济主体不仅应该服从价值规律的引导,而且应该在道德的规导下参与市场经济活动。

规导市场经济主体的"道德"是"市场经济道德",它是市场经济主体之道德责任感得以产生的源泉。市场经济道德是个人、企业、政府等以主体身份参与市场经济活动所应遵循的道德原则和道德规范、所应体现的道德思想和道德精神、所应表现的道德行为和道德实践的总称。市场经济道德是市场经济的一个内在维度,它在市场经济体制中发挥着对市场经济主体的经济行为进行道德规约、对市场经济活动的道德合理性边界进行规定、对市场经济活动引起的各种利益矛盾进行有效协调、对市场经济的发展进行价值导向的作用。市场经济道德的在场不仅赋予个人、企业和政府

---

[1] [法]让-保罗·萨特:《存在主义是一种人道主义》,周煦良、汤永宽译,上海译文出版社2005年版,第8页。

[2] [德]乔治·恩德勒等主编:《经济伦理学大辞典》,李兆雄、陈泽环译,上海人民出版社2001年版,第541—542页。

一种道德品格，而且赋予它们一种道德责任感或道德责任意识。市场经济道德对市场经济主体的道德责任要求是从一般意义上的"道德"对个人的道德责任要求中延伸出来的，它充分肯定个人、企业、政府等参与市场经济活动的道德权利，同时要求它们在市场经济活动中承担道德责任。"市场经济活动主体应该为其市场经济行为负责"是市场经济道德的内在要求，它要求个人、企业、政府等市场经济活动主体为其整个行为负责，即为其行为的所有环节负责。

首先，市场经济主体应该为其市场经济行为动机负责，即应该努力确保其市场经济行为动机是善的。个人、企业和政府都是受行为动机引导的市场经济主体，它们参与市场经济活动的行为大都具有明确的意向性和目的性，大都表现为主体对需要满足的追求。如果市场经济主体能够确保其行为动机是善的，那么它们的市场经济行为就具备了获取正当性的前提和基础，因此，市场经济道德要求市场经济主体首先对其行为动机负责。市场经济主体对其行为动机负责的现实图景是：在善的行为动机的引导下，个人、企业、政府等市场经济主体不仅能够超越唯利是图的商业动机的狭隘性和局限性，而且能够赋予其市场经济行为一种道德价值预期。对个人来说，善的行为动机可以促使他兼顾"利己"和"利他"这两种行为动机；对企业来说，善的行为动机可以帮助它平衡"企业赢利"和"造福社会"这两种行为动机；对政府来说，善的行为动机可以驱使它正确处理"掌控政治权力"和"增进公共利益"这两种动机之间的关系。善的行为动机是以追求善的价值为驱动力的，它是个人、企业、政府等在市场经济活动中追求道德价值的行为动因，因此，要求市场经济主体为其行为动机负责能够为其市场经济行为奠定一定的道德基础。

其次，市场经济主体应该为其行为方式和过程负责，即应该努力确保其市场经济行为方式和过程是正当的。个人、企业和政府的市场经济行为都必须通过一定的方式在一定的过程中展开，因此，如何选择行为方式和过程不仅是市场经济主体的市场经济行为能否获取道德正当性的关键，而且是市场经济主体能否为其行为方式和过程负责的决定因素。在这一环节上，市场经济道德要求市场经济主体努力使其市场经济行为在合法合德的轨道上展开。市场经济主体对其行为方式和过程负责的现实表现是：市场经济体制具备了比较完备的法律法规体系和道德规范体系，个人、企业、政府等市场经济主体努力将其市场经济行为方式和过程严格限制在法律和道德允许的范围之内，拒绝不择手段的做法，努力使其行为方式和过程有利于促进经济效益、社会效益和环境效益的平衡和统一。

最后，市场经济主体应该为其行为后果负责，即应该努力确保其行为后果具有道德价值。个人、企业、政府等市场经济主体的行为后果不仅会影响它们自身的生存和发展，而且会影响整个人类社会的发展。例如，如果个人、企业或政府的市场经济行为所带来的后果是人类赖以生存和发展的自然生态环境遭到万劫不复的污染和破坏，那么它就会影响整个人类社会的可持续发展进程。市场经济道德要求市场经济主体为其行为后果负责，这一方面意味着个人、企业、政府等市场经济主体应该努力确保其市场经济行为后果有利于实现经济效益、社会效益和环境效益的平衡和统一；另一方面也意味着如果它们的行为后果破坏了经济效益、社会效益和环境效益的平衡和统一，它们应该积极地采取措施予以弥补。例如，如果一家企业因为技术事故在生产过程中对自然环境造成了污染，那么该企业就应该积极承担治理污染的道德责任，而不是在事后治理环境的问题上讨价还价、甚至逃避责任。

市场经济道德的核心价值就在于，它能够使市场经济主体在道德责任感或道德责任意识的驱动下参与市场经济活动，从而将个人、企业、政府等的市场经济行为置于伦理道德的有效控制之中。由于市场这只"看不见的手"在配置资源、组织生产、营销产品等诸多方面具有难以避免的盲目性、狭隘性和局限性，市场经济体制会因为无法摆脱"市场失灵"的困境而并不具有绝对可靠的道德合理性，这不仅为个人、企业等市场经济主体以各种方式突破道德价值边界的非道德行为留下了空间，而且为政府过分掌控市场经济活动的权力和贪污腐化提供了可能性。因此，市场经济体制需要借助于经常性的市场经济道德建设来培育和强化市场经济主体的道德思想和道德精神，以不断强化它们的道德责任感和不断规范它们的市场经济行为。市场经济体制日臻完善的过程是以经常性的市场经济道德建设为前提和基础的。

## 四 市场经济主体的道德责任分担

对个人、企业和政府来说，它们不仅需要了解什么是市场经济主体的道德责任及其承担道德责任的原因，而且需要进一步了解它们作为市场经济活动主体应该具体分担什么样的道德责任。原因很简单：如果没有比较清晰的道德责任分配，市场经济主体难以产生强烈的道德责任感，更不用说承担具体的道德责任。因此，我们需要就市场经济主体的道德责任分担问题强调如下几点。

首先，在市场经济体制中，个人、企业和政府既是从事市场经济活动的主要主体，也是承担道德责任的主要主体。因此，谈论市场经济主体的道德责任分担问题实质上就是谈论这三大主体如何分担道德责任的问题。"个人"包括以个人身份参与市场经济活动的股东、投资者、职业经理、职员、消费者等，涉及微观层次的市场经济主体道德责任问题，其道德责任是为其实际的参股行为、投资行为、管理行为、消费行为等承担道义上的责任。"企业"包括各种形式的公司、工厂等，涉及中观层次的市场经济主体道德责任问题，其道德责任是应该确保其追求赢利的过程同时是一个造福社会的过程。"政府"包括中央政府和各级地方政府，涉及宏观层次的市场经济主体道德责任问题，其道德责任主要在于发挥宏观管理职能、维护市场经济秩序、对国民经济发展进行总体价值导向等方面。在市场经济体制中，个人、企业和政府均担负着不可推卸的道德责任，它们都是构成市场经济体制中的道德责任体系不可或缺的重要环节。

其次，道德责任是一种因果责任，因此，个人、企业、政府等市场经济主体对道德责任的分担是无条件的。道德责任都是某个因果链的产物。在道德责任的因果链中，有些主体是直接原因，有些主体则是间接原因，但无论是哪种情形，主体都不应该逃避道德责任。"通常情况下，我们最关心的是因果链中的最接近原因，以及做出相应行为的人。不过，因果链的起始点同样也要承担责任，尤其是在出现代理的情形下。"[①] 这是说，

---

[①] [美] 理查德·T. 德·乔治：《经济伦理学》，李布译，北京大学出版社2002年版，第128页。

凡是处于道德责任因果链中的个人、组织、机构等都应该为其行为承担应有的道德责任。个人、企业、政府等市场经济主体承担的道德责任也是一种因果责任。例如，一种假冒伪劣商品的出现往往既有生产商的道德责任，也有销售商的道德责任。在某些特殊的情形里，市场经济主体承担道德责任的因果链可能很长、很复杂。例如，环境破坏和环境污染现象在我国改革开放之初非常严重，其道德责任就直接牵涉政府、企业、个人等诸多市场经济主体：政府没有制定完备的环境政策、环境规划、环境法规和环境标准，主导环境保护工作的意识也不强烈；企业在缺乏制度制约的情况下普遍对自然采取疯狂算计、盘剥和掠夺的态度；个人则因为环境意识和环境道德意识薄弱而对环境保护工作漠不关心。在道德责任因果链很长、很复杂的情况下，牵涉其中的不同市场经济主体需要承担的道德责任可能不尽相同，但这仅仅涉及"道德责任的程度问题"，并不会抹杀道德责任本身。[①]

再次，总体来看，个人、企业和政府都必须承担如下三个方面的道德责任：一是它们都有维护市场经济秩序的道德责任。市场经济体制的正常运行是以合理的市场经济秩序为前提和基础的。合理市场经济秩序的形成既必须依靠强有力的法制建设，也必须依靠市场经济主体的道德责任感。在维护市场经济秩序方面，市场经济主体的道德责任感发挥着基础性作用，它不仅能够驱使个人、企业、政府等尊重彼此的主体身份和职能职责，而且能够推动它们在尊德重法的前提下从事市场经济活动。二是它们都有尊重和维护彼此之正当利益的道德责任。在市场经济体制中，个人、企业和政府参与市场经济活动的内容和形式往往非常复杂地交织在一起，它们的利益关切和实现过程也往往难解难分地纠缠在一起，因此它们是"利益相关者"[②]。市场经济道德要求个人、企业、政府等市场经济主体尊重彼此的正当利益关切，以维护和增进彼此的切身利益为己任。三是它们

---

① ［美］理查德·T.德·乔治：《经济伦理学》，李布译，北京大学出版社2002年版，第129页。

② "利益相关者"这一概念是由美国、英国等一些西方国家的学者在20世纪60年代首先提出的一种企业管理理论，其主要观点是反对仅仅从股东的角度来考虑企业的所有权和利益问题，主张把与企业有密切关系的所有人和所有组织都视为企业的"利益相关者"，其立论的最终目的是要敦促企业成为一种能够全面承担社会责任的经济实体。

都有促进经济、社会和环境可持续发展的道德责任。人类经济活动总是要涉及经济、社会和环境的关系问题。在环境危机严重威胁当代人类生存和发展的时代背景下，个人、企业、政府等市场经济主体不仅应该深刻认识实现经济、社会和环境和谐共处对人类自身的伟大意义，而且应该在具体的市场经济活动中承担平衡经济效益、社会效益和环境效益的道德责任，以确保市场经济体制的运行不与人本身的根本利益背道而驰。

最后，市场经济主体分担道德责任的重心应该落在企业和政府身上。市场经济体制要求市场经济主体"各司其职，各尽其责"，但这并不意味着个人、企业、政府等市场经济活动主体所应分担的道德责任是同等的。在市场经济体制条件下，企业和政府的地位和作用远远超过个人。无论是在发达国家还是发展中国家，企业不仅是工业生产的主力军——市场上琳琅满目的商品几乎都是企业提供的，而且掌控着国家的经济命脉——企业是国家财政收入的主要提供者。进入改革开放时代以后，随着以大规模生产和大规模销售相结合、资本所有权和经营管理权相分离为主要特征的现代企业制度在我国企业中逐步形成和推广，企业也成为我国市场经济体制和国民经济的命脉。当今中国，中央财政收入和地方财政收入的大部分份额是由企业提供的。在经济全球化条件下，我国的国际经济竞争力也主要来源于企业。由于掌控着工业生产和工业产品销售的自主权，企业市场经济活动与广大人民群众的切身利益最为密切；又由于工业生产是人类消耗自然资源和能源最严重的经济活动领域，企业市场经济活动对人与自然关系的影响也最广泛、最深刻。虽然政府并不参与具体的市场经济活动，但是它的宏观管理职能能够对市场经济体制的运行发挥任何企业和个人都无法达到的综合调控作用。政府制定的经济政策、经济规划、经济法规和经济标准是市场经济体制正常运行必不可少的制度保证，能够对个人和企业的市场经济活动发挥十分重要的价值导向作用。政府的宏观制度安排和宏观价值导向能够减少市场这只"看不见的手"配置资源和促进生产的盲目性和不合理性，规范企业、个人等市场经济主体的逐利行为，推动第二次分配和第三次分配的顺利实现，保证市场经济体制在有利于维护社会正义的轨道上运行，以解决市场秩序混乱、市场经济主体唯利是图、贫富差距越拉越大、区域经济不平衡日益严重、环境危机愈演愈烈等问题。政府的宏观管理职能在市场经济体制中具有不可替代的地位。在市场经济体制条件下，个人的主观能动性和创造精神无疑也是推动市场经济发展必不可少的动力源泉，但个人的经济思想、价值观念和经济实践行为往往是依托企业和政府来得到展现的。由于企业和政府在市场经济体制中具有更重要的地位和作用，它们所担负的道德责任也更重大。

## 五 激发市场经济主体的道德责任感：经济伦理学的使命

市场经济体制达到成熟的根本标志是：个人、企业、政府等市场经济主体不仅能够按照价值规律从事市场经济活动，而且能够为自己的市场经济行为自觉承担应有的道德责任。市场经济主体承担道德责任的状况直接反映市场经济之道德维度是否得到张扬的情况，事关市场经济体制的道德合理性能否得到确立的问题。在市场经济体制条件下，由于个人作为经济活动主体的主体性因个人获得更多的自由性、能动性和创造性而变得更加复杂，企业和政府这两种市场经济活动主体的主体性也因为其内部机构和运行机制越来越复杂而变得难以捉摸，道德调控人类经济活动或人类经济生活的难度越来越大，个人、企业、政府等市场经济主体不可能自发地形成应有的道德责任感，市场经济体制的运行很容易陷入道德失范状态。因此，强化市场经济体制的"内部规导"就显得十分必要："由于经济行为主体享有越来越多的自由，并且因此负有越来越多的责任，内部的途径正变得越来越重要。"[①] 这里所说的"内部规导"就是不断加强市场经济主体的道德责任感或道德责任意识的伦理路径。

市场经济体制在我国的确立和发展使个人、企业、政府等如何以主体身份参与市场经济活动的问题迅速凸显出来：它们应该仅仅在唯利是图的商业动机驱动下来从事市场经济活动，还是应该在市场经济活动中谋求商业动机和道德责任感的平衡？这是一个具有理论意义和现实价值的经济伦理学论题。现实生活中关于市场经济主体是否应该承担道德责任这一问题的争论反映了经济学和伦理学这两个学科之间的争鸣。长期以来，为了保持所谓的学科话语权和学科独立性，主流经济学一直存在片面强调经济理

---

① [美]乔治·恩德勒：《面向行动的经济伦理学》，高国希、吴新文译，上海社会科学院出版社2002年版，第22页。

性的问题,其根本特征是把人追求经济利益最大化的思想和行为等同于人的经济理性,其结果是把人类经济活动变成了一种不受任何伦理规范制约的"纯"经济活动;相反,主流伦理学则一直存在片面强调道德理性的问题,其根本特征是把人的利他思想和行为等同于人的道德理性,其结果是把人类的利他精神变成了一种限制人类追求经济利益的力量。经济学和伦理学之间的长期争鸣不仅导致了这两个学科之间的隔绝状态,而且导致了人类经济思想和伦理思想在现实中难以融合的问题。在阿马蒂亚·森看来,由经济学与伦理学之间不断加深的隔阂所造成的损失具有两面性:一方面,与伦理学分离的经济学因为它强调的纯经济行为无法得到伦理支持而出现"贫困化"现象;另一方面,与经济学分离的伦理学因为它强调的价值判断无法与经济事实相联系而"非常不幸";由于经济学和伦理学都与人的具体行为关系密切,经济学与伦理学之间的分离必然会对人的现实经济生活产生深刻影响。① 通过从经济伦理学的角度来深入研究市场经济主体的道德责任问题,我们既能够在经济学和伦理学之间架起一座沟通和对话的桥梁,也能够在现实经济生活中促进市场经济体制之经济维度和伦理维度的交织和整合。

经济伦理学在我国的发展目前还处于积聚力量的阶段,但它是一种不容忽视的学术力量。"社会主义市场经济制度的建立、健全和完善,迫切需要经济伦理学为其论证;社会主义市场经济的健康运行,迫切需要经济伦理学为其规范;社会主义市场经济条件下个体的自我完善,迫切需要经济伦理学为其'导航'。"② 只要经济伦理学的"论证"、"规范"和"导航"是以激发和加强市场经济主体的道德责任感为旨归,那么它在我国的发展就能够对我国社会主义市场经济的发展产生深刻影响。我国伦理学界目前需要做的是进一步凸显我国经济伦理学研究的应用性和应用价值。进一步说,我国的经济伦理学应该是一种面向"行动"或"实践"的伦理学,它应该致力于激发和加强市场经济主体的道德责任感或道德责任意识,以达到用强烈的道德责任感对个人、企业、政府等的市场经济行为进

---

① [印度]阿马蒂亚·森:《伦理学与经济学》,王宇、王文玉译,商务印书馆2000年版,第1—15页。
② 周中之:《经济伦理学学科的建构》,《江苏社会科学》,2000年第3期。

行有效道德控制的最终目的。正如美国经济伦理学家乔治·恩德勒所说，面向"行动"而不是"言辞"是经济伦理学的"试金石"，经济伦理学应该表现为一种"新实践"精神，其最终目的是要在微观、中观和宏观三个层次上去提高人类经济决策和经济行为的"伦理质量"：在微观层次上，经济伦理学应该探讨单个的个人——雇员或雇主、同事或经理、消费者、供应商或投资者——做什么，能做什么，以及应该做什么，以促使个人理解和承担应有的道德责任；在中观层次上，经济伦理学应该致力于使企业（公司）认识到它们本身成为"道德行为者"的必要性和可能性，应该致力于使企业理解和承担它们作为一种"组织"的道德责任；在宏观层次上，经济伦理学应该致力于推动政府为个人、企业等提供合理的经济制度保证以及社会政策、经济秩序等经济条件。[①]

（本文作者为湖南师范大学道德文化研究院　向玉乔）

---

[①] ［美］乔治·恩德勒：《面向行动的经济伦理学》，高国希、吴新文译，上海社会科学院出版社2002年版，第8—9页。

# 政府控制经济危机的道德责任

经济危机是否需要政府来控制？政府在控制经济危机中应该承担哪些道德责任？这是学术界尤其是经济学界争论不休的问题。西方古典经济学认为，市场机制这只"看不见的手"能对经济进行自动的调节，一旦市场出现波动，政府仅需履行好"守夜人"的责任，不必进行任何的干预。凯恩斯主义经济理论主张只有通过政府这只"看得见的手"对经济进行干预，才能弥补"市场失灵"的后果。新自由主义经济学尽管主张要充分发挥市场机制的作用，但其主张只是针对凯恩斯经济理论和经济实践中政府干预过多做法的反思和调整，强调政府干预经济的有效性。马克思科学地论证了资本主义社会里经济危机发生的必然性和不可根除性，但又肯定了经济危机的可控制性。实践证明，政府不仅在平时需要对经济进行必要的干预，而且在发生经济危机时更要进行积极的干预，不应该做经济危机的旁观者，而应该自觉地履行应对经济危机的道德责任。政府的这种道德责任可以分为经济危机爆发之前和之后的道德责任两种，前者是政府预防经济危机爆发的道德责任，后者是政府对已经爆发的经济危机进行控制的道德责任。政府在控制经济危机中的道德责任主要表现在以下几个方面。

## 一　反对贸易保护主义

市场经济是一种自由竞争的经济，自由竞争有利于资源的优化配置，并实现经济利益最大化，它要求国际贸易中也相应地以自由贸易为原则。但事实上，政府出于促进本国经济发展和社会稳定的目的，往往采取限制进口和鼓励出口的政策措施。贸易保护政策可分为正当的和不正当的两种。正当的贸易保护政策是一国出于平衡贸易收支、保护幼稚产业和维护经济安全采取的临时性、救济性的措施,19世纪初经济学家李斯特关于后发国家幼稚产业保护理论、20世纪初凯恩斯国际贸易理论及当代发展经济学理论等,为这种贸易保护政策提供了理论依据,当然这种贸易保护政策应该只能在短期内实施而非长期执行。不正当的贸易保护政策则采取歧视外国产品的政策措施,通过关税壁垒和非关税壁垒措施提高他国产品的进口成本、限制他国产品的进口数量,通过出口补贴和货币贬值等政策手段鼓励本国产品出口,确保本国产品在市场竞争中处于优势地位。采取不正当的贸易保护政策的理念和措施,往往被称作贸易保护主义。贸易保护主义不仅违反国际公平贸易的基本原则,而且给各国经济和全球贸易的发展造成严重恶果,因而遭到了很多国家政府和国际组织的谴责和反对。反对贸易保护主义是政府在控制经济危机中所应该承担的一项道德责任。

从表象看,经济危机发生后,政府似乎有必要采取各种保护政策让本国企业渡过难关,因为任何一个政府都有保护本国公民的财产安全的责任和义务。而任何经济危机的发生,无论是由于"过剩性危机"、"结构性危机"还是由于"泡沫性危机",其基本表现一般都是大面积的企业倒闭、工人失业和通货膨胀。马克思认为,资本主义国家出现经济危机的根源在于生产的社会化与私人占有这一基本矛盾而引起的"相对过剩",西方经济理论称之为"有效需求不足",而通过贸易保护主义政策限制进口、扩大出口是解决"有效需求不足"最有效的办法。因此,经济危机是产生贸易保护主义的主要诱因之一。从历史上看,20世纪30年代初的经济大萧条曾导致英美等国的贸易保护主义的盛行,20世纪70年代的石油危机及其引发的经济危机也诱使新贸易保护主义兴起并波及全球。[①]2008年全球金融危机发生之后,贸易保护主义重新抬头并呈现愈演愈烈之势,世界贸易组织(WTO)2009年3月所公布的《金融和经济危机及与贸易有关的进展报告》显示,2008年9月至2009年3月,各成员采取的贸易保护措施有211项;根据世界银行统计,截至2009年4月,有12个发达国家采纳了补贴和其他一揽子支持方案,而在35个发展中国家中,

---

① 薛荣久:《经济全球化下贸易保护主义的特点、危害与遏制》,《国际贸易》,2009年第3期。

则有31%采纳了补贴和其他一揽子支持方案、9%采纳了进口禁令、49%则实施了提高进口税等保护举措。① 2009年美国国会通过了《2009年美国复兴与再投资法》,其中,第1605节的"买美国货"条款规定,使用该刺激方案下资金建设的公共建筑和公共工程只能使用在美国生产的钢铁和其他制成品,该政策一出台就在全球引起了轩然大波。② 面对当前金融危机的冲击,全球范围新的贸易保护主义重新抬头,对经济危机的控制提出了严峻的挑战。

政府之所以要反对贸易保护主义,是因为贸易保护主义是损害其他国家人民利益的不负责任的做法。首先,实施贸易保护主义政策的政府只关心本国或本区域的利益,而不是从全球经济发展的整体利益出发,不加节制地通过限制进口和扶助出口的贸易政策来保护本国的利益,所使用的那些带有歧视性的、不正当的贸易保护手段导致或强化了不同国家、不同产业、不同个人在经济和国际贸易体系中的不平等。总之,这种政策是违反全人类利益的自私行为。其次,贸易保护主义不加区别地对本国或本地产业实施保护,不注重发挥本国资源禀赋的优势,不通过发挥市场机制的作用以鼓励创新、淘汰落后,不仅不利于资源在全球范围内的优化配置,有违自然规律,更不利于人类进取精神的发扬和社会的进步,因而是非正义的。最后,政府制定政策的行为具有示范性,就对外而言,一国政府的自私政策往往会被其他国家政府所效仿,导致自私行为在全球范围的扩散,就对内而言,政府在对外政策上的自私行为看似保护了本国国民的利益,但长期的自私做法极可能会让政府和国民形成某种习惯,并渗透到国内政策的制定和国民的道德观念里,无形之中会影响道德的进步。

事实上,实行贸易保护主义的后果却往往与各国政府保护本国利益的初衷背道而驰。实行贸易保护主义的意图在于保护本国企业不至于在激烈的竞争中倒闭,确保本国优势产业的竞争能力,让本国尽快走出经济危机。然而,特定国家的政府一旦实行贸易保护主义政策,就往往会招致他国的反对和报复,并不能达到如愿地保护本国企业利益的目的。以美国为例,在1929年到1933年的经济大萧条中,美国政府出台的大幅提高进口

---

① 郝洁:《经济危机下的贸易保护主义研究》,《浙江金融》,2009年第9期。
② 胡立法:《经济危机下贸易保护主义形成的原因》,《现代经济探讨》,2010年第1期。

关税的贸易保护主义政策并未缓解经济危机,反而导致国际贸易停滞,并引发进一步的社会危机;半个世纪之后的 80 年代,美国政府又相继制定并通过了一系列的包含贸易保护主义内容的法律和法规,如《1985 年纺织品、服务贸易实施法案》、《贸易与国际经济政策改良法案》(1986 年)、《1987 年综合贸易法案》、《1987 年贸易、就业与生产率法案》等,然而,这些贸易保护主义的政策或手段,一方面引发了美国与欧洲共同体、日本、加拿大等经济体之间的贸易摩擦,破坏了正常的国际贸易秩序,妨碍了经济资源合理的国际分工与充分利用;另一方面也影响了美国本国的劳动力、资本等经济资源的合理配置,阻碍了其工业结构的调整和企业竞争力的提升。美国的钢铁、纺织和汽车工业为此付出了高额的代价。[①]

在经济全球化的背景下,无论是经济危机,还是由此引发的贸易保护主义都具有全球性的特征。这意味着经济全球化进程越深入,贸易保护主义对全球经济贸易关系的危害就越严重。有学者将此轮经济危机之后抬头的贸易保护主义的危害概括为以下五个方面:"使经济全球化逆转,严重冲击全球贸易、引发贸易战,使多哈回合久拖不决,把整个世界拖向更为深重的经济危机,引发社会动荡和政治危机。"[②] 可见,贸易保护主义非但不是解决经济危机的良方,反而会对其他国家和本国经济社会的健康持续发展产生不良影响。因此,从贸易保护主义的后果来看,政府在控制经济危机中应承担反对贸易保护主义的道德责任。

## 二 控制通货膨胀

通货膨胀实质是一种货币现象,是指流通中的纸币供应量超过流通中所需的金属货币量,从而导致纸币贬值、物价上涨的现象。经济危机一般首先表现为严重的通货膨胀,并愈演愈烈,甚至不可控制,最后因流通中的纸币信用丧失,社会拒绝接受纸币造成"资金链"的断裂,从而银行

---

[①] 曾俊伟:《美国的贸易保护主义》,人民法院出版社 1995 年版,第 32—33 页。
[②] 薛荣久、杨凤鸣:《全球金融危机下贸易保护主义的特点、危害与应对》,《国际经贸探索》,2009 年第 11 期。

纷纷倒闭、企业大量破产而导致经济崩溃，出现通货严重紧缩、生产严重萎缩的局面。经济全球化背景下，一国通货膨胀将通过国际贸易和国际金融传导机制，输出给其他国家，引发连锁反应，出现区域性甚至全球性的通货膨胀，并因此导致全球性的经济危机。引发通货膨胀的原因非常复杂，从一个国家范围看，可归结为市场本身原因和政府政策原因。市场本身原因主要是指需求拉动、成本推动、结构调整、预期改变；政府原因主要是指过度的政府公共开支、扩张性的货币政策和错误的国际贸易政策引发的财政赤字、货币赤字和贸易赤字。从国际视角分析，产生通货膨胀还有输入性原因。

通货膨胀如果不加以有效控制，就会对经济社会造成严重冲击：一是使居民财产和收入水平恶化。通货膨胀使大多数居民收入增长速度赶不上货币贬值速度，居民的实际收入水平不断下降，家庭财产严重缩水，如2008年金融危机发生后两年内美国平均每户家庭损失10.2万美元[1]，特别是在经济危机期间，大量人口处于失业境况，通货膨胀对这些失业人员无疑是雪上加霜。二是使贫富差距扩大。一般而言，通货膨胀对富人影响相对较小，甚至对富人有利，因为富人大量的实物性财产在通货膨胀中会相应得到保值或升值，其大量货币性财富又能确保安全度过危机；而对中产阶级及贫困人群而言，通货膨胀将使他们大量变卖财产，生活艰难，最终甚至沦为赤贫。以德国为例，在1919年至1923年，德国的通货膨胀"扰乱收入分配的作用达到了前所未有的极点。它使强者发财，弱者受罪，中产阶级贫困化，提早10年为纳粹党的发育提供了温床。随后出现的经济大萧条为纳粹党的崛起完成了其他条件。"[2]2008年美国政府在应对金融危机中，采取了"量化宽松"的通货膨胀政策，2008年至2011年，美国为刺激经济投入了8000亿美元，结果却使美国贫富差距进一步拉大，据统计，2007年至2009年，美国1%最富有家庭的财富占全民财富的比重从34.1%上升到37.1%[3]。三是使经济投机泛滥。通货膨胀导致市场价格的剧烈波动，市场信号会最终引导社会资源流向那些具有短期效

---

[1] 童真：《金融危机对美国居民收入及消费的影响》，《现代商业》，2011年第2期。
[2] [法]莫里斯·弗拉芒：《通货膨胀》，吴知京译，商务印书馆2004年版，第41页。
[3] 周琪、沈鹏：《"占领华尔街"运动再思考》，《世界经济与政治》，2012年第9期。

益、产品价格暴涨的部门，随着投机效应不断得到强化，这些部门的泡沫越吹越大，一旦泡沫破裂，经济随之进入波动或者危机状态。因此，通货膨胀使社会资源得不到合理有效配置，造成经济的剧烈振荡，危害经济的健康运行，最终损害了民众的利益。四是使生产者的劳动积极性受损。由于原材料价格的上涨以及居民实际购买力的下降，企业正常的生产经营难以维持，实体经济受到冲击，同时由于"一夜暴富"投机神话的破产和实际工资水平的下降，工人的劳动积极性也受到了影响，产生"投资不如投机，存钱不如存货"的社会心理。由于实体经济和生产劳动是生产出社会赖以生存发展的物质条件的最基本方式，因此，生产者劳动积极性的受损直接影响到民众生活资料的获取。五是在经济全球化条件下，一国经济政策或经济活动必定会影响到其他开放型经济的国家，当一国出现通货膨胀情况时，国内的通货膨胀将通过价格传导、需求传导、清偿能力或流动性传导、预期和示范效应传导等途径[1]在国际间扩散，并对全球的经济造成冲击，冲击的程度与全球经济的关联程度以及通胀输出国的经济规模、金融国际化、通货膨胀程度正相关。因此，通货膨胀不仅严重冲击一个国家正常的生产和生活，造成国内政治经济的动荡和社会的不稳定，也严重冲击国际经济的稳定，政府如不对通货膨胀加以有效控制，既会引起本国人民的不满，也会受到国际舆论的指责。

由于经济活动的复杂性，引起通货膨胀的原因也是复杂多样的，但无论原因如何复杂，货币超额发行是关键。当今世界各国经济中，国家发行的纸币已经废除了纸币的法定含金量（或者尽管规定了法定含金量，但却不可兑现），而纸币发行量完全控制在政府手中，由此可见，政府是通货膨胀最大的受益者，政府超额发行纸币的行为实际上是对全民征收通胀税，以此来增加政府收入、弥补政府的赤字、偿还政府债务，并短期促进经济的增长，因此，一些政府深谙此道，反复使用。正是因为这样，现代货币主义理论认为，尽管政府把通货膨胀归咎于企业主的贪婪、消费者的无节制、石油价格的上涨、气候的变化等等，但真正唯一需要对此负责的应该是政府自己，"解铃还须系铃人"。

控制经济危机需要政府承担控制通货膨胀的道德责任，不过，这种控

---

[1] 余珊萍：《论开放经济下通货膨胀的国际传导》，《东南大学学报》，2002年第3期。

制是适度的,或者说,政府的这种道德责任是有限度的。众所周知,资本主义生产方式下,经济运动表现出周期性的特点,具体经过危机、萧条、复苏、高涨四个阶段。我们可以从资本主义世界所发生的大大小小经济危机发现,通货膨胀往往与经济危机相伴。根据黄茂兴等(2010)的研究,第二次世界大战后西方资本主义国家的每次经济危机都出现了消费指数的上涨。改革开放以来,中国经济尽管处于长期的高速增长阶段,但一些专家指出我国经济也表现出周期性的特征,黄赜琳(2008)的研究发现,1978年至2007年30年间,我国经济经历了5轮"增长型"的周期。[①] 正是由于经济存在这种周期性波动,就不能指望完全消除通货膨胀。基于此种认识,某些理论家提出了自己的相应政策,如凯恩斯针对"有效需求不足"问题,提出了"适度通货膨胀"理论;不少经济学家也认为,通货紧缩对经济而言并不是好事,通货紧缩反映出经济的低迷与萎缩,适度的通货膨胀是经济增长的"润滑剂"。同时,各国政府通常把不超过4%的通货膨胀率视作社会可承受的限度。因此,在经济危机产生时,控制通货膨胀是政府的必然选择,但"控制"不一定是"制止","制止"意味着对经济的"急刹车"(在必要时也可以通过限制价格等办法对通货膨胀踩"急刹车"),尽管解决了通货膨胀问题,却使经济在"硬着陆"过程中受到剧烈冲击。而"控制"则需要综合运用多种手段,逐步让通货膨胀恢复到社会可承受的范围,以对社会预期产生良好作用,使经济实现"软着陆",逐步走出危机。

## 三 禁止企业转嫁灾难

经济危机对企业的生产经营带来严重的冲击。为了摆脱困境,不少企业不惜采取损害其他市场主体利益的举措来谋求自身的利益,转嫁灾难就是一种常用的办法。企业转嫁灾难的受害者可能包括:其他的企业、政府、本企业的员工以及社会公众等。相应地,企业灾难转嫁的形式可以归结为四种:第一种是企业对企业的灾难转嫁。由于经济危机基本上是产品"相对过剩"的危机,市场主要是"买方市场",越接近最终消费者的企

---

[①] 黄赜琳:《改革开放三十年中国经济周期与宏观调控》,《财经研究》,2008年第11期。

业就越会首先感受到经济危机的压力,因此,灾难转嫁多见于大企业对中小企业、下游企业对上游企业、商业企业对生产企业、其他企业对金融企业,企业间灾难转嫁的形式主要是过度压低进货价格、长时间拖欠货款、转移资产后突然宣布破产倒闭等等。企业间的灾难转嫁如果得不到制止,就会像瘟疫一样到处传播。第二种是企业对政府的灾难转嫁。危机到来时,一些大企业会借口企业生存困难,以大规模裁员甚至破产为要挟,要求政府给予补贴或救助;一些大的金融机构更是利用政府害怕其倒闭的心理,放弃谨慎经营的原则,随意扩大放贷规模,坐等政府通过救市政策承担其风险,如2008年美国次贷危机发生后,美国政府为了挽救"两房",两年内就向其"输血"达1600亿美元。第三种是企业对本企业员工的灾难转嫁。企业以失业相威胁,强迫职工"自愿"接受压低工资、降低福利标准、提高劳动强度等降低劳动成本的做法,一些企业甚至通过以积压产品抵扣工资、强迫员工入股等手段转嫁灾难。第四种是企业对社会的灾难转嫁。这种灾难转嫁的典型情形是产生污染的企业将环境灾难转嫁给社会公众,在经济危机的压力之下,会有更多的企业铤而走险;另外,企业降低生产的产品的质量标准,通过使用劣质原材料、以次充好等手段降低生产成本,也是向社会转嫁灾难的一种方式。由于全球经济发展的不均衡,跨国企业往往利用其产业优势、资金优势、技术优势等,向发展中国家转嫁灾难。

在经济危机条件下,企业转嫁灾难的行为将进一步使经济陷入危机的深渊。一是造成巨大的市场信用风险。市场经济的健康发展建立在信用发展的基础上,"随着交换关系的复杂化,日益扩展的市场关系便逐步构建起彼此相连、互为制约的信用关系链条,维系着错综繁杂的市场交换关系和正常有序的市场秩序"[1],在某种意义上,市场经济也是信用经济,基于规则、信任而建立的市场契约信用有效降低了市场交易的成本,避免或减少了经营的风险。随着企业转嫁灾难成为一种普遍的行为,社会上弥漫着普遍的不信任,契约不再被严格遵守,市场交易的不确定性增加,市场风险随之增加,导致市场机制不能有效发挥作用,经济活动陷入混乱。二是造成巨大的环境风险。企业的"外部性"是"市场失灵"的主要特征,

---

[1] 马国海:《从人伦信用到契约信用》,《辽宁大学学报》,2003年第5期。

如果没有政府的监管，企业为了其自身（或内部）的利益，将成本向社会（或外部）转嫁，主要是生产废弃物和污染物的排放，因此政府通过法律形式制止这种行为。在经济危机中，企业的这种外部性得到了强化，对一些企业来说，转嫁成本可能无法生存，但不转嫁成本肯定无法生存，所以往往选择铤而走险的违法办法，以缩减治污成本，从而给生态环境带来灾难性后果。三是造成巨大的社会进步风险。企业向员工转嫁灾难的行为，不仅降低了员工的实际收入，导致员工的生存状况恶化，购买力水平下降，社会需求不振，也给员工的精神、健康造成巨大伤害，企业向员工转嫁灾难的不少做法都是违反人性的做法，不利于人的全面发展；与此同时，企业由于减少了对员工培训、研发的投入，导致整个社会劳动人口素质的下降和科技进步的乏力，影响了社会进步的步伐。由此可见，企业转嫁灾难的行为不是其影响只局限于个体的行为，而是一种社会性的行为，无论哪种转嫁灾难的行为，最终都是全社会为之埋单。

政府作为市场经济的"守夜人"，有保护整个社会财产的道德责任，政府作为市场规则的制定者，更有监管市场主体遵守规则、维护市场秩序的道德责任。在经济危机过程中，一些企业生产经营困难甚至破产倒闭，这是市场优胜劣汰机制发挥作用的正常现象。政府应该禁止企业转嫁灾难行为的发生，决不能对企业的这种行为听之任之，唯其如此才能控制经济危机的扩大和蔓延。

## 四 注重改善民生

人与人既是平等的，又是不平等的。一方面，人人都应该受到平等的对待，平等地拥有人类社会经济、政治、文化等各种基本权利，平等地享有发展的机会；另一方面，人与人又具有天然的差别，如智力、体力、健康等自然禀赋的差别、家庭条件的差别等，这些条件的不同造成了人与人之间的差别，市场经济则扩大了这种差别尤其是财富方面的差距。要缩短人与人之间在财富方面的差距，依靠具有自利性的"经济人"和以效率为原则的市场机制是不可能的，只有基于合理道德立场的政府才能解决好这一问题。缩短贫富差距、改善民生是社会正义的基本内容，是政府控制经济危机的重要举措。

在市场经济中，民生问题本来就是一个重要问题，经济危机则使之变得更为突出。经济危机强化了市场竞争的"丛林法则"，"你死我活"的激烈竞争导致社会资产大幅贬值、失业人口大量增加，居民生活因此而受到严重影响，特别是弱势群体的生活更是难以为继。如2008年金融危机发生后，4/5的欧洲国家失业率上升，1/5的欧洲国家失业率超过10%，1/5的欧洲人称难以支付日常生活账单和生活消费，贫困儿童、无家可归人员增加，个别国家自杀率大幅上升。[1] 与经济正常情况相比，经济危机期间政府改善民生问题的性质和侧重点是不同的。正常情况下，政府的民生工作主要侧重于居民收入增长、公共事业发展与社会保障完善，属于"常态性"民生工作；而危机情况下，政府所要解决的民生问题主要是救助困难群体，属于"救济性"民生工作。常态性的民生与救济性民生是紧密联系的，常态性民生包含着救济性的民生内容，若常态性民生处于较高的水平，救济性民生也相应得到提高，较高的常态性民生水平也可保障大多数居民在危机中不致陷入困境，而救济性民生则能在危机发生时确保最困难人群获得最基本的生活保障，避免因经济危机产生人道危机，并防止社会动荡的出现。

经济危机的控制中，政府采取改善民生的举措，既是政府道德责任的要求，也是应对危机的手段。首先，对困难群体的救助能保证社会的稳定。政府通过发放食物补贴、提供临时住所、以工代赈、失业培训等措施，既能减少犯罪现象的产生，也让弱势群体感受到社会的温暖，并增强社会公众共同面对危机的力量。其次，改善民生的举措，使政府的开支适度增加，对全社会的投资产生"乘数效应"，不仅能增加社会就业，改善居民收入，而且能提高社会有效需求，如"罗斯福新政"期间，美国兴建了18万个小型公共项目，至少提供了600万个就业岗位，农民全部现金收入从1932年的40亿美元增加到1935年的70亿美元。[2] 最后，政府在危机期间大举改善民生的举动，也影响到公众的社会预期，提振企业和民众走出危机的信心。当然，在经济危机期间，政府改善民生的开支也并

---

[1] 黄静：《经济危机对欧洲社会与思潮的影响》，《现代国际关系》，2012年第8期。

[2] 吴晨、李孔岳：《19世纪以来美国四次经济危机及其应对策略分析》，《学术研究》，2009年第7期。

非越多越好，必须要把握量力而行的适度原则，适度增加改善民生的资金投入，解决人与人之间的利益矛盾，以控制经济危机。

## 五 慎重采取"救市"举措

"救市"是指在经济危机出现苗头或爆发之后，政府运用市场和行政手段，实施相应的经济刺激政策，其目的是防止出现企业倒闭的多米诺骨牌效应，减缓经济衰退，恢复经济增长。政府"救市"的对象一般有四种：一是整个国民经济，如2008年国际金融危机中，各国政府普遍采取的"救市"行动；二是具有全局性、支柱性、战略性等的关键行业，如2015年来我国中央或地方政府针对房地产、煤炭等行业所采取的"救市"政策；三是反映经济"晴雨表"的股市、汇市，如1997年东南亚金融危机时东南亚各国政府针对股市、汇市的"救市"措施；四是大型金融机构，如2008年美国政府接管"两房"的措施。一般来说，不同时期的"救市"措施是有所不同的。朱民等（2009）总结了本轮国际金融危机时各国政府所采取的十大"救市"措施：（1）降息；（2）直接向金融市场注入流动性资金；（3）严禁卖空；（4）注资、国有化或接管金融机构；（5）对金融机构的债务进行担保；（6）美联储直接向实体企业提供融资；（7）对住房抵押贷款人借款人开展救助；（8）向中小企业提供融资或提供贷款担保；（9）大规模的财政刺激计划；（10）通过国际货币基金组织向新兴经济和中小型受危机影响严重的实体提供援助。Paramo（2009）将政府救市政策归纳为四大类：流动性政策、货币政策、财政政策和金融体系改革政策。这些政府救市政策都是各国政府根据本轮国际金融危机的特点所采取的举措。

面对经济危机，政府往往在"是否救市"、"如何救市"、"该救谁"等方面会陷入"两难选择"的困境。首先，从道德责任的角度，各国政府不能任凭危机恶化而不理，不能坐视企业倒闭、工人失业而不管，应该采取相应的"救市"措施。如20世纪30年代美国罗斯福政府面对"大萧条"的"救市"、1989年美国布什政府针对储贷危机的"救市"、20世纪90年代日本政府针对房地产和股市泡沫崩盘的"救市"、1991年北欧三国针对金融危机的"救市"、1987年墨西哥政府对金融危机的"救市"、1997年东南亚金融危机的"救市"、本轮金融危机各国的"救市",都反映了政府对"救市"的态度。但从道德风险的角度看,政府的"救市"举措可能使市场主体为了得到更多政府补贴而采取不负责任的冒险行动,并产生对政府救助的依赖和预期,而规避道德风险的办法就是减小政府"救市"的概率,降低政府救助的预期。[①]

其次,从政府"救市"的实际效果看,有些"救市"举措确实收到了实效,如"罗斯福新政"、1991年北欧三国、1997年中国香港等的"救市"就是如此,但有的"救市"举措则收效甚微,如1987年的墨西哥、20世纪90年代的日本、1997年的泰国等的"救市"就是这样。对本轮金融危机中各国的"救市"政策是否能收到实际效果,经济学界的看法存在着较大分歧。一些学者指出,政府"救市"措施也存在"现实风险",加重了纳税人的负担,不利于市场的优胜劣汰,同时"救市"过程中大规模的货币放贷和财政赤字,也给未来的经济埋下了危机的"祸根"。在经济全球化时代,一国的"救市"政策如果没有其他国家的支持和协同,也往往难以奏效。

因此,"救市"是政府在控制经济危机时的必然选项,但政府所采取的"救市"举措必须慎重。即政府应该综合考虑经济危机的影响范围和严重程度、社会的承受度等因素,在充分发挥市场机制作用的前提下,尽可能地避免因"救市"所致的道德风险和通货膨胀风险,采取有效措施,控制经济危机。

(本文作者为湖南师范大学道德文化研究院 彭定光)

---

[①] 陈明:《救市政策与道德风险的实施研究》,《天津经济》,2010年第7期。

# 食品安全问题与食品安全伦理

　　民以食为天，食以健康为贵。如果人们赖以生存的各种食品变得危险重重，他们的生活一定是无比悲惨的；然而，现实的市场上充斥着各种因环境破坏、环境污染、商业欺诈等原因导致的假冒伪劣商品，这不仅破坏了市场经济应有的秩序，而且违背了市场经济应有的伦理精神。食品安全问题折射人性的善恶，反映人类能否相互尊重、相互支持、相互关爱的道德生活状况。食品安全伦理的出台有助于推动人们深入认识食品存在的道德价值及其对人类生存的伦理支撑作用。

# 食品安全伦理研究的现状、范围、任务与意义

随着科学技术革命的发展、市场经济的主导和消费社会的形成,"食品安全"一词已经越来越成为带有鲜明的反思性或批判性思想特质的概念,承载着人类对新的伦理价值的期望、对人类生存之道追寻的心灵救赎和自我拯救。因此从伦理学的视角,采取多层面、综合性的研究方法,对食品安全问题进行深入研究,已经成为十分重要的任务。伦理学要保持它的实践性的品格和对现实生活的范导功能,就必须加强对食品安全的伦理问题的研究。

## 一

"民以食为天。"如果说在人类文明初曙的远古,人类对食品的需求还是为了单纯地解决饥饿与生存的需要,那么随着生命意识的逐步觉醒,食品安全问题就被提到了人类的面前,获得了特有的道德意义。中国远古神话传说中"神农尝百草,日中数毒"就是一个证明。《白虎通·号》云:"……神农因天之时,分地之利,制耒耜教民耕作,神而化之,使民宜之,故谓之神农也。"神农氏之所以被称之为古代的圣王,既在于他教民耕作,也在于他"使民宜之",因而成为中国古代道德的典范。不过在中国传统社会,食品安全问题始终是在"天人合一"、"义利之辨"的框架中被思考的,并没有凸显成为一个具有专门意义的伦理学问题。

严格地讲,食品安全伦理是一个现代性的问题。在现代,随着科学技术的迅猛发展、市场经济的主导和消费社会的形成,安全就成了食品的生产、流通、监管和消费的最基础的价值诉求,它直接涉及人类的生存与发

展、生命的权利与价值、社会的秩序与和谐,以及人类的现在与未来、代际关系的公正与正义等一系列重大的伦理问题。

正因为如此,食品安全伦理的研究无论在国外还是国内,都是一个正在勃兴的新的研究领域。在国外,目前这一研究主要是围绕着如何解决食品消费安全问题的方法与对策,从食品体系、政府监管与规制,食品安全模式、食品消费安全风险认知等方面展开。

联合国粮农组织将粮食安全问题研究"作为一个跨学科行动优先领域",成立了关于粮食和农业伦理的著名专家小组。该小组发表了一系列报告,讨论转基因生物、消费者、食品安全和环境、可持续农业集约化以及渔业中的伦理问题。

美国学者 Chrisian Coff 出版了 *The Taste of Ethics: An Ethics of Food Consumption* 一书,深入探讨了食品消费安全的伦理问题。Ben Mepham 的 *Food Ethics*,Cathy Rozel Farnworth 的 *Creating Food Futures: Trade, Ethics and the Environment* 等著作,讨论了食品伦理与贸易、环境的关系问题。国外一些学者还从政治学和政治伦理学的角度探讨食品安全问题。Marion Nestle 在其著作 *Safe Food: The Politics of Food Safety* 和 *Food Politics* 中指出,"食品伦理的概念是基于这样的假设:遵循饮食指导增进健康和幸福。如果伦理被看作是以好的举动对付坏的,那么,选择健康的饮食——并劝告人们这样做——将似乎是有道德的行为。"她以大量的第一手真实材料和实例,揭示了美国在食品问题上漠视食品安全、谋求经济利益的触目惊心的事实,揭露了美国食品企业为了自身的利益和高额利润,运用政治手段影响官员、科学家、食品和营养专业人士,以合法的政治手段千方百计地影响国会的立法和政府政策,以做出有利于食品行业而不利于消费者的营养和健康的政策举措。Guither 的《食品说客:食品与农业政治的幕后操纵》、Gannon G 的《食品政治学》、Chetley 的《婴儿食品政治:对一场促销战略的挑战》等著作,透过食品安全的表象研究了其深层的政治伦理意义。Robert L. Paarlberg 的 *Food Politice* 一书,详尽地阐述了在当今全球社会食品问题上,包括国际食品价格、饥荒、食品生产和人口增长、国际食品援助、"绿色革命"农业、肥胖、农业补贴和贸易、农业与环境、食品安全、有机食品以及转基因食品等方面的最重要的伦理问题。

转基因食品的伦理研究也是国外学界高度关注的。这一研究集中在转基因食品对人体健康、生态环境和生物多样性的影响上。英国乔治·迈尔逊的《哈拉维与基因改良食品》一书认为，转基因食品对人体健康造成危害，反对转基因食品；美国侯美婉的《基因工程——美梦还是噩梦》、英国生物学家迈克尔·赖斯和伦理学家罗杰·斯特劳恩合著的《天性的改良》著作等认为，把转基因技术应用到制造人类的食品上是不合理的。Nuffield生物伦理学委员会则认为，转基因食品商业化不是一个简单的问题，必须考虑多方面的因素，转基因食品存在许多不确定性和安全隐患，在诸多因素都不知道的情况下应该谨慎对待。欧盟各国都成立了国家伦理委员会，关注包括转基因食品安全在内的生命伦理学问题，建立了强大的食品安全伦理规制和法律体系，这一体系涵盖了"从农田到餐桌"的整个食物链，形成了以"食品安全白皮书"为核心的各种法律、法令、指令等并存的食品安全法规体系的框架。

在国内，随着近年来我国频发的食品安全事件，引起了政府、相关监管职能部门、科技界、学术界、新闻媒体、非政组织以及广大消费者等社会各界的广泛关注。有关食品安全伦理问题研究方兴未艾，已经有了良好的起步。

其一，关于食品生产和销售过程中安全问题的伦理研究。有学者认为，改革开放以来，我国食品产业的内涵与外延发生了历史性的变革，已从"加工业"扩展到了"大食品产业体系"时代，应该将企业社会责任与企业战略结合起来，以企业社会责任为出发点，讨论中国企业在经济全球化条件下，在经营管理活动中的企业社会责任等问题[1]。有学者指出，拜金主义是食品安全问题的伦理根源，要从思想上预防食品安全事故的发生，必须坚决反对拜金主义，在人们的内心世界构筑起一道维护食品安全的伦理防线[2]。

其二，关于转基因食品安全问题的伦理研究。学界主要从伦理学和安全视角进行探讨，提出在尽量满足人类基本需求的基础上，实现人类的共同发展，达成科学技术界和社会科学界的共识，是转基因食品的社会文化

---

[1] 姜启军、刘亚丽：《企业伦理》，轻工业出版社2009年版，第20页。
[2] 喻文德：《食品安全问题的伦理分析》，《科学对社会的影响》，2010年第1期。

伦理问题透视的目的所在。① 有学者指出，食品安全伦理是21世纪人类在以新的价值观和道德观念审视食品安全生产和消费过程中，对道德主体行为善恶所作出的理性选择。② 对转基因食品进行研究必须考虑它对人们生活所造成的影响，这本身就是一个社会伦理问题。对转基因食品安全的伦理评价应该遵循有利、不伤害、公正与尊重四个基本原则。③

其三，我国学界对食品安全的传播也颇为重视。有的学者认为，我国媒体现有的食品安全报道存在着诸多问题：报道内容失实；混淆关键概念；夸大问题程度；解释说明模糊；互设议程，以讹传讹。有的学者认为，大众传媒在对食品安全这种人命关天且专业性很强的报道中，不认真求证，一味追求轰动；过度地炒作食品安全事件，损害食品企业的正当权益，严重的会伤害食品行业的健康发展。邓如在《食品安全报道中道德失范与对策研究》一文中指出：食品安全报道中频频出现道德失范现象：一些媒体"炮制新闻"，发布虚假信息，一味沉浸在"独家新闻独家发现"的功利想象中；"媒介审判"现象也屡见不鲜，有些媒体还在法院的判决之前，利用手中的媒体资源，超越职权对案件做出判断；部分商业媒体则以新闻传播为手段，通过多种形式谋取私利，以权谋私、新闻要挟，而受贿新闻也时有发生。

其四，关于食品安全的政府监管和行为自律等方面的研究。有学者提出，食品安全责任的道德视角和监管视角在分析和回应食品安全危机中存在结构性的缺失，这一问题应深入经济运行逻辑和企业伦理内部进行考察。一种破解食品安全危机的经济视角更加具有内在性与合理性，要通过合理的法律建构保障有序竞争，通过消费者"主权"的有效行使回击和惩罚企业不端行为，通过创新激励机制建立企业社会责任的稳固基础。④ 目前我国学界对食品安全监管问题的研究是比较丰富和全面的，整体研究的趋势是朝着综合化、专门化的方向发展，但从伦理方面提出食品安全监管的对策研究还有待深入。

---

① 许文涛、黄昆仑：《转基因食品社会文化伦理透视》，中国物资出版社2010版。
② 夏道宗等：《现代科技革命对食品安全的影响及其伦理学思考》，《浙江中医药大学学报》，2008年第6期。
③ 王永佳：《关于转基因食品安全性的探讨》，《科技导报》，2007年第22期。
④ 张建忠：《从监管到有序竞争——食品安全责任的经济逻辑》，《绿叶》，2010年第12期。

## 二

上述情况表明,在当代,食品安全也是一个重大的社会伦理道德问题,关注和解答食品安全问题中所凸显的各种伦理难题和道德矛盾,从人及其生命的本质、基本价值理念与食品的价值本质等终极思考中寻求启示与引导,为判断与解决各种具体食品安全的道德难题提供充分有力的伦理依据,这是当代应用伦理学发展的一个极为重要的任务。

所谓食品安全伦理,属于应用伦理学或实践伦理学的范畴,它旨在从伦理学的特有视角,运用价值理念和道德思维的方式,对食品生产、流通、销售、监管和消费等各处环节进行伦理审视与道德判断,以为维护食品的安全提供价值立场,道德观念、行为选择与评价的标准和伦理对策。食品安全伦理研究,既包括食品安全伦理的一般理论研究,也包括对维护食品安全的伦理维度的探讨,它的任务在于建构分析食品安全的一般伦理理论框架,探讨维护食品安全的具体的伦理途径。

食品安全伦理的一般理论研究也可以说是关于食品安全伦理学的建构。它要运用伦理学的价值理论和思维方式,分析食品安全的伦理意义及其同伦理学的本质联系,在此基础上提炼和阐发关于食品安全伦理的基本概念、主导理念、基本原则,建构食品安全的伦理价值体系,提出分析食品安全问题的伦理学基本框架。这个基本框架可以概括为三个部分:一是关于食品安全伦理的元理论研究。它要回答食品安全伦理学的基本内涵、理论依据、研究对象、研究方法及其价值使命;食品安全伦理思想发展的历史嬗变,揭示中西关于食品安全伦理思想发展的历史轨迹及其思想传统的异同;食品安全内生的主导价值理念和行为选择、评价的基本原则等等。二是关于与食品安全相关的责任主体的研究,它要探讨食品安全与企业社会责任的内在关系,政府在食品安全监管中的伦理义务与道德难题,消费者在食品安全中的伦理处境与道德自觉等问题。三是关于维护食品安全的伦理途径的研究。它要探讨食品安全的伦理调节机制、食品安全伦理的制度设置、在食品安全活动中个体的道德认知和道德人格的塑造与培养等问题。当然,这些研究最终都要落实到从理论上再现当代中国食品安全伦理的现实困境的化解与出路的理论思考与价值导向上。

关于维护食品安全的具体的伦理途径研究，大致可以概括为四个伦理维度与一个特殊问题。这四个伦理维度是：食品安全与生命伦理学的本质联系、食品安全与消费伦理学的内在统一、食品安全与传播伦理学的有机互动、食品安全与监管伦理学的相互依存。一个特殊问题是：转基因食品安全的伦理问题。

食品是人的最基本的需要，是人的生命存在的基础。食品安全是人实现其生命存在和人的本质存在的前提，也是人类健康、发展与繁荣的重要条件。食品安全不仅关涉人的生命的存在，也关涉人的生活的质量。这些都无不包含着同人的存在、人的生命权和发展权等息息相关的伦理意蕴。因此有必要从生命伦理学的视角，充分利用生命伦理学的理论资源与研究方法，对其进行深入探讨，这是达成伦理共识、化解道德冲突的一个重要途径。

消费是为人这个最高目的而存在的，其内涵就是人的存在与发展。消费的这种伦理本质为人们的消费活动规定了一个最高的价值目标，一切消费活动按其与这个目标的远近而规定着自身不同的价值。由此，食品安全消费对人类的消费实践必然具有确定而必然的规范性，一方面，它显示任何食品消费活动首先必须是安全的；另一方面，人类又要不断地改善食品消费的方式，使食品消费真正能够促进人的发展，这就为食品消费安全确立了应有的价值目标，也为食品安全提供了必须关注的伦理视角。因而揭示食品安全与消费伦理学的内在关系，确立健康、文明的消费观念和消费方式，也就成了维护食品安全的重要的伦理途径。

在当代信息社会中，传媒越来越成为影响人们的思想、观念、行为的重要机制，它几乎扮演着大众消费意向的导师的角色，在食品安全领域里也是如此。在食品安全领域里，传媒担负着在促进食品安全传播中注重安全、健康、文明的基本理论维度，形成一个由人、社会、自然三要素而衍生出的人文传播、和谐传播、绿色传播的传播理念，以促使传播能够科学合理地引导关涉食品安全的各个环节，营造安全、健康、文明的食品生产、流通和消费的环境的使命。然而大众传播特别是在其事关食品广告、食品节目等方面，由于其善于利用快感与幻觉的感觉主义策略和炫耀性消费的心理策略来刺激受众的兴趣，挑逗起受众的欲望，使其产生购买的冲动，又常常可能误导消费者，使消费者异化为赢利的工具，以致把安全、健康、文明的应有维度边缘化，甚至消解化。所以，从传播伦理的视角来考察食品安全问题，也是维护食品安全的不可忽视的伦理途径。

政府监管在维护食品安全中起着至关重要的作用。但是政府同时担负着多种社会管理职能，面临着诸多利益的冲突。揭示政府食品安全监管的伦理属性，阐发伦理在食品安全监管中的价值意义，探讨政府在权衡处理食品安全与其他各种利益冲突中应有的价值立场、伦理原则，形成食品安全监管的伦理制度和体系，对于维护食品安全同样具有至关重要的作用，理所当然地成为维护食品安全的又一个重要的伦理维度。

应该肯定，新技术的应用在丰富食品的种类、提高食品质量等方面做出了巨大的贡献，没有新技术的应用，就没有现代食品工业。同时也应该看到，新技术的应用也给食品安全带来诸多不确定性的因素，转基因食品是其中最具争议的领域。转基因食品是否具有无毒性、过敏性及抗生素抗性和症状潜伏期等等，这些都具有极大的不确实性。转基因食品还存在破坏生态平衡与基因污染的潜在危害以及对特殊人群的信仰与人格的尊重等重大问题，存在引发诸如民族冲突和宗教冲突等重大社会问题的危险。人类如果盲目地将新技术视为人类生存与发展的救星，只顾发展技术而不关心技术的人文价值，不顾生态效益和社会效益，只能说明人类的价值观念还是处在被扭曲的状态，人类还没有真正意识到自己生存的危机。这种危机往往会这样或那样通过食品安全问题反映出来。新技术的发展必须走技术化生存和生态化生存相结合的道路，这就使转基因食品安全的伦理问题成为维护食品安全的一个特殊的而且必须予以高度重视的伦理维度。

总之，食品安全伦理研究要充分解析食品安全问题背后的伦理成因，从生命伦理、消费伦理、传播伦理、监管伦理等方面，探讨维护食品安全的伦理途径和对策。对食品安全的生命伦理学研究，要从尊重生命、敬畏生命等生命伦理学意蕴，探求食品安全伦理的人权表达，对食品安全引发的现实问题进行伦理批判和反思，对因经济发展不平衡、分配不公而导致的食品短缺问题给予人道主义关怀，确立食品安全的基本人权的价值诉求。对食品安全的消费伦理学研究，要探讨消费伦理与食品安全的内在关联及其意义，对消费者食品选择倾向、方式和食品健康结构等进行伦理分析，以凸显人类口腹之欲与环保观、道德感的矛盾冲突，揭示在当代社会的公共伦理建构中存在的伦理需求与道德供给之间的深刻矛盾，即一种具有普遍意义的公共伦理的缺乏同道德的日益多元化与个体化之间的矛盾。

对食品安全的传播伦理学研究，旨在关注大众传播与食品安全的深刻联系和背后的成因，分析媒体在普及合理的食品安全观、揭示食品安全事故的信息传播和公众舆论的形成中的道德引导作用。对食品安全的监管伦理学研究，则要着重探讨政府在食品安全监管中的作用，在倡导加强政府监管和法制建设的同时，鼓励公众参与，构建全社会食品安全的伦理对话和决策平台，加强食品安全问题的伦理治理。食品安全伦理研究还要特别关注新技术引发的食品安全问题，认真探讨转基因食品等新技术的发展所引发的新的伦理问题，坚持科学技术与食品安全的平衡发展。

## 三

加强食品安全伦理研究是时代的呼唤，也是当代应用伦理学履行其价值承诺、发挥其应有社会功能不可忽视的理论使命。

对食品安全问题的伦理研究，秉承了问题研究的传统，是对现实问题的展露和分析，同时也是对伦理学理论的生发、检验和拓展。在深化理论认识的同时，搭建不同文化群体可以相互沟通、相互对话的理论平台，并使其向体制化、建制化方向发展，做到通过学术研究→伦理委员会→决策或立法或制定管理办法的途径，把个案研究成果向法权体系渗透，发挥理论对实践的引导和范导作用。食品安全伦理研究契合了西方哲学理论范式变革和伦理学发展阶段转型的新趋势，在沟通事实与价值、现实与理想的基础上，积极参与关于食品安全的重大现实问题的讨论，用高度综合性的哲学智慧去评价有争议的行为和制度，达到对人类生存状况的整体透视，从而指导行为选择、制度创新和建设，切合现代哲学鲜明的人文化诉求和真切的实践关怀，体现了应用伦理学直接关注实践，关注现实问题的特点和发展趋势。总之，食品安全的伦理研究从社会发展的视角去思考当代人类所遭遇的生存危机与发展极限，其终极价值和使命是弘扬尊重生命的伦理精神。它对我国实施以人为本的科学发展观、构建社会主义和谐社会具有重大的学术价值和现实意义。具体说来：

其一，食品安全的伦理研究拓展了应用伦理学的研究领域。食品安全问题的发生既有制度层面的原因，也有技术层面的原因，更有道德层面的原因。制度不健全、监管不到位、滥用技术、价值观不正确，都会导致食品安全问题产生。要从源头上预防食品安全问题发生，还必须从道德层面对食品安全进行伦理反思。食品安全伦理研究从伦理学的视角，全面系统地研究食品安全中的伦理问题，提出食品安全伦理的基本概念、原理和方法，利用这些概念、原理和方法去分析食品安全问题产生的原因、影响及其解决方案，从而开辟应用理学研究的新领域。其学术价值在于：首先，它是研究食品安全的一个新的视角，为全方位研究食品安全问题提供一个重要的价值坐标。其次，它有助于更加深刻地揭示人类社会生活最基本的价值观念，坚守人的生命价值的至上性和以人为本的价值立场。最后，它有助于从一个特定的角度加深对一些伦理学重要理论问题和道德观念的理解，丰富伦理学的理论内容，增强伦理学的理论活力。

其二，食品安全伦理研究有利于保障公共健康，改善民生，维护社会经济秩序。食品安全事关人民生命安全和身体健康，影响社会经济秩序的有序运行和发展。确保食品安全是保障公共健康、改善民生和维护社会经济秩序的重要内容。食品安全的伦理研究在系统分析各阶段食品安全控制变迁的基础上，构建新的规范食品安全生产、交换、监管和消费的伦理原则，促进有效控制和消除食品供应链不同环节的不安全因素，形成一个统一协调高效的食品安全管理机制，实现食品安全从被动应付向主动保障的转变，这是为人民群众的生命安全、社会稳定和国民经济持续协调健康发展提供理论支撑、价值保障和舆论导向的重要方面。

其三，食品安全伦理研究有利于推动我国服务型政府的建设，增强执政的合法性。食品安全伦理关涉食品生产、交换、监管和消费等各个环节的价值定位。政府是食品安全监管的主体。政府是一个公共权力机构，政府权力源于人民的授予，而权力的授予必然伴随着相关的行政责任和道德义务的规定。政府的行政责任和道德义务就是政府对社会公众需求的应有回应。政府作为国家主权的行使者，承担着保证公共安全、提供公共服务、维护社会公平、弥补市场缺陷等重要的社会职能。因此维护食品安全是政府的一项基本责任和义务。通过食品安全问题的伦理分析，明确政府在食品安全中的责任和义务，将有利于推动我国服务型政府建设，增强政府执政的合法性和道义性，促进两型社会的建设，建构社会主义和谐社会。

（本文作者为湖南师范大学道德文化研究院　唐凯麟）

# 食品消费安全的伦理思考

2012年，有调查数据显示：80.4%的人对食品消费没有"安全感"。[①] 事实上，很多人都能感受到食品消费不安全的严重性，并对此感到强烈的不安和不满。对于各种不绝于耳的食品安全违法信息，有人认为，这是食品生产经营者逐利而往所致；也有人认为，这是我国违法犯罪成本过低，"法不足畏"所致；更多人认为，这是由于政府监管执法不够引起的。这样，人们就会心存疑惑，改革开放30多年来，我们解决了吃得饱的问题，为什么在生活水平大大提高的今天，会凸显这么多食品消费安全问题？如何使"三聚氰胺"、"塑化剂"、"地沟油"、"速成鸡"等成为过去时，确保消费者获得他们期望的安全食品？民以食为天，怎样看待食品消费安全，特别是现行中国社会背景下的食品消费安全，既关乎我们自身，也关乎国计民生。这的确是一个需要严肃对待和深入思考的社会问题。

## 一 概念

我们通常所说的消费主要是指人们的生活消费行为。所谓消费，是人们为了满足基本需要而对物质财富和生活资料的消耗和使用，是人类自我生存和延续的必要条件。马克思说人们为了生活，首先就需要衣、食、住以及其他东西，他指出满足需要的物质资料生产是人类的第一个历史活动。亚里士多德把那些由生理而衍生出来的需要看作是自然的需要，比

---

[①] 中共中央宣传部理论局：《辩证看 务实办·理论热点面对面2012》，人民出版社2012年版，第82页。

如，足够的食物、衣物、遮风避雨的住所等，它们是有限的，可以满足的。马斯洛在其著名的需要层次理论里，阐述了需要的金字塔式的层次结构，依序上升，最底部是对衣食住行等基础需要的满足，也就是说，保持个体生存需要是所有需要中最基本和最强烈的一种。显而易见，人们只有吃饭才能生存，才能从事其他活动，对于生存所需的"食"，无论如何都是一件很重要的事情。

那么安全是什么呢？在目的论的框架里，安全不仅仅是一个科学问题，而且还是哲学和伦理学反思的对象。"安全"在现代汉语词典中是指这样的状态：即没有危险，不受威胁，不出事故。韦氏大词典对安全的定义是，免于危害、伤害或损失的威胁。一般来说，安全会涉及客观和主观两个方面。客观方面是指外界的状态，即安全主体没有危险、伤害和威胁，主观方面是安全主体心理上不存在恐惧，身心都有安全感。因此，我们可以对"安全"作如下界定：所谓"安全"，是指一种无论客观还是主观上，免于危险、危害、威胁和损失的现状和感觉。对"安全"释义还可以进一步说明，至少包含以下两个方面：（1）"安全"的概念具有历史性特征，是随着人类社会的不断进步而产生并日益受到重视的。安全被人们普遍关注，是在国际原子能机构的切尔诺核电站事故报告之后，1986年的这场事故显示了技术的弱点和人为的对安全忽视的因素。自此，安全的理念被重视，并引入安全事件中管理和文化问题的研究中。（2）"安全"的概念具有道德文化的含义。从安全的技术支持系统来看，安全科学所设想的最终目的，是将应用现代技术所引起的损害后果，控制在最低限度以内，或者至少能减少到可容许的限度之内。[①] 从社会文化价值角度来看，安全具有与人类生存同等的价值意义，人必须首先考虑到能安全地生存，然后才可能考虑是否追求别的什么价值。在此意义上，安全是人的一种基本需求；其次，安全也是人的一种基本权利，而且是人类其他权利的基础。

我国是全球第一大消费品生产国，同时拥有数量最多的消费者，消费安全问题始终且越来越受到我们社会的重视。所谓消费安全，是指消费者在购买、使用商品或接受服务时所享有的人身和财产安全不受到侵犯。对

---

[①] Kuhl mann: Introduction to Safety Science, Springer – Verlag Publishing, 1986, p. 20.

任何国家而言,都可以看到类似的规定:每一个消费者有享受人身和财产安全的权利。1985年通过的《联合国保护消费者准则》,其意就是要责成各国政府加强或保持有力的保护消费者政策,以确保消费者合理需要获得满足。其内容包括:消费者健康和安全不受危害,保护消费者的经济利益,使消费者取得充足信息和良好的消费教育,为消费者提供有效的赔偿办法等等。可以说,消费者享有安全权是毋庸置疑的,这是每个消费者基本的权利,是一项基本人权。

从食品供给来说,基本的消费安全至少包括两个方面:其一是数量上能满足消费者的需要,有稳定可靠的食品供应,即食品获取安全(food security)。1974年联合国粮农组织(FAO)将"食品安全"定义为:所有人在任何情况下都能获得维持健康的生存所必需的足够食物。以我国为例,我们熟悉的"米袋子"工程,解决了主食供应和温饱问题,在此基础上,全国农副产品批发市场大量发展,形成了以中心市场为核心,连接生产基地和零售市场的稳定的"菜篮子"市场体系,解决了副食品和食物丰富的问题。这是从食品数量上保障消费安全。其二是食品质量安全(food safely),关注食品卫生、健康、营养以及环保等方面。我国《食品安全法》规定:"食品安全,指食品无毒、无害、符合应当有的营养要求,对人体健康不造成任何急性、慢性和潜在性的危害。"① FAO/WHO在《保障食品安全与质量:强化国家食品控制体系指南》中,对食品安全的定义得到国际社会的普遍认可,即"食品安全涉及那些可能使食品对消费者健康构成伤害(无论是长期的还是马上出现的伤害)的所有危害因素。这些因素是毫无商量余地,必须消除的。"② 食品风险主要来自微生物危害、农药残留物、食品添加剂滥用、化学污染物(包括生物毒素)、人为假冒伪劣等。另外要注意的是,在价格上也要确保消费者负担得起,经济可行。比如我们提倡的优质食品(无公害、绿色、有机食品),如果价格过高,必然会影响消费者的购买与支付意愿,这样就不能完全满足保障食品供给安全的需求。当前,我国正处于发展转型时期,也

---

① 《中华人民共和国食品安全法·第九十五条》。

② FAO/WHO: Assuring Food Safety and Quality: Guidelines for Strengthening National Food Control Systems, 1999, p. 29.

处于从保障消费者的食品获取安全,转向到保障消费者的食品质量安全之进程中。

这样看来,食品消费安全的问题,实际上就表现为国家或政府为全体消费者提供一套比较完善的食品安全保障体系,以及这套体系有效性的欠缺与消费者实现自己消费安全这个基本权利之间的一个矛盾。就社会来说,保障公民食品消费的安全是社会的事情。就公民来说,获得食品消费安全权是每个公民基本的权利。

事实上,我们也要看到食品安全的相对性。食品的绝对安全是确保消费者不会因食用某种食物而造成伤害,也就是零风险。食品的相对安全指在合理食用方式和正常食用量情况下不会对消费者造成健康损害。然而,绝对安全的食品是不可能存在的,"食品安全是相对的,它不是食品固有的生物特性。一种食物对某些人而言是安全的,但对其他一些人不安全;一定摄入量下是安全的,而在其他摄入量下不安全;在某时间内食用是安全的,而在其他时间内不安全。实际上,我们定义安全食品是指其风险在可接受水平范围之内。"[①] 这样看来,食品消费的"零风险"是一个理想目标。同时,完善的食品安全保障体系也是一个无限趋近的目标,是一个逐步发展的历史过程。其发展程度与一个国家的政治状况、经济发展、历史传统、文化结构和整个社会的发展水平有很大关系。不可否认,对于我们国家来说,与食品安全的严峻形势相比,政府监管存在很多薄弱环节,现行的食品安全保障体系也不够完备,还有许多地方需要丰富和完善。我们需要在经济、政治、文化等方面逐步创造条件,需要不断探索适合中国国情的食品消费安全的具体有效的实现形式,以保障每个消费者实现自己消费安全的基本权利。

## 二 解释

食品安全违法犯罪行为严重践踏着人们的道德底线,使人们感到强烈的不安和不满,也表明了食品产业的消费安全问题已经成为当今时代我们

---

[①] [美]瑞丽恩·内斯特尔:《食品安全》,程池等译,社会科学文献出版社2004年版,第16页。

必须面对的危机与挑战。对这个问题的理解和思考，它涉及的至少有两个方面。

其一，食品消费不安全不仅仅是市场公平交易（比如信息公开，价格公道、等价交换、自由买卖、互利互惠）的经济学问题，实际上归根结底还是一个社会制度的公正安排问题。传统的自由主义经济理论认为，对于规范市场秩序，实现公平交易的问题，市场自身的机制就能完成资源的优化配置，特别是价格机制的调节作用（商品价格的变动，会引起商品供求关系变化；而供求关系的变化，又反过来引起价格的变动）。但是这个理论是建立在市场信息完善的假设基础上的。现实生活中，食品安全信息在交易双方之间是不对称的。卖方（生产商、销售商）比较了解食品质量的真实信息，而买方（消费者）却难以充分了解食品安全信息。信息不对称的结果是，卖方可以利用这种信息的不对称性对买方进行欺骗，这就是"隐藏信息"。隐藏信息将导致"逆向选择"，一方面消费者利益受到损害；另一方面，在食品安全品质存在较大差异的情况下，生产劣质食品的卖方是市场机制的受益者，不会主动披露信息，尽管那些生产优质食品的卖方力图披露信息，由于消费者获取和处理信息的能力有限，只愿意依据市场的平均质量支付购买价格。在这样的条件下，高于市场平均质量的卖方因无利可图而降低食品质量或者退出市场。这样，质量好的食品被挤出市场，而质量差的食品却留在市场，导致市场的优胜劣汰机制发生扭曲。

以二手轿车市场为例，美国经济学家乔治·阿克洛夫（George Akerlof）提出了"柠檬原理"的概念，"柠檬"一词在美国俚语中表示"次品"，他发表的《柠檬市场：质量不确定性与市场机制》论文，分析了质量信息不确定性和市场选择的关系，提出了市场失灵导致的逆向选择问题。柠檬市场理论认为，旧车市场上信息分布是不均匀的，非对称的。买主不知道自己将要购买的汽车是质量好的，还是一辆"柠檬"，但他知道他可能买到"柠檬"的概率，因此他不会为任何车辆支付高于平均质量的价格。在这样的情况下，卖者就有动力提供低质量的商品以获取高额的利润，而高于市场平均质量的旧车逐步退出交易市场，致使市场上旧车的平均质量进一步下降，循环往复，质量最差的旧车将把质量最好的旧车淘汰出市场,自由竞争形成了"劣胜优汰"的逆向选择。① 由此,我们就不难看出,市场存在的信息不对称和信息不完全问题,难以依靠市场本身来解决。纠正市场机制失灵的状况,实现交易公平不仅需要市场公平的经济学规则,还有赖于社会的公正制度和秩序。比如,猪肉市场存在注水肉,消费者根据自己有限的购买经验往往难以辨识,并且一些肉贩子为了获得高利润,其注水技术层出不穷。检测猪肉样品需要不菲的检测费,也就是经济学家科斯所说的交易成本,卖者没有动力去支付成本,消费者也没有能力支付这个费用,如果没有国家或政府的干预和监管,介入产品质量管理,这样的市场不堪设想。事实上,食品产业的消费不安全意味着市场机制失灵,需要国家或政府的帮助和介入,诉诸于实现社会公正的法律保护,从而形成一种法与伦理的秩序,使得追求不正当利益的生产商和销售商受到相应的惩罚,确保回到交易公平的正确轨道上来。

其二,还有一个重要的方面是,食品消费不安全不只是市场信用的经济学问题,从更深刻的意义上看,实质上还是一个社会信任伦理问题,普遍信任构成了实现食品消费安全所必需的社会伦理条件。"所谓信任,是在一个共同体中,成员对彼此常态、诚实、合作行为的期待,基础是共同体成员共同拥有的规范,以及个体隶属于那个共同体的角色。"② 美国著名学者福山认为,成员之间的信任及信任普及程度本身也是一种"社会资本"。事实上,经济活动的参与者之间,或者说整个社会成员之间,信任程度的高低对经济发展有着深远的影响。

在自给自足的经济中,以土地、劳作和耕作活动为出发点,人们消费自己生产的食品,如粮食、蔬菜、家养的猪、自酿的酒、家禽和蛋等等。当发生商品交换活动时,一方面,由于自然经济条件限制,在为数不多的集市里,农民贩卖他们的农作物,也是来自当地。人们同食品之间只隔着一个人或一道工序,有时甚至能在市场看到,食品的来源是安全可靠的。另一方面,我们传统社会是熟人的社会,祖祖辈辈由于自然亲缘和地缘关系生活在同一地方,往往是自然人伦关系所能延伸的有限范围,这样的社

---

① Akerloff. G. A. : The Market for Lemons, Quality Uncertainty and the Market Mechanism, Quarterly Journal of Economics, 1970, Vol. 89.

② [美] 弗兰西斯·福山:《信任——社会美德与繁荣的创造》,李宛蓉译,远方出版社 1998 年版,第 56 页。

会被费孝通先生称之为"乡土社会"。在这样一种熟人社会里，人们的关系相对来说比较简单，乡里乡亲彼此熟悉，人际交往较为密切，易于产生一种稳定的情感关系，因此信任的普及程度比较高，这本身就是一种道德约束机制和社会资本。同时在这样一种较高社会信任的环境下，个人的诚信品格也因此得到强化。当发生商品交易时，买卖双方出于习惯遵守乡规民俗，也充分意识到诚信行为将会带来长期的良好声誉和经济利益，而为了获取高额利润而发生的欺诈行为和不诚行为被视为自毁声誉和自毁前程的事情。这样的熟人社会里，食品消费是安全的。

现代社会是一个"陌生人"的社会，食品加工链条已经足够漫长，人们和食品之间的距离发生了很大的变化，现在的食品来自比以前远得多的地方。这些改变使得消费者根据简单的生活经验已经无法辨别和判断食品是否安全。陌生人的社会，失去了熟人关系式的信用体系和道德约束机制，只能靠法律与自我的良心。陌生人的社会里，食品的管理者、生产商、销售商，对我们来说都是不熟悉的，我们没有能力去控制或监督他们的行为，但我们又无时不依赖和消费这些食品。这种状况下，如果人人都无视法律和道德，追求自我利益的最大化，不惜伤害他人，必然会带来"礼崩乐坏"，甚至在我们生存的最基础层面，即提供食品安全感的层面发生危机。正如著名的"公用地悲剧"中，人们出于其利益最大化的目的，把过多的牛群放牧在公用草地上，最终导致公用地过度损耗失去承载力，大家都无法放养牛群。每个人自认为合乎理性追求自我利益的行动，却导致集体非理性。个人无限制地追求私利，必然任何人的利益都不可能最大化实现，结果是所有人都得不到安全和幸福。

## 三 矫正

毋庸讳言，我们的社会正经受着前所未有的消费安全危机，食品有毒有害事件频频发生。面对这一严峻的现实挑战，需要我们保持一种积极的建设性姿态。设想至少可以从这样四个途径进行矫正。

第一是合理有效的社会基本制度安排。食品消费不安全，表面上看是食品消费问题本身太复杂，实际上还是我们制度的安排及其实施问题。特别是在现代社会日趋公共化的条件下，实现食品的消费安全，需要建立普遍有效的制度保障，这不仅关乎整个社会的政治和秩序，还关乎我们的道德伦理。所谓制度，可以说是为了保护消费者利益和良好的市场秩序，而建立的一套长久有效、严密完备、对食品风险进行合理可期控制的法律法规。制度的根本性和优先性是不言而喻的，合理有效的食品安全规制直接影响着社会稳定、经济发展和全体公民的切身利益，诸如，建构旨在强化食品安全的法律法规系统；建立食品风险监测和评估制度；完善和统一食品安全标准体系等等。可是，尽管我国的相关法律法规众多，但由于立法分散，标准不一，修订周期过长，相应的食品安全法制体系建构滞后，造成常常无法可依，无所适从的乱象。与此同时，食品安全技术体系落后，如风险分析，检验检测，监测力量薄弱，造成"巧妇难为无米之炊"，"心有余而力不足"的尴尬境地。很难实现事前防范、科学管理，也与国际通行的现代食品安全控制体系存在着一定的差距。比如，完备的食品追溯制度，不安全食品召回制度，食品安全信用评价体系等等。改变这样的状况，必须建立合理有效的社会基本制度系统。

第二是确保政府监管的到位和规范。从国际视野看，发达国家在长期的监管实践中，普遍认识到食品安全是一个贯穿初级农产品生产、食品加工到食品消费的一个有机连续的过程。因此强调监管机构的专业性和独立性，由多部门分散监管模式向一个部门独立监管转变。我国的食品安全监管，实行的是"分段监管为主、品种监管为辅"。食品安全监管由地方政府负总责，中央部门对相应的地方职能部门进行工作指导。分段监管在实践中，一是职能交叉造成监管资源浪费。多头管理体制，监管成本高，部门之间协调性差，政出多门，难以形成合力。产生"八个大盖帽管不了一头猪，七个部门管不了一篮菜"的怪现象。二是边界不清造成监管盲区，使得"人人都管事、事事无人管"，效率低下。在现代社会条件下，我们强调"从农场到叉子，从牛圈到餐桌"，食品安全监管体系应该是跟踪式的。我们需要做的包括以下几个方面，首先是食品安全监管制度的设计和矫正。比如我们国家2000年推出的免检机制，八年时间，发生了太多违背其初衷的事件。国家免检产品本来是鼓励企业提高产品质量，由于机制本身的不完善和监管的漏洞，成为一些问题食品的挡箭牌。这是我们制度安排的缺陷。其次是要加大监管力度。国外也有免检制度，监管严格，对违反的免检企业，处罚相当严厉。而我们对免检产品就疏于监督了。最后是加强社会监督，建立社会力量共同监督机制。俗话说，众人拾柴火焰高。食品消费安全监管要成为一种社会的行为，需要生产者、销售者、消费者、新闻媒体、行业协会、科研机构、民间组织等的积极参与。我们每个人都应积极行动起来，投身到这场"保胃战"中。事实上，我国相当多的食品安全案件的查处，绝大部分线索来自市民举报或消费者投诉。

第三是增强消费者食品安全意识。消费者有责任保护自己及家庭免受不安全食品的危害。消费者应主动了解食品安全的知识，表达对食品安全政策的意见，维护自己的消费安全权。比如在购买食品时，面对大量食品信息，应根据具体的个人身体状况，有无特定忌口或过敏食品的情况下进行选择。购买食品后，也要注意保质期、存放方式和烹饪方式，食品交叉污染的情况都可能引起食源性疾病。世界卫生组织列举了这方面的基础知识范例，如食品安全的五个关键环节，即清洗、烹调、生熟食隔离、适当的保存温度以及使用洁净安全的水源和食材。

第四是纠正消费观念，加强节俭消费的美德教育。现代社会条件下，物质生活条件大大改善了。然而，经济的高速发展并不必然带来道德的进步，生活的富裕带来了社会上的骄奢淫逸之风盛行。有人认为富裕了，就应该大吃大喝，满足口腹之欲，全然不顾是否安全。例如，我国鱼翅产品风波不断，安全堪忧。鱼翅不仅营养价值不高，还可能对健康有害。鲨鱼处于海洋食物链的顶端，吞食了其他鱼类后，鲨鱼体内的重金属含量会越来越多，超标的重金属很可能损害人体健康。市面上的假鱼翅，为了美观或调适口感，很可能使用了对健康不利的添加剂，给消费者带来健康隐患。而有些人却乐此不疲，这只能归结于消费观念上出现了错位。近日的腾讯新闻称中国式"剩宴"，一年倒掉两亿人口粮，一顿饭人均两千还算便宜。"舌尖上的浪费"真是触目惊心，令人痛心！我们也欣喜地看到，北京市一家民间公益组织号召开展"从我做起，今天不剩饭"的活动，随即，央视新闻、《人民日报》等在腾讯微博发起了"光盘行动"。提倡市民在饭店就餐打包剩饭，光盘离开，形成人人节约粮食的好风气。"一粥一饭，当思来之不易；半丝半缕，恒念物力维艰"。节俭是一种生活美德，它不是对生活消费质量的俭省，而是对满足欲望的消费的节制，是对生活费用的合理支出和对资源的有效保护和使用，是一种量入为出、不贪婪、不占有、勤俭节约、心灵安详的人生态度。

总之，食品消费安全是一个十分复杂现实的社会课题，关乎每个人的健康和生命。全社会对这个问题的关注和重视，折射出当前我国食品消费安全的严峻性。如何吃得健康、吃得安全，这显然是我们切实维护公平正义，促进社会和谐的实践任务，这个任务可谓任重道远。

（本文作者为湖南师范大学公共管理学院　徐新）

# 食品安全监管中政府失灵的伦理分析

在现代市场经济中，食品安全问题日益突出。消费者权利监督的弱势日益要求政府强化监管责任，维护食品安全和广大消费者的生命健康。市场失灵是政府监管的重要依据。没有政府监管，自由放任的市场竞争会导致市场失灵。食品安全监管是指由政府机构实施的旨在为消费者提供保护，确保食品安全的强制性管理活动。然而，政府与市场一样，也有其自身的缺陷，在政府监管过程中，也可能出现政府失灵。正如萨缪尔森所说："应当认识到，存在着市场失灵，也存在着政府失灵……政府政策或集体行动所采取的手段不能改善经济效率或道德上可接受的收入分配时，政府失灵便产生了。"[①] 政府失灵是指政府由于自身的缺陷而导致政府干预的低效无效，无法弥补市场缺陷和维护社会正义的现象。本文将从伦理视角对食品安全监管中的政府失灵做一番初步的探讨。

## 一 食品安全监管中政府失灵的表现

食品安全监管中的政府失灵是指政府监管无效或低效，食品安全问题频发。具体表现在如下几个方面。

首先，部门职能交叉，重复监管与监管缺位并存。根据《中华人民共和国食品安全法》第四条、第五条、第六条的规定，现行的食品安全监管仍然是一种多部门分环节的监管体制。从制度设计的角度看，多部门分环节的监管体制具有一定的合理性。在我国，食品生产经营者既有上规

---

① [美] 保罗·A. 萨缪尔森、威廉·D. 诺德豪斯：《经济学》，萧琛译，中国发展出版社1992年版，第189页。

模的企业，也有分散经营的农民、小作坊以及食品摊贩等。与此同时，食品安全涉及种植、养殖、加工、包装、贮藏、运输、销售等多个环节。政府监管的对象多、工作量大。在这个过程中，如果由一个部门来行使监管职责，从技术角度来说是不太现实的。多部门分环节的监管则可以发挥不同部门的专业技能优势。但是，多部门共同监管也存在一些难以克服的弊端。在实际生活中食品的生产、加工、流通、消费等环节根本无法截然分开；与此同时，分环节监管为主与种类监管并存，由此必然造成各个监管部门职能交叉，权责边界模糊。监管体制的这种弊端带来两个后果，一是有利的争着管——重复监管；二是无利的都不管——监管缺位。2005年1月31日，河南邓州工商和卫生执法人员争查问题奶粉当街群殴事件就是重复监管的例证。当天，邓州市工商局的8名执法人员与该市卫生防疫站的数名执法人员在一家副食店门口厮打起来。邓州市警方调查后发现，两家单位的执法人员之所以当街群殴，原来是争该谁查处一箱有质量问题嫌疑的奶粉。工商执法人员以国务院23号文件《国务院关于进一步加强食品安全工作的决定》的规定——工商部门负责食品流通环节的监管，卫生部门负责餐饮业和食堂等消费环节的监管——为依据，认为食品流通环节属于工商管理。卫生执法人员以卫生部转发的中编办《关于进一步明确食品安全监管部门职责分工有关问题的通知》的规定——"卫生部门负责食品流通环节和餐饮业、食堂等消费环节的卫生许可和卫生监管"——为依据，认为卫生部门有权对流通领域食品进行监管。[①] 2011年，《法制日报》报道的辽宁沈阳"毒豆芽"事件则是监管缺位的例证。为从根本上解决"毒豆芽"的监管问题，让市民以后能够吃上"放心豆芽"，沈阳市打假办会同公安、工商、质监、农委等部门，召开专题会议进行研究。据了解，在专题会议上，各个职能部门各抒己见，都称"毒豆芽""不归我管"。工商部门认为：对食品生产领域的监管，应该由质监局负责，而不应该由工商部门负责。质监部门认为：豆芽是初级农产品，应归农业主管部门监管。农委部门表示：按照《中华人民共和国农产品质量安全法》规定，在农业活动中获得的动物、植物、微生物初级

---

① 郭启朝：《河南工商和卫生执法人员争查问题奶粉当街群殴》，http：//news.sina.com.cn/c/2005－02－03/06265028178s.shtml。

产品是初级农产品,由农业部门负责监管。豆芽菜不是初级农产品,而是初级农产品的加工品,不应由农业行政部门负责监管。[①] 监管部门监管职能交叉,管理权限不清,重复监管和管理缺位并存,监管低效或无效,政府失灵在所难免。难怪人们将现行监管体制戏称为"七八个部门管不住一头猪"、"十几个部门难管一桌菜"。

其次,食品安全标准混乱,信号不准。食品安全标准是对影响食品安全的各种要素以及各关键环节进行控制和管理而制定的规范性文件。根据有关统计数据,目前我国大约有食品标准5000项,分别由国家标准、地方标准、行业标准和企业标准构成。这些标准相互补充、相互配套,为维护食品安全提供了基本的标准体系。但是,从总体上来看,食品安全标准比较混乱,信号不准,让食品生产经营者和消费者无所适从。第一,食品安全标准不统一,各行其是。尽管我国法律规定国家标准化管理委员会是我国食品标准的最高管理机关,食品安全国家标准应当经食品安全国家标准审评委员会审查通过。但是,由于国务院下属各个食品管理部门都有权设定自己的食品行业标准,相关机构之间又缺乏必要的联系和沟通机制,这样造成对同一监管事项往往出现多种标准。近年来,因食品标准不统一引发的矛盾事件屡见不鲜。第二,食品安全标准随意变更,自相矛盾。譬如,2012年2月29日,国家食品药品监督局下发给各地食药监局的《关于加强以螺旋藻为原料的保健食品监督检查的通知》。通知明确指出,国家食药监局检出"绿A""汤臣倍健""清华紫光(金奥力)"等13家不合格产品铅、砷超标,并附以"黑名单"。然而,3月30日凌晨,国家食药监局对外公布的"最新"抽检结果显示,原先"黑名单"上的13家"不合格"螺旋藻生产企业仅剩1家产品不合格。一月之内,两次抽检,官方结果自相矛盾,让公众无所适从。第三,食品安全标准不全面,监管无据。虽然我国食品标准数量众多,但很多是各部门独自的行业性标准,缺乏统一协调,因此并没有实现所有监管领域的全面覆盖,很多方面仍然没有安全标准,监管无据。据有关数据显示,我国现行食品安全标准的覆盖率仅达到八成,仍有两成的食品没有明确的国家标准及检验检疫办法。

---

① 张国强、霍仕明:《沈阳查获40吨毒豆芽 各监管部门均称不归我管》,《法制日报》,2011年4月20日。

譬如，食品中的兽药残留标准只有行业标准而无国家标准。

最后，权力异化，地方保护。"按照纯粹的本质意义上的权力观点，权力应该是全体成员共同拥有共同行使，并能真正体现社会成员的共同意志和共同利益的政治力量"①公共权力服务的对象是公共事务，其目的在于维护社会公益。有学者认为，公共权力异化是党和国家公务人员所行使的公共权力在运行过程中偏离了应有的方向，滥用权力谋取私利，从而违反当时社会公认的纪律、法律和道德规范，并造成一定社会危害的一种畸形的政治行为和政治现象。②我们认为，以权谋私只是权力异化的一个方面；而忽视整体利益，谋求部门利益也是权力异化的一种表现。在公共权力运行过程中，行政主体往往由于未能正确处理私利与公益、局部利益与整体利益的关系，滥用公共权力，致使损害公共利益的现象时有发生。因此，公共权力异化是指公共权力的运行及结果违背了权力主体设立权力的目的并使公共利益和公民权利受损的行政行为。公共权力异化的实质是执掌公共权力的国家机关及其工作人员，偏离了行使人民赋予的权力的目的，把权力变成了谋取个人利益和部门利益的工具。在具体监管过程中，监管机构的官员常常出于部门利益或自身私利的考虑，可能会同被监管者私下勾结起来，充当被监管者的保护伞，更有甚者，甚至会根据被监管者的利益来制定或采取监管措施，使得权力异化，监管完全失效。地方保护主义是我国食品安全监管中的一种严重现象。地方政府常以发展地方经济、促进就业为借口，与当地食品企业结成了利益联盟，或明或暗地支持当地食品企业的造假、掺假行为。如此一来，不安全食品生产经营者自然就会肆无忌惮、有恃无恐。地方保护主义加剧了市场机制的缺陷和制度的不完善所带来的食品安全问题。譬如，石家庄市政府在2008年8月2日已经得到三鹿集团有关"问题奶粉"的报告，但在长达一个多月的时间里，没有将有关情况上报。而按照国家重大食品安全事故的应急预案，石家庄市政府是应该在两小时内向河北省政府报告的。为什么迟迟不报？当地政府可能想暗助三鹿隐瞒真相，试图低调处理此事件，地方保护主义心

---

① [美] 丹尼斯·朗：《权力论》，陆震纶、郑明哲译，中国社会科学出版社2001年版，第123页。

② 林喆建：《驾驭权力烈马——公共权力的腐败与监控》，浙江大学出版社2003年版，第1页。

态昭然若揭。

## 二 食品安全监管中政府失灵的伦理根源

在食品安全监管中,信息不对称、监督制度的缺失、政府能力的局限、监管者的不良动机等,都会导致政府失灵。从伦理的视角来看,本位主义是造成政府失灵的根本原因。

本位主义是为自己或为自己所在的小团体谋利而不顾整体利益的思想观念或行为。本位主义有两种表现形态,一是部门本位,以权力谋求部门利益;二是个人本位,以权力谋求个人私利。就其思想实质而言,本位主义归根到底是一种利己主义。利己主义是一种只顾自己,无视他人,自私自利的人生态度和价值观念。人作为一种自然的存在物,与生俱来都具有一种维持自己生存发展的利己倾向。正如英国进化论伦理学家赫胥黎所说:"况且人们的天资虽然差别很大,但有一点是一致的。那就是他们都有贪图享乐和逃避生活上的痛苦的天赋欲望。简单说来,就是只做他们喜欢的工作,而丝毫不去考虑他们所在社会的福利。这是从他们的漫长的一系列祖先——人类、猿类和禽兽那里继承来的天性,他们这些祖先中这种天赋的'自我肯定'倾向的力量是在生存中取得胜利的条件。"[①] 人的利己倾向是一种保存自我的生命意志。马克思说:"在任何情况下,个人总是从自己出发的,但由于从他们彼此不需要发生任何联系这个意义上来说,他们不是唯一的。由于他们的需要即他们的本性,以及他们求得满足的方式,把他们联系起来(两性关系、交换、分工),所以他们必然要发生相互联系。"[②] 如果不同他人和社会的利益发生关系,人的利己倾向在道德上都是无所谓善恶的;只要不损害他人利益与社会利益,追求个人利益的行为在道德上也是正当的。但是,人不仅是一种自然的存在物,同时也是一种社会的存在物。个人利益与他人利益、个人利益与社会利益往往是相互依存、相互渗透的。人的二重性决定了人应该正确处理个人利益与他人利益的冲突、个人利益与社会利益的冲突,实现互利双赢;而不应该

---

① [英]赫胥黎:《进化论与伦理学》,宋启林等译,北京大学出版社2010年版,第18页。
② 《马克思恩格斯全集》(第3卷),人民出版社2002年版,第515页。

损人利己、损公肥私。如果人的利己倾向不断扩张，损人利己、损公肥私，利己就转化为恶，就是典型的利己主义。尽管局部利益驱使下的本位主义往往具有"集体行为"的色彩，但是，奉行地方保护主义、部门保护主义、小团体主义的人，或大或小、或多或少都有个人的"小算盘"，都是假大公而谋小私，损大公而肥小私的行径，归根结底都是利己主义的产物。

为本地区、本部门群众办实事、谋利益，是领导干部的应尽职责，本无可厚非。而且，市场的竞争极大地调动了局部的主动性，在现行的利益分配格局下，各地各部门往往更多地从增强自身实力来考虑问题，这固然也可以理解。但是，这一切都必须以不损害整体利益为前提。否则，局部与整体之间就会互相脱节，以致影响大局。实践证明，宏观失控，整体不稳，人民的根本利益不能保证，即使一个地方、一个部门的事情搞好了，其局面也难以持续。毛泽东同志早在20世纪40年代初就针对当时的情形严肃指出："必须反对只顾自己不顾别人的本位主义倾向。谁要是对别人的困难不管、别人要调他所属的干部不给，或以坏的送人，'以邻为壑'，全不为别部、别地、别人想一想，这样的人就叫做本位主义者，这就是完全失掉了共产主义的精神。不顾全大局，对别部、别地、别人漠不关心，就是本位主义的特点。对于这样的人必须加重教育，使他们知道这就是一种宗派主义的倾向，如果发展下去，是很危险的。"[①] 古人说得好，"不谋全局者，不足以谋一域"。领导干部要顾全大局，善于把本地区、本部门、本单位的工作放在全局下思考，自觉在全局下行动。邓小平同志指出："违反集体利益而追求个人利益，违反整体利益而追求局部利益，违反长远利益而追求暂时利益，结果势必两头都受损失。"[②] 本位主义将导致政府本身定位的错误。人民把权力授予政府，政府成为社会公共利益的代表。在这里，政府被视为完全的"政治人"而行使人民赋予的权利的，除了谋求社会公共利益外，政府不应该有自己的利益。然而，现实生活中，在本位主义的驱动下，政府忽视了自己"政治人"的角色，而扮演了"经济人"的角色；无论是政府官员还是政府部门，都有自

---

① 毛泽东：《毛泽东选集》（合订本），人民出版社1966年版，第825页。
② 邓小平：《邓小平文选》（第3卷），人民出版社1993年版，第320页。

己特殊的利益。例如，谋取更多的收入、获取更大的权力和更高的威望、争取本部门预算和规模的最大化等等。对政府本身定位的错误使得政府在食品安全监管过程中，必然会产生追求自身利益的诉求，从而使得政府与社会公共利益之间存在着矛盾，导致部门本位、以权谋私的现象时有发生。

本位主义的产生既有认识上的失误，也有思想观念的偏颇。事物作为系统和有机体，其共性与个性的辩证法告诉我们，全局与局部、整体与部分是密不可分的。一方面，全局高于局部，全局利益集中反映了各个局部根本而长远的利益，任何部分都离不开整体而存在；另一方面，全局又是由局部组成的，局部搞不好，全局也要受影响。因此，居于局部地位，一定要全局在胸，使局部的需要服从全局的需要，并努力把本岗位的工作搞好来支持全局的发展。居于全局地位，要在统筹全局的同时，避免顾此失彼，协调好各个局部的相互关系，充分调动各个局部的积极性。片面强调局部利益、部门利益，而忽视全局利益和整体利益；只见树木不见森林是本位主义在认识上的失误。片面追求经济利益的经济主义则是本位主义在思想观念上的偏颇。经济主义是一个具有多重内涵的概念。作为历史观，经济主义又叫作"经济决定论"，认为经济因素是历史发展的唯一决定因素。恩格斯对此曾给予深入的批判："根据唯物史观，历史过程中的决定性因素归根到底是现实生活的生产和再生产。无论马克思或我都从来没有肯定过比这更多的东西。如果有人在这里加以歪曲，说经济因素是唯一决定性的因素，那么他就是把这个命题变成毫无内容的、抽象的、荒诞无稽的空话。经济状况是基础，但是对历史斗争的进程发生影响并且在许多情况下主要是决定着这一斗争的形式的，还有上层建筑的各种因素。"[①] 作为社会思潮，经济主义是以追求眼前经济利益为特征的机会主义思潮。它形成于19世纪末20世纪初俄国工人运动内部，认为无产阶级的主要任务是进行经济斗争，反对进行推翻资产阶级制度的斗争，否认建立统一的马克思主义政党的必要性。列宁在《怎么办？》一书中深刻批判了经济主义的错误观点，着重说明了革命理论的意义和政治斗争与经济斗争的辩证关系。作为发展观，经济主义是把经济发展作为社会发展的最高目的。"冷

---

① 《马克思恩格斯选集》（第4卷），人民出版社1995年版，第695页。

战"结束以后，经济主义浪潮席卷全球，俨然成为了许多发展中国家社会意识形态的核心。片面追求经济增长的经济主义带来了一系列社会问题，日益为人所诟病。作为价值观，经济主义把物质财富作为衡量人生价值的最高标准，认为赚钱就是人生的全部意义。在经济主义价值观的支配下，一些人唯利是图，损人利己或损公肥私。综上所述，作为本位主义思想根源的经济主义，是指发展观和价值观意义上的经济主义。

## 三 食品安全监管中政府失灵的伦理矫治

面对食品安全监管中的政府失灵现象，一方面要加强制度建设，如改革现行的食品安全监管体制、完善食品安全相关的法律制度、优化监管部门之间的合作机制、加强权力监督等等，从而减少由于制度缺陷而造成的政府失灵；另一方面要加强公共行政人员自身的思想道德建设，如转变发展观念、明确角色定位、强化政府责任等等，从而减少由于道德失范造成的政府失灵。

首先，转变发展观念，坚持以人为本。发展是人类生活的整体变迁。正如美国著名的发展经济学家迈克尔·P.托达罗所说："我们必须把发展看成是涉及社会结构，人的态度和国家制度以及加速经济增长，减少不平等和根除绝对贫困等主要变化的多方面的过程。发展从实质上讲，必须代表全部范围的变化。"[①] 发展涉及人类生活的方方面面。发展既是经济问题又是政治问题，既是社会问题又是文化问题，既是资源与环境管理问题又是文明问题。发展观念的偏颇会影响社会经济的健康发展。20世纪50年代以来，许多饱受"二战"创伤的新兴国家充分认识到发展对国家复兴的重要意义，纷纷把发展经济作为维护执政合法性的重要手段。发展成为世界各国普遍关注的热点问题。当时的发展经济学提出发展就是经济增长的观点，认为发展问题尤其是发展中国家的发展问题就是经济增长问题，追求国民生产总值（GDP）的增长应当成为经济发展的核心。在这一发展观念的指导下，很多发展中国家经济确实获得了较快的增长。然

---

① [美] 迈克尔·P. 托达罗：《经济发展与第三世界》，印金强等译，中国经济出版社1994年版，第179页。

而，片面追求经济增长带来了一些始料不及的严重后果。一方面，加剧了人与自然的矛盾，疯狂地掠夺资源，生存环境恶化；另一方面，加剧了人与社会的矛盾，只见物不见人，忽视了人自身的发展。譬如，我国政府为了保护国内乳业的发展，不得不降低生乳安全标准。一直以来，对于生乳，中国奶业引用最多的当是1986年农业部颁发的收购标准，以及2003年卫生部的鲜乳卫生标准。三鹿事件后，奶业标准混乱之弊成为众矢之的。2009年初，卫生部受托领衔清理原有乳业标准，再造新国标。然而，2010年4月，新国标正式颁布时，却让所有人都大失所望。在新的国家标准中，生乳蛋白含量从1986年的每100克不低于2.95%降到了2.8%，细菌含量（菌落总数）从2003年的不超过50万提高到200万。在丹麦，在新西兰，在几乎所有的乳业大国，生乳蛋白质含量标准都至少在3.0以上，而菌落总数，美国、欧盟是10万，丹麦是3万，更是严至中国的数十倍。中国的乳业标准为何如此之低？原因是生乳质量太差。为了维护整个乳业的发展，政府不得不削足适履。实际上是以牺牲消费者的生命健康为代价换取经济的增长，人沦为了发展的工具。要消除片面追求经济增长带来的危害，政府必须转变发展观念，树立以人为本的发展观。发展的根本目的究竟是什么？是经济、科技，还是其他？我们认为，人才是发展的根本目的。社会经济发展的落脚点应该是促进每个人的全面而自由的发展。把人作为发展的根本目的的发展观即以人为本的发展观。为什么要把人作为发展的根本目的？人是世界的终极目的。正如康德所说，"没有人，这整个创造都将只是一片荒漠，是白费的和没有终极目的的。"[①] 以人为本的价值诉求也是唯物史观的题中之意。共产主义社会是以每个人全面而自由的发展为基本原则的社会形式；每个人全面而自由的发展既是马克思主义理论中最崇高的价值理想，也是社会经济发展的终极目标。在经济利益的驱动下，资本将人视为了价值增值的工具，为了经济增长不惜牺牲人的健康乃至生命，实际上是对人的尊严和价值的践踏。只有树立以人为本的发展观，才能切实维护人的尊严和价值。

其次，找准角色定位，维护公共利益。公共选择理论认为，人类社会由经济市场和政治市场组成。前者的行为主体是消费者和厂商，通过货币

---

① [德]康德：《判断力批判》，邓晓芒译，人民出版社2002年版，第299页。

选票来选择能给他们带来最大满足的私人物品，属经济决策性质；而后者的行为主体是选民、利益集团和政治家、官员，通过民主选票来选择能给他们带来最大利益的政治家、政策法案和法律制度，属政治决策性质。社会中的个体主要就是要作出这两类决策。追求自身利益最大化的"经济人"范式是公共选择理论各派普遍接受的理论假设。市场经济下私人选择活动中的利益最大化原则，也同样适用于政治领域的公共选择活动。政府及其公共行政人员也是一种"经济人"。也就是说，无论在经济市场还是在政治市场，所有的市场主体都根据个人利益的最大化原则采取行动。然而，从政府的政治本质来看，公共选择理论又是对政府角色的错误定位。角色代表着人们对具有特定身份的人或组织的社会期望。政府是维护公共利益的"政治人"。政府存在的目的在于提供公平、公正、高质量的公共服务。这是公众对政府角色的社会期望。政治活动和经济活动有着本质的差异。"经济人"假设片面强调个人利益在支配个人行为中的作用，而完全忽视了支配个人行为的利他主义、自我牺牲和宗教信仰等其他因素，抹杀了个人的行为动机的差异性。政治市场化的后果只能是权力腐败的泛滥，使政府行为偏离社会公共利益。在洛克看来，政治权力的全部目的就是为了公益。他写道："所谓政治权力，我以为即制定法律的权力，为了规定与保护财产而制定法律，附带着死刑、下而至于一切轻缓刑罚，以及为执行这种法律和为防御国家不受外侮而运用社会力量的权力，而这一切无非是为了公益。"[1] 依据"公共权力的公共运用"原则，政府以及公共行政人员应该是公共利益的忠实代表。他们应该将手中的权力用来保障人民的权利，将人民对于生命、财产和自由的权利诉求转换为政府机关谋求权利实现的具体工作。在整体利益与局部利益之间、在长远利益与眼前利益之间、在群体利益与个人利益之间，协调与平衡是保证公共利益始终处于增长状态的条件。作为"政治人"的政府及其成员应该追求社会公共利益最大化。在利益博弈的过程当中，政府如果考虑到自身的利益得失，从而也就违背了公共利益代表的角色定位，"政府失灵"也就成为了必然。因此，政府只有时刻牢记自己的角色定位，才能切实维

---

[1] ［英］罗素：《西方哲学史》（下卷），马元德译，商务印书馆1986年版，第163页。

护公共利益。

最后，强化政府责任，切实改善民生。随着市场经济的发展，政府责任日益凸显。市场失灵以及市场经济的自发发展并不能保证社会公平的实现，使现代政府承担起弥补市场缺陷和维护社会公平的责任。世界银行对此作出了经典的概括："市场失灵和社会公正是公共责任的规范理由——它们说明了政府应当介入的理由。"[1] 我们认为，政府责任是政府及其公共行政人员因其公权地位和公职身份而对授权者、法律和法规所承担的职责。依据人民主权理论，政府责任则源于政府权力的获得。著名学者亨廷顿指出，责任原则是民主政治的核心，责任原则要求说明真相并坚持"人民不必为更大的善做出牺牲；他们的苦难都应昭诸天下，而且国家及其官员造成这些苦难的责任必须得到澄清，权力的授予必然伴随着责任的规定。"[2] 政府的公共权力是人民授予的。这种公共权力的委托—代理关系表明，公共权力的行使必须从人民的利益出发并对人民负责。然而，也正是这种委托—代理关系的存在，也可能导致政府的一些不负责任的行为。由于政府是公共权力的直接掌握和行使者，是各类重要社会资源的实际拥有者，同时又拥有庞大的官僚体制和内在的权力扩张欲望。而作为授权者一方的民众，却大都处于分散状态，他们在与政府的关系中往往处于弱势地位，这就使得政府很容易违背其初衷，偏离公共行政的责任方向。在客观存在的政府与公众信息不对称的情况下，这种委托—代理关系会导致道德风险，从而损害公共利益。因此，除了加强权力的监督之外，还必须强化政府责任，使政府及其公共行政人员切实对人民负责。从政府的具体职能来看，改善民生是政府责任的基本内容之一。民生问题是立国之本，关系到政府执政的合法性。当下，食品安全成为当今最大的民生问题。民以食为天，食品安全已经成为人们最关心、最直接、最现实的利益问题之一。没有食品安全，就没有公共健康，也就没有经济发展和社会和谐稳定。因此，政府只有认真履行自己的责任，才能维护食品安全，切实

---

[1] 世界银行：《让服务惠及穷人：2004年世界发展报告》，中国财政经济出版社2004年版，第34页。

[2] ［美］亨廷顿：《第三波——20世纪后期民主化浪潮》，刘军宁译，上海三联书店1998年版，第267页。

改善民生。

在食品安全监管中,政府失灵不仅会使消费者受害,食品行业受损,而且导致政府公信力下降,产生政治合法性危机。为了维护消费者的生命健康和执政的合法性,政府必须采取有效措施克服政府失灵,切实保障食品安全。

(本文作者为吉首大学马克思主义学院　喻文德)

# 制度伦理视域下对食品安全监管的反思

在现代社会，我们具体的行动规则是由多领域、多层次的社会规章制度构建。从形式上看，就制度本身的制定或其执行过程而言，不管是何种制度，只要自治、严密、有效，我们就可以说它是"好"的，并不存在单纯伦理道德的活动。然而，制度的实质内容中，蕴含着丰富的伦理思想，正如制度经济学的代表人物诺斯指出："制度是一系列被制定出来的规则、守法程序和行为的道德伦理规范，它旨在约束追求主体福利或效用最大化利益的个人行为。"① 制度是社会基本权利—义务安排，规范人们行为，体现人类社会交往。整个制度体系，实际上就是一个伦理道德的价值体系，制度与伦理这种唇齿相依的密切关系，也决定其从制定到实施，无不伴随相应的道德风险，产生复杂伦理问题。当今中国食品安全问题频发，反映出食品安全制度的缺失，以及政府监管过程中权力失衡、制度运行机制缺陷等问题。因此，从制度伦理视角来审视我国食品安全监管的现状，将有利于我们更深入厘清问题的根源与实质。

## 一　制度的空间：源于制度本身的伦理问题

制度的空间，指的是由于我国食品安全制度本身的缺失、矛盾、模糊、执行难等原因，给诸多隐含的伦理问题留下生存空间与发展的可能性，这些隐含的问题一旦与人的自私贪婪等劣根本性相结合，就会暴露出来，并进一步诱发多种道德风险，引发食品安全危机。食品安全是与老百

---

① ［美］道格拉斯·C. 诺斯：《经济史中的结构与变迁》，陈郁等译，上海人民出版社1994年版，第225—226页。

姓生活密切的领域,因此政府每一项规章制度的出台都会引起众多反应与评论,可谓是"一石激起千层浪"。就我国食品安全制度本身来看,突出地表现在:

其一,应有监管制度的缺失与检测标准的落后。这种源于制度本身的伦理问题,直接缘起于当前我国所处的经济转轨这一特殊历史时期。激烈的社会转型,本质上是利益分配机制的改革与调整,它意味着原有利益格局的拆解,新的利益格局的建立,各社会力量都试图在这种社会利益的分配中占据有利位置。在这样一个利益分化与博弈时代,整个社会制度性安排亦发生根本性转变。政治领域由家长制向民主制转变,经济领域由计划经济向市场经济转变,社会生活领域由一元向多元转变,等等,在这种转变过程中,出现两种制度体系暂时共存,或者某种制度已丧失了存在的必然性根据,已不符合社会发展的客观需要,导致制度的相对滞后乃至内在矛盾,无法发挥作用,而新的制度又未能完全建立,市场处于无序状态。对于公共权力行使者缺乏有效制约与监督,诱使或纵容官吏贪赃枉法,以权谋私。例如2005年2月底起始的苏丹红事件,从表面上看,是食品生产企业违反国家法律法规生产假冒伪劣产品。但是这次事件在一定程度上击破了消费者购买正规厂家合格食品相对安全的底线。其背后潜藏着长期以来由于在食品产销中安全法规的不健全、食品缺乏统一有效的安全标准以及对食品添加剂管理的滞后等而肇致的重大安全隐患。据统计,截至2003年底,我国共发布加工食品国家标准894项,行业标准491项,初步形成了与我国人民健康水平和食品产业发展水平基本适应的标准体系。但是受制于我国食品工业基础差、管理水平落后,仍存在标准制定不配套,缺乏协调性,覆盖面不广,体系不完善,标准不高等问题。我国许多质量标准很多是20世纪八九十年代制定颁布的,大大落后于国际先进水平,已不能适应新形势需要。更重要的是,这些标准没有以风险分析为基础,因此,难以有效区分诸如物理特性、化学成分、真菌毒素等各种影响食品安全的关键因素及其危害程度,目前,以风险分析为基础的食品安全标准在世界范围内已成为趋势,我国在这方面无法与国际接轨,在有毒、有害物质的检验方法、标准以及高新技术产品领域表现得尤为突出。

其二,监管部门权力大,外部监督少。随着苏丹红事件、瘦肉精事件、光明回奶事件等重大食品安全事件的曝光,媒体和专家又开始了新一轮对食品生产、流通、监管等环节的批判与反思。监管技术检验水平落后、职能部门玩忽职守，各监管部门责任不清，"九龙治水"，遇事推脱搪塞，而进行有效惩罚的制度缺乏，等等，都成为媒体和专家学者批评的对象。我们发现，每一回重大食品安全事件爆发之后，往往生产者被停业、整顿、挨罚，担负起全部责任，事件似乎到此平息。但是让我们纠结的是，拥有正规许可证的生产企业在脏乱差的环境里进行生产，违法添加各种添加剂和色素，标注虚假生产日期；拥有正规销售资格的经营者则马虎地完成食品检测或省略检测。所有程序形同虚设。结果，使得外表光鲜，实则可能由过期变质库存产品重新加工才获得"新生"的食品，打着合格旗号，流向百姓的餐桌。我们不禁拷问：负责监管的卫生、质检、工商等行政部门干什么去了？拥有权力的政府部门有没有履行相应的责任？显然，这里边存在着政府行政权力没有得到有效监督的严重问题。

由于政府有着自利性的冲动，一个合理的制度就必须有效对政府权力予以约束，以严格的制度规范政府行为。包括一系列具体内容：行政机构的设置是否合理、是否适应社会经济发展要求，职能分工是否适当，是否能向公民提供优质高效的公共产品和公共服务；中央和地方行政在经济调控、市场监管、社会管理和公共服务方面的权责划分是否合理；是否建立了行为规范、运转协调、公正透明、廉洁高效的行政管理体制；是否明确划分了政府与社会、政府与企业、政府与市场、政府与公民的关系等等。就行政过程而言，任何抽象的一般规则、法律、制度要求，均由具体行政人执行，难免给行政人员留下自由裁量的空间。因而，一方面，要求具体行政人员具有基本的道德素养与良知；另一方面，要求以制度的形式对自由裁量的范围、方式和程序加以确实有效的限制，最大限度减小公权力私利化的可能性。对于公共行政来说，因其掌握巨大的权力，享有对社会资源的支配权，且存在恣意的可能性，必须首先在程序上对其进行严格的限制。要求行政过程及权力的行使方式须遵循一定的规则、流程且必须透明、公开。行政人员在行政行为过程中必须按照制度办事，如果违反，必须承担相应责任，这就能够在一定程度上有效防止行政行为中道德风险的发生。目前，如何建立有效的综合监管体系，让政府在生产者、经营者和消费者之间保持价值中立，从而均衡监管手段与政策，强化其在监管中拥有的专业化和规模化优势，确保食品安全监管的有力执行；规范程序，提供一个动态的优化演进机制;建立切实有效的相关制度体系,严惩违法行为,确保消费者依法追回受损利益等,是相关部门迫切需要解决的问题。

## 二 机制的缺陷:罔顾监管目的的程序"恶"

制度有其运行机制。它指的是支配权利—义务相关各方的一整套具体制度安排。制度内涵的价值精神如果没有被进一步具体为现实的制度安排,那么这种价值精神至多还只是一种理想追求与善良愿望。只有落实到制度的具体设计安排,才具有现实性。近期不断出现的重大食品安全事件如苏丹红、碧螺春茶叶事件等,是制度本身的缺陷还是制度执行不力?很明显,这两方面原因都有。制度本身的问题是根本,但是这是转型期难以避免的,随着经济体制改革的不断深入,制度将不断完善,而现行体制下的监管不力,才是造成食品安全事件频发的直接原因。

一是政府监管部门角色定位模糊与责任缺失。在食品从生产到流通、消费全过程中,安全监管职能部门能根据有关法律法规、制度标准对食品进行检验,它们在交易市场中扮演的是独立第三方角色,原则上应保持价值中立性,这样才能公正地履行监管职能。我国食品安全法规定食品安全监督管理部门担负食品安全信息公布的责任,公布信息,应当做到准确、及时、客观。这是由于,一方面,通过检验检测,监管部门能够对样品中所蕴含的高端信息进行剖析、解码,因此他们与食品生产者和经营者有着可共享的信息平台,实现信息的有效沟通与互动。另一方面,职能部门根据检验结果,将食品中蕴含的各项指标转化为各种具有可读性认证标识等,这样便于普通消费者接受和理解,简化消费者的判断、选择过程。因此,在正常情况下,政府应在信息公开方面扮演核心角色,政府部门通过食品监管体系及时获取各种信息,而媒体处于信息载体位置,将信息发布出去。目前我国对食品安全信息解读负有监管责任的政府职能部门有近10个,但往往却是媒体通过各种渠道获取信息,以央视《每周质量报告》为例,每一期有关食品安全问题的曝光,都反响强烈,之后引起各级政府有关部门的重视,采取行动来进行整治。媒体在信息公开上作用的凸显,一方面反映信息公开在食品安全上的重要性;另一方面反映出政府在信息公开中的责任缺失。长此以往形成了一种"媒体权威"印象,"不曝光就不管",使得政府公信力大大下降。

二是政出多门,效率低下。由于不同部门仅仅负责食物链的不同环节,各部门之间缺少协调性,职责交叉,未能形成合力,遇事相互推诿,造成执法盲区。各职能部门之间出于部门利益和地方保护等原因,常常各自为政,信息闭塞。形成"多头分散、齐抓共管"而"无人负责"的局面。各监管部门罔顾共同的行政目的,陷于程序"恶"的无限性,一旦食品安全事件发生,则往往以执法权限为理由,以行政不作为的方式,相互推诿、依赖,使得很大一部分力量被消耗掉。各地对问题食品的查处,往往在媒体曝光以及上级批示下达之后,暴露出执法行为外在强制长效机制的缺乏。

三是地方保护主义盛行。我国目前食品安全监管分散于各级政府监管部门,一般情况下,各级地方食品安全监管机构除了同上一级同类机构保持一致,接受其行政领导和技术指导外,同时也要对地方政府负责。这种体制下一个最大弊病在于地方保护主义的出现。因为地方政府有权制定本地区规章和标准,而地方食品安全机构又靠地方财政供给,因而很可能更多关注地方利益而忽视国家利益。例如安徽阜阳奶粉事件曝光后仅半月,就查清了问题奶粉的来源和去向,并对相关责任人与犯罪嫌疑人进行了立案调查。这表明并非执法人员效率不高,而是出于地方保护主义和受部门经济利益驱使,执法部门与地方政府放任当地假冒伪劣的生产行为。地方保护主义的盛行,暴露出目前政府行政重效率,轻公平;重地方利益,轻国家利益;重短期利益,轻长远利益的弊端。加强监管、摒弃地方保护主义,除了在法律法规中得到体现外,更重要的是要扎根于各级政府的行政理念之中。一个企业的发展离不开所在地政府的支持,但支持不等于庇护。如果一个地区经济必须依靠地方保护主义之下的违法行为来求发展,那必定是畸形发展。这种以牺牲当地政府形象、广大百姓利益和长远发展环境为代价的发展,最终将使政府"一着不慎,满盘皆输"。此外,在商品经济充分发展的今天,信息高度发达,商品流通迅速,这些问题食品不仅破坏本地区的经济秩序,还将波及全国甚至全世界,这样不仅产品危害加大,还严重影响企业形象,降低我国企业在国际上的影响力,地方保护主义做到的是将企业越推越远。因此,在食品安全越来越被重视的今天,地方各级政府对当地食品安全负总责,统一领导、协调本地区食品安全监管整治工作。坚决克服地方保护主义,增强大局意识,决不能充当不法企业的"保护伞"。更应处理好发展地方经济效益与保护广大人民群众生命健康的关系,真正实现情为民所系,利为民所谋。

机制的缺陷引发严重的信任危机。现实政策从中央到地方的层层折扣,监管部门的承诺成了一纸空文,有法不依、执法不公,明令禁止的却大开绿灯,制假售劣以及地方保护主义,等等,这一切都将制度的有效性问题摆在人们面前。政府信用的核心是政府行政的规范性、公共与公开。现代化进程中的当代中国,现代性社会基本结构建设仍然是一项未竟的事业,制度建设过程仍十分漫长,我们在既有的条件下建立了一系列具体社会制度及规范程序,但遗憾的是,许多具体制度没有得到有效实施,使得许多所面临的一系列复杂社会矛盾与问题得不到有效解决。我们现在往往并不缺少制度,但是制度缺乏实效性,制度只是"挂在墙上"而没有得到切实执行。甚至一些早已不适应市场经济建设、现代化进程的既有计划经济体制、高度集权管制下的一些具体制度规范,仍在日常生活中起作用。一些地方、部门的规章、文件、会议纪要,乃至个别领导人的批条、讲话,都可以置于中央政府、国家法律法令之上。朝令夕改、政出多门、画地为牢、暗箱操作等等,导致制度信用的缺失。现代社会,是社会利益主体多元化的社会,因此,监管同样呈现多元化的态势。从监管主体来看,政府不仅急需对生产企业和个人、监管职能部门、经营销售部门等多个主体进行有效的权力制约和立法跟进,更需要引入包括消费者协会、行业组织、社区委员会等社会主体共同参与,并赋予其必要的监管权力。监管方式上,除了运用法律、行政等手段,有效协商、激励机制等也是必不可少,通过权力的合理配置,确保食品安全的有效供给,才能有效克服这些公众普遍憎恨的社会现象,维护消费者利益,重塑政府权威及其合法性。

## 三 权力的失衡:许可制度之下的设租与寻租之争

权力一词,源于拉丁语"autoritas",通常与职位、官爵直接联系。在汉语里,权的本义是"秤锤",基本意思是对是非曲直的判定,并引申出权威、意志、法令等含义。所谓权力,也就是人类社会判断是非曲直,处理各种矛盾和问题,保证有序运转所必需的一种力量。人类社会需要权力来管理,权力被称作"人类历史上仅次于性和爱的起源最早的社会现象。"①

在我国,对食品安全的监管作为一种公共权力,由国家和地方政府多级管理机构共同负责,国家对食品生产经营实行许可制度。从事食品生产、食品流通、餐饮服务,应当依法取得食品生产许可、食品流通许可、餐饮服务许可。这是为了避免发生不符合社会利益的行为,以确定的标准来对所有从事某项活动的人的行为进行评估。目的在于提高市场准入门槛,采取强制手段淘汰那些食品安全风险较大的产品。但是这种制度使得发证机关或个人能通过权力行使而得利,企业只有进入市场,才能获得利润,而进入市场的"金钥匙"则掌握在拥有公权力的发证机关手上。以保障食品安全为目的的许可制度往往沦为部门寻租设租、进行权钱交易的手段。从企业角度来看,诸如"许可证"这样的先期投入成本是很有必要的,因为只有这样才能进入市场,获得长远利益,而高准入标准的设置,能够减少市场竞争,从而赚取更高利润。因此,企业利用现有体制中存在的大量行政权力,通过寻租的方式,来为自身发展服务。源于普遍的"搭便车"心理,企业甘愿从有限的生产资源中抽出部分资源,通过游说、谈判、收买、行贿等方式向政府寻租,以追求利益最大化。从政府角度而言,政府在经济制度设计、公共政策制定等利益分配机制中仍然占据优势地位。新旧体制之间所形成的制度空隙使政府及其部门具有很大的自由裁量权,从而可以利用手中的权力谋取利益:市场中的食品经营者需要工商部门的《营业执照》才具有合法身份,因此"办证费"是工商部门收入的主要来源;卫生部门作为食品安全主要监管部门,却以收取食品从业人员健康体检费来作为其日常运作的主要经济支柱;质监部门不甘示弱,在卫生许可上又加入了食品生产许可……不同级别的政府监管部门为了本部门利益甚至陷入了"许可证"之争夺,如郑州就曾出现过因馒头许可证的归属引发市、区级有关行政机关纠纷,甚至大打出手。② 多重关

---

① [美]加尔布雷思编:《权力的分析》,陶远华、苏世军译,河北人民出版社1988年版,第139页。

② 郑州市区两级"馒头办"上演"馒头大战":http://news.sohu.com/62/74/news144327462.shtml 2001年3月13日。

卡表面上为食品安全增加了保障,实际导致食品安全许可种类繁多,多重标准,不同部门许可反而形成部门壁垒,不能体现第三方公正性,同时带有明显的行政色彩,往往画地为牢,既不承认其他部门许可,自己的许可证也不被他人承认。与建立统一、开放、竞争、有序的大市场要求背道而驰。而注重前期审批,对后期跟踪监测、后续管理松懈,加之单个监管部门往往缺乏足够资源进行检测,使得有些关卡形同虚设,从而出现原料生产不符标准,加工过程及市场流通出现污染等现象。加之由于我国分段多头监管的模式,制定食品安全准入标准的部门往往不需要负责实际执行,这样可以转嫁责任,从而问心无愧地将责任推给执行部门甚至在信息上处于劣势的消费者。

食品安全监管中权力失衡问题的存在,核心原因是缺少有效的制约监督机制。孟德斯鸠指出,"一切有权力的人都容易滥用权力,这是万古不变的一条经验"[1]。作为保证社会有序运行的社会力量,权力在应然意义上就是一种公共权力,它来源于人民的授予或委托,本质上凝聚着公共意志,因而也必然应当为公众服务。权力只能存在于人与人的关系之中,单个人无所谓权力。因此,权力的根本属性是公共性,权力就是公权力。但是,权力具有强制力和支配性。其一,权力是一种支配力量,受支配者要无条件服从掌权者的意志。这种服从与支配关系本身无所谓善与恶、是与非,但是公共权力是由现实的行政人员具体行使的,由于人自身有限理性,在行使公共权力时难免融入他们的主观意识、自我目的和个人动机。在现实社会,掌握公共权力的人处于强势地位,服从的人处于弱势。如果公共权力运用得当,可以为公众谋福利,运用不好则会损害公共利益,所谓"权力导致腐败,绝对权力导致绝对腐败"[2]。日常生活的经验表明,利用公共权力谋取私利者,往往或者是将公共权力肆无忌惮地作用于私人领域,或者是在本应积极作为的领域不作为,成为不法分子的庇护者。中国的现代化离不开政府强有力的引导和推进,政府应当在现代化建设中承担更多的社会责任。但应在有限范围内,且受到有效约束。如果任由权力

---

[1] [法]孟德斯鸠:《论法的精神》,张雁深译,商务印书馆1998年版,第153页。
[2] [英]约翰·阿克顿:《自由与权力》,侯健、范亚峰译,商务印书馆2001年版,第286页。

无限扩大,难免枉为、腐败。其二,权力本身所蕴含的所有权和使用权相悖的矛盾,导致公共利益与个人利益的对立。人民群众是公共权力的所有者,在任何社会中,公共权力都必须以维护和实现全体人民公共利益为目标,这是其本质的规定性。但是在现实中,由于资源的稀缺和分配的不平等,并非每个个人和群体都能拥有并使用同样的权力,因此,公共权力总是由一定的组织或具体个人来行使,只能通过政府行政来完成,这就出现矛盾。公共权力演化为国家权力、政府权力,以凌驾于社会之上的主导者面目出现,权力成为拥有者主体身份、社会地位及其实力的标志。"权力并不属于个人,而是社会体制中职位的标志,当人们在社会机构中占据权势地位和支持地位时,他们就有了权力,并对他人发生影响。"[①] 一方面,权力的行使者必须运用手中权力造福社会造福人类,满足公共利益;另一方面,私欲诱使掌权者利用手中公权力谋取私利,构成公共利益与私人利益的对立。如果没有建立起权力的制约机制,某些个人和团体有可能利用公权力,以实现个人或本集团利益最大化为目标,而牺牲公共利益,极易导致掌权者的公权私用和权力腐败。于是,政府的公共利益变成了与社会和公民相分化的特殊利益。公共利益的代表者和维护者的政府,如果以自身利益取代公共利益,就同时有可能是公共利益最大的破坏者、侵蚀者。

处于社会转型期的国家,要解决社会制度体制的内在缺陷而导致权力失衡,不能寄希望于某个人,只能寄希望于制度本身。[②] 由于社会行为的失范,总是由个体的社会成员表现出来,因此长期以来人们形成一种思维习惯,一旦社会出现普遍的行为失范,往往偏向于从社会成员个体本身角度找原因,并将问题的解决寄望于个体的努力。我们总是认为,如果人人都能洁身自好,这样的情况就不会发生。但是,个人道德品质与其现实生活世界密不可分,在现代社会为什么会出现较普遍的行为失范和权力失衡现象,绝大多数人为什么都陷入同样状况?我们是否应将目光转向社会制度体制本身的合理性?按照现代制度经济学的观点,如果市场出现了失调,那么,首先要考虑的是既有制度的供给出现了问题,解决问题的关键

---

[①] [美] 托马斯·戴伊:《谁掌管美国——卡特时代》,梅士、王殿宸译,世界知识出版社 1980 年版,第 58 页。

[②] 高兆明:《制度伦理研究》,商务印书馆 2011 年版,第 67 页。

是供给一种新的制度。① 这种思维方法对于伦理学研究也具有积极的方法论意义。"在任何情况下,个人总是'从自己出发的'。"② 马克思的精辟论断向我们揭示:每个人总是"为我"的存在着。一个合理的制度性安排,应当使为我的个人在追求现实利益的过程中,在增进个人自身利益的同时,亦增进他人与社会公共利益。如果在一种社会制度体制中,弄虚作假、贪赃枉法者都能得逞,总是"善良是善良者的墓志铭,卑鄙是卑鄙者的通行证",那么,这个社会制度体制只能是造就出更多的腐败与堕落。制度的安排能从根源上减少腐败的发生,正如卡尔·波普尔指出的,在权力问题上,"人们需要的与其说是好的人,还不如说是好的制度。……我们渴望得到好的统治者,但历史经验向我们表明,我们不可能找到这样的人。正因为这样,设计使甚至坏的统治者也不会造成太大的损害的制度是十分重要的。"③ 因此,要从制度层面把握权力滥用与权力腐败等失衡现象存在的特殊性。通过制度实现对权力的制约与监督。制约权力最重要的力量是人民的监督。广大公民直接参与公共生活,从而加强对国家权力的有效制约。目前在食品安全监管过程中,绝对监管权力的执行属于政府,但是仅凭政府单方面的力量,难以摆脱由于监管权限模糊导致的公权力滥用和行政效率低下的锁定状态,因此,必须同时强化外部的监管资源,在充分发挥行政、立法、司法等内部制约机制的基础上,进一步扩大如新闻媒体和各种社会监督等外部监管资源的作用空间,这样在外部力量的冲击效果之下,使得方向单一,效率低下又难以体现公平的监管路径得以强化。改变这种存在缺陷与不公的制度体制,才能从根本上遏制并扭转权力失衡问题,进而提高食品安全监管的效率,实现监管公平,这就是制度建设的根本性意义。

(本文作者为湖南财政经济学院　周奕)

---

① 张维迎:《博弈论与信息经济学》,上海人民出版社1996年版,第11页。
② 《马克思恩格斯全集》第3卷,人民出版社1960年版,第514页。
③ [英]卡尔·波普尔:《猜想与反驳——科学知识的增长》,傅季重、纪树立、周昌忠、蒋弋译,上海译文出版社1986年版,第549页。

# 生态文明建设与环境伦理

  人类不能摆脱自然界而生存，因此，人与自然的关系是他们必须认真对待和处理的一个重大问题。在生态危机危及人类生存的时代背景下，人类开始反思他们试图征服和控制自然的荒谬观念和行为，并且做出了建设生态文明的伟大选择。生态文明是基于环境伦理思想、环境伦理精神和环境伦理学理论而形成的一种文明形态，其核心是强调和追求人与自然环境的和谐相处、同生共荣。当代中华民族致力于建设美丽中国的社会实践说明生态文明理念正在当今中国逐渐深入人心。

# 生态文明建设:文化自觉与协同推进

## 一

生态危机是指由于人类不合理的活动,导致基本生态过程即生态结构与功能的破坏和生命维持系统的瓦解,从而危害人类存在的现象。[①] 从实质上看,生态危机是人类存在方式的危机。它主要表现为:人口膨胀、资源枯竭、环境恶化。

面对生态危机怎么看?要指出,生态危机是可怕的,但更可怕的是面对危机或者无知无觉,麻木不仁,甚至盲目乐观;或者无动于衷,无所作为;或者惊慌失措,悲观失望;或者是应对不当,应对不力,应对不及时。这都将铸成更为严重的后果。还要指出,生态危机是由工业文明的内在规定性引发的。工业文明的内在规定性乃以下四个方面的统一:高度发达的科学技术与生产力,充分发育的市场机制,与社会化机器大生产相联系的生产资料私有制[②],以天人对立、工具理性、个人主义、现世享乐、唯利是图等为基本内容的价值观。工业文明必须扬弃,工业文明必须超越。

面对生态危机怎么办?答案是建设生态文明。党的十八大把生态文明提到人类历史发展新时代的高度,提出走向这个新时代,中国要有自己的道路与模式,要求我们明确一个目标,即美丽中国的目标,把握一个布局,即"五体一体"的总体布局,并要求把生态文明建设放在突出地位,

---

[①] 余谋昌:《当代社会与环境科学》,辽宁人民出版社1986年版,第213页。
[②] 社会化机器大生产也可与生产资料公有制相联系,但至今为止,世界上最成熟、最典型的工业文明是与生产资料私有制相联系的资本主义工业文明。发展中国家要搞工业化只能搞新型工业化。

融入到其他四大建设的各方面全过程。实践已经证明，并将进一步证明，建设生态文明不但是人类文明可持续发展的必由之路，而且是扼制乃至消除生态危机的总对策。

## 二

生态文明取代工业文明和工业文明取代农业文明有诸多的不同，其中重要的一点就是被工业文明取代的农业文明没有引发今天这样的生态危机，文明本身并未受到威胁，要么停顿，要么前行，是人类在当时面临的两种结局。而工业文明则引发了日益严重的生态危机，生态危机从根本上威胁到文明本身，要么实现文明转型——转型为生态文明，要么文明毁灭，是人类正面临的两种选择。注意我们的用词："两种结局"和"两种选择"，其用意在于提示每个国家都要对自己未来的发展道路、发展模式和发展特色进行思考、探索和设计，而能否顺利实现文明的转型，首先取决于文化自觉。其内涵主要有三：一是忧患意识的觉醒，这是前提；二是责任担当的觉悟，这是保证；三是观念破立的觉醒，这是关键。

文化自觉的关键是观念破立的觉醒，即破除长期以来形成并为工业文明所巩固的旧观念，确立与生态文明相适应的新观念。这种破与立的辩证是一个文化启蒙或思想解决的历史过程。

我们需要一次新的文化启蒙运动。

综观人类历史，每一次文化启蒙运动的兴起，必然推动一种新的文明的出现，并且随着文化启蒙运动的持续、深化和拓展，这种新的文明不断走向成熟。历史学家通常将17世纪至18世纪发生在欧洲大陆上的那场知识及文化运动称为启蒙时代，又称理性时代。正是由于这场文化启蒙，人类的现代化进程得以顺势开启，西方工业文明也最终得以形成。与此同时，一种主体至上、理性至上、经济至上的世界观以及征服、主宰、掠夺自然的发展观亦相伴而生。这种世界观和发展观一般被认为是引发生态危机的文化深层根源。因此，生态文明建设必须有一个世界观、发展观的根本变革。

如果说人类的"第一次启蒙运动"，使人类重新确立了主体性，并经过工业文明的洗礼，极大地强化了人类的主体性，颂扬了人类的主体智慧、意志和力量,为推进人类文明进步作出了重大贡献。可是,到了工业文明后期,这种主体性的负面效果和消极作用越来越明显。人们已经觉察到,人类的主体性不是无规范、无约束和无限度的,人类的实践活动必须遵循一定的原则与阈限,即必须尊重可持续发展的原则和不逾越自然的可承受阈限,自觉维护人与自然的生态平衡。我们认为,正是人类对第一次启蒙运动的自觉反思,拉开了生态运动的大幕,开启了第二次文化启蒙。

其实,人类的"第二次启蒙运动"并非到了工业文明后期生态运动出现之后才开始的,其思想源头可以追溯到18世纪在欧洲大陆生成并迅速蔓延的浪漫主义思潮那里。卢梭曾深刻地指出,人类应当"回到自然"中去,在自然中恢复追求自由的人类天性,从而摆脱人与人之间的紧张关系。卢梭的思想深刻地影响和主导了浪漫主义运动的走向。浪漫主义反对把人看作世界的唯一主宰,而主张把过一种自然生活看成是人类最美好的理想追求。虽然在当时理性主义占统治地位的时代里,这些思想很难有立足之地,但是因其对人类文明的深刻洞见,生态伦理观念最终得以倔强地萌芽,并呈现出清晰的发展理路,如今已成为人类的普遍共识。对此,美国生态学家唐纳德·沃斯特进行了深刻论述。[①]

工业文明引发的生态危机造成了"天人对立",生态文明建设要重建"天人和谐"。就天人关系而言,我们要破除的旧观念主要有:

1. 人类中心观念

关于人类中心问题,学术界争论颇多,可谓见仁见智,但是有一种人类主心的观念必须坚决摒弃。这种观念认为,人是自然进化的唯一目的,是自然界中的最高贵者,其存在价值优于自然界的一切生命和物质。它把自然界中其他一切看成是为人类而存在的,可供人随意驱使和使用;主张按照人的主观意图来安排自然界,并相信人类仅凭自己的理性就能够做到这一点。这种极端的人类中心主义观点是极为有害的,其危害在于它必然导致自然生活中的人类霸权主义,人类沙文主义和物种歧视主义。自然生活中的上述主义与社会生活中的西方霸权主义、大国沙文主义、种族歧视主义一脉相承。如果较高的理智、较强的力量不能为一些人凌驾于其他人

---

① [美]唐纳德·沃斯特:《自然的经济体系》,侯文蕙译,商务印书馆1999年版,第19—20页。

之上，掠夺和践踏其他人提供辩护理由，那么，同样不能为人类凌驾其他自然物之上，掠夺和践踏其他自然物提供辩护理由。

从系统论的观点来看，人类不过是复杂的自然系统中的一个子系统，它虽然具有主观的能动性，但人类的主观能动性并不是无限的，它总要受到不可超越的自然关系的制约；从进化论的观点来看，人类不过是众多自然物种随机进化过程一条支脉上的一个环节，它虽然具有主观的选择性，但人类的主观选择并不是任意的，它总要受到自然规律的影响。基于上述认识，我们认为，人类中心观念显然并不具有无可争辩的存在依据。正如恩格斯所说："我们连同我们的肉、血和头脑都是属于自然界和存在于自然界中的；我们对自然界的全部统治力量，就在于我们比其他一切生物强，能够认识和正确运用自然规律。"[1] 而要做到这一点就要破除人类中心观念，树立自然万物平等观念，在人类拥有了干预自然的巨大力量的今天，做到这一点尤为重要。

2. 人类与自然二分对抗观念

长期以来，我们的思维方式受到了现代西方哲学主客二分思维定式的影响，习惯性地将人与自然二分，造成了人与自然长期的分离与对立。这种人与自然二分的旧的思维方式认为，人是主体，而且是唯一的主体，自然是客体，是在人之外、与人相对的认识和改造的对象。可以说，这恰恰是当代生态危机思想的总根源。

从人类生态学的观点出发，我们认为，世界是包括人、自然与社会三位一体的有机的复合生态系统。在这个生态系统里，人是主体，自然生命也是主体，人与自然并不存在主体价值的高低贵贱。一方面，人与自然是一个有机整体，人首先是"自然实体的样式之一"[2]，与自然实体的其他样式不存在优劣之别；另一方面，人就是自然多样性、丰富性的一种体现，与自然的其他实体的关系不是等级排列关系，而是网络串联的关系，从整体上构成了结构与功能生态系统。这个系统强调整体性、动态性和可持续性，追求人与自然的共生共荣与和谐发展。

20世纪以来的一系列生态灾难教训了人，使人开始懂得，人与自

---

[1]《马克思恩格斯选集》第四卷，人民出版社1995年版，第384页。
[2] [荷] 斯宾诺莎：《伦理学》，贺麟译，商务印书馆1975年版，第56页。

然是不可分割的，人绝不能像统治者统治异民族一样狂妄地、任意地统治自然，"我们不要过分陶醉于我们人类对自然界的胜利。对于每一次这样的胜利，自然界都对我们进行报复。"① 我们发展自然科学，认识自然规律，不是为了运用自然规律去征服自然，自然是征服不了的，而是为了守护自然的稳定与有序。今天，人类必须完成由自然反叛者到自然守护者的角色转换，这种转换关系到人类的前途命运，关系到地球的前途命运。

3. 人类能力绝对观念

人类能力绝对观念即人类万能观念，所谓万能就是无所不能，无往不胜。它主要体现在两个方面：一是对理性的盲目崇拜，主张理智理性至上，逻辑方法绝对可信，把理性作为世界的本体和根本；二是对科学技术的过度迷信，主张科学知识万能、技术统治绝对可靠，把科学技术作为支配人类生产与生活的现实工具。诚然，理性与科学的发展为人类带来了前所未有的成就和进步，但是进入工业文明后，由于人类没有清楚认识到理性和科学技术的局限性、二重性，导致了理性畸形与技术异化。理性的畸形膨胀导致了物质力量日趋强大而滑向了唯物质主义，将人类引向了精神堕落的陷阱，技术的异化则使得科学背离了善良的初衷和目的，走向了人性的对立面，成为奴役人的工具。因此有人认为，"它们产生的严重问题，往往比它们解决的问题还多。"②

反对人类万能绝不意味人类无能。高度发达的物质文明、精神文明等都是人类能力的见证。对人类理性和技术的审视与忧虑并非取消理性与技术，它旨在暴露人们在对待理性与技术问题上的片面认识的局限性，使人类认清自己的弱点，弄清自己在自然界究竟应当做什么，应当怎样去做。我们不能再抱守与自然零和博弈的思维，放弃和自然一争高低、一决雌雄的心态，不然的话，人与自然非得斗得你死我活、两败俱伤不可。其实，面对时空无限的大自然，人类简直太渺小了，人类年幼稚嫩的智慧根本无法与自然古老深邃的智慧相较量。

---

① 《马克思恩格斯选集》第四卷，人民出版社 1995 年版，第 383 页。
② [意]丁·博特金等：《回答未来的挑战——罗马俱乐部的研究报告〈学无止境〉》，上海出版社 1984 年版，第 67 页。

4. 经济增长神话观念

此观念认为经济增长等于社会进步；随着经济增长必然带来生活水平的提高和福利的改善；经济可以无限增长，凡是能够带来经济增长的一切手段都是合理的。总的来讲，它错在把经济是基础变成经济唯一，经济至上。具体来讲，它则错在三点：其一，经济增长并不等于社会进步，社会进步不仅体现在经济方面，还体现在其他方面，即使是经济方面，并非任何经济增长方式都反映和推动社会进步，经济增长方式有粗放和集约之分。其二，经济增长并不必然带来生活水平的提高和福利的改善，还取决其他因素。例如就业、分配制度等。其三，经济不可能无限增长，也无必要无限增长，人类的需要理应有度。经济增长本身不是目的，物质需要的满足不等于幸福，并非物质资料越多越好。

就"天人关系"而言，我们要确立的新观念主要有：

1. 新的利益观念

利益反映的是主客体之间的一种价值关系。假如主体是人，则指客体对人需要的满足，当一事物能够满足人的需要时，这种价值关系的实现就是利益。何谓人类整体利益？保持与促进人类这个物种在人、自然与社会的生态系统中的存在就是人类的整体利益，亦称人类的共同利益。当今人类文明的发展有两点十分醒目：一是越来越凸显人类的主体性；二是越来越凸显人类利益的整体性。人类的整体利益对人类个体利益、群体利益的约束力越来越强。其实，人类的整体利益并非空洞的抽象，消除贫困、扼制核扩散、应对温室效应等等，都是人类的整体利益之所在。

自从有了人，就有了人类的整体利益。人类整体利益的存在不以人的意志为转移，但对它的认识却有一个漫长过程，我们不能因一时缺乏对它的认识而否定它的存在。纵观人类历史，我们不难发现，人类一直在为了自己的整体利益在不懈奋斗，并在漫长的历史进程中积淀了谋求自己在大自然中的生存下来、发展起来的巨大能力——生产力，尽管这一段历史充满"血与泪"的控诉和"罪与罚"的变奏，无以数计的人类个体与群体利益受到损害，践踏，甚至剥夺，但却道似无情却有情，否则就不会有高度发达的人类文明。

19世纪以前，人类的整体利益意识相当淡薄，因为那个时候大多数国家或地区基本上各自为政，呈现为孤立或近似孤立，封闭或半封闭的社会单元，这些社会单元在这个漫长的历史时期里的进化水平十分低下。但是，到了19世纪以来，尤其是20世纪以来，随着全球化、信息化和生态化逐渐成为人类社会的三大主潮，其广度与深度也达到了前所未有的程度，它极大地扩展了各个社会单元的开放性，增强了它们的关联度，这就使人类整体利益凸显。特别是当人们看到，没有世界范围的合作，全球性、区域性问题一个也无法解决，特别是当国家安全由单一的军事安全演变为军事安全加上经济安全、生态安全等等时，人类的整体利益跃然眼前。承受共同的危机，展望共同的明天，是生存还是灭亡，是有所作为还是无所作为，已成为人类必须做出的共同选择。现在的问题不是承不承认人类整体利益的存在，而是如何去维护它、实现它，使之不再成为少数人利益，少数国家利益的代名词。人类之所以还有希望，就在于人类不仅看到了把他们彼此分开的国家的、民族的、阶级的和个人的利益，还看到把他们联系在一起的整体利益，并在关系自己前途命运的一系列重大问题上取得共识，采取一致行动。在人类利益的差异性多元并存且相互冲突的当今时代，尤其显示出明辨与张扬人类整体利益的可贵与重要，为了维护好它，实现好它，我们必须正确把握人类整体利益与国家、民族、阶级和个人利益的对立统一，必须坚决反对生态霸权主义和生态殖民主义，必须积极践行环境正义。

2. 新的价值观念

随着生态哲学和生态伦理学的兴起，我们逐步认识到，在价值关系中，人类可能是价值主体，也可能是价值客体，甚至还可能既不是价值主体也不是价值客体。然而，在相当长的历史时期内，我们的哲学、伦理学只是或主要是把人类作为价值主体进行研究，而忽略了非人类价值主客体间关系的研究和人类作为价值客体的研究。这不能不说是重大缺陷。而由于上述的忽略，尤其是第二个忽略，致使人类面对自然更多地讲权利而不讲义务和责任，更多地讲索取而不讲奉献，结果，不但使人类的主体性说不清，道不明，而且人类的主体地位亦得不到有效保证，人类的主体能动性得不到正确发挥。

生态文明建设对价值问题的讨论有两个路向，并进而对传统价值观念作出新的修正与丰富。

其一，把自然界——作为整体的自然界视为价值主体，讨论作为价值客体的自然物，尤其是生物，特别是人类对自然界稳定、有序和进化的意义。进行这一路向的讨论得以凭借的基本依据是：地球不仅是生命的摇篮，而且是生命的产物。认识到这一点是20世纪科学进步最伟大的成就之一。地球今天的状态，是生物直接或间接参与地质历史进程的结果，它是一个以生物圈为中心的、依靠生命过程来调控的远离天体物理学平衡的开放系统。[①] 因为地球是生命的摇篮，所以，善待生命就是善待地球；因为地球是生命的产物，所以，善待地球就要善待生命。地球是生命的产物，但不是单一生物作用的产物，而是生物多样性的产物，善待地球必须无条件地保护生物多样性。

其二，把自然界——作为整体的自然界视为价值客体，讨论它对价值主体人类的意义。为此，三个观点的确立不可或缺：一是自然界对人类的价值是多元的，不但具有经济资源价值，而且具有美学价值、科学价值、医疗价值、道德育化价值和生态价值。二是自然界的经济资源价值是有限的，并非取之不尽、用之不竭。三是生态价值在自然的诸价值中最具基础性、根本性，在实践中，不是为了经济效益才去关心生态效益，而是经济效益应服从、服务于生态效益。只有生产发展，生态良好，才会有生活幸福。

3. 新的权利观念

权利指主体享有一定福利与待遇的资格。权利主体有两次大的拓展：第一次由一部分人拓展到所有的人，或至少在法律形式上是这样。第二次是由人扩展到人之外的其他存在物——动物、生物乃至自然界的一切实体与过程。这一拓展尚在进行，步履艰难，争论激烈，但成就显著。2002年德国成为全世界第一个把动物权利写进宪法的国家，到目前为止共有100多个国家和地区制定了禁止虐待动物的法规，便可见一斑。[②]

围绕权利的讨论，有三个问题需特别提及。

---

① 张昀：《新自然观与人类文明》，《哲学研究》，1991年第10期。
② 王海明：《非人类存在权利观》，《新华文摘》，2006年第3期；《动物福利法起源与发展》，《时事报告》，2006年第2期。

一是生物权利范畴的确立。所谓生物权利，即生物固有的按生态学规律存在并受人尊重的资格。生物权利主要针对生物物种而言，为此，"勿杀生"的宗教戒律并不为我们所赞同，而"滥杀生"的做法则为我们所反对。对生物权利的侵犯有两种方式：对生物直接的滥捕杀、滥砍伐和对生物生存条件的破坏。

二是人类在自然生活中权利的厘清。首先要指出，人类不具有占有和主宰自然的权利。然而，近代以来，人类占有和主宰自然的权利欲望在不断膨胀。要破除人类占有和主宰自然的权利欲望，须从揭露人类是自然的主人这一观念的虚妄入手。

否定人类是自然的主人，并非想贬低人，也没有贬低人。尽管人类无法成为自然的主人，但经过努力，他完全可以掌握自己的命运，成为自己的主人。文明发展到了今天，人类已经具有了掌握自己命运成为自己主人的可能，但可能并不等于现实，要把可能变为现实还任重道远。这恰恰是生态文明建设要达到的目标。

其次要指出：人类具有享用自然的权利，但这不是人类的特权，而是所有生物共同具有的权利。人类对自然的享用取决于一个前提——自然对人类的可享用性。这个前提恰恰以生物多样性为内容和保证，它是可能遭到削弱和破坏的，而削弱者、破坏者正是人类自身。这表明人类对生物多样性的关心与责任同他对自己之命运的关心与责任的一致性。享用自然是人类的权利，维持自然的可享用性是人类的义务，他对自然做了什么，也就是对自己做了什么！

三是人在社会生活中环境权的张扬。在社会生活中，人类群体和个体对自然的享用权表现为环境权。环境权有三个层次，即从权利主体上看，环境权包括国家环境权、法人环境权和公民环境权，其中公民环境权是环境权的基础。环境权还包括两个方面，首先是实体性环境权，表现为权利主体有权利享用自然生态功能，有权利利用自然资源并获得财产性收益，有权利对一定自然要素的整体性进行支配，前两者的权利主体是个人，第三个权利主体为组织或国家。其次是参与性环境权，涉及环境知情权、环境监督权等。知情权的实现是监督权实现的前提。

## 三

生态危机虽然表现在不同方面,但这些不同方面相互关联,盘根错节,具有极高的复杂性,因此,头痛医头、脚痛医脚不行。生态文明建设作为克服生态危机的对策,必须整体谋划,作为系统工程协同推进。

1. 以推进核心理念的构建为灵魂

生态文明的核心理念是和谐。和谐范畴很重要,我们必须有确当的把握。一是对和谐的本质有确当的把握。首先,和谐包含着个性、差异、矛盾和对抗,以此为内在根据,事物间展开角逐或竞争,有竞争才有和谐可言,竞争是和谐的动力。其次,竞争是有限度的,是有序的,是有规则的,无度、无序、无规则的竞争必然破坏和谐,竞争是手段,不是目的。最后,和谐是动态的,逐步提升的,实现和谐既是现实的承诺,也是理想的期盼。二是对和谐的指涉有确当的把握。和谐包括人与自然的和谐,人与人的和谐,人的身心和谐。三是对和谐的功能有确当的把握。和谐是一个属人的词汇,必须给人带来实惠,也就是说,创造和谐是为了提高人的幸福指数——共同栖居于地球家园、共同分享资源、共同体验交往的乐趣,并拥有丰富而健康的物质与精神生活。[①]

作为生态文明核心理念的和谐,其最高层面乃"天人和谐"。为求"天人和谐",一要谋发展;二要谋和平。首先,不发展就不会有和平。这里讲的发展是共同发展,目前,就世界而言,在发展上存在发展中国家发展不足,发达国家发展失当,发展中国家与发达国家发展失衡三个问题,解决不好,就不会有和平,没有和平哪有和谐?哪有"天人和谐"?其次,和平既是发展的条件,也是发展的目的之一。和平有双重含义——"红色和平"和"绿色和平"。和平的反面是战争,人与人的战争和人与自然的战争——战争不但造成生灵涂炭,而且造成财富损耗,而一切财富最终都取之于自然。要避免战争,不能仅从政治制度、意识形态上去思考,还要从国家利益上去思考——资源的稀缺性和国家发展不平衡性的矛盾是战争的根源。

---

① 刘湘溶:《中国生态文明发展战略研究》,人民出版社2013年版,第77页。

上述双重语义的和平如何实现？马克思有两个命题和一个见解，对于我们求解这一问题有重要启示。所谓两个命题，即压迫别的民族的民族也是不自由的民族（当然，被压迫民族更不自由）[①]；由一个物种统治的自然史是最不稳定的自然史。[②] 所谓一个见解，即共产主义是自然主义与人道主义的完美结合。[③]

### 2. 以推进思维方式的生态化为先导

思维方式这一概念是由思维什么和如何思维两个方面共同规定的。有机的、辩证的思维方式同实践相结合是马克思、恩格斯在思维方式上的变革，而作为思维方式生态化之结果的生态化思维方式，则是这种变革在新的历史背景下的深化，它具有思维结构的整体性、思维视野的开放性、思维定式的前瞻性和思维取向的和谐性等特征，并以多样性原理、非线性原理、生态优先原理和边缘效应原理等作为基本原理。

在中国，思维方式的生态化已成为生动的现实。这从党的执政理念——科学发展观的提出，从可持续发展等一系列发展战略的出台与贯彻，从环境法治的进程，从环境伦理学的勃兴，从环境教育的开展以及环境宣传的普及，从公民环境意识的强化等各个方面体现出来。为促进我国的生态文明建设，为切实培育生态化的思维方式，我们必须进一步用生态化的思维方式去指导对国家法律体系的改造，去指导国家和地方中长期经济社会发展规划的制定，去指导事关国计民生重大工程项目的论证，去指导对各级党委政府政绩考核办法的完善。

### 3. 以推进经济发展方式的生态化为基础

经济发展方式的转变应坚持三重取向：科学取向、人本取向和生态化

---

[①] 一个民族当它还在压迫其他民族的时候，是不可能获得自由的。（引自：《马克思恩格斯选集》第一卷，人民出版社1995年版，第309页。）

[②] 我们统治自然界，决不像征服者统治异族人那样，决不是像站在自然界之外的人似的，——相反地，我们连同我们的肉、血和头脑都是属于自然界和存在于自然之中的；我们对自然界的全部统治力量，就在于我们比其他一切生物强，能够认识和正确运用自然规律。（《马克思恩格斯选集》第四卷，人民出版社1995年版，第383页。）

[③] 共产主义，作为完成了的自然主义，等于人道主义，而作为完成了的人道主义，等于自然主义，它是人和自然界之间、人和人之间的矛盾的真正解决，是存在和本质、对象化和自我确证、自由和必然、个体和类之间的斗争的真正解决。（引自：《马克思恩格斯文集》第一卷，人民出版社2009年版，第185页。）

取向,三重取向内在关联,缺一不可。

生态化取向意指走一条符合中国国情的绿色的经济发展道路,在经济发展中倡导资源节约、环境友好,追求人与自然的生态和谐。为此,必须积极践行循环经济和低碳经济,必须致力于产业结构调整、优化和升级。

4. 以推进体制的生态化为抓手

党的十八届三中全会提出"紧紧围绕建设美丽中国为目标深化生态文明体制改革"。"五体一体"的总体布局是生态文明体制改革的总依据,要把生态文明建设放在突出位置并融入到其他四大建设的各方面和全过程。转变政府职能是生态文明体制改革的核心,政府职能转变要以简政放权,尤其是行政审批权为突破口,政府工作的主要任务是营造良好的发展环境,提供优质的公共产品,维护社会的公平正义。综合性是生态文明体制改革的着力点,要建立综合性的领导决策机制、综合性的行政管理职能、综合性的政策体系、综合性的政绩评价标准、综合性的宣传教育格局和综合性的配套改革实验区。

5. 以推进科学技术的生态化为动力

20世纪50年代以来,人们开始高度重视发挥科学技术保护人类福利赖以增长的生态条件的职能,生态学渗透到了整个科学技术领域,在现代科学技术的发展中出现"生态化"景象,其主要体现有两个方面:一是环境科技群的兴起;二是高新科技将调节由人口膨胀、资源枯竭和环境恶化造成的人与自然的紧张关系作为主要的追求目标。科技的生态化推进不仅是为修复以往文明的缺憾,它更要着眼于强健文明的魂魄。

6. 以推进法治的生态化为保障

法治生态化是指具有普遍性和规范性特征的、并在稳定社会秩序、推动社会进步中发挥重要作用的法律应该在其制定、运行和应用的过程中体现对生态规律的尊重和对自然生态系统的爱护,最终实现人、自然与社会的和谐可持续发展。

维护各方正当权利是法律的核心,维护法律关系主体在良好环境中生存的权利,即维护法律关系主体的环境权当然成了生态文明建设法治保障的应有之义。因此,"环境权"就构成了生态文明建设法治保障的核心权利,它应体现在立法、执法、司法和守法等法治保障机制的方方面面。

7. 以推进文学艺术的生态化为催化

人类的文学艺术活动与"自然"有着千丝万缕的关系,但"自然"在不同的文学艺术范式中具有截然不同的地位。在传统文学艺术中,"自然"总是作为人类活动的"背景"出场,居于"前景"中的总是人类。作为背景出场的自然仅仅具有工具价值,它不是为了其自身的原因而存在,而是为了突出人类的崇高而存在。在有些传统文学艺术作品中,"自然"甚至被当作可以任凭人类征服和控制的对象来加以描述,而人类则被描述为能够战天斗地的"英雄",内在于其中的是"人定胜天"的思想观念。文学艺术的生态化是对这种传统文学艺术的扬弃和超越。在生态化的文学艺术作品里,"自然"从"背景"转入"前景"。这种转变不仅仅意味着"自然"和"人类"之间发生了角色变换,更重要的是自然将作为一种能够从根本上决定人类命运的力量而存在。进入前景中的自然不仅具有工具价值,而且具有不容置疑的目的价值。尤其重要的是,生态化的文学艺术反对人类把自然当成可以任凭其征服和控制的对象,它追求的是人与自然的共生共荣。

8. 以推进消费方式的生态化为牵引

消费方式是指在一定社会经济条件下,消费者与消费资料相结合以满足消费需要的方法与形式。文明的更替与消费方式的演变如影随形,到了工业文明时代,消费主义日益盛行,享受发展型消费占了主导地位,消费对于生态的负面性影响不断加深。建设生态文明,离不开消费方式的生态化,要通过消费方式的生态化形成生态化的消费方式,即对自然生态结构、功能无害(或较少有害)的消费方式,它是在满足人的合理需要的基础上,以维护自然生态系统的平衡为前提的一种可持续的消费方式。生态化的消费方式要求消费方式合度、合宜与合道,倡导适量消费,反对高消费;倡导绿色消费,扼制黑色消费;倡导优雅消费,拒绝低俗消费。

9. 以推进城乡建设的生态化为载体

城市的发展呈现出多重趋势,主要有群(带)化、一体化、国际化和生态化等等。在城市发展的多重趋势中,群(带)化是生态化的本质需要,一体化是生态化的前提,生态化是实现国际化的重要途径。

在中国推进城乡建设的生态化,一要选择好具有中国特色的城(镇)化模式。在生态型城市建设中,坚持以科学理论为指导,以资源节约、环境友好为导向,以宜居为要求,以城乡统筹为抓手,以国外经验为参照,以各类相关国家级综合配套改革示范区为示范;在农村生态建设中则要做到一个结合——同社会主义新农村建设相结合,四个并举——生态经济、生态人居、生态环境和生态文化建设并举,并出台切实可行的措施——包括建立和完善城乡生态补偿制度,改革户籍制度,鼓励城乡间人口的合理流动,加强土地综合管理,引导土地有序流转,加大投入和典型推介等。二要注重东部、中部、西部和东北老工业基地的分类指导、整体联动,并把它和生态省(市、县)的建设有机统一起来,和国家级生态保护和环境治理工程的展开有机统一起来。

10. 以推进人格的生态化为归宿

人格是心理人格、道德人格和法权人格的三位一体。人格的生态化是人格的整体历史性转型,由非生态人格、反生态人格转变为生态化人格。生态化人格是一种既享有生态权利,又履行生态义务与责任的新型人格。推进人格的生态化既有助于生态文明建设的顺利展开,又是生态文明建设的内在目的。为此,我们必须高度重视并正确定位环境教育。环境教育应被理解为:它是培养公民生态化人格的教育;是"为了环境"、"关于环境"和"在环境中进行"的教育;是贯穿于家庭教育、社会教育和学校教育中的终身教育;是重在养成、重在实践参与的素质教育。

上述"十个推进"可区分为主、客体两大进程,其中核心价值理念的构建,思维方式生态化和人格生态化推进属于主体进程范畴,而经济发展方式生态化、体制的生态化、科学技术生态化、法治生态化、文学艺术生态化、消费方式生态化和城乡建设生态化推进则属于客体进程范畴。两大进程相互联系,构成一个有机整体。无论是主体进程还是客体进程,都是一个复杂的系统工程,需要全社会、全方位的通力协同,不懈努力。

(本文作者为湖南师范大学道德文化研究院 刘湘溶)

# 美丽中国的哲学智慧与行动意义

十八大报告将生态文明建设同经济建设、政治建设、文化建设、社会建设一起确定为中国特色社会主义现代化建设的五大战略方向，这种发展谋划在一百多年以来的中国现代化进程中尚属首次，意义非同小可。更值得关注的是，该报告用以刻画生态文明建设的关键词是一个充满诗意和想象的文学语词："美丽中国"。只要我们深入解读报告文本的时代语境，就不难读出其中所蕴含的当代哲学智慧与指向未来的政治行动意义。

## 一 "美丽中国"成为回忆和理想

德国哲学家海德格尔说："语言是存在的家。"语言是现时代人基于存在境遇领悟的心声，自然世界才是人类得以生存和绵延的根本居所，因而我们需要从根本上理解"自然世界"之为"人类生态"的"存在暨本体论"意义。毋庸讳言，当代人类正承受着前所未有的生态压力和环境约束。与早在20世纪70年代便开始感受这种生态压力和环境约束的先行欧美发达国家不同，作为一个曾经辉煌却又不得不经受内外交困的发展中国家，当代中国的现代化改革开放正处在"火车加速拐弯"[①]式的社会转型关键期，对生态压力和环境约束的感受虽然是后发的，却格外严峻。

"加速拐弯"的社会转型具有以下几个值得特别注意的特点：首先，它是一种从较低水平开始启动的转型发展，因而在其起步阶段不得不采取

---

[①] "火车加速拐弯"是笔者近年来用以刻画我国30多年来改革开放实践进程的比喻，其基本特征及解释请参见万俊人：《我国社会转型中的道德文化建设问题》，《党委中心组学习》，2012年第4期。

某些超常规的、非全面的或单向突前式的发展路径,以确保经济社会的优先发展。20世纪70年代末启动的中国经济改革开放,实际上是从近乎零资本运作开始的。然而,选择以商品(市场)① 经济方式重启中国经济现代化,原始资本投入却是无法迈过的前提。作为一种现代经济体制或机制,市场经济被证明是一种行之有效的现代经济方式或制度。制度如同河床,可以汇聚并规导水流,但前提是先有水注入河床,尔后才谈得上如何导流。面对原始资本极度缺乏也就是极度"缺水"的实际状况,采取开办特区、开放沿海等引水入河的特殊经济政策无疑是非常智慧的,也是行之有效的,然而作为特殊时期的特殊政策,其考量的不充分性也难以避免。生态环境的成本问题显然未能——事实上也确乎难以——纳入这一特殊经济政策的及时考量中。

其次,它是连续加速、不断跨越的转型发展。连续30余年GDP的快速增长,中国的确创造了现代文明史上史无前例的经济增长奇迹。但必须正视的是,这一经济增长无法避免其实施过程的粗放性,尤其是因其追赶和加速式的实施步骤所不可避免的某些缺陷,这其中,最典型的是对经济粗放发展所产生的生态环境影响缺乏足够充分的评估和考量,更缺少及时有效的环境保护行动。

最后也是最值得反省的是,改革开放初期有关生态环境和自然资源的条件考量,在我们的经济社会发展规划中基本上是缺位的,至少是被看作可以忽略不计的外部因素或"自然条件",直到许多地方出现严重沙(漠)化和水土流失或污染、采矿枯竭和枯竭后的荒芜等严重局面之后,我们才不得不开始正视经济发展中的生态效应和环境制约,才开始意识到,生态环境越来越成为制约我国经济发展的内在性关键因素,以及影响我们日常生活品质的主要因素。

于是,当我们从致力于建设富强中国进至创造幸福中国的新阶段时,我们意识到一个强大而幸福的现代化中国,不但需要富强的经济基础和综合国力,而且也需要公平的社会秩序和优美的生活环境,其完整的概念含

---

① 20世纪70年代末,官方正式开始启用的术语是"商品经济"而非"市场经济",直到90年代初邓小平"南方谈话"发表后,"市场经济"才最终成为完全公开使用的合法术语。这一演变过程本身也可以作为笔者所谓"超常规"特点的一个佐证。

义应该是:"富强中国"加"民主(正义)中国"加"文化(明)中国"加"美丽中国",这是近代以降中华民族追求自强、自主、自由的现代化复兴的社会理想。因此,"美丽中国"应该成为现代化中国的内在要义。

## 二 "美丽中国"的时代视域与哲学智慧

生态环境问题已经成为整个现代世界和全人类共同面临的最严峻的重大挑战。历史地看,今日中国正在经历的美丽伤逝之痛是五百余年来世界现代化运动的副产品,也是近代以降中国现代化寻梦途中所不得不承受的中国现代性之痛。对此,我们可以透过历史与哲学的双重镜面进行审视。

人类对于生态环境问题的关切古已有之,至18世纪晚期开始凸显,它实际上是对近代工业革命后所产生的日益严重的环境问题、特别是现代工业对农村和农民的灾难性影响所产生的集中反映和反思。美国东西部地区发起的环境保护运动被视为这一关切的先声,至20世纪六七十年代,环境哲学和环境伦理迅速发展而成为一种环境保护主义思潮。1972年罗马俱乐部所发表的著名学术报告《增长的极限》,被视为一部标志性的现代环境保护文献,而同年联合国在瑞典斯德哥尔摩会议上发表的《人类环境宣言》,则标志着环境保护运动开始成势。然而环境污染和生态破坏并不是从20世纪70年代才开始的,在某种意义上,它早已伴随着现代大工业化运动的急速开展而来临,只不过在相当长的时间里并未引起现代人的关注而已。时至今日,生态环境问题的严重性已无法被我们这个星球上的任何人、任何国家或地区所忽略,其实际的严重性和风险不确定性甚至超过诸如贫穷饥荒、疾病和战争。更为严重的是,应对这一风险和挑战的条件远远超出现代技术所能企及的极限,且现代社会缺乏明确而统一的生态环境评价意识和观念,更遑论基于价值共识和统一社会组织之上的社会行动:不同国家、地区、人群甚至个人至今仍然未能超越他们各自的利益诉求、国家观念、信仰体系,以及多元价值观和世界观的分歧,达成基本的环境共识。[①] 因此,统一协调的环境保护行动很大程度上还无从谈起。

---

[①] 美国等发达国家拒绝签署1997年的《京都议定书》,以及21世纪多次国际性环境主题会议的争执不休或无期而终,都可作为这一困境的显证。

造成这一困局的原因非常复杂而深刻，比如，赖以形成国际社会组织和驱动国际社会共同行动的制度条件严重不足，以及在环境保护措施（如节能减排等）、环境检测标准（如碳排放量等）和义务分担等方面的分歧长久存在，都是妨碍和延误当代世界采取有效环境保护措施的主要原因。但更深刻的原因是现代人和现代世界对于我们生活于其间的这个自然世界所持的基本理念，即现代人类的世界观问题！人们如何看待我们这个生命的世界，决定着人们以怎样的态度和行动对待我们的世界。这显然是一个哲学问题，更确切地说，是一个哲学本体论的问题。

哲学曾经是古希腊文明的独特贡献。古希腊人对哲学的原始理解是爱智慧，求真理，追求宇宙万物之存在的本原和意义。在古希腊哲学的视域中，人及其生活世界始终是自然的构成部分，而非超然于自然之外、甚至是与自然分立对峙的另一个完全异质的世界。因而，古希腊哲学一直对"自然哲学"保持着一种本体论的哲学崇敬。这种对存在及其意义的本体论追问一直延续到中世纪的宗教哲学，后者对上帝存在的本体论求证本身便是这种存在论暨本体论之哲学进路的神学证明。

及至近代，西方哲学借助于近代科学（如天文学、物理学、生物学等）日益强盛的力量，开始扭转哲学致思的方式和方向，从宇宙论和存在论暨本体论转向知识论或认识论，即"近代哲学的认识论转向"。认识论的基本哲学原理在于，将世界两分为作为认识主体的人的主观世界和作为认识对象的客观世界，并确信作为认识主体的人具有洞识客观世界、把握客观世界及其运动的本质和规律的能力，亦即人类认知和把握真理的能力。由此，哲学致思的存在世界被明确地划分为客观的自然世界和主观的、非自然的人类世界。毫无疑问，哲学认识论转向标志着一种哲学的进步：它不仅适应了以现代科学技术为动力的现代文明转型的内在需求，而且这一转向本身便是现代文明转型的思想先声和观念预备。这种认识论的哲学原理不断获得有效的扩展和充实，认识论的真理观得以延伸出形式多样的实践价值观，这意味着，人类不但可以认识和把握知识真理和事物的客观规律，而且还可以能动地运用真理知识、遵循客观规律来改造和利用客观世界，按照人类自身的目的创造出"合目的性"的价值与意义，这一哲学进展后来被称为"主体性的凯旋"。

20世纪后，连续发生的两次世界大战及其前后的各种现代性危机，包括经济危机、政治危机、文化道德危机和环境危机,都给近代理性主义认识论哲学所秉持的主体性信念以沉重打击。严酷的事实表明,人类对自我主体性的能力及其限度——理性科学、真理认知和自由创造等等——估价过高,缺乏必要的有限性意识和主体性行为约束,"主体性的凯旋"反而带来反主体化的非理性狂乱与毁灭,这本身便是一种"现代性的反讽"。因此,20世纪的西方哲学又发生了"新的扭转",即从哲学认识论向哲学方法论的扭转。这一转向意味着,哲学的根本任务不再是追寻不可穷期的绝对真理,而是探知和理解真理的方法,以及更为重要的反思人类自身意义与行为的价值行动方式。[①] 于是,从实证哲学到分析哲学、语言哲学和解释学,从语义学到语用学,从现象学到存在主义,从价值哲学到形形色色的新老实用主义,各种新型的现代哲学纷纷亮相,前赴后继,此起彼伏。现代西方哲学开始其方法论革命,内含着哲学自我救赎的悲壮与豪情。可是,从认识论到方法论的演进仍然只是一种现代性哲学的自我救赎,而非哲学本身向自然的回归。

自18世纪的卢梭开始,"回归自然"的呼唤便清晰可听,人们也听到了来自爱默生和梭罗从美国东海岸的查尔斯河边和瓦尔登湖畔发出的遥远呼应。可是,我们仍然需要追问的是:我们是否真的离开过自然?人类能否离开自然?如果从未发生或者根本就不可能发生人类真正"离开自然"的故事,那么未曾"离开","回归"又从何谈起?现代人和现代社会的这种"回归自然"的乡愁情结究竟是如何产生的呢?

两千多年前,老子便提出了一个智慧命题:"人法地,地法天,天法道,道法自然"。"道"之所以成为化生万物的本源,乃在于"道法自然"、因循自然而能化生万物。因此,老子及其所创立的道家学说始终以自然为上,警示人们虚静守谷,抱朴自在,不要沉溺自我,过度人为。道家的这种主张显然同我们习惯的"现代意识"和"现代精神"格格不入。倘若我们承认人类生态环境的"现代性之痛",道家的警示就显得耐人寻味,以至于我们不能不对迄今为止的现代化实践方式有所反思,进而作出某种改变。这其中,最需要现代人反思的问题是:我们作为具有卓越智识

---

① [美]弗莱德·R.多迈尔:《主体性的黄昏》,万俊人等译,广西师范大学出版社2013年版,第89页。

的"文化生物",究竟该如何认识和看待我们自己与我们生存于其中的世界之关系?迄今为止我们确信不移的"主客两分"的认知模式是否适宜?抑或,我们—世界的关系原本也是一种交互主客体的关系?若如此,我们面对世界、认知世界的观念和方式是否应当改变?进而,我们需要作出真诚而深刻的反省批判:我们究竟应该以怎样的心态和态度对待我们生活于其中的世界?近代以来,我们对待自然世界和生态环境的态度是否一直过于傲慢、轻浮乃至残酷?因此,面对沉默无语的自然生物,一味地征服和掠夺性开发,以自我利益为唯一目标的利用和索取,只顾当下的改造和改变,进入"核时代"后所接连发生的不顾后果的核废料核垃圾的任意抛置,难道不应给予最严厉的批判吗?业已显露的自然资源枯竭、荒漠化或沙漠化、气候反常及其造成的日益严重的自然灾难、日益严重和广泛的城市空气污染,以及难以修复或消除的核污染及其给人类同胞所造成的残害等等,难道还不足以使我们警醒并作出一些必要而紧迫的行为改变吗?答案应当是不言而喻的。

## 三 "美丽中国"呼唤积极的社会行动

人类应当有足够的哲学智慧理解自身生存发展的意义,并处理好人与自然的关系。在地球这个迄今为止唯一适合人类生存发展的世界中,人类是最具生命活力和能力的生命存在,人类面对世界的心态和观念不应该停留于认识世界和改造世界的层面,而应该提升为一种科学认识世界并合理改善世界的新世界观。这是我们通过回溯历史上的哲学智慧,分析反省现代社会的经验教训所得出的基本结论。基于这样一种新世界观,我们才会有一种新视点,才可能形成一种新价值观、一种新生活方式和行动方式。令人欣喜的是,这种提升和改变的努力终于成为当代中国社会的共识,并在党的十八大报告中获得了最为严肃而精当的政治表述。"美丽中国"作为生态文明建设目标的文学隐喻,显然不只是表达我们对天更蓝、水更美、空气更加洁净、山河更加美丽的期待,同时也形象而充分地表达了中国特色社会主义现代化道路的全新视境。中国共产党作为执政党代表全中国人民庄严承诺:即使还只是一个后发型的、尚处于急遽社会转型过程中的发展中国家,中国将自觉地调整和改变已有的经济发展方式,将生态文明建设放在与社会经济、政治、文化和社会文明建设同等重要、并驾齐驱的战略地位,从而寻求一种协调平衡可持续的科学发展。

很显然,一种社会发展观念的改变必然要求社会发展方式的相应调整,因而要求社会行动方式的相应改变和调整。观念是行动的先导,然而,仅仅是观念的改变尚不足以驱动行动,更难以确保行动的持续活力,后者不仅需要观念的引导,还需要——长远地说,更需要——必要的社会条件、制度轨道、激励机制和活动环境等"资源供应"。首先,必须明确,作为行动先导的观念或理念本身必须是清晰的、完整的,必须具有确定而正确的价值导向,否则不可避免地使行动本身因缺乏统一而导致价值观念的盲目和歧义,对于具有高度社会组织化并需要强大社会动员来驱动的社会行动来说,这一点至关重要。同经济、政治、文化和社会文明建设一样,生态文明建设也是一种社会谋划,需要首先建立清晰、完备、长远、科学的生态文明价值观,引导全社会的生态文明建设。

其次,如同任何社会化组织和行动一样,生态文明建设需要有相应的社会制度体系加以规导,否则也会陷入混乱无序因而低效乃至无效的状态。生态环境保护无疑是一种社会行动,需要每一个社会成员的积极参与和行动,使之最终落实为每一个社会成员的自觉意识和保护义务,但总体而言,由于生态环境问题本身的多因素关联复杂性、存在范围或规模的不确定、甚至无边界性(如沙尘暴、水污染和空气污染等),以及更重要的是解决生态环保问题所需条件的综合复杂性,任何生态环境保护行动都需要置于大的社会行动规划之中,都必须诉诸社会集体的组织化行动,非如此不足以真正彻底地解决生态环保问题。同时,作为一项社会工程,社会化的生态环保行动不但需要强有力的社会动员和社会组织,更需要保持长久活力的社会机制。生态环保不是拘于"一方水土养一方人"的狭隘观念,更不能只搞"一阵风"式的临时"绩效工程"。对于已经承受巨大生态环境压力的现代社会来说,尤其是对于快速发展的现代中国来说,生态文明建设绝非一时一地的"权宜之计",而是关乎我们现代化改革成败的百年大计,更是关乎我们子孙后代长远生存发展的千秋大计,现代环境正义问题①的日益凸显已经给我们足够清晰和深刻的教训。然而，强调制度建构的急迫性和重要性，与如何使有关生态环保的制度建构产生积极的实际效应是两回事。对于后者，重要的是把握好两个关键点：其一，必须将有关生态环境保护的责任落实到社会制度运作和制度监督上，必须使相关制度的设计和建构具体化，既有制度规制，又有制度实施和操作的具体规定，还要有监督实施的社会监理机制，非如此不足以确立完备的生态环保制度系统。其二，更为重要的是，必须将有关生态环境保护的制度建构有效地整合在整个社会基本制度和社会管治的大系统中，不能让其成为孤立的、附加性的，甚至是应景性的"临时机制"，更不能将之置于从属于比如说社会经济制度的次级制度地位。概括起来说，就是以制度的方式，将生态文明建设的基本制度安排确实地转化为政府的政治责任和整个社会的基本义务分配，这样才能够真正达成保护生态环境、建设生态文明的科学发展目标。

最后，生态文明建设的可持续发展还需要全体社会成员的自觉行动。观念和制度当然重要，但如果它们不能最终落实到每一个社会成员的行动上，并有效转化为每一个公民的自觉行动，那么，观念就会流于纯粹的乌托邦幻想，制度也会流于一纸空文。所谓社会行动需要社会化动员和社会化组织是指其行动的方式、规模和整体效应；而任何社会行动的最终效果必须诉诸全体社会成员的自觉行动，则是指社会行动的终极主体动机或动因、行动主体的终极承诺和具体落实。这是一枚硬币的两面，相辅相成，缺一不可。任何一种社会行动都必须最终见诸社会成员的日常行为，才能转化为持续有效的社会化行动。这是包括结构主义社会学——更不用说行为主义政治学和始终以"实践智慧"立基的伦理学——在内都承认的基本常识。重要的是，我们还必须纠正一种将现代生态环境危机视为仅仅是现代工业化造成的后果，与个人无关的错误认识。现代工业化、城市化固然是造成现代生态环境危机的主因，但决不是全部原因。事实上，每一个人的生活方式和行动方式都与我们的生活环境相关，奢侈浪费、"公地与

---

① 所谓"环境正义"（environmental justice）问题，主要是指如何公平正义地分配利用生态环境的权利、分担保护生态环境的责任，以及两者之间的公平问题。在一种宽泛的意义上，环境正义包括群际、区际、国际甚至代际正义诸多方面，它源自20世纪中后期美国少数民族居民区对政府选择性（带有种族歧视性）地将带有核污染的有毒废料放置在少数民族居住地的抗议运动，后被称之为"环境正义运动"。（参见卢风、肖巍主编：《应用伦理学概论》第4章，中国人民大学出版社2008年版，第78页。）

我无关"或缺乏保护"公地"的环保意识、乱扔垃圾等等，看起来只是个人的生活"小节"，实则关乎公共文明和公共环保的大事。

由于生态环境具有难以确切划定的共时性空间边界，也由于环境影响和生态效应难以获得确切的历时性时段评估，因而常常导致生态环境资源利用的权利和生态环境保护的责任难于确定，两者之间的关系也常常会出现模糊不清、相互脱节或互不相称的困境，这就不可避免地出现令人忧虑的现象：面对自然资源或有利的生态环境条件，"经济理性"和市场经济的"丛林规则"便会占据上风；相反，面对保护生态环境的责任承诺，逃避或推诿便会占据上风。这种现象不仅出现在国家和地区之间，而且也出现在国家内部的不同地方和群体之间，甚至也隐含在所谓"代际正义"中。[①] 如何分享自然资源？如何分担保护生态环境的责任？如何看待和料理现时代人与下一代或后代人之间的自然资源分享和环保责任分担问题？都在考验着我们的生活智慧，更考验着我们的道义、道德和人性、人格。

如果说"美丽中国"是每一个国人共同的期待，那么爱护美丽家园则是我们每一个国人的公共义务。如果说"美丽中国"不仅应该属于当下的我们，也应该属于千秋万代的中华儿女，那么，爱护我们美丽的家园便不单有了属于我们和我们时代的美德意义，同时也饱含着我们对于后人的道义和情义。在此意义上，"美丽中国"呼唤着我们每一个人以实际行动去爱护我们共同家园，其意义不仅重大，而且深远。"祖国"一直是人类用来表达国家之爱的动人词汇，然而，在我们的母语中，"祖国"意味着国民个人与作为政治共同体的国家之间不可割裂的生命亲缘关系；而在西语中，它由两个意味深长的词汇所构成："母亲"和"土地"，两者连缀即是"母亲之地"（motherland），同样意味着国家之于国民的生命联系。由此，我们或许可以对"美丽中国"形成一种新的理解：为了美丽的祖国家园，我们的确应当行动起来，做些什么，如同对我们美丽的母亲。

（本文作者为清华大学人文学院　万俊人）

---

[①] 对此问题的讨论可参见《应用伦理学概论》一书关于"公地悲剧"的精彩分析和"救生艇伦理"案例讨论。参见卢风、肖巍主编：《应用伦理学概论》，中国人民大学出版社 2008 年版，第 230—231 页。

# 生态公民:生态文明的主体基础

生态文明是一种正在生成和发展的文明范式。它是继工业文明之后,人类文明发展的又一个高级阶段。生态文明最重要的特征,是强调人与自然的和谐。生态文明的经济模式是生态经济,这种经济把人类的经济系统视为生态系统的一部分,而不是强行把生态系统纳入人类的经济系统。生态文明的政治结构以普遍人权和全球正义为基础,强调人类整体利益和基本需要之满足的优先性,倡导全球治理和世界主义取向。在生态文明时代,科学技术不再是人类征服自然的工具,而是修复生态系统、实现人与自然协调发展的助手。生态文明的有机自然世界观凸显作为整体之自然的内在价值,强调自然是文明的基础;生态文明的伦理体系凸显关怀、责任与和谐的价值,倡导理性消费和绿色生活方式。

这样一种全新范式的文明不会自发地出现。它的出现离不开那些具有强烈责任感和生态文明意识之现代公民的自觉追求。具有生态文明意识且积极致力于生态文明之建设的现代公民就是生态公民。生态公民是建设生态文明的主体基础。只有当我们社会中的大多数人都在自己的公民意识中加入生态公民的新元素,并在器物(技艺)、制度和观念层面系统地推进生态文明建设,生态文明才能由理想最终变成现实。

作为生态文明的主体,生态公民具有四个显著特征。

第一,生态公民是具有环境人权意识的公民。强调个人权利的优先性和国家对于个人权利的保护是现代公民意识的本质特征。拥有公民身份即意味着拥有了获得某些基本权利的资格。权利不仅为作为个体的公民提供了自主的空间,还为作为权利主体的个人提供了一道保护性的道德屏障,使得个人能够免于他人或国家的干涉或伤害。保护公民的基本权利是现代国家的基本职能及其合法性基础。由于现代社会的每一个人都是基本权利的合法拥有者，因而，公民的基本权利又被称为普遍人权。人权的范围是逐步扩展的。第一代人权以政治权利为主体，包括生命权、自由权、财产权和安全权等；第二代权利以社会、经济和文化权利为主体，包括福利权、工作权和教育权等；第三代权利以集体权利为主体，包括生存权、发展权、和平权与环境权等。根据对人权扩展历程的这一理解，环境人权是第三代人权的重要内容。

环境人权是20世纪70年代随着生态环境的恶化日益威胁着人类的健康和生存质量而逐渐被人们所认可的一项新的权利。1970年，在日本东京举行的"公害问题国际座谈会"发表的《东京宣言》首次建议把"人人享有不损害其健康和福利之环境的权利"作为一种基本人权在法律体系中确定下来。1972年，联合国第一次人类环境会议通过的《人类环境宣言》明确指出："人类有权在一种能够过有尊严的和福利的生活环境中，享有自由、平等和充足的生活条件的基本权利。"次年，欧洲人权会议制定的《欧洲自然资源人权草案》也将环境权作为新的人权加以确立。1987年，联合国环境与发展委员会提交的《环境保护与可持续发展的法律原则》再次确认，"全人类对能满足其健康和福利的环境拥有基本的权利"。20世纪90年代后期以来，随着环境意识在全球范围的普遍觉醒，环境人权已经成为一项得到绝大多数人认可的道德共识，并逐渐被落实到有关环境保护的国际法以及许多国家的宪法和法律中。

作为一项全新的权利，环境人权主要由实质性的环境人权与程序性的环境人权构成。实质性的环境人权主要包含两项合理诉求，一是每个人都有权利获得能够满足其基本需要的环境善物（如清洁的空气和饮用水、有利于身心健康的居住环境等）；二是每个人都有权利不遭受危害其生存和基本健康的环境恶物（环境污染、环境风险等）的伤害。程序性的环境人权主要由环境知情权（即知晓环境状况的权利）和环境参与权（即参与环境保护的权利）两个部分组成。明确认可并积极保护自己和他人的这些环境人权，是生态公民的首要特征。

第二，生态公民是具有良好美德和责任意识的公民。生态公民不是只知向他人和国家要求权利的消极公民，他同时也是主动承担并履行相关义务的积极公民。《人类环境宣言》在肯定人类对满足其基本需求的环境拥有权利的同时，也明确指出，人类"负有保护和改善这一代和将来的世世代代的环境的庄严责任"。从形式上看，生态公民负有的特定义务有三类，一是遵守已经确立的环境法规；二是推动政府制定相关的环境法规；三是在公共生活与私人生活中主动实践生态文明的各项规范。从其性质上看，生态公民负有的义务具有非契约性（不基于公民之间的利益博弈）、非相互性（对后代的义务不以后代的回报为前提）、差异性（那些对环境损害较大的人负有较多的义务）等特征。

生态公民还是具有良好美德的公民。现代社会的环境危机与公民个人的行为密不可分。单个地看，公民的许多行为（如高消费）都既不违法，也不会对环境构成伤害。但是，这些看似无害的行为累积在一起，却导致了资源的枯竭和环境的污染。公民如何约束自己的这类行为，主要取决于公民自身的道德修养。公共领域与私人领域的分离是现代社会的重要特征。但是，公民在私人领域的生活方式却会对生态环境产生影响。公民的消费方式对商家是否选择资源节约型的生产方式有着重要导向作用。因此，对环境保护来说，公民的消费美德以及私人领域的其他美德（如节俭）都是至关重要的。此外，政府的环保措施是有限的，环保法规的制定也具有滞后性。在这种情况下，公民需要采取主动行为，积极参与环保事业。这种参与主要有两种方式，一是以志愿者的身份积极参与各种民间环保活动；二是推动政府加快环保立法。无论采取哪种方式，都离不开美德的支撑。

在创建生态文明的过程中，现代公民不仅需要具备传统公民理论所倡导的守法、宽容、正直、相互尊重、独立、勇敢等"消极美德"，还需具备现代公民理论所倡导的正义感、关怀、同情、团结、忠诚、节俭、自省等"积极美德"。生态公民的这些美德是生态文明的制度体系得以创建的前提，也是这些制度体系得以良性运行的润滑剂。公民如果不能养成与生态文明相适应的美德，生态文明即使能够建立起来也难以长久地保持下去。

第三，生态公民是具有世界主义意识的世界公民。现代社会的环境问题大都具有全球性质。环境问题的根源具有全球性。许多国家（特别是弱小的发展中国家）的环境问题都是由不公正的国际政治经济秩序引起的。发达国家的消费取向和外交政策往往对发展中国家的环境状况造成严重的负面影响。环境污染没有国界。任何一个国家都不可能单独依靠自己的力量来应对全球环境恶化所带来的挑战的。没有其他国家的配合与协作，单个国家的环保努力不是劳而无功就是事倍功半。因此，全球环境问题的解决必须采取全球治理的形式。

全球治理的实现需要以全球意识的觉醒为前提。全球意识的核心是世界主义。世界主义是一种强调每一个人的平等价值、凸显对每一个人的义务的价值观念。世界主义反对狭隘的民族主义，强调人类之间的团结、平等和相互关心，凸显对全人类的认同和世界公民身份的重要性。西方传统的人类共同体观念，中国传统的大同理想，都是世界主义理念的不同表现形态。20世纪后半叶以来，随着人权运动的深入发展，强调每一个人都拥有不可替代的平等的道德价值，强调平等地关心和尊重每一个人，强调优先满足基本需要，逐渐成为全球政治和伦理文化的基本价值取向。国家边界在法律和道德上的重要性开始受到全球公民身份的挑战。国家或民族的界限不再是权利和责任的边界。

在世界主义看来，不管我们生活在哪个国家，基于我们共同的人性，我们都属于同一个人类共同体。成为这个或那个政治共同体的成员，这只是由出生的时间和地点所决定的偶然事实；作为人类的一员而存在，这才是一个更为基本和更为重要的事实。在确定人的价值和尊严时，国家界限并无决定性的道德意义。作为整体的人类才应当是我们认同的首要对象。因此，世界主义强调个人之世界公民身份的重要性，强调人类成员之间的价值共享、相互尊重、普遍义务、彼此关心和团结互助的重要性。它要求我们把所有的人都当作自己负有义务的同胞来看待，并承担起作为世界公民所具有的促进人类整体福利的责任。

生态公民清醒地意识到环境问题的全球性以及生态文明建设的全球维度。他们不再把国家或民族的边界视为权利和责任的边界，而是在世界主义理念的引导下积极地参与全球范围的环境保护。世界主义反对狭隘的民族主义，强调人类之间的团结、平等和相互关心，凸显对全人类的认同和世界公民身份的重要性，倡导全球民主与全球正义。具有世界主义理念的生态公民不仅关心本国的环境保护和生态文明建设，而且积极地关心和维护其他国家之公民的环境人权，自觉地履行自己作为世界公民的义务和责任，一方面积极推动本国政府参与全球范围的环境保护；一方面直接参与各种全球环境 NGO（非政府组织）的环保活动，致力于全球公民社会的建设。

全球环境保护运动是全球公民社会建设的一股重要推动力量。我们正在经历的全球化进程是一个不平衡、不对称的进程。政治的全球化往往落后于经济的全球化。资本的全球化给全球环境造成的破坏尚未得到全球政治的有效控制。在这种情况下，加强全球公民社会的建设将有效地弥补全球政治的不足，并对跨国公司不关心全球环境的行为构成有效的约束。全球消费者手中的货币是引导跨国公司最重要的"选票"。强大的全球环境NGO是推动和引导各国政府以及跨国公司积极参与全球环境保护的重要博弈力量。因此，具有世界主义理念之生态公民在全球市场和全球政治博弈中的选择和承诺将是全球生态文明建设成功与否的关键因素。

第四，生态公民是具有生态意识的公民。健全的生态意识是准确的生态科学知识和正确的生态价值观的统一。生态科学知识是生态意识的科学基础。生态价值观是生态意识的灵魂。只有树立了正确的生态价值观，人们才会有足够的道德动力去采取行动，自觉地把生态科学知识应用于生态文明建设。生态价值观是现代环境保护运动的重要发动机和牵引器。

整体思维和尊重自然是现代生态意识的两个重要特征。整体思维要求人们从整体主义世界观的角度来理解环境问题的复杂性。环境问题不是单纯的技术问题，不能依赖单纯的技术路径。环境问题的解决离不开政治和经济的制度创新，更需要人们的价值观和生活方式的相应变革。环境问题也不是单纯的环境破坏问题。它与贫困问题、和平问题、发展问题等密不可分。环境问题与其他社会问题构成了复杂的"问题群"。对于这些问题群，必须采取综合治理措施。环境保护所涉及的也不仅仅是人与自然关系的调整，也涉及当代人之间以及当代人与后代人之间关系的调整。只有同时调整好这三种关系，环境问题才能从根本上得到解决。整体主义世界观还要求我们充分意识到，生态系统是一个有机整体，它的各部分之间保持着复杂的有机联系。人类对生态系统之整体性、变化性与复杂性的认识和了解是有限的。因此，人类在干预自然生态系统时，必须要遵循审慎和风险最小化的原则，要为后代人的选择留下足够的安全空间。

尊重自然是现代生态意识的重要内容，也是生态文明的重要价值理念。自然是人类文明的根基。脱离自然的文明是没有前途的文明。人类依赖自然提供的空气、水、土壤和各种动植物资源而生存。现代科技虽然改变了人类对自然的直接依赖程度,但人类的生存离不开自然生态系统的支撑这一基本前提并没有改变。神奇而美丽的自然还能抚慰人类创伤的心灵,提升人类的精神境界,满足人类的求知欲望。对于这样一个养育了人类的自然,现代公民应怀有感激和赞美之情。

尊重自然的基本要求是尊重并维护自然的完整、稳定与美丽。尊重自然的前提是认可人与自然的平等地位,既不对自然顶礼膜拜,也不把自然视为人类的臣民和征服对象,而是把自然当作人类的合作伙伴。尊重自然的理念与环境人权并不矛盾。人们对之享有权利的对象不是自然本身,而是自然的部分构成要素以及自然提供的部分"生态服务"。作为整体的自然不是任何人的财产,不属于任何人。因此,对环境人权的强调并不意味着人类是自然的所有者。相反,人类只有首先尊重自然,保护了自然的完整、稳定和美丽,环境人权才能最终得到实现。

总之,具有上述特征的生态公民是生态文明的建设主体,是生态文明的制度体系得以建立并正常运转的前提条件。在建设生态文明的过程中,我们必须要把生态公民的培养当作一项重要的战略任务来加以重视。

(本文作者为广西大学公共管理学院 杨通进)

# 中国环境伦理学的十大热点问题

在中国改革开放已经跨越了三十多个年头的背景下，反思我国哲学社会科学领域三十多年来的发展变化一度成为许多学科的理论自觉。客观来说，这种反思是具有重要意义的，因为中国的改革开放不仅带来了经济社会的巨大变化，而且也对许多学科的发展产生了重大影响，它们经历了从无到有的发展过程，也始终面对着与中国本土文化和现实国情的适应性问题。因此，通过反思，重新校正或选择这些学科的发展路向，避免简单的移植或照搬，不仅具有理论意义，也具有重要的实践意义。

具体到环境伦理学而言，自环境伦理学的相关概念、范畴和学科框架进入中国学者的视野以来，围绕这一学科的许多理论问题进行了持续不断的探讨、争论，取得了许多有价值、有特色的研究成果。我们可以通过对学界在以下十大热点问题上的研究，大致可以梳理出环境伦理学在中国三十多年来的发展轨迹。

## 一 关于环境伦理学的学科地位和性质

我国环境伦理学的研究始于20世纪70年代末，在对西方一些学者的论著进行译介的过程中，也必然要对环境伦理学所关涉的一些基础性理论问题进行辨析，首先即是对环境伦理学的学科地位或性质的确认。这一问题在实质上涉及的是环境伦理的合法性或正当性的问题。环境伦理学在西方产生之初就面临着合法性的质疑，而对于中国这样一个有着深厚"人际伦理"文化积淀的思想系统而言，要认同和接纳环境伦理学当然不是一个非常流畅的过程。所以，环境伦理学在学理上是否能够成立也是中国理论界首先热议的论题之一。

否认环境伦理学的学理地位的基本论点是，环境伦理学没有在学理上独立存在的充足依据，这主要是因为，人与自然的关系问题并不是伦理学的论题，如果说超出伦理学的范围来谈人类对大自然的责任是允许的，那么在伦理学的范围之内谈论人对大自然的义务、责任、良心则是草率的。环境伦理学只片面强调人应该对其他生命体具有道德的义务和责任，却忽视了人的道德权利是如何在这一伦理关系中实现的这一根本性问题。对此既然不能予以合理的解释，则所谓道德上的义务和责任也只能是一种毫无意义的空话。[①] 荒野自然观不过是"客观自然主义"的自然观，是一种"毫无血肉的精神"，是"半截子"的唯物主义和历史观上的虚无主义[②]。

或者，环境伦理学即使能够存在也仍然属于传统伦理学的谱系。因为人与自然之间是不存在道德关系的，自然不能成为道德关系的一方。所谓人与自然的"道德关系"折射的还是人与人的道德关系，是牵涉自然问题的人与人的道德关系和人与自然关系的生态环境问题，而在环境科学和伦理学之间没有必然关系，不能逻辑地从生态环境规律推出环境伦理。即便是对于环境问题，作为人们生活基础的伦理学中至少有大部分仍然是适用的。"人们需要的不是某种新伦理学，而是需要一种新的道德手段。"[③]

从总体理论倾向上看，我国理论界对环境伦理学合法性的质疑主要是认为它失去了伦理传统的支持或庇护。因为，环境伦理学在理论建构过程中，总是试图站在千百年积淀下来的伦理传统的对立面来设立命题和概念，来拓展理论空间，它认为人与自然之间道德关系成立的根据就是要对传统的主体际（人与人）伦理予以否定，因而它总是习惯于将建立在人的利益和需要基础上的伦理传统斥之为"人类中心主义"或利己主义，主张要取消人作为道德主体的资格，或者是要求将所有自然物都看成是道德主体。这种自觉地与传统决裂的致思理路导致了人们接受或维持环境伦理学理念的困难，从而不可避免地造成其合法性危机，致使环境伦理学在理论建构演变过程中始终要将主要精力集中到回答"环境伦理学何以可

---

[①] 詹献斌：《对环境伦理学的反思》，《北京大学学报》（哲学社会科学版），1997年第6期。

[②] 孙道进：《环境伦理学的本体论困境及其症结》，《科学技术与辩证法》，2006年第6期。

[③] 余谋昌、王耀先：《环境伦理学》，高等教育出版社2004年版，第3页。

能"这一问题上。

承认或赞同环境伦理学学科地位的则主要有两种观点：第一，认为环境伦理学是迥然不同于以往任何伦理学的理论形态，它具有自己独立的理论地位，它并不需要借助于以往人际伦理的庇护，它是对新的现实问题所作出的伦理解答，因而它代表了一种全新的伦理思维。"环境伦理学不仅是伦理对象领域的扩展，而且是伦理理论的重要突破。它的理论要求是，确立自然界的价值和自然界权利的理论；它的实践要求是，依据上述理论制定和实施环境道德原则和规范，保护地球上的生命和自然界。"[1] 环境伦理学实质上改变了以往的哲学和伦理学只关心人类，只对人类尽义务和职责的状况，并作为与社会伦理学既相联系又相区别的独立学科，把动物、植物和其他自然界以及未来人类纳入道德考虑的范围，提出对动物、植物、自然界以及未来人类尽义务和责任的问题。因此，环境伦理学的创立确实是一场哲学观念的革命。[2] 当人与自然关系成为相对独立的领域后，人与自然关系和人与人关系之间虽然是交互作用的，但这两对并不能简单地相互包含或相互替代，适用于人与人关系的伦理原则和道德规范不能简单地运用于人与自然的关系。这就表明环境伦理学是一门有别于传统伦理学的新伦理学，而不仅仅是伦理学的扩展。[3] 第二，环境伦理学虽然具有崭新的理论性质，但是它与许多新兴伦理学学科一样都属于应用伦理学的阵营。环境伦理学把人与自然关系纳入人与人关系之中，揭示了人与自然关系背后的人与人之间的伦理关系，从而超越传统伦理学，获得了创新，但是这并不意味着环境伦理学已经逃逸出了伦理学的视域，它与新兴起的众多学科一样都可以归属于应用伦理学这样一个大的范畴之中。

合法性危机是学科发展过程中所经常要面对的问题，也是学科发展的重要推力。在中国环境伦理学的发展历程中，可以清楚地看到，通过对其学科地位和性质的反复辨析，环境伦理学的学理基础得到了明显的巩固。

---

[1] 余谋昌：《环境伦理学》，《地球科学进展》，1996年第1期。
[2] 叶平：《人与自然：生态伦理学的基础和取向》，《自然辩证法研究》，1993年第1期。
[3] 王续琨：《环境伦理学的学科定位和发展趋势》，《自然辩证法研究》，2007年第5期。

## 二 关于环境伦理学的研究对象

传统的伦理学始终是以人际道德为研究对象的,环境伦理学理论视域的变化也必然会导致研究对象的调整。对于环境伦理学的研究对象,学界的基本主张是"关系说",当然对于"关系"的理解或把握是存在着明显的理论分歧的。

一种观点认为,环境伦理学应当以人与自然的道德关系为研究对象。首先,环境伦理学研究的是人类与自然的关系,而不是人类社会内部人与人的关系。这使它有别于传统的伦理学,反映了伦理学领域的扩展。其次,环境伦理学研究的是人类与自然的道德关系而不是所有关系。这又使它有别于一般的自然哲学。所谓人类与自然的道德关系,包含两个相联结的方面:自然对人类的价值与意义;人类对自然的权利与义务。

另一种观点则认为,环境伦理学不仅关注人与自然的关系,而且还应更加全面地关注人与人的关系。环境伦理学的一个革命性的变革就在于,它在强调人际平等、代际公平的同时,试图扩展伦理学的视野,把人之外的自然存在物纳入伦理关怀的范围,用道德来调节人与自然的关系。因此,环境伦理学的研究对象应该包括三个层面:一个是当代人和当代人之间的关系;另一个是当代人和后代人之间的关系;还有人与自然之间的关系。应该用一种比较宽广的视野来看待人与自然的关系。

除了"关系说"之外,还有学者认为环境伦理学是"关于人们对待地球上的动物、植物、微生物、生态系统和自然界的其他事物的行为的道德态度和行为规范的研究"[1]。或者认为环境伦理学的研究对象既包含"人对自然的伦理关系"即环境价值观,又包括"受人与自然关系影响的人与人之间的伦理关系",即环境意义上的人类道德行为规则两大主题[2],等等。

从表面上看,我国理论界对环境伦理学研究对象的探讨把这样的理论问题暴露出来了:即环境伦理学是否具有自己独特的问题域?如果说人与

---

[1] 余谋昌:《惩罚中的醒悟——走向生态伦理学》,广东教育出版社1995年版,第34页。
[2] 林静:《环境伦理学在中国》,《光明日报》,2006年9月5日。

自然的关系是独特的,那么以人与自然关系为价值审视对象的环境伦理学就必然具有独特的理论视野;如果人与自然的关系是包含在人与人(社会)的关系之中,那么环境伦理学就没有特殊的理论视点,它只是在传统的伦理学的知识谱系中增加了一些新的知识元素,并没有改变伦理学的思维逻辑。而从实质上看,这种研究把一个伦理学的元问题重新提出并加以重新考问:什么是伦理学?什么是道德关系?在理论获得了新的收获后,思维的起点又必须转向了原初。而正是在这种展望与回溯的过程中,推动着环境伦理学的理论不断向前发展。

## 三 关于环境伦理学的价值立场

伦理学是一门价值科学,因此任何一种伦理学都应该明确自己的价值主张,否则就会蜕变为一种无立场的伦理学而湮没其自身的实践性品格。关于环境伦理学的价值立场在我国环境伦理学的发展过程中主要集中为这样一个问题:环境伦理学以什么作为理论建构的逻辑起点,具体来说即是为了人类的利益,还是为了动物的利益,抑或是为了整个生态环境的稳定?三十多年来,我国学界围绕此问题所产出的成果可以说是最为丰硕的,主要观点为:

1. 走进人类中心主义

这种学说的关键点是,认为自然客体的价值表现在它们对人类的价值,人类对自然客体进行道德思考、道德关怀的出发点和落脚点是人类自身的利益,人类保护环境的责任基于人类对自身的责任。换言之,人对人之外的其他自然存在物的义务只是对人的一种间接义务。

坚持人类中心主义的环境伦理学认为,环境伦理学的研究对象是"以'自然'为中介的人与人之间的伦理关系"[1];其核心问题是"当代人与后代人在自然资源上的公正分配问题"[2]。或者说,生态伦理学是"以人为本"的科学发展观的重要理论基础。建构环境伦理学必须和应当"以人为本"而不能"以自然为本"。人与自然的关系本质上是对象性关

---

[1] 付华:《生态伦理学探究》,华夏出版社2002年版,第116页。
[2] 甘绍平:《应用伦理学前沿问题研究》,江西人民出版社2002年版,第162页。

系，人是主体，自然是客体；所谓"人与自然的伦理关系"实质上是指以自然为中介的人与人之间的伦理关系；环境伦理学的本质是通过调整人与人的关系来调整人与自然的关系。传统的"人类中心主义"虽然有局限性，但是其基本精神不可超越。①

当然，环境伦理学对人类中心主义的坚持是有条件的，这就是：如果将从人类的整体利益出发看作是坚持人类中心论的话，那么，生态伦理学要公开宣示自己的人类中心论立场。没有人类利益的自觉与共识，在一个个人利益、阶级利益、民族利益和国家利益多元并存且彼此冲突的时代，我们就无法对许多是是非非作出判断。②

2. 走出人类中心主义

主张走出人类中心主义的核心观点是，环境伦理学要有一种非人类中心主义或自然中心主义的价值立场，这正是环境伦理学新质或颠覆意义的体现。

之所以要走出人类中心主义，即是因为它与生态危机有着不可解脱的关系。因为人类中心主义只承认自然界对人的工具价值及人类对自然界的利用权利，不承认自然存在物的内在的、固有的价值。这种观念必然导致人类无节制地运用日益先进发达的科学技术手段向自然掠夺、索取，最终超出自然界承受的阈限，破坏生态平衡。因此，非人类中心论者认为，人类中心主义应该被彻底扫进历史的垃圾堆，主张人们应当早日建立非人类中心主义的环境伦理思想体系。

走出人类中心主义的环境伦理学在价值导向上主张，要建立一种非人类中心主义的价值评价体系，这个体系可以是以所有动物为中心的，即承认动物也拥有值得人类尊重的天赋价值，也具备成为"道德顾客"的资格；或者是生命中心论的，即倡导一种以地球上所有生命为中心的环境伦理学；或者是以生态为中心的，即以生态系统的整体和谐完整为目的的环境伦理学。其次则是强调人类对自然负有直接的道德义务，即自然存在物完全有资格成为道德关怀的对象。

3. 超越人类中心主义与非人类中心主义

透过人类中心主义与非人类中心主义的激烈争辩不难发现，学界关于

---

① 傅华：《建构"以人为本"的生态伦理学》，《北京行政学院学报》，2006年第5期。
② 刘湘溶：《论生态伦理学的利益基础》，《道德与文明》，2001年第5期。

人类中心主义和非人类中心主义的主张实际上并没有根本上的区别，引起争论的主要原因对人类中心主义内涵的不同理解，如果消除了语义上的这种误解就会发现，上述的"人类中心主义"和"非人类中心主义"在对待人和环境的价值观和道德观上基本是一致的，即都顾念人类的存在和命运，都顾及人的利益和需要，都重视人类生存环境，为人类的前景和未来的命运担忧。所以，寻求人类中心主义与非人类中心主义的统一和相容对于中国环境伦理学的发展来说就具有非同寻常的意义。

有学者提出应当建立一种"开放的环境伦理学"，以超越人类中心主义和非人类中心主义的局限性，整合它们各自在理论和实践上的优势[1]；而整合的基础即是要对"人究竟是什么？"这一伦理学的元问题做出更加准确的阐发，这个"人"应该被确定为"普遍"的人、"自由"的人、"类本质"的人、劳动的人、对象性的人、既改造自然又尊重自然的人。只有这样的人，才能充当"大自然最敏感的神经"，并自觉承担起呵护自然的伦理重任。[2] "黑格尔关于人的自由意志是一个否定之否定过程的观点为走出这种争论提供了理论依据，马克思关于人与自然界完成本质统一的思想亦为消解这种对立奠定了理论基础。"[3]

价值立场问题既带有形而上观照的意蕴，也带有实践干预的指向。在经过一段激烈又繁杂的理论辩论后，学界在这样两个方面逐渐趋向于共识：环境伦理学既担当着价值启蒙或教化的使命，也担当着直接积极地影响环境保护的责任，这两方面在中国环境伦理学中都是需要坚守的。

## 四 关于环境正义

正义问题是伦理学所关注的恒久性问题，尽管正义的诉求有多种出路，但是正义问题始终与利益存在着难以剥离的纠结，而环境正义问题归

---

[1] 杨通进：《环境伦理学的三个理论焦点》，《哲学动态》，2002 年第 5 期。

[2] 孙道进：《从人的对象性到环境伦理学的合法性》，《科学技术与辩证法》，2008 年第 2 期。

[3] 曹孟勤：《从对立走向统一——生态伦理学发展趋势研究》，《伦理学研究》，2005 年第 6 期。

根结底也牵涉到利益公平问题。

我国环境伦理学界对正义问题的思考起始于对发达国家和发展中国家在环境利益和环境责任问题上的"不公平"现象的关注，认为在当代西方环境伦理思潮中，非常明显地夹杂着环境利己主义或环境殖民主义的呼声[1]，但是随着环境保护运动的发展，环境正义问题逐渐成为环境伦理学的前沿问题。因为在环境保护面临的现实问题中，由于环境保护中权利和义务不对等引起的"环境不公"（environmental unequal）问题越来越引人注目。而这一问题所引发的"环境正义运动"，不但在西方发达国家内部，而且在全球范围内（特别是欠发达国家和地区）得到了广泛的响应，并正日益成为世界范围内环境保护运动的一个亮点。"环境正义运动"的发展及其主要思想的传播，既对当代环境伦理的理论及其指导的西方主流环境保护实践提出了挑战，也为当代环境伦理提供了一个从现实的角度看待和分析环境问题的崭新视角。而"环境正义"所代表的现实倾向，从某种程度上也为当代环境伦理的发展指明了方向。[2]

或许一谈到正义问题许多人就会想到关于正义的诸多阐释和解读，让人不由想起法理学家博登海默的那句名言："正义具有着一张普洛透斯似的脸，变幻无常，随时可呈不同形状，并具有极不相同的面貌。"这句话似乎在提示着这样的主题：言说正义是任何一个人特别是在伦理学的语境下难抑的冲动，但是正义总有难以言说的一面，这不仅是因为正义的理论层次被创制得异常纷杂，诸如实质正义、程序正义、制度正义、个体正义等不同界面；更重要的是，正义的实现又是需要多种条件的支撑的，诸如社会制度安排的合理性，个人品德或动机的正当性等。所以，尽管正义始终是一个在伦理学的语境下反复吟唱的旋律，但是它似乎只有激动人心的感召效果，而人们很少可以实际地享有它的福泽，这一方面是因为正义实际降临到人间需要许多条件彼此间循环、交织地支撑；另一方面是因为正义并不是一个确定的量的定数，人们所苦思冥想的正义一旦落实了，新的正义期求必然会掩盖掉已经实现的要求，正义对于人似乎总是一个亦步亦

---

[1] 王正平：《发展中国家的环境权利和义务的伦理辩护》，《哲学研究》，1995年第6期。
[2] 王韬洋：《"环境正义"——当代环境伦理发展的现实趋势》，《浙江学刊》，2002年第5期。

趋但又总是若即若离的影子,人很难完全占有它。所以,有人将正义当成是一个柠檬①,也有人慨叹"正义为何如此脆弱?"② 好像许多问题,一旦与正义关联起来,就像被置于一个硕大的旋转的容器之中,难以找到突围的路径了。环境正义的凸显是否也会使环境伦理学进入了一个"含混不清"的话语环境之中?

事实并非如此,环境正义问题的凸显也使得环境伦理学研究的基调有了一定的变化。最为明显的是,激进的环境主义情绪有所减弱,即环境正义的凸显带动了环境伦理学的转向,使得环境伦理学的品格发生了明显的变化。首先,它表明人与自然关系的问题并不是抽象的、孤立的,它与各种社会问题都是密切相关的,如果说排斥人与自然关系的人际伦理学是狭隘的,那么无视人的社会关系、生存境遇和文化传统来探讨人与自然的和谐的环境伦理学则更失之于虚妄。其次,"环境正义"的凸显表明在环境问题上的各种理论争辩实质上都是各种利益关系的纠缠和冲突。最后,"环境正义"问题的提出虽然使得环境伦理学减少了一些浪漫的激情,但是与现实生活的距离却拉近了,实践性的指向增强了,即增添了一些笃实凝重的色彩。

当然,从总体上看,我国理论界对环境正义的研究还存在缺陷,如研究内容缺乏整体性和系统性,特别是对"环境正义"的本质及其理论可能性等实质性问题缺乏全面深入的探讨;研究方法单一,大多数研究局限于对某一具体学科方法的运用,缺乏多学科方法的交叉与融合;研究视角缺乏足够的现代性眼光和宽广的人类学视野与全球性背景,也缺乏一种审慎批判精神,大多数研究或侧重于各自国家的环境权利之分享,或仅停留在单纯的分配正义范围,直接沿用照搬已有正义理论去阐释环境正义,利用权利分配式正义模式去解决环境保护与社会正义双重难题,较少从全球化背景中的整个人类社会发展和文化价值观念转变以及人类生存方式的变革,即"类"的角度去研究环境正义理论基础等问题;对"环境正义"在当代社会的实现机制和实现过程等问题研究不够,多数研究侧重于从一般学理意义上演绎和推导"环境正义"的实现条件与实现机制,较少从

---

① 参见王诺:《自由的观念:绕开一个正义的柠檬》,《读书》,2002年第6期。
② 万俊人:《正义为何如此脆弱?》,《读书》2002年第5期。

当代世界新变化和人类实践方式新转型以及人的自由全面发展等意义上探讨这一问题。

## 五 关于自然价值

在环境伦理学的理论视野中，自然价值是一个引起理论上广泛辩难的概念。许多人认为，对自然价值的不同理解、界定将会直接影响环境伦理学理论体系的建构，影响到能否为环境伦理学寻找到有力的理论支撑点，甚至影响这门学科的发展路向，因此，这个概念得到了极大的理论关注。

学界对自然界价值问题的争辩实际上涉及了两个基本问题，一是如何认识价值的本质；二是如何认识自然价值的本质。

对于第一个问题，理论界的基本观点认为，传统的价值论是以主客二分为基本认识框架的，价值体现的是主体的要求，展示的主体对客体的强力建构、筛选作用，因此传统价值本质意义就是人的主体性的张扬。究其实质，价值并非实体范畴而是关系范畴，是事物对人所呈现的意义，体现的是人与事物之间的相互肯定关系，虽然人与事物（对象）不一定是同质的，但是构成价值关系的两极应当是平等的，这种平等性既表现为结构上的平等，也体现在功能上的相互肯定。即便是在人与自然物所构成的价值关系中，人的尺度也不是可以任意发挥作用的，也不是唯一的，人必须按照物的属性来调整自己的需要或需要的满足方式及其程度，而且这正是人的本质的重要体现。因此，必须改变把价值看成是事物的属性的或人对事物的属性任意占用役使的观念。

对于第二个问题则主要围绕着两个方面来展开，其一是自然价值在本质上是否只表现为对人的有用性；其二是自然价值在类型上究竟如何加以划分。首先，学界在关于自然价值的本质问题上占主导性的观点是认为，对人的有用性只是自然价值的一种表现方式，甚至是"最小化"的价值表现，这种价值只是在人与自然的线性关系上所体现出来的自然的意义，而如果把自然物置于整个生态系统中，那么就会展开多维的价值关系，自然物"最大化"的价值即是对生态系统意义，是其自身目的性的体现。"有机体个体（并非全部）所具有的内在价值是建立在它们整体所具有的内在价值基础上的,这是真正在自然界中属于它的价值"。① 人不是最高的主体,更不是绝对主体,大自然才是最高的主体。非人存在物亦有不同程度的主体性,从而有其内在价值和权利。② 当然,主张自然目的性意义,也并不排斥自然界对人的意义,只是不能把这种价值绝对化、唯一化。③ 其次,在关于自然价值的类型划分上,可谓观点杂陈,有二类型说,即内在价值与外在价值、工具价值与目的价值、广义价值与狭义价值的划分;有三类型说,即通过人化自然、自然化人和情感投射而凸显的意义;有四类型说,即资源价值、科学研究价值、审美价值和生态价值,等等。

说到底,自然的内在价值即是强调价值的客观性,反对以人的好恶为尺度来进行价值衡量。但是,自然内在价值的观点也长期遭到诟病。一些论者否认自然的内在价值的一个重要理论根据就是依据英国伦理学家乔治·爱德华·摩尔在1903年出版的《伦理学原理》一书中提出的观点,即认为将自然的属性等同于价值是犯了"自然主义的谬误",是在事实与价值之间所做出的"惊险的跳跃",是难以获得学理的支持的。另外,主张自然具有内在价值的自然价值观类似于费尔巴哈"人本学"唯物主义的客观自然观,即它预设的自然是原始的、素朴的、自在的,具有先在性、自组织性、有机性、同质性等特征。正是这种"荒野"自然观构成了环境伦理学的本体论之"根"。环境伦理学遇到的种种诘难,如价值论上的"自然主义谬误"、认识论上的"宗教神秘主义"、方法论上的"环境法西斯主义"等,都可以从这种"人学空场"的抽象自然观那里寻找到问题的症结。④

自然价值问题的争论可谓"旷日持久",但是这种争论无论从理论上还是实践上所产生的积极意义已经逐渐显现,从理论上说,它至少可以作为推进价值论研究的重要触媒或者给人们检视反省传统价值论范式提供了一种新的参照。因为,通过对人与自然关系的道德拷问,不仅使"认识

---

① 叶平:《人与自然:生态伦理学的基础和取向》,《自然辩证法研究》,1993年第1期。
② 卢风:《论自然的主体性与自然的价值》,《武汉科技大学学报》,2001年第4期。
③ 詹献斌:《对环境伦理学的反思》,《北京大学学报》(哲学社科版),1997年第6期。
④ 孙道进:《"荒野"自然观:环境伦理学的本体论症结》,《重庆社会科学》,2005年第4期。

你自己"的经典箴言获得了新的诠释,而且对自然的把握也达到了新的高度,因而那种割裂、对立人与自然的价值范式遭到贬斥,事实与价值二元分割的"难题"也遭到了空前的真伪质疑。从实践说,将自然涵盖在人的生命活动之中,成为人的生命世界中的不可或缺的要素或者追求将人的生活节奏大自然的节律变化合拍共振的生活理念越来越受到追捧。而这也印证了,人类的是非善恶观念并非一成不变,"人类对价值问题省悟,是逐渐从自发到自觉,从简单到复杂的过程"[①]。

## 六 关于自然权利

同自然价值一样,我国环境伦理学界也把对自然权利的阐发,当成了环境伦理学理论建构的一个重要支撑点。

环境伦理学之所以将自然权利作为一个重要理论支点,主要是因为环境伦理学的其他范畴,诸如生态善恶、生态良心、生态义务等,无不是从它衍生而出。自然权利又称生态权利,它是指自然界中的所有生物,尤其指野生生物,包括动物、植物、微生物一旦存在,便有按照生态学规律继续存在下去的权利。自然权利具有这么几个特征:一为自然性,是指自然的权利是自然意志的体现,它源于自然运行法则;二为一致性,是指所有生物按照生态学规律的存在都是权利与义务的统一;三为平等性,是指在自然权利上所有的生物均无贵贱之分、优劣之异,决不因其数量的多与少,出现时间的早与晚,拥有力量的大与小,进化层次的高与低而不同;四为相对性,是指在人类出现以后,自然中的其他权利主体的行为能力受到了限制。[②]

如果承认环境伦理学对于拓展伦理学理论谱系的重要意义,那么自然权利的认定似乎就是完全合乎逻辑的,因为,权利主体范围的拓展反映了文明与道德的进步。如果说权利主体范围从部分人拓展到所有人,使所有人的权利都得到认可是文明与道德的进步的话,那么,权利主体范围由人拓展到人之外的自然,使自然的权利得到认可,同样也是文明与道德的进

---

① 李德顺:《价值论》,中国人民大学出版社1987年版,第21页。
② 刘湘溶:《自然的权利与生态伦理》,《湖南师范大学社会科学学报》,1992年第1期。

步。如果说权利问题上的性别歧视、阶级歧视、种族歧视不合理,那么,权利问题上的物种歧视同样也不合理。①

当然,把权利移植到环境伦理学中,并由此来确定人类对大自然的义务,从而建立起一种新的权利—义务关系,也引出了一些反对的声音。但是这并不足以"封杀"关于自然权利的讨论。这是因为:首先,即使是对于人的权利的论证,至今也不能说在理论上是完备无缺的,但这并不妨碍人们对人权的确认,而对自然权利也应当作如此看待。其次,在实践中,动物权利或自然权利的理念仍然是许多人保护动物、从事环保的精神资源。最后,动物权利论者已经指出,人所享有的权利的范围不仅比动物所享有的要宽广得多,而且也比动物的权利更强硬。在某些情况下,可以为了维护人的某些权利而暂时忽略动物的类似权利。有了这样一些附加条件,关于动物权利的说法也就具备了一定程度的可理解性和可操作性。因此,我们至少可以在类比、象征和修辞的意义上使用动物权利和自然权利这样的概念。②

其实,我国环境伦理学中关于自然权利的讨论明显地体现出移植和模仿的痕迹。在西方文化背景下,权利是最强硬的道德货币。也就是说,任何一种存在物,一旦其权利主体资格得到确认,那么就必然要求人们对其施予道德关怀。所以,在西方道德文化传统或伦理谱系中,权利是一个非常重要的道德范畴,也是人们所熟知和容易引起共鸣的伦理命题。正如美国环境伦理学家罗德里克·纳什所言:"天赋权利是美国的一个既定的文化前提,更是一个不容怀疑的理想。美国人对个人的善和内在价值所抱有的自由主义信念,导致他们追求自由、政治平等。美国历史中最成功的改革都是以这种自由主义传统为依据的。20世纪60年代,当环境主义者开始谈论大自然的权利,并想把这个被压迫的新的少数群体从人类专制统治之下解放出来的时候,他们运用的就是自由主义的话语和理想。"③ 但是,在许多非自由主义文化传统的框架中,权利并不是道德合法性的必要条件,因而由自然权利所引发的争辩也就往往难以避免。当然,自然权利的

---

① 刘湘溶、李培超:《论自然权利——关于生态伦理学的一个理论支点》,《求索》,1997年第4期。

② 杨通进:《环境伦理学的三个理论焦点》,《哲学动态》,2002年第5期。

③ [美]纳什:《大自然的权利》,杨通进译,青岛出版社1999年版,第10页。

申述的目的是非常明确的,那就是要强化人类对大自然的义务,因而可以说,自然权利仅仅是一种前提性预设,而对大自然的义务则是最终的归宿。如果说,人们能够自觉地从自然权利过渡到对大自然的义务,那么自然权利阐发的意义是非常明显的。

## 七 关于国外环境伦理思想研究

我国环境伦理学是从介绍、借鉴国外环境伦理学的流派和观点起步的,因而长期以来模仿、移植的痕迹较为明显,中国环境伦理学在三十多年的发展进程中,"涉外"的理论成果较为丰富。

我国环境伦理学界对国外环境伦理思想的研究主要有这样几个特点。

其一,大多数研究成果中都涉及了国外的环境伦理思想。在经过三十多年的发展后,我国环境伦理学的研究成果可谓汗牛充栋、蔚成大观。在这些研究成果中,不仅有专门翻译介绍国外研究成果的论文、专著,而且国内学者所撰写的诸多研究性论著中也大多涉及了国外环境伦理学的阵营及其流派,甚至内容的逻辑展开和铺陈也在一定程度上借鉴了国外已有的研究成果,种种情况说明,国外的环境伦理思想的确在一定的时间范围内成为了我国环境伦理学发展的"思想酵母"。

其二,对国外环境伦理思想的介绍研究大多涉及的是美国环境伦理学的一些思想成果,不仅所介绍的思想家大多是有美国文化传统背景的,而且我国环境伦理学研究所使用的概念范畴以及理论框架等也大多与美国环境伦理思想有一定的关联性,因为,"环境伦理学产生于美国,像荒野、保存、保全、整体主义、个人主义、自然的内在价值和权利、环境正义等核心概念一直是美国文化的产物。"[①] 所以,在一定的时间内,我国环境伦理学界所涌现的许多关于国外环境伦理学的研究成果从理论视域上看是较为狭窄的,远远没有把环境伦理学的多元性特质体现出来。

当然,我国理论界也翻译出版了立足于不同国家的人文传统、阐释不同文化背景下支撑自然保护伦理的价值理念的著作,由维杰卡·梅农和坂元正吉主编的《天、地与我——亚洲自然保护伦理》就是有代表性的成

---

① 韩立新、刘荣华:《环境伦理学的发展趋势及研究对象》,《思想战线》,2007年第6期。

果,该书由来自亚洲的16个国家的作者撰写,"这些作者的身份从'王公贵族'到普通人,其中有联合国官员,也有动物保护主义者,甚至'僧人',因而,他们所代表的观点具有广泛的多样性。"[①] 但是这方面的研究仍然需要加强,我们理论视域中的"国外环境伦理学"的内涵亟须得到充分的挖掘。

其三,对国外环境伦理思想的介绍研究较多地聚焦于激进的环境伦理学流派。毫无疑问,激进的环境保护理念在国外环境伦理学占有很大的比重,因而在介绍和移植国外环境伦理思想的过程中也较多地与激进的环境伦理思想阵营接触或遭遇。迄今为止,属于激进环境伦理学阵营的生态中心论、生命中心论、生物中心论、自然价值论以及深生态学等学派的观点不仅被广泛地加以介绍和研究,而且也被许多国内研究者自觉地融入了自己的理论体系之中,因而使得我国环境伦理学也沾染上了明显的激进主义的色彩。

其实,国外激进的环境伦理学致思路向的形成并非没有缘由,特定的生存环境(通常是人少地多)以及自由主义的文化传统和背景都构成了激进的环境伦理学的生成条件,而这种条件也在客观上对激进的环境主义伦理学形成了限制,也就是说,离开了人的一定的生存条件和文化背景来遵循激进的环境伦理学充其量也只能是"照着说"。而且我们必须充分地认识到,从实践的意义上说,激进的环境伦理学由于其激进的色彩,往往能够引起人们的一定的关注,但是却往往容易堕入抽象自然观的误区而丧失了实践基础。

## 八 关于中国传统文化与环境伦理学

马克斯·韦伯曾经指出,传统是合法性支持的重要因素。对中国传统文化进行环境伦理解读或者从中国传统文化中挖掘环境伦理的思想资源,对于我国学术界来说,不仅要对环境伦理学进行合法性辩护,而且也是赋予中国传统文化一种新的蕴含或者说寻求一次重估传统文化价值的新

---

[①] [印度]维杰卡·梅农、[日]坂元正吉编:《天、地与我——亚洲自然保护伦理》,张卫族、马天杰等译,中国政法大学出版社2005年版,中文版编者说明第1页。

机遇。

　　环境伦理学带有强烈的反思、批判现代性的意味，这在国外环境伦理学发展初期已经表现出来。一些国外学者认为，生态危机的出现暴露了以主客二分为特点的西方文化的缺陷，而以天人合一为特点的中国文化则成为了解决生态危机的一剂良方，因而中国传统文化的基本理念与环境伦理学的价值导向是一致的。[①] 西方文化是崇尚科学主义、个人主义和功利主义的，它的哲学是立足于"无生命的自然"，因而在发展科学技术的同时，提出了优先产业主义和经济主义的理论，从而建立了具有高度文明的社会。其结果是，一方面造成了国际上的经济差距；在另一方面由于无节制地利用自然的结果使生态系统出现了失调，环境遭到了破坏。"而要解决这些问题，需要环境伦理的指导，而儒教是重要的支持资源。"[②] 国外学术界的这种倾向很容易得到国内学术界的回应，因而对中国传统环境伦理思想或对中国传统文化中所包含的环境伦理思想进行研究很快成为了一个成果斐然的领域，关于中国传统的儒家文化、道家文化和佛教文化中的环境伦理思想的研究成果纷纷涌现。

　　除了对儒释道的环境伦理思想进行分析挖掘外，我国理论界还推出了许多论著，专门研究思想史上一些著名思想家和宗教门派的环境伦理思想，孔子、孟子、老子、庄子、禅宗等都在研究之列。当然墨家、法家等流派的思想也有论及。

　　毋庸讳言，对中国传统文化中的环境伦理思想的挖掘是展现中华民族生存智慧和生态情结的重要环节，也是体现我国环境伦理学研究的独特性的重要视点。但是，就已经取得的成果和研究路径来看，还存在着需要继续加强研究的问题。

　　首先，恰当地定位。挖掘中国传统文化中的环境伦理思想是夯实环境伦理学思想基础的重要步骤。但是，对于中国传统文化中的这些思想元素如何定位则是需要认真思考的问题，就目前的研究倾向来看，大多认为中国传统文化中包含着非常丰富的环境伦理思想，而这种定位在很大的程度

---

　　① [美] H. 罗尔斯顿：《尊重生命：禅宗能帮助我们建立一门环境伦理学吗？》，初晓译，《哲学译丛》，1994年第5期。

　　② 清生真人：《儒教与环境伦理》，《儒学与21世纪》，华夏出版社1996年版，第754页。

上表现出一种"以今解古"或"以今释古"的姿态，即用现代环境伦理学的理论框架来裹挟或包装传统文化，这实际上带有明显的"贴牌"痕迹。中国传统文化中是否包含着丰富的环境伦理思想，但是这需要认真加以甄别。

其次，整体性观照。中国传统文化虽然从构成要素上看可以解构为儒、释、道三种主要成分，但是文化是一个整体性结构，是一个活的有机体，无论是从结构还是功能上说有其自身的联动机制和节奏。而从目前的研究来看，很多的研究成果都是分别从儒、释、道三种文化的个性来做文章，如把儒家的生态伦理思想解释为弱化的人类中心主义，把道家的生态伦理思想解释为非人类中心主义，又把佛教的环境伦理思想解释为生态整体主义或深生态学等，这种做法不仅落下"贴牌"的口实，而且也是孤立地分割式的研究。儒、释、道尽管各自具有自身的特点，但是它们却属于共同的文化体系。在中华民族几千年的历史发展过程中，儒、释、道共同地影响着中华民族的生活和精神风貌，所以需要有非常广阔的理论空间来呈现中华民族整体的生态智慧。

最后，诠释与活化。对于中国传统文化中的环境伦理思想，目前理论界的基本研究方式是诠释，而其实诠释是可以分层次的：一是"实谓层"，即原典（作者）实际说了什么；二是"意谓层"，即原典（作者）想说什么，真正意思是什么；三是"蕴谓层"，即原典（作者）可能说什么；四是"当谓层"，即原典（作者）本来应该说什么；五是"创谓层"，即为救活原有思想，我必须创造性地表达什么。[①] 这五个层次实际强调的是阅读者和研究者与阅读和诠释的对象之间要形成一种对话性关系，而对话关系的形成就需要一种交互主体的关联性，即一方面阅读者或诠释者要尊重原典，要学会聆听，要重视地捕捉原典中所蕴含真实思想；但是另一方面又要发挥阅读者的主体性，要积极地赋予其新的时代意义，以延续原典思想的生命力。但是就目前对中国传统文化中的环境伦理思想研究的姿态来看，许多理论成果仍然停留在固执于原典而无法走出原典的状态，即更多地局限于探讨原典的环境伦理思想是什么而较少思考如何承

---

① 陈羽佳：《阅读·诠释·实践：马克思的当代境遇》，中国社会科学出版社2006年版，《序言》部分第2—3页。

接它以及它在现代人们的生活中活化的路径和条件是什么的问题,因此,活化中国传统的生态智慧是更重要的工作。

## 九 关于马克思、恩格斯的环境伦理思想

坚持马克思主义的立场、观点和方法是我们进行哲学社会科学研究的基本原则,因而研究马克思、恩格斯的环境伦理思想必然成为中国环境伦理学领域的热点问题。实际上,除了这一根本原因之外,对马克思、恩格斯的环境伦理思想进行研究还有两个方面的直接针对性。

一是,理论界特别是国外理论界有一种观点认为,马克思、恩格斯的思想中不仅缺少生态学的维度,甚至存在着反生态学的维度,集中体现在马克思所强调的劳动和实践的概念所凸显的主要是人对自然的征服和改造。英国学者本顿就指出:"马克思对我们在劳动过程不能操作的自然条件表现得很不充分。与此相对,却对人有意识地改变自然的力量强调得过了头。"[1] 也有人认为,马克思和恩格斯的思想在总体上是反生态的,因为他们更多地强调的是人与自然对立起来或者说是站在人类中心主义立场上来看待自然的价值的,因而过分强调人同自然冲突的一面。[2] 还有人指出,"马克思对待世界的态度总是保持着普罗米修斯式的进击,以人类征服自然为自豪的特点。"[3] 那么这种判断是否正确呢?这是理论界需要认真甄别的一个重大问题。

二是,我国的环境伦理学研究如果缺少了马克思主义环境伦理思想的成分,这种研究的合法性是成问题的。这两个方面的缘由促使许多学者对马克思、恩格斯的环境伦理思想展开了探讨。

学界的基本共识是,马克思和恩格斯的思想中是存在着非常丰富的环境伦理思想的,而且这些思想体现出了马克思、恩格斯思考环境问题的独特视角。具体来说,马克思、恩格斯的环境伦理思想主要体现在三个方

---

[1] [英]本顿:《马克思主义与自然的界限》,转引自岩佐茂、刘大椿主编《环境思想研究:给予中日传统与现实的回应》,中国人民大学出版社1998年版,第134页。

[2] Howard L. Parsons, *Marx and Engels on Ecology*, Greenwood Press, 1977, p. 35.

[3] Bob Jessop with Russell wheatley, *Karl Marx's Social and Political Thought Critical Assessments*, Volume Ⅷ [C], . Routledge, 1999, pp. 44–45.

面：首先，认识到环境问题不能脱离一定的社会生产关系。其次，关于人的全面发展思想合乎"生态人"理念。"生态人"是当代人文价值观的产物，它旨在超越和完善过去生物人、道德人、理性人、经济人等各式各样假说。最后，强调"人类史"与"自然史"研究的统一，而重新深入开展自然史、环境史的统一研究，将有助于促进中国环境伦理理论的建立。[①]

还有学者指出，自然理论是马克思主义理论体系的一个重要组成部分，其中心内容是"人与自然"的辩证关系。马克思、恩格斯关于人与自然关系的理论不但和环境伦理学具有一致的旨趣、惊人的共识基础，而且还为当代生态伦理学走出困境提供了必要而又合理的理论切入点。这主要体现在，马克思对人与自然关系的有关论述结束了以往自然与人、自然与社会、自然与历史相对立的状况，向世人展示了一幅自然与人、与社会相互作用，辩证统一的图景。这种人与自然关系的辩证法，为克服当代生态伦理学中人类中心主义（即只承认人的价值，认为其他物种若有价值，也只是工具价值）与生态中心主义（认为任何物种、生物个体都有其内在价值）各执一词的偏见提供了一个较为合理的切入点。以此为理论基点，完全有可能建构起一种超越人类中心论与生态中心论之争，立足于对人与自然关系正确理解和全面把握的新的生态伦理学。[②]

另外，马克思关于自然向人生成的观点，人必须依赖自然界生活的观点，人的劳动和创造受自然制约的观点，人同自然的物质变换必须遵循一定的规律和秩序的观点等都是值得重视的，马克思、恩格斯虽没明确提出人与自然的伦理道德关系，但对这种关系的认可还是隐含于他们的思想之中的。[③]

当然，必须注意的是，当前理论界在马克思、恩格斯环境伦理思想的研究上存在着明显的"碎片化"现象，即断章取义、武断赋意；也存在着硬性照搬的痕迹，即对于马克思、恩格斯的自然观如何在中国环境伦理学的理论建构中获得完整且充分的体现关注不够。

---

① 张岂之：《关于生态环境问题的历史思考》，《史学集刊》，2001 年第 3 期。
② 倪惠芳、李韬：《生态伦理的文化渊源——兼论马克思自然理论对当代生态伦理学的启示》，《思想战线》，2001 年第 6 期。
③ 张秀芹：《关于马克思生态哲学思想的几个问题》，《青海社会科学》，2004 年第 1 期。

## 十 关于环境伦理本土化

我国环境伦理学的研究就是在20世纪初70年代末从译介西方的环境伦理学论著开始起步的，经过30多年的发展，我国环境伦理学进展非常迅速，但是模仿和移植的痕迹比较严重。这种情况在起步阶段时其局限性并未充分显露，但是随着理论的发展特别是对其实践性要求的提高，缺乏本土化视角和价值立场的环境伦理学的局限性就开始充分暴露出来了。因为，任何伦理学都应该是实践的，缺乏实践效度的伦理学只能是不结果实的"思辨的花朵"，难以担当对人们进行价值引导作用的。而我国环境伦理学目前就面临着这样的窘境：学界的理论建构与国家的环保决策之间有过大的张力，学术研究与环保实践之间存在着明显的距离，学者思想与民众意识之间存在着一定的冲突。在这样一种背景下，我国环境伦理学的本土化问题开始受到了重视。

实际上，从全球的范围来看，环境伦理学本土化的诉求自20世纪80年代以来在许多国家特别是一些发展中国家就表达得越来越强烈；因为在经历了激进的环境主义的喧嚣后，许多国家更加深刻地认识到：人与自然的关系并不是抽象孤立的，人与自然的关系以及人对自然的认识总是要受到具体的社会环境、文化传统、制度安排等社会因素的影响，所以必须在具体的社会、文化背景中来思考人与自然关系恶化的原因以及探寻实现人与自然和谐的途径，因而许多国家的学者都提出了他们各自的环境关怀的本土化主张。

这些主张可以分为两大类，一类可以称之为"批判性"的思路，即主要反思和批判西方环境伦理思想的局限性，反对将西方环境伦理思潮的价值理念在全球推广。印度学者古哈在《激进环境主义与荒野保护：来自第三世界的批判》一文中所表达的观点非常具有代表性。他认为，以"深生态学"为代表的西方激进的环境主义以普遍主义的面目出现，但实际上它的思想基础和现实背景都是来自西方社会，所以这种学说用在像美国这样的西方国家是有用的，但是如果在印度这样人多地少的国家推行它的价值观念和环境保护策略是一种"荒野强迫症"，是一种帝国主义情结的表现方式，必然对广大发展中国家造成严重侵害。尽管在有些人看来，古哈对深生态学批判主张或许有些极端之嫌,但是他主张环境保护伦理观的确立和环境保护措施的实施应当以具体国家的国情为基础,特别是要顾及社会大多数的人的利益,而不是带有上层社会悠闲情调和避免生态殖民主义的侵害的主张并非仅仅是道德义愤的宣泄,而是具有非常明显的针对性的,其现实意义不容低估。

另一类可称之为"建设性的"的思路,如由维杰卡·梅农和坂元正吉主编的由亚洲16个国家来自政界、学界、商界和民间组织人士撰写的《天、地与我——亚洲自然保护伦理》一书则分别立足于亚洲不同国家的历史和现实国情,提出了自然保护伦理的本土化问题,虽然在本土化的路向选择方面各自阐述的视角不同,如有主张发挥本土宗教传统在民间的影响和作用,有主张通过NGO组织来传播自然保护伦理,还有主张通过发掘传统文化中的民间生态智慧来形成适合本国的自然保护伦理等。但是他们的共识则是"自然保护伦理必须依托于本民族的文化环境和社会条件才能够真正发挥作用"。国外学界的这些主张虽然没有直接涉及中国环境伦理学本体化的问题,但是这些观点还是有重要启示的。

不可否认,环境伦理学在中国的兴起与西方发达国家有着相似的价值需求,即在迈向现代化的过程中如何对待人与自然的关系。但是,环境伦理学要在中国发挥其应有的实践功能,必须能扎根中国本土,既能够融入中国的文化,又能契合中国民众的价值需求。因此,可以说,环境伦理学传入中国的过程,同时必然是一个寻求本土化的过程。

总结国内学界针对环境伦理学本土化的研究成果不难发现,国内学界所涉及的主要问题有:第一,通过反思中国环境伦理学的进程,提出中国环境伦理学的未来发展必然是要体现出本土化的视野或中国本土特色,即要建构具有中国特色的环境伦理学;第二,在分析批判西方环境伦理学所表现出的西方中心主义或生态殖民主义色彩的基础上,提出了中国环境伦理学的发展要正确把握环境问题的普世性和特殊性问题,既不能忽视人类在应对生态环境问题上需要责任共担、利益共享,但是又不能忽视中国作为一个发展中国家在解决生态问题上的固有权益;第三,提出了中国环境伦理学本土化建构的一些基本设想,如,如何实现传统生态智慧与现代生活的对接与活化问题,如何发挥环境伦理学的实践效能等。

## 余 论

　　中国环境伦理学的三十多年进程，已经取得了很大的成就，最起码来说，在伦理学理论阵营中，环境伦理学已经不再被看成是"躲在深闺人未识"的冷僻学说或"哗众取宠"的奇谈怪论了，无论是研究阵营还是研究成果都已成"大观"。但是，中国环境伦理学还不能说已经形成了自己的理论范式，即形成了一个具有共同信念，秉持共同的方法论原则和在共同的问题域中进行研究的学术共同体，质言之，中国环境伦理学的繁荣带有一种表面性的"征候"。

　　从20世纪80年代以来，伴随着应用伦理学学科群落的崛起，伦理学的谱系得到了快速的扩张，而在应用伦理学的阵营中，环境伦理学在初始阶段可谓异军突起，发展非常迅速，在一定时间内，成为应用伦理学群落中最引人注目的一脉。但是，在今天看来，中国环境伦理学的进展很明显是在外部输入的背景下取得的，即大多数的研究成果都是对国外环境伦理学的翻译或介绍。当然，译介国外的理论成果也是理论研究的一个重要阶段或者说不容贬损的重要环节，但是长此以往则暴露出我国环境伦理学在表面繁荣的背后所存在的弱势或不足：缺乏对理论研究目标的清晰厘定；缺乏对研究方法和研究原则的共识；缺乏对研究使命的共同承诺；缺乏对研究论题的持续规划和深度掘进等不一而足，这些问题的存在暴露出了中国环境伦理学当下所面临的一种困境：缺乏自己的范式。

　　因此，建构一种既基于"地方性知识"又兼容"普遍性知识"，既具有形上价值启导又具有实践效度的环境伦理学正是当下中国环境伦理学在经历了三十多年的发展后应当明确的发展目标。

（本文作者为湖南师范大学道德文化研究院　李培超）

# 网络世界与网络道德

　　网络的出现极大地拓展了人类的生活空间，同时也使如何对网络空间进行道德规约的问题变得十分紧迫。网络世界的虚拟性增加了道德介入网络生活的困难，同时也使网络道德建设具有不容忽视的难度。需要强调的是，道德是人类生活空间中无所不在的一种强大力量，它向网络世界的渗透是必然的；网络道德是保证网络世界井然有序、不可或缺的社会规范。

# 网络道德与和谐网络文化建设

网络是一种技术，也是一种文化。网络催生了新的人际关系，创建了新的电子商务平台，拓展了社会伦理文化的空间。但是，网络社会中形形色色的不和谐现象和不文明行为，严重影响了网络人际关系的正常交往、电子商务的有序运行、网络文化的和谐发展。治理这些问题有赖多方面的规范力量，如法律、社会规范、市场和技术等。作为一种独立的规范力和一种具有渗透性的规范力，网络道德对网络行为具有独特的调控作用。充分发挥网络道德的独特作用，有利于增强网络公共道德意识，提高电子商务道德水平，构建文明健康和谐的网络文化。

## 一 网络文化建设的规范体系

在一个结构化的社会文化中，人类行为总是受到多种规范力的制约。不同的规范力对人类行为起着不尽相同的作用。正是由于这些不同规范力的共同作用，人类社会才有可能成为一个有秩序的和谐社会。那么，人类行为受哪些规范力的规约呢？美国著名学者劳伦斯·莱斯格（Lawrence-Lessig）在其颇具影响的《代码》一书中指出，规约人类行为的规范力有四种：法律、社会规范、市场和架构。[1]

第一种规范力是法律。法律是由政府制定的通过具有溯及力的法律制裁而实施的规则和命令。如果违反法律，人们就会受到由国家强制力实施的处罚。由于法律的强制性，法律对人类行为具有极强的约束力。第二种

---

[1] [美] 劳伦斯·莱斯格：《代码：塑造网络空间的法律》，李旭、姜丽楼、王文英译，中信出版社2004年版，第110页。

规范力是社会规范。社会规范是指社区非正式的民意表达。一般而言，大多数社区都有明确的是非感，这主要反映在日常行为的规范或标准中。例如，有些社区可能并没有法律禁止在某个特定场合吸烟，但是，想吸烟的人可能会受到社区内其他人的责难和驱逐。违背这些规范意味着违反了社会规范。第三种规范力是市场。市场是通过商品和服务价格、市场机制来调节人的行为。与社会规范和法律不同，市场力是即时产生作用的一种规范力。如果你不掏钱，你就不可能从商店拿走东西。这是利用市场机制约束人的行为的典型例子。第四种规范力是架构（architecture）。这里的架构相当于物理世界中的物理限制。其中，有些是天然的物理限制（如高山和大海），有些是人工的物理限制（如高楼和桥梁）。如果你不会游泳，你就无法穿越长江；如果你不借助楼梯或电梯，你就无法登上高楼。这些物理限制对人的行为实施了制约作用。这里的"实施"不具有溯及力，它也是即时产生的一个物理限制。值得强调的是，莱斯格认为"架构的限制是自我执行的，而法律、社会规范和市场并非如此。"[①]也就是说，这种架构性的限制是"自我实施的"，它不需要执行逮捕或处罚社区成员的机构或机制作为中介，而法律是无法"自我实施的"，它必须依靠国家强制力才能发挥其规范力。

这些在现实社会中起着重要作用的规范力，在以虚拟性著称的网络社会中是否仍起着同样重要的作用呢？毫无疑问，这四种规范力在网络文化建设中仍起着至关重要的规范作用。正如莱斯格所指出的："代码、市场、规范和法律共同规范网络空间，就像架构、市场、规范和法律共同规范现实空间一样。"[②]也就是说，要建立一个和谐有序的网络社会，也必须充分利用和发挥这些规范力的作用。第一，法律通过禁止某些网络行为和对网络违法者进行具有溯及力的制裁来约束网络行为，如保护电子商务公平竞争、网络版权和网络隐私权的法律。第二，社会规范也是约束网络行为的重要规范力。网络中的社会规范主要包括网络风俗、社交礼仪和电子商务交易习惯。例如，滥发电子商务垃圾邮件、恶意或侮辱性电子邮件的

---

① [美]理查德·斯皮内洛：《铁笼，还是乌托邦——网络空间的道德与法律》，李伦等译，北京大学出版社2007年版，第3页。

② 同上书，第4页。

行为属于网上不良行为，这样做的人就可能遭到网络社区其他成员的惩戒。就像在现实空间一样，网络空间也依靠羞耻感和耻辱感来实施其文化标准。第三，市场以其独特的方式约束网络行为。与现实空间的一样，市场在电子商务中也起着重要的作用，规范人们的电子商务行为。另外，市场也为调节网络其他行为起着重要作用，如网络内容规制和网络言论行为等。例如，只有受欢迎的网站才能吸引广告客户，有了广告客户才能促使网站改善服务。网络空间中色情传播之所以比较容易，一个重要原因就是它的成本低，价格便宜。第四，网络中的架构指什么呢？莱斯格认为架构这种物理限制在网络空间中的对应物就是软件的"代码"（code），即建构互联网的程序和协议。这些代码对人的网络行为起着约束和控制作用。例如，代码可以通过要求网民提供用户名和密码来控制访问权限和电子商务行为。

## 二　代码、市场和法律的局限性

法律、社会规范、市场和代码在网络社会中起着重要的规范作用，但由于网络发展尚处于初级阶段，加上网络自身的特点，这些规范力在网络社会中的作用各有千秋。限于讨论的专门性，本文旨在强调网络道德在网络文化建设中的作用，我们不妨通过分析法律、市场和代码在规范网络行为方面的局限性，突出网络道德的独特作用。事实上，德国学者恩格尔曾分析了法律、市场和技术等方面在解决网络问题时面临的困境。[①]

第一，法律的局限性。由于法律本身的特点和立法技术上的困难，加上网络不同于现实社会的内质，以及法律的国际应用的障碍等因素，法律面对网络上层出不穷的新问题常常显得有些被动。众所周知，法律本质上属于反应性的规范力，一般仅对业已出现的问题做出反应。例如，对网络隐私问题而言，法律难以做出预先的制度安排，法律体系中常常出现空白。法律也常常是保守的。法律依靠国家强制力来实施，具有很高的权威，一旦立法就必须严格执行，因此立法很谨慎，立法过程相对来说比较缓慢，只有当问题充分显现出来后才会论及立法。法律也具有异乎寻常的

---

① ［德］恩格尔：《对因特网内容的控制》，《国外社会科学》，1997年第6期。

稳定性。法律的权威来自它的稳定性,朝令夕改无法建立权威。这种权威性恰恰导致了它的局限性,使它无法及时对网络层出不穷的新问题做出反应。法律的反应性、保守性和稳定性等特质在发展速度异乎寻常的网络社会中难以及时快速发挥作用。更具挑战性的棘手问题来自法律的效力问题。每项法律都有其特定的效力范围。以地域效力为例,法律仅在一定的地域范围内发生效力,超出该地域则没有法律效力。网络是一个国界模糊的全球一体化空间,这种结构使网络无法按各国领土份额进行分割,而各国享有领土主权是现代国际法的基础。由于领土主权对网络的作用极度弱化,民族国家的法律在处理网络问题时常常有些力不从心。[1]国际法的基本原则决定了一个国家不能将自己的控制目的和控制手段强加给他国,也限制民族将本国法律用于处理超出本国领土范围的跨国问题。同时,由于各国制定法律的标准不一,控制手段不尽相同,这就给人们在网络空间中规避本国法律提供了可乘之机。为了寻求比较宽松的法律环境,人们可能设法避开较为严格的本国法律,到相对宽松的外国法律中寻找避风港,公民逃避本国法律控制的机会大大增加。

第二,市场的局限性。毫无疑问,市场仍是规范网络用户和网络企业的重要手段,但由于网络社会具有许多不同于现实社会的特质,市场的规范力在网络中有时难以如在现实社会中那么奏效。网络中流行"免费"文化,在网上无须付款就可以获得现实世界中难以获得的资料和信息。因此,在电子商务运行中,常常容易导致以网络"免费"文化之名,行不正当竞争之实,假借"免费"打击竞争对手。网络中也流行"眼球"文化和"浏览"经济,点击和浏览成了网络社会的通货,通过点击网站和浏览网页就能获得回报。因此,市场对用户行为的规范力下降。另一方面,有些用户可能出于无政府主义的动机,唯恐天下不乱,或为了向他人报复泄愤,或以恐吓他人为乐,即使为此花些钱财也心甘情愿,市场规范在这些人身上效力不大。仅仅以市场来规范用户的行为,其作用是有限的,因此,网络中存在许多损人不利己的现象就不足为奇了。对网络内容商和电子商务服务商而言,网络用户的注意力成了他们营运的最高业绩,为了争夺"眼球",在竞争中立于不败之地,不惜行走在法律和道德的边

---

[1] [德]恩格尔:《对因特网内容的控制》,《国外社会科学》,1997年第6期。

缘，为追求经济利益，不惜迎合用户的某些趣味，市场机制因此在网络企业中产生畸形的作用。

第三，技术（代码）的局限性。网络社会是基于快速发展的网络技术形成的，与现实社会的调控方式相比较，网络社会似乎有着鲜明的技术调控的传统。自网络建立以来，人们就对网络社会的技术调控情有独钟。这在电子商务中表现尤为突出，人们总是对确保电子商务交易安全的技术给予极高期望。即使网络社会的调控方式变得更加丰富，人们对技术调控的热情也丝毫未减。然而，由于网络技术具有综合性、复杂性、漏洞性等特点，技术常常难以克服自身带来的问题。更有意思的是，严重影响网络文化和电子商务发展的黑客技术、病毒技术常常比"正统"技术的发展速度更快，水平更高。用"道高一尺，魔高一丈"来形容这一技术较量的态势一点也不过分。我国著名反病毒专家王江民承认，反病毒专家没有病毒炮制者的技术水平高，查杀病毒、防病毒技术本身的特点使自己常常处于被动状态，发展速度总是滞后于病毒技术。他指出，"编病毒的人多，反病毒的人少，几个反病毒专家的思想怎么能够和数不胜数的编病毒人的思想相比。另外，编病毒在暗处，反病毒在明处，所以，我们不可能超越他们，也无法知道他们正在琢磨什么怪招法。"[①]多种因素导致防病毒技术发展滞后，使查杀病毒技术成为一种典型的被动性的和反应性的技术。与其他技术相比较，网络技术似乎更富有"人"性。其他技术一般是建设性的，即使有防御性的，也多是技术防御性的。网络技术有建设性的，也有防御性的，但防御性的技术比重更大。在这些防御性技术中，大部分属于防人的防御性技术。在网络技术中占有很大份额的网络安全技术，如防杀病毒技术、过滤技术、防火墙技术和加密技术，实质上都是"防人"的防御性技术，属于"防人术"。我们不妨以最引人注目的防火墙技术为例说明之。作为一种广泛使用的网络安全技术，防火墙是设在内部网与外部网之间的一道屏障，用来阻挡外部"火情"对内部网络的影响。防火墙的职责就是根据本单位的安全策略，对外部网络与内部网络交流的信息、数据进行检查，符合要求的予以放行，将不符合要求的拒之门

---

[①] 刘韧、张永捷：《知识英雄——影响中关村的50个人》，中国社会科学出版社1998年版，第477页。

外。防火墙技术在规范网络行为方面无疑有很重要的作用,但它们也有自己的局限性,人们可以利用更先进的技术突破防火墙。

## 三 网络道德:和谐网络文化建设的元规范力

莱斯格认为法律、社会规范、市场和代码是网络行为的四种规范力,我们在上面分析了法律、市场和代码的局限性,那么,在莱斯格所阐述的规范体系中,道德起什么作用呢?著名网络伦理学家理查德·斯皮内洛(Richard Spinello)认为,莱斯格把道德包括在"社会规范"的范畴里。也就是说,道德作为莱斯格所讲的"社会规范"的一部分,是一种独立的规范力,在网络文化建设和电子商务发展中起着重要的规范作用。网络道德能够在网络文化建设和电子商务发展中起着至关重要的作用,主要在于网络道德的特点、网络社会及电子商务的特点,以及其他规范力如代码、法律和市场在网络社会中的局限性。网络道德之所以能够在网络文化建设和电子商务发展中具有如此重要的作用,主要在于如下两个方面的因素。(1)代码、法律和市场在网络社会中的规范作用存在一些局限性,因此,人们期望作为一种独立规范力的网络道德能够在网络社会中发挥其独特作用;(2)网络道德作为一种渗透性的规范力,可以规范代码、法律和市场等规范力,从而使代码、法律和市场充分发挥其规范作用。

第一,网络道德作为一种独立的规范力,可以弥补其他规范力的局限性,在网络社会中发挥独特的作用。网络道德之于网络文化建设的重要性,不仅在于其自身的特点,而且还在于网络的特点和网络文化、电子商务目前所处阶段的特点。道德居于人们的内心深处,依靠风俗习惯、流行的态度、公共舆论等因素,通过调节内心来调节人的行为,以一种特殊的方式指导人们的行动,在网络社会中注定要承担更多的责任。网络发展目前仍处于初级阶段,法律、市场和代码等规范力尚处于发展阶段,难以及时应对各类问题。如果我们能够自觉地担负起道德责任,也就不必等到新的法律法规的出台,不必等到新技术的出现和市场机制的完善,就能及时规范自己的行为。

诚然,就像网络的建立源于技术一样,网络文化新秩序的建立,也依赖于网络技术的创新,但网络文化和电子商务不只是技术的架构,而是人的社会，人的文化。麻省理工学院高级研究员克拉克曾指出："把网络看成是电脑之间的连接是不对的。相反，网络把使用电脑的人连接起来了。互联网的最大成功不在于技术层面，而在于对人的影响。"[①]要解决网络问题，建立网络新秩序，形成和谐网络文化，作为道德主体的人始终是关键。只有当人有充足的自觉意识时，问题的辨识和解决才会变得容易。互联网源于技术，但它已远远超出技术的层面。正如国际互联网的创始人瑟夫、克拉克、卡恩、克莱因罗克和罗伯茨等人在"互联网简史"一文中所指出的："互联网还是一个新生事物，还在不断地变化、调整。然而，互联网的未来在很大程度上并不取决于技术上的进步，而在于人类如何对待这些变革。"[②] 也就是说，如果互联网发生了问题，将不在于缺乏技术或者缺乏动力，而在于我们对待网络变革的态度。美国《未来学说》杂志曾指出，想通过技术或常规执法途径减少电脑空间犯罪的前景将是暗淡的。迄今为止，所有的高技术办法几乎立刻遭到黑客的反击。真正值得担心的是，这些新技术是否总是掌握在正义的力量手中。如同任何系统最危险的因素是人一样，网络安全最终也在于人的自觉维护和管理。要建立和谐网络文化，政府、网络媒体、网络服务商、网络内容商、电子商务网站、网民都应自觉承担起各自的网络道德责任。

第二，更为重要的是，道德作为一种渗透性的规范力，对其他三种规范力起着重要的规约作用。也就是说，道德是其他规范力的规范力，即元规范力，一种终极规范力。正如斯皮内洛所指出的："它应当是网络空间的终极管理者，为个人行为和组织政策划定边界。它应当指导和协调法律、代码、市场和社会规范的作用力，确保其中的相互作用和相互关系是慎重、公平和公正的。"[③]

作为一种元规范力和终极规范力，道德的作用主要表现在它对法律、市场和代码等规范力起着重要的渗透作用和辐射影响，在规范网络行为方面起着结构性的和指导性的作用。正如斯皮内洛所指出的，道德"应当

---

[①] 郭良：《网络创世纪——从阿帕网到互联网》，中国人民大学出版社1998年版，第162页。

[②] 同上。

[③] [美]理查德·斯皮内洛：《铁笼，还是乌托邦——网络空间的道德与法律》，李伦等译，北京大学出版社2007年版，第7页。

指导和左右代码、法律、市场和社会规范发挥其规范作用的方式。无论在现实空间还是在网络空间，人类繁荣的价值是人类行为至高无上的规范。"①下面我们不妨以"代码"为例，阐述道德如何规范"法律"、"代码"和"市场"等规范力的方式及其价值。斯皮内洛认为，编写规范人类行为的代码有负责的方式，也有不负责的方式，负责的编码方式与自主这一核心价值密切相关。例如，电子商务网站为了增加被搜索引擎搜索到的概率，常常将网页的关键词设为最流行的搜索词，而这些关键词与其销售的商品毫无联系，这就是一种不负责任的、不诚实的滥贴标签的行为。又如，屏蔽软件是保护儿童不受色情侵袭的一种常用办法，这些软件是根据专门的屏蔽标准编写的，但屏蔽标准常常不透明，软件的使用者难以准确知道屏蔽标准，同时也会遇到屏蔽扩大化的问题，在屏蔽色情信息的同时也常常把性保健品、性教育的信息屏蔽掉了。斯皮内洛认为，如果这样做不是故意的，就应当修改这些软件。如果这样做是故意的，就应当告诉用户屏蔽标准的准确范围。不公布这些信息就是不尊重用户的自主。为了某个目标，对这些标准秘而不宣，意味着代码是以一种不负责的方式编写的。因此，我们应当使用户知道屏蔽的标准是什么，以便他们对这种软件的适用性做出知情判断。②斯皮内洛强调，"编写程序或制定法律来规范网络空间的人应当把伦理规范作为指导。代码编写者必须要足够的负责和谨慎，才能把蕴含自主和隐私等基本道德价值的结构整合到崭新的网络空间架构中。而且，政府对网络空间的管理一定不能屈服于某些诱惑而强加过分的控制。管理者也必须接受最高道德标准的指导，尊重基本的人类价值，如自由和隐私。代码本身是一个强有力的控制力量，如果它不能够被适当地编写和管理，那么它肯定会威胁到这些价值的传承"。③因此，网络道德在网络文化建设和电子商务发展中的独特作用表现在它对"代码"这一规范力的规范作用，道德是代码能够正确发挥其规范作用的元规范力。

由于问题讨论的专门性，我们在此着重强调了网络道德之于和谐网络

---

① ［美］理查德·斯皮内洛：《铁笼，还是乌托邦——网络空间的道德与法律》，李伦等译，北京大学出版社2007年版，第6页。

② 同上。

③ 同上书，第7页。

文化建设和电子商务发展的重要性。像技术、市场和法律等规范力有自己的效力域和局限性一样，网络道德也有自己的局限性。伦理学家们也早已认识到，道德决定论和道德万能论是极其错误的。但是，道德作为规范人的行为的法则拥有其他规范力没有的独特之处。需要强调的是，网络道德之于网络文化发展的必要性，并不仅仅因为法律、市场和技术等规范力的局限性，即使技术、法律和市场等手段日益健全有效，网络道德仍将拥有其独特的作用域和现实意义。

（本文作者为湖南师范大学道德文化研究院　李伦）

# 数字假象与网络行为失范

打击网络谣言的行动正在有礼有节地开展着，不时传来某某传谣者被查办的消息。有人问：网络谣言是现在才有的吗？从披露的案情来看，网络谣言早已有之。为什么不早点打击呢？这些在网上散布谣言的人不知道造谣违法吗？从案情来看，没有当事人认为造谣合理合法。为什么他们还要在网上制造谣言呢？一些在现实生活中温文尔雅、胆小怕事的人，在网上却表现得相当粗俗甚至肆意妄为。莫言对此曾感慨："人一上网，马上就变得厚颜无耻，马上就变得胆大包天。"这又是为什么呢？

造成这些现象的原因当然是多方面的，但与由来已久的"数字假象"不无关系。所谓"数字假象"是指对数字化网络空间近乎科幻的想象，对网络行为特征和网络行为规范的错觉。这种"数字假象"至少表现在两个方面。

第一，对网络行为特征的幻觉。这主要表现在对网络行为匿名性的幻觉，以为网上行为来无影去无踪，以为网络是无人之境，因而在网上做出在现实空间中不敢做的事情，说出不敢说的话。

指称这种数字假象最具代表性的说法是"因特网伟大的地方是没有人知道你是一条狗"。这是美国《纽约客》杂志描绘网络生活一幅漫画的旁白，它不过是对网络空间的一种幻想，反映了互联网早期人们对网络行为特征的看法，但出乎意料的是人们将此作为网络行为的本质特点。这种幻想造成的负面影响已远远超过它当初的启蒙意义。

其实，网络行为的匿名性一点也不多于现实空间中的行为。就目前而言，人们在现实空间中的行为轨迹还无法完全被记录下来，留下的行为痕迹经过风吹雨打之后就会消失，更可以被人为地抹去。痕迹一旦消失或被抹去就难以重建。然而，人们在网上的一举一动都会留下一串串数字指印，并且可以辨认出这是谁的指印。只要我们愿意，每个人在网上的行为都可以被永久记录下来，即使你删除记录的行为也会被记录下来。

网络就像一个时间隧道，行为只要发生，就会被记录下来，删除它，它仍然保留在这个时间隧道中前面某个时刻，同时又增加了这个删除事件的记录。美国有一位女职员头天写了一封内容不当的电子邮件，没有发出，第二天觉得不妥，删除了这封信。如果在现实空间中，这件事就到此为止了。但在网络空间中，这个删除动作并没有真正删除从前的记录，这封邮件连同这个删除事件都被保存在公司的服务器上了，这位女职员最终因这封似乎已删除的、没有发出的电子邮件被解雇了。由于网络空间像一个行为记录的时间隧道，有学者甚至提出应在网络世界应倡导"遗忘伦理"，不必将一切行为事件全部存储下来，完全不失真的和不失去的"记忆"使人们不堪重负，应当让"忘却"出场，释放时间隧道带给人们的压力。

后来也有一幅漫画，一只狗在点击有一幅狗食图案的网页。狗点击网页之后，服务器就知道它是一条狗，而且知道它是一条喜欢粗劣的食物、榆树和暹罗猫的狗。这幅漫画揭示了网络行为的真相，反映了人们对网络行为特征之认识的进步。可惜这幅漫画的影响不如前面那幅。如果后来的人们看到了这幅漫画，也许不会在网上发生那么多语不惊人死不休的事情。

第二，对网络行为规范的错觉。这主要表现在对网络行为规范和现实行为规范关系的误解，以为网络空间中的行为规范完全不同于现实空间，以为现实社会的伦理、法律规范在网络中不起作用，在网络空间中不必理会现有的行为规范，以为在现实空间不能做的事情，在网络空间可以做；在现实空间不能如此程度地做，在网络空间可以这么做；在现实生活中的不能说的话，到了网上可以随心所欲，甚至引以为豪。

在这种数字假象的遮蔽下，网络空间似乎在运行一套完全不同于现实空间的行为规范，同一性质的行为在网络空间和现实空间可能得到截然不同的道德评价，出现所谓的网络伦理与现实伦理之双重标准的现象。例如，对博客、微博和大字报、小字报就存在不同的评判标准。任何人都可以通过博客、微博自由发表言论，博客、微博传播速度快，影响范围广，尤其话题火爆程度，比起大字报、小字报来有过之而无不及。人们不能容忍大字报、小字报，但对博客、微博表现出少有的宽容。某些博客、微博的文章在现实空间是不可能出现的，但在网上安然无恙，且广为转发。对网络谣言等网络违规、违法行为迟迟不敢打击，其实也与这种"数字假象"相关，以为网络是一个特殊的空间，对同样性质的网络行为和现实行为应区别对待。

有人甚至借用美国法官弗兰克·伊斯特布鲁克曾经对网络法的指责为自己辩护，认为"网络空间无法可依"。伊斯特布鲁克在1996年的一次学术会议上指出"网络法"无异于"马法"。他认为，马的所有权问题由财产法管，马的买卖问题由交易法管，马伤人的问题由侵权法管，没有必要制定为一部"马法"。他指出，网络引发的法律问题具有与此类似的性质，就像没有必要设立"马法"一样，也没有必要设立"网络法"。可惜，不少人对他的观点多有误解，以为不必为网络行为立法，造成网络无法可依的局面。

其实，伊氏并不认为网络行为不需要法律的调节，而是认为不需要为网络专门设立一个部门法，以免影响法律的系统性和统一性。在此，我们不是要讨论他所讨论的问题，而是想澄清一些人对他的误解。他想说的是网络空间的行为可以纳入传统法律体系的调整，言下之意就是网络行为规范与现实行为规范在本质上是一致的。因此，伊氏的观点不但不能为"网络无法可依"做辩护，反而证明网络行为规范在本质上无异于现实行为规范，是对"网络行为规范与现实行为规范不同"之数字假象的揭露。行为的对错不会因为它出现在网上，其性质便发生变化。网络造谣仍是造谣，网络诽谤仍是诽谤，网络侵权仍是侵权。

"数字假象"的存在，从一个侧面说明网络行为确实具有不同于现实行为的一些特征。网络行为在表现方式、活动范围、影响程度等方面远远超出了现实行为，其行为规范也应具有自己的特点。"数字假象"的澄清，从另一个侧面说明网络行为与现实行为具有共性，我们不能借口网络行为的独特性，而不顾现有的行为规范。无论网络空间的行为，还是现实空间的行为，从本质上来说都是人的行为。人的行为规范具有共性，网络行为仍然需要遵循现实行为规范。在现实空间不能造谣，在网络空间也是不能造谣的；在现实空间不能伤害他人，在网络空间也是不能伤害他人的。因此，认清"数字假象"，将有助于我们在规范网络行为时，既关注网络行为的特质，防止把现实社会的某些规范强加给网络行为，影响网络的健康发展；也关注网络行为与现实行为的共性，防止借口网络行为的特质，任由网络空间中的某些不良风气不断蔓延。

（本文作者为湖南师范大学道德文化研究院  李伦）

# 网络热词的伦理反思

网络热词是大数据时代重大社会事件和热点新闻的聚焦反映，也是人们之于社会现状的一种曲线表达和心理期盼，异常灵敏地折射出社会的千姿百态。通过网络热词，我们可以感知社会发展现状及当代社会道德文化状况。纵观现阶段网络热词，时而积极向上、催人奋进、传递着社会正能量，引领社会良好的道德风尚；时而则以黑色幽默和讽喻风格为特征的形式出现，反映当代社会弊端、暴露社会问题、突显当代社会道德失范。网络热词与社会政治、经济、文化相连，同时也与网民文化素养、道德水平、价值取向相连，扮演着社会公共文化索引的作用，以独特的方式见证时代的变迁、反映社会的变化、折射社会道德现状，实属当代大数据背景下的社会道德文化关键词。因此，鉴于网络热词与当代社会道德文化状况的相关性，我们应最大限度地发挥网络热词的道德教育功能，注重网络热词对网络舆情的正面引导，发出中国好声音，传递中国力量，从而有效引导网民们在虚拟的网络世界和现实社会都能树立一种健康、积极向上的社会主义核心价值观，为社会主义精神文明建设凝聚道德的正能量。

## 一 网络热词是大数据时代观察社会道德文化的新工具

近年来，随着互联网的普及和网络世界的群体化，大众媒体、网络媒体的影响与日俱增，承载大众的特征甚至一言一行的数据都会成为随时可以记录和分析的文本，数以亿计的网民群体在有意和无意之中创造着网络语言，加上网络的开放性、交互性和自由性特征，促使网络热词成为一种对社会现象浓缩概括的新锐表达方式，并出现了使用范围广、运用率高、影响力大的流行态势。大数据作为一种技术手段，呈现数据体量巨大、数据种类繁多（包括视频、图片和音像、定位系统等）等基本特征，云计算凭借不断挖掘信息的储存和分享功能，在海量、变化莫测的信息处理过程中担任着计算、分析和预测的功能。我们正处于一个大规模生产、信息分享和应用数据的时代，"大数据的真实价值大多数都被表面现象所藏匿，露出水面的只是冰山一角"①。大数据可以将社会新闻大事件或社会的其他变化发展进行详细的记录，并通过多元的方式呈现出来，反过来提供给我们更多丰富和多元的手段来观察社会或世界。网络热词是社会现实的间接表达，通过大数据的加工，可以还原更加立体和形象的现实社会。网络热词犹如社会变化的数据点，这些数据点又通过互联网技术完成沟通和连接，组合成为一个个信息完备的数据库，使我们可以洞察当今社会及生活动态发展的方方面面。

然而，当代大数据时代，海量信息层出不穷，信息的传播可谓一日千里。在此背景下，关键词作为一种科学的方法论，国内外众多专家学者以此作为科学工具探索该领域的相关背景文化。雷蒙德·威廉斯在其文化理论中指出文化一直是人类和社会的具体存在，研究文化中的关键词，人类思想和社会的历史结构得以展现。而人类发现历史结构的目的是为了更好地认识和理解我们生活的这个世界，并帮我们尝试了解当今所面临的迫切问题。他坚持认为关键词研究需要我们对社会词汇的来龙去脉和历史演变了解清楚，敏感察觉这些词汇在特定领域下所带来的变化。在文化、社会意涵形成的领域里，关键词是一种记录、质询、探讨与呈现词义问题的方法。②

大数据背景之下，大众对社会事物的关注和参与意识逐渐增强，他们倾向于利用网络热词作为当代社会的关键词来形象概括社会热点事件、重大新闻和异常社会现象，同时也作为文化关键词来折射当代道德文化生活状况。网络热词不仅可以记载当代社会与文化，其语言本身在其发展过程中也忠实地、全方位地承载着当代社会价值观、道德伦理观。不同民族，

---

① ［英］维克托·迈尔－舍恩伯 格肯尼思·库克耶：《大数据时代生活、工作与思维的大变革》，盛杨燕、周涛译，浙江人民出版社2013年版，序言第1页。
② ［英］雷蒙德·威廉斯：《关键词：文化与社会的词汇》，刘建基译，生活·读书·新知三联书店2005年版，第7页。

不同时期的语言结构中具有的指称和反映事物的独特方式,都是人类社会文化的折射。因此,网络热词作为一种社会文化现象,与社会的变化发展密切相关;与此同时,网络热词作为一种体现人的价值观和其存在方式的交流工具,也是依托于社会背景或社会现象后的思想和价值观念的载体,体现了一定社会文化及伦理观念。

纵观我们周围的网络热词,它无不蕴藏于社会土壤,折射社会的文化,且被社会大众广泛运用。网络热词之一"北京奥运会",一个让人沸腾的民族荣誉,本着"同一个世界、同一个梦想"宗旨,以"奉献、参与、互助、友爱"为主题,彰显了中国人民强大的爱国意识和团结互助、无私奉献的道德品质。网络热词之二"舌尖上的中国",一部电视系列片,以普通百姓家的日常饮食文化为主线,穿插日常生活饮食与仪式、世俗仪式与民众生活的具体画面,向全世界展现了中国人民聪明才智和朴素的生活价值观,塑造了中国百姓乐观向上、勤劳勇敢、善良淳朴与团结友爱的精神。网络热词之三"嫦娥三号","嫦娥三号"的发射成功,向世人展示了中国太空计划新进展,标志着中国国际地位的不断提升,表明了中国科学家们充分发挥主观能动性,尊重科学、依靠科学、运用科学,攻克难题的精神追求。然而,反映道德滑坡和道德失范的网络热词也是层出不穷,体现食品安全问题的网络热词,如"三聚氰胺"、"黄金大米"、"染色馒头"、"瘦肉精"、"塑化剂"、"苏丹红"等,这些恶性的食品安全事件足以表明,"诚信的缺失、道德的滑坡已经到了何等严重的地步"[1]。其次,"欺实马"、"温和腐败"、"最牛×长"、"临时性强奸"等与公务员队伍相关的网络热词,折射出不少官员官德、吏德的败坏。还有一些反映职业道德的网络热词,如"唐骏学位门"、"团购学历"、"夏骗骗"、"常凯申学者"等,反映了清净校园金钱至上、唯利是图等价值观念的流行,折射出社会诚信缺失现状,同时从另一层面也折射出当今社会市场经济体制下的扭曲价值观,印证了我国当代社会精神文明建设的滞后。

---

[1] 温家宝:《讲真话,察实情——同国务院参事和中央文史研究馆馆员座谈时的讲话》,《新华社》,2011年4月17日。

## 二 网络热词与当代社会道德状况的相关性

网络热词即热门词汇,具有鲜明的时代特征,是社会某个时期热点话题、重大事件或社会现象的浓缩反映,同时也是人们普遍关注的问题和事物另类民意表达。于是乎,网络热词之于社会,它首先是一种语言现象。语言作为人类思维的载体,也是言语交际者主观意识的外在表现形式。在言语交际的过程中,人们之于客观世界的价值、动机和言语主体的道德价值判断得以展现。同时,道德作为一种善的行为和规范,必然体现在以对世界符号化为形态的语言结构体系上面。[①] 语言符号中那些词语,实际是道德外化的一种表现形式。换言之,人与人之间道德观念的表达、社会道德观念的形成和发展都需要语言进行记录和描述,道德观念的互动与交流更需要语言的传递。因此,语言之于道德,两者相辅相成,缺一不可。其次,它也是一种文化现象。网络热词作为大数据时代的社会时代产物,清晰地记录了社会历史文化的变迁,同时也淋漓尽致地表现了个人乃至社会的道德意识和价值取向。揭示这些网络热词产生的社会背景,解码其内在的社会意义,有利于承载当代社会道德与文化。网络热词作为一种道德文化关键词,折射当代社会道德与文化。通过网络热词本身,我们可以了解当代社会道德文化与精神追求的实时状况。换言之,有怎样的网络热词,便有怎样的道德面貌。网络热词就是社会生活的一面镜子,通过网络热词本身,我们可以把握当代社会变化发展的动态,了解社会的文化状况和精神文化追求。

### (一)正面积极类网络热词引领当代社会良好道德风尚

正面积极类网络热词主要是指及时反映社会正面新闻事件或现象的一种浓缩式的网络语言。正面社会事件或新闻之下酝酿的网络热词往往折射出良好的社会道德风气,引起民众较高关注度,传递着社会的正能量,集中体现在"勤俭节约美德"的提倡、"仁爱"精神的彰显、"爱国主义"精神的弘扬等方面。

---

[①] 陈汝东:《语言伦理学》,北京大学出版社2001版,第3页。

首先，勤俭节约美德的提倡。勤俭节约是中华民族的传统美德，它反映着中华民族的纯朴、踏实与坚忍，是中华民族屹立于世界之林的宝贵品质，"俭，德之共也；奢，恶之大也"，印证了勤劳、俭朴与节约既是持家之宝，也是强国之重器。勤劳奋斗创造财富，俭朴与节约保持着家业，家与国因此而富强，社会因此而发展。网络热词"光盘"行动所体现出的"勤俭节约，反对浪费，建议大家珍惜米粮、彻底扫光盘子中的食物"的理念，在社会中引起了广泛关注，反映了当代社会对节约的呼唤。"主席套餐"更是向所有的道德主体完美诠释了习总主席"勤俭节约"的道德品质。无论是柔美的"杜拉拉"还是强硬的"女汉子"，她们凭着勤劳与智慧、奋斗与坚强、自信与乐观，以巾帼不让须眉之志，独立自强于职场，成为今天享乐主义、拜金主义泛滥之下的勤俭节约、独立自主、自强不息的世人典范。勤俭节约作为一种传统美德和历史文明，折射了社会主义良好道德风尚，应该被广泛传承。

其次，仁爱精神的彰显。"仁"是儒家学说的中心范畴，也是中国传统伦理道德体系中的首要道德义务和重要道德规范。现今，"仁者爱人"的道德情怀、"亲爱同情"的精神根源、"忠恕之道"的为人处世之方、"克己复礼"的道德实践以及"博施济众"的奉献情怀，包含着对传统伦理道德核心思想的高度赞扬，这些都是当代社会需要继承和发扬的可贵品质。网络热词"邵逸夫"就是仁爱精神的典范，慈善家邵逸夫同志不追求个人享受，心持仁爱，肩挑道义，推己及人，克己爱人的高尚品质值得世人敬仰。从2011年开始流行的系列网络热词"最美××"让我们看到了民众对社会仁爱美德的期待与希望，"最美妈妈"吴菊萍、"最美婆婆"陈贤妹、"最美护士"肖芳等，她们通过同情、爱人之情激发社会的道德良知，践行着"仁者，爱人"的道德情感，受到广大网友赞赏、支持、追捧，也为国内外媒体津津乐道的感动人物。网络热词"习大大"，表达了中国习总书记亲民务实、破除常规、宽容智慧的工作作风，折射了习主席实行"仁政"、坚持"严于律己、宽厚待人"、"天下为公、奉献社会、造福民众"的仁爱精神。

最后，爱国主义精神的弘扬。爱国主义是对自己国家的一种深厚情谊，也是一种国民的精神支柱和财富，同时还是一种深厚的道德力量，对国家、民族的生存和发展来说，它可以凝聚民族的向心力，带来不可估量的作用。网络词汇"雪龙号"、"嫦娥三号"、"辽宁号"和"中国梦"等受到网民的广泛关注与流行,都与一种民族的自豪感与爱国情怀相关。2012年,令国人激动万分的中国首艘航母"辽宁舰"成功起降歼—15舰载机,一时间,指挥员在起降过程中专业的半蹲式动作成为最火爆的流行元素,受到网友的追捧和模仿。"辽宁舰"航母迅速成为网友关注的热点,形象描述了网民们的爱国热情与民族自豪感的流露。网络热词"中国梦",提出了实现中华民族伟大复兴"中国梦"的战略设想,并以实现"中华民族富强、民族振兴、人民幸福"伟大理想,给人以信心与力量,传递着网民的爱国情怀,弘扬着爱国精神。正因为爱国主义正能量的传播,中华民族将更加团结与奋进,社会风尚将得到净化与升华。

### (二) 负面消极类网络热词突显当代道德行为失范

负面消极类网络热词指反映社会负面新闻事件或现象的一种聚焦式的网络语言,负面类社会事件往往从一定程度上给社会造成不良影响。出于社会公众猎奇心理和窥视心态,负面消息或事件更能迎合公众好奇心和眼球效应,正所谓"好事不出门,坏事传千里"。随着负面消息不断"膨胀",不良情绪得以发酵,社会矛盾蓄势待发,社会邪气开始蔓延,折射出当代社会道德滑坡和伦理失范问题严重。朱贻庭先生指出道德失范是指道德作为人们的行为准则,在调节日常生活和社会生活的进程中,因为其调节和规范功能缺乏有效性,而引发的社会失序现象和社会行为混乱现象。[①] 纵观2008年至2014年度网络热词,折射社会负面影响的网络热词数量占较大的比例,且侧重的领域和范围主要体现在社会公共领域中社会诚信的缺失、人际关系的冷漠和公共权力的异化。其中,社会诚信的缺失主要体现在食品安全、学术诚信、公众人物等领域的道德生活现状;社会人际关系的冷漠则具体表现为家庭成员之间的疏远和物质婚恋观的流行;公共权力的异化主要体现为当今政府个别官员以权谋私、弄虚作假、腐化堕落、与民争利、麻木不仁、人格低下的道德生活现状等。

首先,社会诚信的缺失。社会诚信是践行社会道德的基础,人际信任的基石。在诚信的社会中,人们能真诚相待,彼此信任且相互依赖,以此

---

① 朱贻庭:《伦理学大辞典》,上海辞书出版社2002年版,第22页。

获得安全感与情感慰藉。诚信作为个人一种优秀的品质,它能帮助个人立足社会、获得信赖,并有助于社会秩序的建立与社会美德的传承。近年来,社会主义市场经济体制下社会功利主义盛行的背后,一些机构和个人为了私利而不守诚信,在食品、学术和其他公共领域作假、公众人物公共产品恶意炒作、虚假广告等事件接连发生,震撼着人们对社会信任的基石。比如,餐桌上、食品中无孔不入的"地沟油",至今没有得到有效控制;"塑化剂"、"三聚氰胺"等这类生僻的专业词语又成为网络热词,并不断被引用与调侃,形象映射了老百姓在高度关注、极端失望后本能的一种自我心理调适。网络热词"门修斯"和"常凯申"作为错误译名的代名词,经网友炮轰后作为典型,成为普通民众茶余饭后的笑料,给当代部分学者浮躁、肤浅的治学态度和对学术的不尊重和对科学的不坚守当头一棒,折射出当今学术腐败和科学职业道德的丧失。网络热词"成龙魔咒"、"侯药华"告诉我们,作为社会公众人物,更应承担更多的社会责任,加强代言产品的了解和全面的考究,严把产品的质量,万万不能利用公众的拥戴与信任成为劣质产品的销售帮凶,给消费者的生命、财产带来安全隐患。"刷人数"、"人格证书"作为当今激烈市场经济下的产物,高校部门为个人私利而带来的欺骗行为和道德危机令人唏嘘。诚信问题是一种职业道德,也是社会主义伦理道德规范的根本和关键。在当代社会的市场经济中,随着平等主体间功利意识、效益意识、竞争意识、自主意识的增强,人们易于丧失原有的道德定位,于是诚信显得尤为重要。于是乎,建立人与人之间、人与社会之间、社会与社会之间的诚信机制势在必行。

其次,人际关系的冷漠。维特根斯坦认为"想象一种语言就叫作想象一种生活方式"[1]。草根群体把网络热词作为一种表达方式来宣泄外来压力,折射出我国当代社会转型时期的一些典型特征,即社会大众往往倾向于采取大众趣味的词语来发泄内心对社会现实的苦闷和期待。随着经济的飞速发展与生产方式的改变,传统社会紧密人际关系逐渐解体,邻里和睦、亲情孝道逐渐淡化,取而代之的却是社会人际关系的疏远、冷漠甚至冲突。当代社会多元伦理价值观也对传统婚姻观产生了强烈的冲击,表现为人们对利益追求的加剧,对利益的分配更加敏感,这也影响着婚姻关系

---

[1] [奥]维特根斯坦:《哲学研究》,李步楼译,商务印书馆2007年版,第19页。

的和谐。不和谐的人际关系既是社会心理的表达，也折射着社会伦理道德的缺失。如网络热词"小悦悦"、"点赞"、"手机党"、"打酱油"、"火星文"等，大都从不同程度上反映了社会人际关系的冷漠。"专职太太"、"嫁黄世仁"、"丈母娘经济"表达了部分女性在追求男女平等、个性独立又要面对就业压力和事业发展困惑时的退缩与无奈；"牛奋男"、"经济适用男"是白领女性眼中靠得住，又不失大体的合适对象，而"白毛女"们，需要"黄世仁"的家族背景，嫁"富二代"、"官二代"即使是"黄世仁"也无所谓。这些都反映了物质婚恋观的泛滥和流行。

最后，公共权力的异化。公共权力是社会公民的共同权力，本应为全体公民共同所有；然而，在现实社会的运行当中，共同权力的"所有者"与"行使者"的相背离，导致公共权力本质上的公共属性与现实运行中的个体化表现自相矛盾，即公共权力的异化，主要表现为：权劝交易、权钱交易、权欲交易等现象。究其原因，作为公共权力的执掌者和行使者，行政人员的个人修养、道德素质对社会公共管理的实现具有关键意义。拥有公共权力的行政主体对公正的行政规范化与至善的行政道德化追求，是行政的意义所在。然而，在我国政治改革，经济转型的特殊历史时期，处于社会中心的行政人员存在"官德失范"现象，具体表现有的行政人员奉献精神与责任感的缺乏，权力寻租，官员腐败现象严重。我们不能忽视"房姐"、"表叔"、"老虎"、"裸体烟"、"温和腐败"、"有身份（最牛×长）"、"临时强奸"、"嫖宿幼女"等网络热词，都从一定程度反映行政群体性道德伦理丧失。从"微笑哥"到"表叔"，反映了局长杨达才无视民众疾苦，追求物质享受的行为不为世人所认可。"躲猫猫"是公权力执掌与使用者逃避真相和责任的代名词。"欺实马"、"中石化萝卜"、"习惯性执法"跃入民众视眼，引起了人们对行政规范化的思考。"城管来了"是对城管暴力执法、欺压弱势群体的"暴力腐败"形象刻画，行政伦理失范带来的是公信力的缺失，公权力滥用的后果是民众与权贵的仇视与对立，是人性的考量。以上网络热词都引发了系列热点舆情事件，折射出我国政府官员利用权力来谋取自身利益、讲究排场、追求物质享受、包养情人、吃喝嫖赌、滥用职权、巧取豪夺等道德失范，表现出了官员道德严重的滑坡现象。

## 三 网络热词的伦理引导

随着信息社会和大数据时代的到来，社会现实生活中政治的、文化的、经济的许多热点和争议，都会通过网络这个平台得以呈现和传播。从社会功能上来看，一方面，网络热词是社会事件和重大新闻舆情的民意表达，折射出社会大众参与社会热点事件的价值观念和道德风尚；另一方面，网络热词也正通过其道德关键词的功能，实时反映出当代道德生活的真实面貌。网络热词作为当代社会道德文化关键词，是指引现实社会道德生活状况的航标。网络热词是基于社会事件或现象之于网络舆情的民意表达，其发展演变过程体现在舆情的各个发展阶段之中，直接影响舆情的发展变化。目前，由于市场经济体制的利益导向，价值观的多元化，导致舆情发展的复杂化，对社会的稳定发展带来了一定的负面影响。对此，我们应积极发挥网络热词作为道德文化关键词的伦理作用和功能，尤其是发挥网络热词的正面教育功能，重视网络热词对网络舆情的引导作用。换言之，基于网络热词作为道德文化关键词的前提，积极发挥网络热词的伦理功能，通过网络热词与社会道德生活的相关性研究来引导营造当代和谐社会舆情环境。积极发挥正面类和负面类网络热词的道德教育功能，加强对舆情的控制，抑制消极的、负面的社会影响；再者，倡导积极向上的社会主义主流价值观，为实现社会突发性事件与舆情发展合理化、舆情多元化与社会和谐统一化提供一定的理性思考，使舆情真正成为主流民意的表达，从而避免网络舆情发展自由化或非理性带来负面社会影响。

大数据时代，网民群体日益庞大，特别是广大青少年成为茫茫网络大军的绝对主力，他们的道德水平及发展状况就决定了当今及未来社会的发展水平。消极类的网络热词会消磨人的意志，缩减人的积极性，阻碍人的创造性的发挥。反之，积极性的网络热词会坚强人的意志，激励人的斗志，使人积极地参与到社会主义创造与建设中来。对此，我们应充分发挥网络热词的道德教育和引导功能，激发广大网民实现中华民族的伟大复兴，重获建设富强、民主、文明、和谐国家的热忱和信心，从而促进社会的自由平等、公平法治，建设爱岗敬业、诚信友善的社会道德环境。积极倡导正面类网络热词"辽宁号航母"、"嫦娥三号"等，它们既表明了广大网民对国家大事的热切关注，又体现了我国科学技术的不断进步，国家综合国力的日渐增强，更蕴含了广大网民朴素的爱国热情和对祖国日益强大的自豪之情。坚守网络热词，它表达了国民对国家领导人破除常规俗套，树立亲民务实的工作作风的认可和拥护。"邵逸夫"，作为爱国、敬业、慈善的代名词，值得我们敬仰与宣扬，"最美××"则弘扬了孝敬长辈、善良友爱、爱岗敬业、见义勇为、谦虚谨慎等中华民族的传统美德。这些网络热词都从不同角度和不同层面丰富了社会主义思想道德的内涵，同时发出中国好声音，传递中国力量，从而有效引导网民们在虚拟的网络世界和现实社会都能树立一种健康、积极向上的社会主义核心价值观，为社会主义精神文明建设凝聚道德的正能量。

　　《论语》有言："邦有道，危言危行"，其体现了社会环境与社会语言行为道德水平的良性互动。其大意是说，在国富民强的盛世条件下，社会文化繁荣昌盛，人们的文化素养、道德水平较高，行为正直。它描述了一种良好的社会环境，也为人们优化言行和道德水准提供了良好的前提条件。当下，一些网络语言反映了当前道德水平低下，就亟待现实社会道德环境的改善。社会中的道德失范现象是网络语言道德失范的前提，网络语言，特别是广受关注、影响面广的网络热词所蕴含的道德内核有待改善，这离不开它赖以生存的网络道德小环境与社会道德大环境的改善与提高。因此，整治和优化社会道德环境，发挥其道德教化功能，应通过积极开展社会道德文化教育和规范限制消极性网络热词的影响来塑造良好的网络环境和网络舆情，这一举措是非常必要的。这就要求我们首先广泛开展语言伦理教育，规范语言行为，积极倡导文明语言行为，坚决抵制不道德的语言行为，要重视传统的国民教育，特别是要重视青少年的思想道德教育，提高全民的思想道德水平；同时，重视各种媒体的舆论主阵地作用，有效利用积极性网络热词的德育功能来传播积极的、正面的社会道德标准与价值评判体系，从而为全面整治与提高网络语言道德风尚提供良好的社会条件与环境。

（本文作者为湖南工业大学国际学院　胡青青）

# 乡村变迁与乡村伦理

　　我国是一个以农村人口为主导的国家，农民问题一直是国家治理者必须高度重视的一个重大问题。改革开放 30 多年，我国广大农村发生了巨大变化，尤其是农民的道德价值观念发生了深刻变化，这就使得乡村伦理研究变得非常紧要。乡村伦理是映照我国乡村道德生活的镜子。关注乡村道德和乡村伦理是研究当今中国道德状况必不可少的一个重要内容。

# 伦理视角下中国乡村社会变迁中的秩序与公正

迄今为止，费孝通对中国传统乡村社会作出的"乡土性"论断，仍是看待乡村[①]乃至整个中国传统社会的主流视角。中国传统乡村社会以自给自足的生产方式和相对封闭的生活方式为基本特征，在此基础上产生了具有自身特色的乡村伦理关系、道德生活样式和对人与人之间公平、公正关系的基本理解。今天，与现代化进程中的中国社会转型相伴随的，是以农业的工业技术化、农村的城镇化和农民的流动性、市民化为基本内容的乡村社会变迁。鉴于"乡土中国"在市场经济和全球化背景中的巨大变化，有学者提出了"新乡土中国"[②]的论断。伴随着"乡土中国"向"新乡土中国"的转变以及乡村社会市场化、信息化程度的提高和公共生活空间的扩大，历史上维护乡土社会秩序的礼治在今天越来越不足以充分料理愈加复杂的乡村利益关系和社会矛盾，传统的对于公平、公正的理解也不断受到冲击与挑战，而体现着新的秩序与公正性的法治虽进入乡村却仍遭遇诸多困难。因此，厘清中国乡村社会变迁中礼治和法治的关系，把握其在当前的基本态势并实现两者的互动与整合，对于转型期乡村社会的秩序维护和社会和谐，确立一种新的涵盖道德领域与司法领域的适合中国

---

[①] 关于乡村、农村以及乡村社会、农村社会、乡土社会的概念界定和使用，学术界并未形成完全一致的观点。一般而言，"乡村"意指城市以外的广大区域，与"农村"未做严格区分。但是，越来越多的学者认为，随着我国农村经济的发展，农村产业结构和劳动力就业结构趋向多样化，农村不仅从事农业而且同时从事工业、建筑业、运输业、商业等非农产业，从这一意义上说，使用"乡村"这一概念更为确切。笔者在文中使用的"乡村"、"乡村社会"也正是基于这一认识。而"乡土社会"这一概念，主要意指与费孝通的"乡土性"论断相对应的、具有乡土特色的中国传统乡村社会。

[②] 贺雪峰：《新乡土中国》，广西师范大学出版社2003年版，第104页。

国情的公正观，以及实现"全面推进依法治国，建设社会主义法治国家"之宏旨，有着重大的理论和现实价值。

## 一 礼治、法治与乡村社会秩序

作为典型的"中国话语"，"礼治"随着"礼"这一概念本身的发展而内涵不断变化。"礼"最初意指宗教祭祀中的礼仪。其后，在社会发展的历程中，"礼"逐渐成为经济、政治和日常生活的行为规范和制度体系，以确立和维护体现长幼、尊卑、贵贱的等级秩序，即所谓"礼制"，并在两周时期上升到治国方略的高度，而具有了"礼治"的含义。"礼，经国家，定社稷，序民人，利后嗣也。"① 易而言之，礼既包含以外在礼仪、习俗等形式存在的显性或隐性规约系统，也包含以内在伦理判断和道德心理为内容的道德情感和价值选择，两者共同构成了中国传统社会的礼治基础，在调节人与人之间关系的同时，也奠定了一种传统的公正观，即合乎礼制要求的伦理生活，对于所有人而言都是公平的，以"非礼"的待遇对待他人，便意味着对其的不公正。

较之"礼治"的中国传统，"法治"无论从概念上还是实践上都更多体现出西方的价值理念和思维范式。在"法治"的诸多界定中，亚里士多德关于"法治"两层含义的论述无疑是影响最为深远并得到广泛认同的。"法治应包含两重意义：已成立的法律获得普遍的服从，而大家所服从的法律又应该本身是制订得良好的法律。"② 在亚里士多德看来，法治是对良法的普遍服从。这揭示了法治构成中两个最基本的要件，即法的普遍性所构成的法治的形式要件和法的优良性所构成的法治的实质要件。19世纪英国法学家戴雪（A. V. Dicey）从三个角度阐述了法治概念：其一，法治意味着法律的至高无上并排除特权的存在；其二，法治意味着所有阶层平等地服从普通法律和法院的管辖；其三，权力不是建立在抽象的宪法性文件上，而是建立在法院作出的实际判决上。③ 可以说，近代以来，西

---

① 《左传·隐公十一年》。
② ［古希腊］亚里士多德：《政治学》，吴寿彭译，商务印书馆1965年版，第199页。
③ ［美］罗杰·科特威尔：《法律社会学导论》，潘大松等译，华夏出版社1989年版，第184页。

方法治理论的发展和完备以"权力制约"和"权力制衡"作为基本思路和方案,尽管出现了多种流派与发展脉络,但总体上看,都主张国家保障个人合法权利,并强调在立法、司法和行政过程中体现法治原则。而这种法治原则中的核心价值,便是现代社会通常意义上所理解的"法律面前人人平等"的公正。

"礼"与"法"在中国传统社会中并非是完全对立的关系。中国古代法律受儒家伦理思想和礼教的支配,正如瞿同祖在阐释中国传统礼法关系时强调:"家族主义及阶级概念始终是中国古代法律的基本精神和主要特征,它们代表法律和道德、伦理所共同维护的社会制度和价值观念,亦即古人所谓纲常名教。"[①] 由此,中国传统社会既以法维护"纲常"之礼,从而在礼的目标下安顿了法的地位,又通过"以礼入法"的形式安顿了礼的地位,从而形成了礼先法后、法具礼意、礼法融合的相互关系。如果将中国传统社会定义为"礼治社会"可能失之简单绝对而遭受质疑,但是,礼治是维持中国传统乡村社会秩序的基本方式,这一判断已成为共识性理解。费孝通指出,"假如我们把法律限于以国家权力所维持的规则",那么可以说乡土社会"是个'无法'的社会"[②]。这也就意味着,现代法治意义上的公正,对于习惯了传统礼治秩序及其所隐含的公正观的中国人来说是陌生的。

事实上,中国漫长的封建统治中已出现较为完备的法律体系,但其与执法的官僚体系均未真正渗透到广阔的乡土社会。原因在于:其一,与中国传统社会"皇权不下县"的国家机构设置相对应的是"国法不下乡"。换言之,国家法律只是乡村社会的一种制度外壳,而基层村庄更多依靠以村规民约为主要形式的乡村自治。其二,与中国传统乡村社会"自觉守礼俗"的内部礼治秩序相对应的是"轻易不告官"。经过世代教化的传统农民已将"礼"内化于心,不到万不得已,他们不会将问题诉诸法律。一方面,外部力量的介入会破坏村庄共同体的持续团结;另一方面,"打官司"也未必获得当事人认可的公正。缘于此,也就出现了费孝通所概

---

① 瞿同祖:《中国法律与中国社会》,中华书局2007年版,第354页。
② 费孝通:《乡土中国 生育制度》,北京大学出版社1998年版,第49页。

过，在相当一段时期，国家对社会的治理仍未真正走上法制轨道。人民公社制度表面上强化了乡村社会的"同质性"和村民对集体的归属感、认同感，但就其实质而言，这更多体现了他们对集体经济的依赖和对新的国家秩序的服从。①"与上述经济改造和政治控制同时进行并且与之互为表里的，是自上而下地建立新的意识形态的努力。在五六十年代的一系列思想教育运动当中，民间固有的许多知识、信仰、观念、仪式和行为方式，被视为愚昧落后陈旧过时的东西遭到批判和禁止，族谱、村庙、农祠等被认为是旧时代的遗迹而遭毁弃。旧的社会关系不断松懈和瓦解，新思想新观念如男女平等、婚姻自由、科学、民主等则得到反复的宣传和灌输"，"其结果是民间文化传统的大量灭失"。②当然，这种传统的灭失并不彻底，可以说，这一时期乡村社会既在一定程度上顽强地保留着传统伦理共同体的特征，同时也出现了向政治共同体转向的新趋势，而秩序的维系虽然在表面上呈现出一种高度的"同质化"，但实际上远未在传统与现代之间形成某种稳定的、满足农民各方面需要的状态。

改革开放以来，伴随着我国乡村生产、生活方式的变化，传统的血缘、地缘关系和差序格局受到更大的冲击，农民出现新的社会分层，人际交往和社会关系开始向村落间及更广范围发展。由此，传统乡村伦理共同体更进一步自发地走向式微，乡村社会礼治秩序的约束力日趋弱化的同时，国家法律则越来越广泛地渗透其中。然而，大量的实证研究和乡村生活经验表明，近一二十年来，乡村社会法治秩序的建构仍面临着多种问题，而其中最为突出的问题便是如何处理传统礼治与现代法治的关系，并给予农民受其认可的公正。苏力曾以一则法院下乡收贷案③为例，提出了"为什么送法下乡"这一问题，认为"倡导司法下乡、送法下乡与国家权

---

① 项继权：《中国农村社区及共同体的转型与重建》，《华中师范大学学报》，2009年第3期。

② 梁治平：《乡土社会中的法律与秩序》，王铭铭、王斯福主编：《乡土社会的秩序、公正与权威》，中国政法大学出版社1997年版，第418—419页。

③ 该案例是强世功、赵晓力和贺欣1996年年底在中国陕北农村调查时参与观察的一起法院下乡依法收贷案。苏力认为，这一现象是中国独有的，却又是在中国极为普通和常见的。并且，鉴于"下乡"在中国近代以来的普遍性，对这一现象的研究也因此具有了不限于司法的意义。

力在中国农村社会的孱弱相关"[①]。在这个案例中,作为国家权力象征的司法人员的外来性,使国家权力难以获得地方性根基,国家权力运作必须采取一定的策略。例如,此案中,威胁欠贷人"将传唤他到镇上的人民法庭公开审理",以此让他在乡间"丢脸",这一在法律意义上完全不构成威胁的话语却成为在当地乡村语境中极具分量的威胁。易而言之,在乡村社会,法律只有在与村庄共同体认同的伦理价值相吻合或基本一致的前提下,方能转化为获得认可和遵从的社会生活规则,反之,法律则会因道德力量的拒斥和抵制而"变成一个毫无意义的外壳"[②]。这意味着,公正的乡村法治秩序的真正建立,仍无法完全忽略传统礼治的因素。

## 二 共生与紧张:转型期乡村社会的礼治与法治

2007年以来,笔者先后带领调研团队对江苏省江阴市华宏村、江苏省吴江市圣牛村、河南省漯河市扁担赵村、贵州省凯里市朗利村四个村庄进行了田野调查。[③] 尽管四个村庄的实证研究无法充分反映中国乡村社会的地域差异性,也不足以构成判断和应对中国乡村社会复杂性的充分论据。但是,笔者认为,四个村庄本身的地域分布、经济发展状况、文化传统等因素,仍然为呈现当前中国乡村社会礼治秩序和法治秩序的关系提供了具有典型意义的田野论据。与此同时,笔者也强调,田野调查村庄和样本的有限性也同时限定了本文的相关讨论范围。换言之,本文关于当前中国乡村社会礼治与法治关系的田野调查和分析判断,既无法"放之中国

---

[①] 苏力:《送法下乡——中国基层司法制度研究》(修订版),北京大学出版社2011年版,第27页。

[②] [美]E. 博登海默:《法理学——法哲学及其方法》,邓正来等译,华夏出版社1987年版,第330页。

[③] 四个村庄分别地处东部、中部和西部地区,其中贵州朗利村为苗族聚居村落。华宏村的调查时间为2007年1月,圣牛村的调查时间为2008年7月,朗利村和扁担赵村的调查时间为2012年8月。田野调查采用问卷调查与深度访谈相结合的方式。问卷调查使用了多阶段系统抽样方法。华宏村共抽取208个样本,实际访问样本153个,收回有效问卷150份。圣牛村共抽取并实际访问108个样本,收回有效问卷108份。朗利村共抽取195个样本,实际访问143个样本,收回有效问卷137份。扁担赵村共抽取191个样本,实际访问147个样本,收回有效问卷139份。问卷调查结果采用SPSS12.0—SPSS17.0高级统计分析软件进行数据处理及统计汇总分析。

而皆准",更无法直接运用于某一特定的村庄。

在四个村庄的田野调查问卷中,我们均设置了"如果有人借了您的钱赖着不还,您会怎么办"这一问题,并给出"忍了算了"、"托熟人解决"、"通过法律途径解决"、"找村委会或村党支部解决"、"带上一帮人来硬的"和"其他"6个选项,意在考察受访者在与村庄共同体成员发生利益纠纷时选择的解决机制。调查结果显示,地处不同区域且经济发展水平和文化传统存在很大差异的四个村庄,受访者的选择也显示出较大的差异。地处苏南且市场化程度较高的华宏、圣牛二村,选择"通过法律途径解决"的百分比分别达到33.3%和28.7%,在所有单个选项中居于首位。地处中部的扁担赵村,这一百分比为21%,而地处西部且相对封闭的朗利村,选择这一选项的百分比仅为7.1%。从中我们不难看出,在当前中国基层村庄,"法治进入"的程度与村庄市场化程度大体呈现出一种正相关,即:村庄市场化程度越高,村民对法律的认同和选择意愿越高。但是,与此同时,我们也看到,"找熟人解决"这一明显带有中国传统乡村礼治秩序特征的手段,依然在今天的中国乡村社会发挥着重要的作用。并且,值得注意的是,地处苏南的华宏、圣牛二村,选择这一选项的比例均超过四分之一,也超出朗利村和扁担赵村在这一选项上的百分比。而相对落后和封闭的朗利村,这一选项的百分比仅为15.7%,为四个村庄中最低。这一数据让我们对当前基层村庄的秩序维系手段产生了一定的困惑。不过,进一步分析发现,在所有选项中,朗利村民选择"找村委会或村党支部解决"这一选项的百分比高达63.8%,而扁担赵村、华宏村和圣牛村村民选择这一选项的比例分别为36%、11.3%和10.2%。这在一定程度上说明,选择行政干预方式解决利益纠纷,仍然是当前基层村庄尤其是不发达地区村庄秩序维系的重要方式。这一路径与其说是对上级行政权力的认同,毋宁说是诉诸建立在村庄领袖权威基础上的新型礼治秩序。如果我们将"找熟人解决"和"找村委会或村党支部解决"分别视为传统和新型礼治秩序的手段,那么,朗利、扁担赵、华宏和圣牛四个村庄选择这两项百分比之和分别为79.5%、57.6%、38%和37.1%,礼治秩序的维系与村庄市场化程度大体呈现出一种负相关。

概而言之,"通过法律途径解决"所代表的法治秩序、"找熟人解决"所倾向的传统礼治秩序和以"找村委会或村党支部解决"为表现的新型礼治秩序,共同构成了当前我国基层农村的利益纠纷解决的基本路径。而三者的选择意愿次序,则体现出较大的地域差异、村庄差异和个体差异。

那么在实际纠纷出现时,进入乡村社会的现代法治与传统礼治是否真的能够和谐相处,并共同体现出受到当地人们认可的公正呢?近年来,法学界已经大量探讨了现实判例中体现出的两者之间的紧张与冲突。1992年张艺谋执导的电影《秋菊打官司》,不仅引发了法学视角下关于"法治如何进入乡村"的探讨,更展开了伦理学视角下解决乡村礼治秩序和法治秩序冲突的反思。无论秋菊讨要说法的缘起,还是"引法下乡"的原因,乃至最终结果的困惑,都体现出中国传统乡村社会伦理关系和道德秩序的影响。正是在这一意义上,尽管影片的故事是虚拟的,但其所呈现的矛盾与问题却极具转型期中国乡村的典型性。①

首先,秋菊要"说法"的行为,显然是对某种公正性的寻求,但其却绝非现代意义上法律意识的觉醒和权利意识的增强。但事实上,秋菊明确表明了自己不断讨要"说法"的逻辑起点:村长"打两下也没啥,他也不能随便往那要命的地方踢"。可见,秋菊逻辑所要的"说法"和法律逻辑最终给予的"说法"在源头上完全不同:法律对于村长的惩罚原因是其对他人"身体"的伤害(具体在此案中是"肋骨"损伤);而在秋菊心目中,村长有打自己丈夫的权利,但这个权利的边界是不能威胁丈夫生育的权利。而最终秋菊不再要"说法",也正是因为村长在秋菊难产时的相助使她完成了在乡村社会最为重要的使命——生儿子。这清楚地表明,秋菊(们)所要维护的并非法律逻辑中一般意义上的个人权利和生

---

① 需要说明的是,笔者所说的这一案例的"典型性"并不意指其所表现的事件在中国乡村的普遍性。事实上,笔者曾试图从四个村庄的田野调查中获取一个真实的案例,用以呈现当前基层村民在与村庄共同体成员发生利益纠纷时选择法律救济遇到的冲突与困境,进而从伦理学视角对这一冲突进行分析。然而,尽管四个村庄均有一定比例的样本选择如果遇到利益纠纷将诉诸法律,但这一意愿并未在行动中真实地得到体现。相反,在访谈中,四个村庄的所有访谈对象均表示"从来没打过官司",只有圣牛村的一位村民表示,曾经因为经营上的问题而有过打官司的想法,但因为自己和对方都没有办理正式执照,最终不了了之。同时,四个村庄的村支书(或村长)也在访谈中表示,村民间的纠纷或是村民自己解决,或是村委会进行调解,还没有人去打官司。在笔者看来,正是这种实际调研中类似秋菊及其行动逻辑的"稀缺性"更加凸显了秋菊一案的典型性。换言之,如果类似案例在基层村庄已成为常见现象,那么可以在很大程度上验证"法治进入乡村"的通道已经打开,而法治与礼治的冲突与矛盾必然也已在化解的过程之中。

命权利，而只是作为中国传统乡村社会最重要的血缘根基的生殖权利和家族延续。对后者的维护，才是秋菊所希望获得的公正。

其次，影片中秋菊经历了复杂的法律程序，然而，这在现实的农村中极为罕见。正如前述调研数据所呈现的，即使是在工业化和市场化程度最高的苏南农村，通过法律途径解决纠纷仍只是少数人的意愿。在实地访谈中，大量被访者也表示，村民之间因为各种琐事发生口角甚至出现小的身体冲突很常见，但他们不会诉诸法律，而是由熟人出面或者请村干部来"说句公道话"，解决的方式通常也只是对方"认个错"，因此，自己至今"没打过官司"，也"不想打官司"、"不会打官司"。究其原因，既有传统乡土社会的"无讼"、"厌讼"、"耻讼"等观念影响，但更重要的，仍然是村庄共同体至今仍保留的"熟人社会"（或"半熟人社会"）特征使"打官司"成了一件很丢"面子"而失"礼"的事。在影片中，"面子"既是村长不肯认错的理由，也是基层公安调解的核心原则，更是导致秋菊"引法下乡"并最终产生截然不同的"说法"的根源。但正式法律制度并不考虑"面子"，其给出的"说法"，即依据"肋骨骨折"的结论以"轻度伤害罪"对村长作出判决，最终让秋菊得到了完全与自己的意愿相悖的法律公平。

最后，在村庄这样一个共同体中，村长与村民之间、村民与村民之间有着某种已成为"共识"的权利和义务关系，以及基于此种共识的互助互惠的行为默契，并由此构成了村庄礼治秩序的重要内容。秋菊认为村长可以踢自己丈夫、村长组织村民抬秋菊去医院，都是基于对这种成为"共识"的"礼治秩序"和其所带来的公正的基本认同。然而，正式法律制度的干预却恰恰破坏了这种礼治秩序，所带来的形式上的法律公平，也远未满足秋菊对公正的期待。由此可能造成秋菊"会在无形中受到某种非正式的社会制裁；在一定时期内，她将在一定意义上被'流放'（人们会不愿同她交往，她同其丈夫的关系也可能因之紧张）。"[①] 也正是根据对这一可能结果的判断，苏力表达了自己对正式法律制度干预结果的质疑："这种正式法律的干预究竟是对秋菊的权利保护还是对她的更大伤害？在

---

[①] 苏力：《法治及其本土资源》，中国政法大学出版社1996年版，第30页。

这以后，在下一次类似的纠纷中，秋菊还会再次诉求正式法律吗？"①

可见，最终秋菊并未讨要到自己所预期的那种公正，而整个事件中仍然渗透着传统乡村礼治秩序的影响。

由此可以看到当前乡村社会礼治秩序和法治秩序间关系的某种悖论：一方面，田野调查的结果显示，"通过法律途径解决"所代表的法治秩序、"找熟人解决"的传统礼治秩序和"找村委员或村党支部解决"的新型礼治秩序，共同构成了当前我国基层农村解决利益纠纷的基本路径；另一方面，"秋菊打官司"和大量的现实判例，又体现出当前乡村法治和礼治秩序之间的紧张甚至强烈冲突。

应当看到，礼治与法治将在相当长时期内呈现既共生又紧张的关系。就其共生性而言，一方面，在转型期的乡村社会，法律必然成为国家控制和管理社会最重要的工具和手段，礼治秩序则是在法律留给乡村自治和自主运行的限度下发挥作用。另一方面，礼治秩序仍有其存在的现实合理性和发挥作用的空间。正如有学者所提出的，现代法治导致规则与事实之间产生了明显冲突，其结果或是由于这些规则与具体生活事实无关，人们无视这些规则而导致其失效；或是以国家的名义将规则强施于各种特殊的事实，从而生硬地将一种所谓"普遍的"生活方式强加给处于不同境况中的人们。无论前者或后者，都会导致"书本上的法律"与"行动中的法律"两者之间的关系紧张，形式上的法律公正，也并不等于人们实际感受到的、获其承认的那种公正。② 就我国当前乡村的现状而言，东、中、西部发展极不平衡，以稳定性、普适性和原则性为特征的法律条文难以适应乡村社会的不断变化及其丰富的地方性特色，法律运行的高昂成本也使一些农民望而生畏，导致法治秩序难以实现对乡村社会的全面控制，相反，礼治秩序因其"路径依赖"和低成本依然能够一定程度的认同。

就二者的紧张性而言，一方面，强行建构的法治秩序缺乏足够的认同基础，且遮蔽了礼治秩序应有的积极意义。中国传统礼法中的"法"与现代法治中的"法"有着截然不同的根源和特点。前者更多是维护共同体伦理认同和道德共识的形式原则，后者则是在预设个体利益优先的前提

---

① 苏力：《法治及其本土资源》，中国政法大学出版社 1996 年版，第 30 页。
② 高鸿钧：《现代法治的困境及其出路》，《法学研究》，2003 年第 2 期。

下以排除伦理制约的法律形式系统来协调个体间的利益冲突。秋菊的困惑也表明,在农民所理解的公正和现代法律本身所能给予的公正之间存在着极大的隔阂。法律权威的不断强化不仅严重挤压了礼治秩序在乡村社会的生长空间,同时也并不能带给农民他们所期待的公平。另一方面,由于法律无法涵盖乡村社会生活的所有层面,这既为礼治秩序发挥作用留下了一定空间,也导致一些明显与法律法规或现代法制精神相悖的陋习得以继续存在并产生影响。尤其是在一些欠发达地区和少数民族地区,一些地方风俗、村规民约甚至封建愚昧之"礼",不仅在农村民事案件的处理中发挥作用,甚至直接影响到重大刑事案件的处理。

## 三 何以可能:乡村社会秩序的整合

在了解乡村社会礼治秩序和法治秩序的历史变迁和现实境遇的基础上,我们既不能希冀以"礼"拒"法",试图通过乡村礼治传统的全面复归而拒斥国家正式法律的介入和作用,也不能一味强调以"法"代"礼",使法治的强行推行因缺少民间土壤而丧失其应有的社会基础和权威地位。易而言之,一方面,传统礼治秩序建立于等级制之上的"亲亲尊尊"和"有别"的价值标准和道德评价,是法治秩序建构中应当予以摒弃的基本理念;另一方面,乡村法治化的进程决不意味着可以完全无视中国乡村社会原有的伦理生活样式。只有实现双方在乡村现代化进程中的互动整合,才能建立真正受到农民认可的公正秩序。

礼治秩序与法治秩序在中国历史上就存在着相互融通与整合的基础。例如,面对明清时期所出现的诉讼频仍,梁治平认为,这反映出在明清社会内部出现的现代性生长点,也表明传统与现代不必截然两分,"礼治秩序"中可能有"治法"的要素。反之,根据同一逻辑,"法治"也未必不能包容和吸收某种"礼治"的要素。[①]

那么,礼治秩序中如何具有法治秩序的生长点?法治秩序又如何从礼治秩序中获取养分?罗云峰认为,就第一个问题而言,礼治之所以能够在中国历史上发挥巨大的影响和作用,"原因就在于原则主义或形式主义

---

① 梁治平:《从"礼治"到"法治"》,《开放时代》,1999年第1期。

(formalism)——这也是'礼治'的现代转化的方向——而非一般人所认为的灵活性……而这种所谓的原则主义或形式主义通过一定的中介环节往往可以和法律的确定性（certainty）、普遍性（generality）、一致性（uniformity）、平等性（equality）等要求勾连起来。"① 就第二个问题而言，"在处理国民性、国情或国家人情或民情、风俗习惯、传统与法律建设之间的关系时，有两种理解路径：移风易俗并改造国民性以适应和追求现代法治社会；顺应并适合国情民情以调整和建立相应体系与特色的法律制度……不同法律之实行需要有不同的国民性基础。"② 秉持对礼治秩序和法治秩序关系的上述理解，在转型期的中国乡村社会，二者的融通与整合可以通过以下路径实现。

第一，汲取乡土社会礼治资源的积极成分，构建乡村法治秩序的正当性基础。

转型期的中国乡村社会，农民心目中的现代法治观念尚未真正形成，传统礼治观念仍对其个人行为和乡村秩序发挥着重要影响。东亚国家的经验也表明，尽管国家法在取代传统温情主义、家族主义等义理人情规范时可以宣称自己的合理性和正当性，但是它很难"从下面"得到保障，而往往需要"从上面"强行地控制。③ 乡村社会中的"礼"是经由不断试错、日益积累而逐渐形成共识的经验性认同，作为乡土社会自发形成的规则系统，有着良好的秩序维系功能。在转型期的乡村法治建设过程中，尊重和善待有着广泛社会认同的礼治规则并从中汲取积极成分，能够为构建现代法治秩序提供合理性和正当性基础。

首先，通过"法"对"礼"的确认，允许那些积极、合理的乡村礼治规则经过一定程序被认可并上升为国家法律或以弹性条款形式被吸纳。具体而言，可在相关法律条文中设置"民间规范"、"公序良俗"、"交易习惯"等词语，使其成为礼治的引入接口，从而更好地体现其合法性和正当性。其次，通过"礼"对"法"的渗透，实现法治与礼治的积极沟通。这就需要深入了解乡村民众的生活，收集、研究乡村礼治规则的内容

---

① 罗云峰：《礼治与法治》，法律出版社2012年版，第54—56页。
② 同上书，第47页。
③ [日]川岛武宜：《现代化与法》，王志安等译，中国政法大学出版社1994年版，第57页。

和形式并加以甄别,从中选取既符合农民意愿和需求,又对维持乡村秩序、促进经济发展有着积极作用的成分,使其渗透到法律条文之中。最后,在对礼治资源的吸纳中,应当充分尊重作为"地方性道德知识"的地域文化和民族风俗,即使不能将其吸纳和上升为法律,也应允许其保留下来,并在特定的区域和范围内调节和规范乡村社会的人际行为。①

第二,建立多元纠纷解决机制,化解乡村法治运行中的伦理冲突。

转型期乡村社会道德领域出现的种种矛盾和冲突,呈现出多元、多变的复杂情况,这就需要建立乡村多元纠纷解决机制,在法的运行和实施层面构建礼治秩序和法治秩序的良性互动。

在司法层面上,基层法官应最大限度地尊重乡村礼治传统和生活实际,发挥自由裁量的优势,通过对国家法和民间法调整关系的界定和区分,给乡村礼治传统以足够的空间,缓解法律条文与实际生活之间的疏离甚至冲突。对于那些具有明显"地方性意义"并需要依靠地方性知识来处理的社会关系,一般更多依靠风俗、习惯等民间法调整;而那些农民生产、生活和经济交往中形成的各种民事法律关系,属于国家法与民间法都涉及的社会关系,既可由国家法也可由民间法予以确定和调整,当事人可以基于自身利益决定选择适用何种机制。②

在执法层面上,乡村执法人员应熟悉当地独特的地域伦理文化,理解村民的伦理观念和道德判断,并善于借助乡村社会独特的公共道德平台,实现法律理念在乡村共同体内的传播。"在道德实在论的意义上说,任何一种道德知识或者道德观念首先都必定是地方性的、本土的、甚或是部落式的。人们对道德观念或道德知识的接受习得方式也是谱系式的。"③ 在四个村庄的田野调查中,我们发现,一些农民之所以在遇到纠纷时选择找村委会或村干部解决,在很大程度上源于与他们之间的沟通没有语言上的障碍和文化上的隔阂,因而也不具有心理上的畏惧或排斥。这也提醒我们

---

① 在笔者调研的朗利村,多位受访对象均在访谈中谈及自己和其他村庄成员(包括外出打工者)对苗族的古葬节、芦笙场等传统节日和娱乐形式的熟悉、认同和喜爱,以及这些民族风俗对村庄人际关系和谐的积极影响。
② 田成有、王鑫:《转型期农村法治资源的发现、重组与良性互动》,《现代法学》,1999年第4期。
③ 万俊人:《道德谱系与知识镜像》,《读书》,2004年第4期。

# 农民行为选择的伦理冲突与"理性新农民"的生成

农民的行为选择是基于"利润最大化"的利益追求,还是更多强调"安全第一"的生存伦理规则?或者说,究竟应当将农民视为"理性小农"还是非理性主义者?这一问题国内外学界争论已久。对农民经济行为的"理性"论断最早可以追溯到亚当·斯密经济理论中的自由主义理性主义传统。19世纪末,一些学者从"古典主义"传统出发,将资本主义经济行为中追求最大利益的"经济人"推广到包括农民在内的一切经济行为主体。正是在此基础上产生了"二战"前R.菲尔斯、S.塔克斯等人为代表的"新古典学派"的所谓"便士资本家"[①]论以及战后T.舒尔茨、S.波普金等人的"理性的小农"论。与之相反,俄国新民粹主义农民学家A.佛图那托夫、A.切林采夫、H.马卡罗夫和A.恰亚诺夫等人,把农民描绘为经济浪漫主义者而不是经济理性主义者,认为农民经济行为的目的不是追求"效益"而是为了生活。而斯科特的"道德经济"论与"安全第一"的生存伦理规则,也明显受到上述理论影响。总体上看,尽管这一思想脉络中的学者对农民文化的历史地位估价有很大差别,但都一致认为农民是浪漫主义或温情主义者而非理性主义者。[②]

---

① 所谓"便士资本家",意指农民价值观和思维方式与资本家并无实质区别,只不过其"资本"少得只有几便士。
② 秦晖、金雁:《田园诗与狂想曲——关中模式与前近代社会的再认识》,语文出版社2010年版,第298—299页。

国内学界在中国农民经济行为是否理性问题上亦存纷争。① 改革开放以来，伴随着乡村工业化、城市化和市场化的改革进程，我们既不难发现农民致富冲动的强化和经济理性意识的成长，又能看到传统农业生产方式和生活方式中生成和强化的"土地情结"依然存在。那么，究竟如何看待这一问题？乡村市场化进程所带来的农民理性意识的不断增强，是否最终能够实现"理性小农"向"新农民"的转变？

## 一 致富冲动与理性选择

伴随着改革开放进程中农村生产经营方式的多元化、乡镇企业的兴起和发展、农民进城务工人数的不断增加以及不同区域出现的"离土不离乡"、"离土又离乡"等乡村发展模式，农民"经济理性"意识的存在通过各种创造性的行为选择不断呈现。在华宏村、圣牛村、扁担赵村和朗利村的问卷调查和访谈资料中，我们也可以获得大量鲜活的数据和实例验证。②

---

① 国内关于这一问题的争论，较有代表性的观点可参见黄宗智：《长江三角洲小农家庭与乡村发展》，中华书局2000年版；黄宗智：《中国农村的过密化与现代化：规范认识及出路》，上海社会科学院出版社1992年版；马若孟：《中国农民经济》，江苏人民出版社1999年版；林毅夫：《小农与经济理性》，《农村经济与社会》，1988年第3期；秦晖：《市场信号与"农民理性"》，《改革》，1996年第6期；释然：《文化与乡村社会变迁》，《读书》，1996年第10期。

② 2007年以来，笔者在完成国家社科基金项目"乡村经济伦理的苏南图像"和"转型期中国乡村伦理问题研究"的过程中，带领团队对江苏省江阴市华宏村、吴江市圣牛村、河南省漯河市扁担赵村、贵州省凯里市朗利村进行了田野调查。华宏村本村户籍人口8000余人，外来务工人员7000多人，实际居住人口超过15000人。在20世纪80年代以来的乡村工业化进程中，华宏村已经逐渐转化为一个新型工业化乡村社区。圣牛村现有户籍人口2122人，外来人口超过2000人。从事羊毛衫行业的人数占60%、纺织行业的人数占20%、养殖业的人数占10%。扁担赵村全村户籍人口1531人，主要从事农业，其中三分之一人口外出务工。朗利村为苗族聚居村落，共8个自然寨，677户，总人口3470人，98%为苗族，主要从事农业。四个村庄分别地处东部、中部和西部地区，具有一定的典型意义。华宏村调查时间为2007年1月，圣牛村调查时间为2008年7月，朗利村和扁担赵村调查时间为2012年8月。四个村庄的田野调查均采用问卷调查与深度访谈相结合的方式。问卷调查使用多阶段系统抽样方法。华宏村共抽取208个样本，实际访问样本153个，收回有效问卷150份。圣牛村共抽取并实际访问108个样本，收回有效问卷108份。朗利村共抽取195个样本，实际访问143个样本，收回有效问卷127份。扁担赵村共抽取191个样本，实际访问147个样本，收回有效问卷139份。问卷结果采用SPSS12.0—SPSS17.0统计分析软件进行数据处理和汇总分析。此外，笔者在四个村庄分别进行了21、11、8、9例个案访谈，访谈时间从0.5小时至3小时不等。受访对象大部分由村委会根据笔者提出的兼顾年龄、职业、性别、收入等原则安排和联络，少部分由笔者直接联系。

在四个村庄的问卷调查中,我们均设置了"如果有可能赚钱的机会,您会如何做?"和"您认为务农和做买卖,哪个更重要?"这两个问题,表1和表2给出了受访样本对这两个问题回答的频率分析。

表1 四个村庄的村民对赚钱机会的态度

| | 选项 | 华宏村 频率 | 百分比(%) | 圣牛村 频率 | 百分比(%) | 扁担赵村 频率 | 百分比(%) | 朗利村 频率 | 百分比(%) |
|---|---|---|---|---|---|---|---|---|---|
| 有效 | 只要能赚到钱,其他的暂不考虑 | 1 | 0.7 | 3 | 2.8 | 18 | 12.9 | 9 | 7.1 |
| | 想尽一切办法赚钱,但会遵纪守法 | 99 | 66.0 | 76 | 70.4 | 84 | 60.4 | 96 | 75.6 |
| | 赚钱往往有风险,还是安稳点好 | 44 | 29.3 | 25 | 23.1 | 28 | 20.1 | 6 | 4.7 |
| | 其他 | 4 | 2.7 | 2 | 1.9 | 1 | 0.7 | 8 | 6.3 |
| | 不知道/说不清 | 2 | 1.3 | 2 | 1.9 | 6 | 4.3 | 5 | 3.9 |
| | 总计 | 150 | 100.0 | 108 | 100.0 | 137 | 98.6 | 124 | 97.6 |
| 缺失 | 系统 | 0 | 0 | 0 | 0 | 2 | 1.4 | 3 | 2.4 |
| | 总计 | 150 | 100.0 | 108 | 100.0 | 139 | 100.0 | 127 | 100.0 |

表2 四个村庄的村民对务农与经商的选择

| | 选项 | 华宏村 频率 | 百分比(%) | 圣牛村 频率 | 百分比(%) | 扁担赵村 频率 | 百分比(%) | 朗利村 频率 | 百分比(%) |
|---|---|---|---|---|---|---|---|---|---|
| 有效 | 务农,因为务农才是农民本业 | 17 | 11.3 | 25 | 23.1 | 71 | 51.1 | 50 | 39.4 |
| | 务农,只有务农才能生活得好 | 10 | 6.7 | 4 | 3.7 | 19 | 13.7 | 36 | 28.3 |
| | 务农,做买卖风险太大 | 8 | 5.3 | 3 | 2.8 | 5 | 3.6 | 6 | 4.7 |
| | 做买卖,只有做买卖才能生活得好 | 67 | 44.7 | 40 | 37.0 | 27 | 19.4 | 20 | 15.7 |

续表

| 选项 | | 华宏村 | | 圣牛村 | | 扁担赵村 | | 朗利村 | |
|---|---|---|---|---|---|---|---|---|---|
| | | 频率 | 百分比（%） | 频率 | 百分比（%） | 频率 | 百分比（%） | 频率 | 百分比（%） |
| 有效 | 做买卖，赚钱最重要 | 37 | 24.7 | 27 | 25.0 | 8 | 5.8 | 8 | 6.3 |
| | 不知道/说不清 | 11 | 7.3 | 8 | 7.4 | 7 | 5.0 | 4 | 3.1 |
| | 其他 | 0 | 0 | 1 | 0.9 | 0 | 0 | 0 | 0 |
| | 总计 | 150 | 100.0 | 108 | 100.0 | 137 | 98.6 | 124 | 97.6 |
| 缺失 | 系统 | 0 | 0 | 0 | 0 | 2 | 1.4 | 3 | 2.4 |
| | 总计 | 150 | 100.0 | 108 | 100.0 | 139 | 100.0 | 127 | 100.0 |

上述数据中，受访样本中在面对可能的赚钱机会时选择"想尽一切办法赚钱，但会遵纪守法"的百分比分别达到66%、70.4%、60.4%和75.6%。这表明，中国农村改革从根本上突破了计划经济体制，改变了效率低下的生产方式和平均主义的分配方式，由此，农民的致富冲动被极大地调动。并且，这种致富冲动在受到市场经济大潮冲击时间更久、力度更大的苏南地区，更为显见地带来了农民经济理性意识的增强和重农轻商观念的削弱。在对务农和经营的行为趋向选择中，地处苏南的华宏、圣牛两村选择"做买卖，只有做买卖才能生活得好"和"做买卖，赚钱最重要"两个选项的累积百分比分别高达69.4%和62%，远远高于扁担赵和朗利两村25.2%和22%的百分比。

在四个村庄的访谈中，我们同样可以看到农村改革进程中农民致富冲动的强化和经济理性意识的成长。在华宏村，一位液压机厂的销售经理在访谈中提及，身边"越是挣钱多的人越有投资意识"，并且，在考虑是否借钱给他人时更多考虑的是对方的偿还能力。而一位来自河南的外来务工人员，也谈到了与自己家乡人相比较，当地人（尤其是50岁以上的人）所显示的强烈的"挣钱"意识。在圣牛村，一位养蟹个体户在访谈中提及，现在要想发展得好，"脑子活络"、"敢于冒险"是重要的前提条件。而在扁担赵村，一位在广东打工的村民也对自己没有抓住在广州买房赚钱的机会表示后悔。

在上述问卷数据和访谈资料中，以舒尔茨、波普金为代表"理性小农"论学者们强调的农民所具有的经济计量和理性逻辑,在当下我国农民对获取更多财富的期待和行为选择上得到了较为充分的显现。尽管对于不同地区的农民而言,这种致富冲动和理性意识存在着程度上的差异,但至少有一点是可以肯定的:伴随着我国农村工业化、市场化的改革进程,农民整体的求富冲动和市场理性意识有了明显的提高,而此种经济理性意识的提升,又在一定程度上推进了乡村市场化和现代化的进程。

## 二 土地情结与生存伦理

法国社会学家孟德拉斯(Henri Mendras)曾经指出:"所有的农业文明都赋予土地一种崇高的价值,从不把土地视为一种类似其他物品的财产。"[①] 土地是中国传统农民谋生的根基,"种地"则是他们最基本和最稳妥的经济活动和生存方式。费孝通曾经转述一个村民的话语,"地就在那里摆着。你可以天天见到它。强盗不能把它抢走。窃贼不能把它偷走。人死了地还在。"[②] 他认为,这正是传统"乡土社会"中土地给予农民的安全感。

伴随着传统乡土社会的转型,农民的土地价值观发生了明显的转变。有学者通过调研发现,这种变化主要表现在:农民土地财富价值观由凸显到下降,进而到难以提升;农民土地权利价值在经营土地的灵活性和流转土地的自由上有很大的突破;农民土地声望价值观念从持续到空虚,再到缺失,表现出土地在人们心目中声望的下降,传统的农业劳作越来越不受人们重视;农民土地情感价值观念随着农村人口的代际变迁而逐渐消亡,除了60岁以上的老农和农村妇女对土地有着强烈的依恋外,中青年男性农民则越来越视土地为一种包袱。[③]

在肯定改革进程中农民经济理性意识提高的同时,我们也不难发现,无论是田野调查的资料,还是近年来城市化、工业化大潮中失地农民的涌现及其所引发的矛盾,都从另一个方面表明,走向市场化的农民并未彻底

---

① [法]孟德拉斯:《农民的终结》,李培林译,社会科学文献出版社2005年版,第51页。
② 费孝通:《江村经济——中国农民的生活》,商务印书馆2001年版,第160页。
③ 张伟建:《转型期农民的土地价值观念——对武汉市F村的个案研究》,黄家海等主编:《民生时代的中国乡村社会》,社会科学文献出版社2012年版,第74—75页。

抛弃传统农业生产和生活方式中生成和强化的"土地情结",他们仍执着地视土地为最基本的生存条件。这在一定程度上支持了恰亚诺夫关于农民的"非理性"判断和斯科特"安全第一"的生存伦理原则。在四个村庄的访谈资料中,我们也可捕捉到相当一部分农民身上依旧存在的"土地情结",以及不同年龄和收入群体对这一问题的不同判断。在华宏村,一位年长的老人明确表示,年轻人不想种地而更希望在工厂打工,而老年人总认为土地才是自己生存的最终保障。在大量年轻劳动力外出务工的扁担赵村和朗利村,相当一部分受访者向我们表示了"打工挣点钱,以后还是要回来"的意愿,甚至直接地表达出"根还是在这里"的意识。在扁担赵村,一位业余经商的乡中学教师认为,当地年轻人与老年人对农村传统的"盖房"问题有着截然不同的考虑:年长的人有较为强烈的"根"的意识,因此总是要在农村盖房子;而年轻更倾向于在城市买房。

事实上,斯科特在对东南亚农村的研究中明确指出,应对不同时期和不同地区人们的具体生存状况和生存策略进行考察,从而找出其历史和地域传统及相应的伦理特质。斯科特的上述思路和方法对于我们在地域发展极不平衡的背景中研究我国农村改革及其过程中农民"理性意识"与"生存伦理"的冲突,有着十分重要的资源意义。总体上看,伴随着农村市场化、工业化进程的加快,农民的经济理性意识大大增强,但这并不意味着此种理性意识已在今天的中国乡村社会占据绝对的宰制性地位。相反,农村改革进程中"生存伦理"与"理性意识"的紧张依然存在。尤其值得注意的是,迄今为止,土地仍是我国大多数农民最基本的生产资料和生活资料,土地生产性收入也是大部分农民的主要收入来源。对于大量进入城市的农民工而言,土地依然是其不稳定性的就业状况下重要的生活保障。从这一意义上说,建立合理的农村土地流转制度,保障农民通过土地流转获得公平的经济利益回报,同时进一步完善农村社会保障制度,保障农村弱势群体最基本的生产和生活条件,始终是我国农村改革不可或缺的伦理要求。

### 三 何为"小农"?何种"理性"?

前文述及,以舒尔茨、波普金为代表的"理性小农"论学者们认为,自然经济条件下的小农与资本家一样具有经济的计量和理性的逻辑。在他们看来,"理性小农"之"小"仅仅表现在资本数量及由此决定的生产规模之小、技术水平之落后和劳动生产率之低下。尽管在这一问题上存有论争,但是,在全球化和市场化的背景中,人们似乎更容易倾向于"理性小农"论者的观点。伴随着中国农村改革进程的不断推进,人们也更倾向于认为乡村的市场化与农民的现代理性意识之间存在着一种必然的关联性,并且,在此种关联性的作用下,传统"乡土中国"背景中的"理性小农"将在市场化进程中自然地成长为具备现代经济理性意识的社会主义"新农民"。

应当看到,无论在理论还是实践层面上,乡村市场化进程中农民经济理性意识的提高已是不争的事实。但是,"理性小农"是否可以自然地成长为"新农民"?对于这一问题的认识,需要我们首先厘清"理性小农"所涉及的两个基本问题:何为"小农"?何种"理性"?

第一,何为"小农"?

在马克思主义唯物史观的视野中,道德作为社会的意识形态和上层建筑,是由"人们的社会存在"决定的。道德的产生、发展及其内容和作用范围,终究要受到一定社会经济发展水平和经济制度的制约,尤其是受制于一定社会的经济关系和利益关系。马克思在《路易·波拿巴的雾月十八日》一文中对小农及其伦理特征的分析体现了这一逻辑思路。在马克思的分析当中,"小农"是小块土地的所有者或者经营者,他们生产方式和生活方式具有极其明显的保守性、分散性和落后性。换言之,马克思是将"小农"相对于资本主义农业生产方式而言的,在他看来,"小农人数众多,他们的生活条件相同,但是彼此间并没有发生多种多样的关系。他们的生产方式不是使他们互相交往,而是使他们互相隔离。这种隔离状态由于法国的交通不便和农民的贫困而更为加强了。他们进行生产的地盘,即小块土地,不容许在耕作时进行分工,应用科学,因而也就没有多种多样的发展,没有各种不同的才能,没有丰富的社会关系。每一个农户差不多都是自给自足的,都是直接生产自己的大部分消费品,因而他们取得生活资料多半是靠与自然交换,而不是靠与社会交往。一小块土地,一个农民和一个家庭;旁边是另一小块土地,另一个农民和另一个家庭。一批这样的单位就形成一个村子;一批这样的村子就形成一个省。这样,法国国民的广大群众，便是由一些同名数简单相加而形成的，就像一袋马铃薯是由袋中的一个个马铃薯汇集而成的那样。"[1] 从这段论述中，我们不难看出，在马克思对小农的理解中，小农之"小"，不仅仅在于其耕种土地面积之"小"，更在于其缺少市场交换的生产方式之"小"和缺乏人际交往的生活世界之"小"。并且，正是这种分散的生产方式、狭窄的生活世界造就了小农的思想意识和道德观念。易而言之，小农的伦理道德意识中必然带有保守、散漫、自私、狭隘等先天缺陷，只有以商品化的社会化生产之"大"来取代传统和封闭的小农生产方式和生活方式之"小"，才能成为改造小农意识的基本路径。

由此，我们不难看出，在"理性小农"论者看来，"小农"之"小"主要表现在资本数量和生产规模之"小"，即仅仅表现为生产方式之"小"。这一点，同样也被马克思视为"小农"在生产方式上的基本特征。然而，马克思并未将其对小农的理解停留在这一层面上，而是沿着"生产方式—生产关系—道德意识"这一逻辑思路去理解"小农"之"小"，从而完成了对"小农"的完整认识，即：耕种"小"块土地的生产方式；缺少市场交换和人际交往的生产关系；自私狭隘、保守散漫的道德意识。

第二，何种"理性"？

舒尔茨认为，农民是理性的"经济人"，他们在包括种植数量与种类、耕种方法和时间安排、工具和设备选择等所有行为上都会计算成本和收益后做出理性选择。波普金也认为，农民会进行长短期利益及风险的权衡后作出合理选择。从中，我们可以看出，以舒尔茨、波普金为代表的"理性小农"论者所说的"理性"，意指自由意志主体具备功利算计能力并做出价值判断的能力。在他们看来，农民与资本家只存在资本规模和生产方式的区别，并不存在这种"理性算计"能力上的差异。

然而，这种"理性算计"是否可以与"理性"画上等号呢？借助马克思关于"小农"的分析思路，我们可以对这一问题做出回答。首先，小农的传统生产方式决定了其理性算计只是一种基于习惯和本能的测算和计量。自给自足的小农生产所面对的小面积土地、简单的生产工具和耕种方式、低产量的产品等，都无法使传统小农形成逻辑运算和抽象概括的能

---

[1] 《马克思恩格斯文集》第2卷，人民出版社2009年版，第566页。

力。其次,市场交换和人际交往的缺乏阻碍理性算计的精确化和定量化。传统农民往往只是依靠经验、习惯和本能进行算计,他们对于"投入"、"产出"的计算只不过是一种基于父辈或自身生产模式的经验化预测,由此形成的行为选择也只不过是一种本能的倾向。换言之,小农的理性算计并非建立在对客观世界及其规律的科学认识和在此基础上所做的精确计算和理性选择。最后,小农缺乏与他人联系与交往的社会关系和利益关系,使其理性意识仅仅停留于对自身利益的狭隘算计层面。正如熊彼特曾经指出的:"前资本主义时代人的贪婪,事实上并不亚于资本主义时代的人。农奴或骑士领主各以其全部兽性的精力维护他们自己的利益。"[①] 从这一意义上说,小农道德意识中的狭隘、自私、散漫,根源在于其封闭与孤立的生产和交往方式。

## 四 从"理性小农"走向"理性新农民"

由此,我们再回到前述问题,伴随着中国乡村市场化进程的加快,根植于"乡土中国"背景中的"理性小农"是否能够成长为"新乡土中国"背景中的"新农民"?易而言之,市场化所带来的农民理性意识的不断增强,是否最终能够实现"理性小农"向"理性新农民"的转换?对于这一问题,我们仍需要从两个层面上加以分析。

其一,商品化、市场化的发展,为乡村社会转型中农民理性意识的真正产生和发展提供了逻辑前提,也为"理性新农民"的生成提供了必要的前提条件。马克思始终坚持以唯物史观的基本立场对人类社会不同历史时期的伦理道德问题进行阐释和分析。一方面,他对资本主义制度进行了深刻的道德批判;另一方面,他始终认为,改造小农意识的根本途径,是以商品化的社会化大生产方式从根本上取代传统封闭的小农生产、生活方式。

应当看到,传统的自给自足式的农业生产方式无法使农民真正形成逻辑运算和抽象概括能力。"实物经济中难以形成形式化的价值,阻碍了概

---

① [美] J. 熊彼特:《资本主义、社会主义和民主主义》,顾准译,商务印书馆1979年版,第154页。

念的通约与抽象,社会交往的贫乏阻碍着思维的定量化与精确化,支配农民行为的往往不是逻辑而是习惯与本能。因此,只有在商品经济洗礼后,经济行为的计量特征和铁一般的逻辑面前,作为自由主体的农民才能得到理性思维与理性行为的初步训练。"[1] 30多年来,我国农村市场经济发展所带来的农民理性意识的成长是极为显见的。家庭联产承包责任制的实行从根本上改变了农村生产方式和分配方式,也削弱了农民在长期的传统农业生产生活方式中形成的安土重迁、惧怕变革等保守意识,与此同时,先富光荣、求富创新等新型理念日渐增强。此外,伴随着乡镇工兴起和"农民工"的迅猛发展,数以亿计的传统农民实现了向职业工人的身份转变。在这种角色转换的过程中,农民产生了与现代市场经济和新型职业身份相契合的时间意识、效率意识、契约意识、信用意识、权利意识和责任意识等现代伦理理念。由此,农民的理性意识也从狭隘的功利算计不断演变为建立在科学认知和主体意识之上的理性思维方式和行为选择。从这一意义上说,孟德拉斯所谓"农民的终结"是"小农的终结"而不是"乡村的终结"或"农业的终结"。[2] 而作为市场经济发展和农村改革的产物,具备现代理性意识和伦理观念的"新农民",又将真正成为社会主义新农村建设的主体。

其二,加强农村道德建设,是塑造具备文明素质和职业道德的"新农民"的必由之路。应当看到,马克思主义经典作家既肯定经济发展对伦理道德的决定作用,但也同时强调道德的相对独立性及其对经济发展的作用。回顾我国农村改革历程,伦理道德已成为我国乡村改革发展中不可或缺的精神动力。伴随着致富争先、开拓进取等新型理念日渐被广大农民所认同,更多的农民认识到,要想将致富冲动转化为率先富裕的现实,必须具备一定的知识技术水平并善于把握市场规律。而乡镇企业的发展、"民工潮"的涌动、农业产业化进程的加快以及民营经济的发展,都验证了市场经济大潮中成长的新一代农民理性意识和创新能力的不断增强。

然而,我们也应认识到,无论基于理论逻辑或是历史事实,伦理文化

---

[1] 秦晖、金雁:《田园诗与狂想曲——关中模式与前近代社会的再认识》,语文出版社2010年版,第300页。

[2] 李培林:《农民的终结》(中文版再版译者前言),孟德拉斯:《农民的终结》,李培林译,社会科学文献出版社2005年版,第2页。

对经济发展都有着双重作用。传统的中国农民作为小生产者和小私有者,其生产和生活中的社会交往单调而稀少,这必然决定了他们在道德特征上体现出的自私狭隘性。同时,分散的生产和生活方式,也造就了他们比较散漫、缺乏组织纪律性的特点。[1] 可以说,这种小农意识及其支配下的道德观念和道德习惯至今仍有深远的影响。在农村改革进程中,传统理念与现代意识之间的冲突和矛盾始终存在,乡村道德领域也呈现出各种具体的矛盾和冲突。尤其值得注意的是,农村市场化、工业化和城市化的进程也必然使价值多元化对乡村社会产生影响,导致享乐主义、拜金主义、极端个人主义的滋长和见利忘义、诚信缺失等道德失范现象的发生,给农村道德建设带来了挑战。

值得注意的是,近年来,加强公民道德建设已成为理论界和实践工作部门关注的热点问题。但是,对这一问题的理论研究和实践操作,在区域上更多面向的是城市,在人群上更多面向的是政府官员和青少年群体,对农村道德建设和农民道德素质提升的关注明显不足。应当看到,新农村建设需要获得伦理道德上的支撑和动力。如果忽视伦理道德的作用,新农村建设必然在认识上陷入"修新路、盖新楼、建新村"的误区,甚至在实践上产生急功近利、盲目建设、重复单一的模式化。从一定意义上说,新农村的关键是"新农民"。无论是农业经济发展水平的提高,还是农民生活水平的不断提升,或是农村社会的秩序稳定,都需要进一步提高农民的思想道德素质,使其思想和道德状况更好地与农村经济社会发展相适应,与城乡一体化的发展要求相适应。这就需要大力加强农村道德建设,形成新型的乡村伦理关系和道德规范体系,实现其对农民的价值导向功能,从而为农村经济社会发展提供道德支撑。

(本文作者为南京师范大学公共管理学院 王露璐)

---

[1] 陈瑛:《改造和提升小农伦理》,《伦理学研究》,2006年第2期。

# 后 记

《中国道德状况报告》（2015年）是湖南省2011协同创新中心——中国特色社会主义道德文化协同创新中心下设的中国道德状况测评中心2015年推出的一部关于我国道德状况的报告。该报告由两部分内容构成：（1）调查报告；（2）学术论文。

2015年，中国道德状况测评中心组织了5次社会调查，并在此基础上形成了5个调查报告。这些社会调查涵盖湖南省大学生对社会主义核心价值观的认知状况、我国当前的师德状况等具体内容，能够为我们认识、了解和把握当今中国的道德状况提供实证依据。

报告提供的学术论文旨在对我国当前最引人注目的突出道德问题作出分析，其内容涉及社会主义核心价值观、分配正义、食品安全伦理、生态伦理、网络道德等。所选取的论文都是中国特色社会主义道德文化协同创新中心的首席专家近些年取得的最新理论成果。这些理论成果对我们了解当今中国道德状况和推进社会主义道德文化建设能够提供一定的启示。

在人类社会发展的每一个历史阶段，道德状况的好坏都是人类最关心的问题之一，但要判断人类社会道德状况的好坏，人类不仅需要对其自身的道德生活经验进行定性描述，而且需要对其进行定量分析。定量分析就是要建立一个具体的度量标准或尺度，并通过这一度量标准或尺度去测量人类社会道德状况，进而回答人类普遍关心的问题：一个社会的道德状况到底是好的还是坏的？如果它是好的，原因是什么？如果它是坏的，原因是什么，改善它的路径又是什么？……解答这些问题是我们对一个社会的道德状况进行测评的目的和意义所在。

作为中国特色社会主义道德文化协同创新中心下设的一个公共服务平